语言的盛宴

李问渠／主编

哈尔滨出版社
HARBIN PUBLISHING HOUSE

图书在版编目（CIP）数据

语言的盛宴 / 李问渠主编. —哈尔滨：哈尔滨出版社，2018.5

ISBN 978-7-5484-3894-6

Ⅰ.①语… Ⅱ.①李… Ⅲ.①汉语-通俗读物 Ⅳ.①H1-49

中国版本图书馆CIP数据核字（2018）第021794号

书　　名：语言的盛宴

作　　者： 李问渠　主编
责任编辑： 翟嫦娥　杨　磊
责任审校： 李　战
封面设计： 上尚装帧设计

出版发行： 哈尔滨出版社（Harbin Publishing House）
社　　址： 哈尔滨市松北区世坤路738号9号楼　　**邮编：** 150028
经　　销： 全国新华书店
印　　刷： 哈尔滨市石桥印务有限公司
网　　址： www.hrbcbs.com　　www.mifengniao.com
E-mail： hrbcbs@yeah.net
编辑版权热线：（0451）87900271　87900272
销售热线：（0451）87900202　87900203
邮购热线： 4006900345（0451）87900256

开　　本： 787mm × 1092mm　1/16　**印张：** 23　**字数：** 380千字
版　　次： 2018年5月第1版
印　　次： 2018年5月第1次印刷
书　　号： ISBN 978-7-5484-3894-6
定　　价： 49.80 元

语言的盛宴

目录

目錄

诗篇

词篇

語言的盛宴

目录

目録

对联

谜语

歇后语

俗语谚语

诗林风采

成语故事

語言的盛宴

教育篇

教育篇

三字经

人之初，性本善。性相近，习相远。苟不教，性乃迁。教之道，贵以专。昔孟母，择邻处。子不学，断机杼。窦燕山，有义方。教五子，名俱扬。养不教，父之过。教不严，师之惰。

子不学，非所宜。幼不学，老何为。玉不琢，不成器。人不学，不知义。为人子，方少时。亲师友，习礼仪。香九龄，能温席。孝于亲，所当执。融四岁，能让梨。弟于长，宜先知。首孝悌，次见闻。知某数，识某文。一而十，十而百。百而千，千而万。三才者，天地人。三光者，日月星。三纲者，君臣义，父子亲，夫妇顺。

曰春夏，曰秋冬。此四时，运不穷。曰南北，曰西东。此四方，应乎中。曰水火，木金土。此五行，本乎数。曰仁义，礼智信。此五常，不容紊。稻粱菽，麦黍稷。此六谷，人所食。马牛羊，鸡犬豕。此六畜，人所饲。曰喜怒，曰哀惧。爱恶欲，七情具。匏土革，木石金。与丝竹，乃八音。高曾祖，父而身。身而子，子而孙。自子孙，至玄曾。乃九族，人之伦。父子恩，夫妇从。兄则友，弟则恭。长幼序，友与朋。君则敬，臣则忠。此十义，人所同。

凡训蒙，须讲究。详训诂，明句读。为学者，必有初。小学终，至四书。论语者，二十篇，群弟子，记善言。孟子者，七篇止。讲道德，说仁义。作中庸，子思笔。中不偏，庸不易。作大学，乃曾子。自修齐，至平治。孝经通，四书熟，如六经，始可读。

诗书易，礼春秋，号六经，当讲求。有连山，有归藏。有周易，三易详。有典谟，有训诰。有誓命，书之奥。我周公，作周礼。著六官，存治体。大小戴，注礼记。述圣言，礼乐备。曰国风，曰雅颂。号四诗，当讽咏。诗既亡，春秋作。寓褒贬，别善恶。三传者，有公羊。有左氏，有穀梁。

经既明，方读子。撮其要，记其事。五子者，有荀扬。文中子，及老庄。经子通，读诸史。考世系，知终始。自羲农，至黄帝。号三皇，居上世。唐有虞，号二帝。相揖逊，称盛世。夏有禹，商有汤。周文武，称三王。夏传子，家天下。四百载，迁夏社。汤伐夏，国号商。六百载，至纣亡。周武王，始诛纣。八百载，最长久。

周辙东，王纲坠。逞干戈，尚游说。始春秋，终战国。五霸强，七雄出。嬴秦氏，始兼并。传二世，楚汉争。高祖兴，汉业建。至孝平，王莽篡。光武兴，为东汉。四百年，终于献。魏蜀吴，争汉鼎。号三国，迄两晋。

宋齐继，梁陈承。为南朝，都金陵。北元魏，分东西。宇文周，与高齐。迨至隋，一土宇，不再传，失统绪。唐高祖，起义师。除隋乱，创国基。二十传，三百载。梁灭之，国乃改。梁唐晋，及汉周。称五代，皆有由。炎宋兴，受周禅。十八传，南北混。辽与金，皆称帝，元灭金，绝宋世。莅中国，兼戎狄。九十年，国祚废。

太祖兴，国大明。号洪武，都金陵。迨成祖，迁燕京。十七世，至崇祯。权阉肆，寇如林。至李闯，神器焚。清太祖，膺景命。靖四方，克大定。

教育篇

【至宣统，乃大同。十二世，清祚终】

廿二史，全在兹。载治乱，知兴衰。读史者，考实录。通古今，若亲目。口而诵，心而惟，朝于斯，夕于斯。

昔仲尼，师项橐。古圣贤，尚勤学。赵中令，读鲁论。彼既仕，学且勤。披蒲编，削竹简。彼无书，且知勉。头悬梁，锥刺股。彼不教，自勤苦。

如囊萤，如映雪。家虽贫，学不辍。如负薪，如挂角。身虽劳，犹苦卓。苏老泉，二十七。始发愤，读书籍。彼既老，犹悔迟。尔小生，宜早思。

若梁灏，八十二。对大廷，魁多士。彼既成，众称异。尔小生，宜立志。莹八岁，能咏诗。泌七岁，能赋棋。

【彼颖悟，人称奇。尔幼学，当效之】

蔡文姬，能辨琴。谢道韫，能咏吟。彼女子，且聪敏。尔男子，当自警。唐刘晏，方七岁。举神童，作正字。彼虽幼，身已仕。尔幼学，勉而致。

【有为者，亦若是】

犬守夜，鸡司晨。苟不学，曷为人！蚕吐丝，蜂酿蜜。人不学，不如物。

幼而学，壮而行。上致君，下泽民。扬名声，显父母。光于前，裕于后。人遗子，金满籯。我教子，惟一经。勤有功，戏无益。戒之哉，宜勉力。

【人之初，性本善。性相近，习相远】

初：开始。习：习惯。意思是：人刚刚出生时候，天性都是善良的。这种善良的天性如出一辙，彼此没有区别。但随着后天的生活、学习环境的改变，差距越来越明显。

【昔孟母，择邻处。子不学，断机杼】断：剪断。杼：梭子。意思是：战国时期孟子的母亲为了孟子有个良好的学习环境，曾三次搬家。有一次，孟子不好好学习，逃学回到家，孟母就剪断了辛辛苦苦织成的布来教育他。

【养不教，父之过。教不严，师之惰】养：养育。过：罪过。意思是：如果只生养了孩子而不去教育他，那就是父母的失职了。如果老师教育学生不严格，那就是老师懒惰了。

【子不学，非所宜。幼不学，老何为】意思是：小孩子不好好学习，是不对的。一个人倘若小时候不读书学习，到老了就不懂得做人的道理。没有知识，能有什么作为呢？

【玉不琢，不成器。人不学，不知义】琢：雕琢。义：道义。意思是：玉石不经过一番雕琢，就不能称为器皿。人不经过学习，就不能明白事情的道理。

【为人子，方少时。亲师友，习礼仪】意思是：做人儿女的，年轻的时候要尽量去结识良师益友，这样才能懂得很多礼节和道理。

【香九龄，能温席。孝于亲，所当执】温：使温暖。执：遵守。意思是：东汉时有个人叫黄香，九岁时就知道替父亲把被窝暖热，以此来孝敬父母。这是每一个懂得孝顺父母的人都应该效仿的。

【融四岁，能让梨。弟于长，宜先知】意思是：汉朝的孔融四岁时就知道把大的梨让给兄长，这种尊敬兄长的行为，是每个人从小就应该懂得的。

【首孝悌，次见闻。知某数，识某文】孝悌：孝敬父母，友爱兄弟。意思是：作为一个人，最重要的是孝顺父母和友爱兄弟，其次是学习见闻，知道基本的算术，能够识文断字。

【三纲者，君臣义。父子亲，夫妇顺】纲：纲领。亲：相亲。意思是：三纲是人际交往的行为准则，三纲就是君臣之间要存有忠爱之义，父母和子女要相亲相爱，夫妻之间要和睦相处。

【父子恩，夫妇从。兄则友，弟则恭】友：爱护。恭：恭敬。意思是：父亲与儿子之间要注重相互的恩情，夫妻之间的感情要和睦，兄长要爱护弟妹，弟妹要尊敬兄长。

【长幼序，友与朋。君则敬，臣则忠】意思是：长幼之间要有伦常顺序，朋友相处要讲究诚信，君主要尊重臣子，臣子要忠于君主。

【凡训蒙，需讲究。详训诂，明句读】训：教导。训诂：注释古代书籍，考据，辨析义理的学问。意思是：对儿童进行启蒙教育，一定要注意方式方法，义理要考察得清楚，如何断章句读的方法要讲得透彻。

【为学者，必有初。小学终，至四书】意思是：学习要有一个良好的开端，要把启蒙阶段的书都研究透了，才能读"四书"。

【孝经通，四书熟。如六经，始可读】通：明白。意思是：研读《孝经》，把《孝经》里的道理都掌握了，再学习"四书"，有了学习的基础，才能去研究"六经"这些典籍。

【经既明，方读子。撮其要，记其事】意思是：经书研究透彻了，就可以研习百家著作了。只通晓里面的精要，记住每件事情的关键即可。

【经子通，读诸史。考世系，知始终】意思是：研读经书和子书，融会贯通以后就能研读史书了。要考察历朝历代的世系，搞清楚兴旺盛衰的原因。

【口而诵，心而惟。朝于斯，夕于斯】意思是：读书的方法不但要用口去诵读，还要用心去体会。不但白天要用功，晚上也要复习。

【头悬梁，锥刺股。彼不教，自勤苦】意思是：东汉时的孙敬刻苦学习，为了不让自己在晚上打瞌睡而可以看书，就把头发用绳子束起来，吊在房梁上。战国时的苏秦，为了多多看书，每当困意来袭的时候就拿把锥子刺自己的大腿。他们这样刻苦用功是自发的。

【如囊萤，如映雪。家虽贫，学不辍】意思是：晋朝时的车胤，家里穷买不起灯供他看书，他就抓了很多萤火虫聚集起来，靠萤火虫发出的微弱的光刻苦读书。孙康为了看书，每到晚上就到雪地里借助积雪的反光看书。他们的家境虽然不好，却没有停止学习。

【如负薪，如挂角。身虽劳，犹苦卓】意思是：朱买臣家境贫寒，以砍柴为生，但却自强不息，每次背着柴火还背诵书籍。隋朝的李密，放牛为生，却一心向学，经常把书挂在牛角上苦读。他们在身体劳累的情况下还刻苦读书，我们应该效仿。

【犬守夜，鸡司晨。苟不学，曷为人】意思是：狗会在晚上看门守院，鸡会在早晨啼鸣报晓，我们要是不好好学习，如何能称为人呢？

【蚕吐丝，蜂酿蜜。人不学，不如物】意思是：蚕能够吐丝，蜜蜂能采蜜，人要是不努力学习，就不如这些动物。

【扬名声，显父母。光于前，裕于后】意思是：自己的名声远播，会使自己的父母也感到光荣，对自己的后代也有一种典范的作用，是真正的庇荫。

【勤有功，戏无益。戒之哉，宜勉力】意思是：只要努力地学习肯定会有效果的，只知道玩乐是没有好处的，时刻警告自己，戒除玩心，刻苦学习。

百家姓

赵钱孙李，周吴郑王。冯陈褚卫，蒋沈韩杨。朱秦尤许，何吕施张。孔曹严华，金魏陶姜。戚谢邹喻，柏水窦章。云苏潘葛，奚范彭郎。鲁韦昌马，苗凤花方。俞任袁柳，酆鲍史唐。费廉岑薛，雷贺倪汤。滕殷罗毕，郝邬安常。乐于时傅，皮卞齐康。伍余元卜，顾孟平黄。和穆萧尹，姚邵湛汪。祁毛禹狄，米贝明臧。计伏成戴，谈宋茅庞。熊纪舒屈，项祝董梁。杜阮蓝闵，席季麻强。贾路娄危，江童颜郭。梅盛林刁，钟徐邱骆。高夏蔡田，樊胡凌霍。虞万支柯，昝管卢莫。经房裘缪，干解应宗。丁宣贲邓，郁单杭洪。包诸左石，崔吉钮龚。程嵇邢滑，裴陆荣翁。荀羊於惠，甄麹家封。芮羿储靳，汲邴糜松。井段富巫，乌焦巴

弓。牧隗山谷，车侯宓蓬。全郗班仰，秋仲伊宫。宁仇栾暴，甘钭厉戎。祖武符刘，景詹束龙。叶幸司韶，郜黎蓟薄。印宿白怀，蒲邰从鄂。索咸籍赖，卓蔺屠蒙。池乔阴鬱，胥能苍双。闻莘党翟，谭贡劳逄。姬申扶堵，冉宰郦雍。郤璩桑桂，濮牛寿通。边扈燕冀，郏浦尚农。温别庄晏，柴瞿阎充。慕连茹习，宦艾鱼容。向古易慎，戈廖庾终。暨居衡步，都耿满弘。匡国文寇，广禄阙东。欧殳沃利，蔚越夔隆。师巩厍聂，晁勾敖融。冷訾辛阚，那简饶空。曾毋杀乜，养鞠须丰。巢关蒯相，查后荆红。游竺权逯，盖益桓公。

万俟司马，上官欧阳。夏侯诸葛，闻人东方。赫连皇甫，尉迟公羊。澹台公冶，宗政濮阳。淳于单于，太叔申屠。公孙仲孙，轩辕令狐。钟离宇文，长孙慕容。鲜于闾丘，司徒司空。亓官司寇，仉督子车。颛孙端木，巫马公西。漆雕乐正，壤驷公良。拓跋夹谷，宰父穀梁。晋楚闫法，汝鄢涂钦。段干百里，东郭南门。呼延归海，羊舌微生。岳帅缑亢，况郈有琴。梁丘左丘，东门西门。商牟佘佴，伯赏南宫。墨哈谯笪，年爱阳佟。第五言福，百家姓终。

千字文

天地玄黄，宇宙洪荒。日月盈昃，辰宿列张。寒来暑往，秋收冬藏。闰馀成岁，律吕调阳。云腾致雨，露结为霜。金生丽水，玉出昆冈。剑号巨阙，珠称夜光。果珍李柰，菜重芥姜。海咸河淡，鳞潜羽翔。

龙师火帝，鸟官人皇。始制文字，乃服衣裳。推位让国，有虞陶唐。吊民伐罪，周发殷汤。坐朝问道，垂拱平章。爱育黎首，臣伏戎羌。遐迩一体，率宾归王。鸣凤在竹，白驹食场。化被草木，赖及万方。

盖此身发，四大五常。恭惟鞠养，岂敢毁伤。女慕贞洁，男效才良。知过必改，得能莫忘。罔谈彼短，靡恃己长。信使可覆，器欲难量。墨悲丝染，诗赞羔羊。景行维贤，克念作圣。德建名立，形端表正。空谷传声，虚堂习听。祸因恶积，福缘善庆。尺璧非宝，寸阴是竞。

资父事君，曰严与敬。孝当竭力，忠则尽命。临深履薄，夙兴温凊。似兰斯馨，如松之盛。川流不息，渊澄取映。容止若思，言辞安定。笃初诚美，慎终宜令。荣业所基，藉甚无竟。学优登仕，摄职从政。存以甘棠，去而益咏。乐殊贵贱，礼别尊卑。上和下睦，夫唱妇随。

外受傅训，入奉母仪。诸姑伯叔，犹子比儿。孔怀兄弟，同气连枝。交友投分，切磨箴规，仁慈隐恻，造次弗离。节义廉退，颠沛匪亏。性静情逸，心动神疲。守真志满，逐物意移。坚持雅操，好爵自縻。

都邑华夏，东西二京。背邙面洛，浮渭据泾。宫殿盘郁，楼观飞惊。图写禽兽，画彩仙灵。丙舍傍启，甲帐对楹。肆筵设席，鼓瑟吹笙。升阶纳陛，弁转疑星。右通广内，左达承明。既集坟典，亦聚群英。杜稿钟隶，漆书壁经。

府罗将相，路侠槐卿。户封八县，家给千兵。高冠陪辇，驱毂振缨。世禄侈富，车驾肥轻。策功茂实，勒碑刻铭。磻溪伊尹，佐时阿衡。奄宅曲阜，微旦孰营。桓公匡合，济弱扶倾。绮回汉惠，说感武丁。俊乂密勿，多士寔宁。晋楚更霸，赵魏困横。假途灭虢，践土会盟。

何遵约法，韩弊烦刑。起翦颇牧，用军最精。宣威沙漠，驰誉丹青。九州禹迹，百郡秦并。岳宗泰岱，禅主云亭。雁门紫塞，鸡田赤城。昆池碣石，钜野洞庭。旷远绵邈，岩岫杳冥。

治本于农，务兹稼穑。俶载南亩，我艺黍稷。税熟贡新，劝赏黜陟。孟轲敦素，史鱼秉直。庶几中庸，劳谦谨敕。聆音察理，鉴貌辨

色。贻厥嘉猷，勉其祗植。省躬讥诫，宠增抗极。殆辱近耻，林皋幸即。两疏见机，解组谁逼。索居闲处，沉默寂寥。求古寻论，散虑逍遥。欣奏累遣，戚谢欢招。

渠荷的历，园莽抽条。枇杷晚翠，梧桐蚤凋。陈根委翳，落叶飘摇。游鹍独运，凌摩绛霄。耽读玩市，寓目囊箱。易輶攸畏，属耳垣墙。具膳餐饭，适口充肠。饱饫烹宰，饥厌糟糠。亲戚故旧，老少异粮。妾御绩纺，侍巾帷房。

纨扇圆絜，银烛炜煌。昼眠夕寐，蓝笋象床。弦歌酒宴，接杯举觞。矫手顿足，悦豫且康。嫡后嗣续，祭祀烝尝。稽颡再拜，悚惧恐惶。笺牒简要，顾答审详。骸垢想浴，执热愿凉。驴骡犊特，骇跃超骧。诛斩贼盗，捕获叛亡。

布射僚丸，嵇琴阮啸。恬笔伦纸，钧巧任钓。释纷利俗，并皆佳妙。毛施淑姿，工颦妍笑。年矢每催，曦晖朗曜。璇玑悬斡，晦魄环照。指薪修祜，永绥吉劭。矩步引领，俯仰廊庙。束带矜庄，徘徊瞻眺。孤陋寡闻，愚蒙等诮。谓语助者，焉哉乎也。

【天地玄黄，宇宙洪荒。日月盈昃，辰宿列张】 盈：月圆。意思是：天的颜色是青黑色，地的颜色是黄褐色，宇宙最初处于混沌蒙昧的状态。太阳升落有序，月亮圆缺有序，星辰布满了天空。

【寒来暑往，秋收冬藏。闰馀成岁，律吕调阳】 意思是：寒暑交替变换，来去没有变更；秋天收割庄稼，冬天储藏粮食。一年有十二个月再算上闰余，就是一年了；古人用六律六吕来调节阴阳。

【吊民伐罪，周发殷汤。坐朝问道，垂拱平章】 意思是：能够安抚百姓，讨伐暴君的是商王成汤和周武王姬发。像他们这样贤明的君主坐在朝廷上向大臣们询问治国之道，垂衣拱手，毫不费力就能使天下太平，功绩显著。

【爱育黎首，臣伏戎羌。遐迩一体，率宾归王】 意思是：他们爱护百姓，使天下的人都臣服。让天下都成为一个有序的整体，所有的老百姓都服服帖帖地归顺于王的治下。

【女慕贞洁，男效才良。知过必改，得能莫忘】 意思是：女子要仰慕那些贞洁烈妇，男子要仿效那些能人。知错必改，坚持自己的事业，不要放弃。

【罔谈彼短，靡恃己长。信使可覆，器欲难量】 意思是：不要议论别人的缺点，也不要依仗自己有长处就自以为是、不思进取。承诺要经得起考验，气度要宽宏博大，让人难以估量。

【墨悲丝染，诗赞羔羊。景行维贤，克念作圣】 意思是：墨子悲叹白色的蚕丝被染上了其他的颜色，《诗经》里有赞颂羔羊能始终保持洁白如一的诗句。要仰慕圣贤的德行，要克制私欲，仿效圣人的言行。

【德建名立，形端表正。空谷传声，虚堂习听】 意思是：养成了高尚的情操和德行，就会拥有好名声；就好像形体端庄正直，仪表气质就端正一样。对着空旷的山谷呼喊，喊声会传得很远；在宽敞的厅堂里说话，声音会非常清晰。

【祸因恶积，福缘善庆。尺璧非宝，寸阴是竞】 意思是：灾祸是不断作恶的结果，福分是积累善缘的回报。一尺长的美玉不是宝贝，而片刻时光才是值得珍惜的珍宝。

【临深履薄，夙兴温凊。似兰斯馨，如松之盛】 意思是：行事要似“如临深渊，如履薄冰”那样谨慎；要早起晚睡，侍候父母让他们感到温暖舒适。让自己的品德行高雅，有若兰草；令自己的举止端正，好像松柏。

【川流不息，渊澄取映。容止若思，言辞安定】 意思是：德行高尚，延及子孙，像大河般川流不息；为后人的楷模，像碧潭清水一样能够照人。仪容举止要安详，好像思考问题时的端庄；言辞要从容，三思后言。

【笃初诚美，慎终宜令。荣业所基，籍甚无竟】 意思是：任何事情，重视开头固然不错，但能够认真去做，有好的结果更为重要。这是光荣事业的根基，有此保障，发展就没有止境。

【学优登仕，摄职从政。存以甘棠，去而益咏】 意思是：学习优秀就能出仕做官，就可以任职参与国政。周人召公活着时曾在甘棠树下理政，他过世后老百姓对他赞赏有加。

【外受傅训，入奉母仪。诸姑伯叔，犹子比儿】 意思是：在外接受老师的教诲，在家遵从父母的教育。对待姑、伯、叔等长辈，要像是他们的子女一样孝顺。

【孔怀兄弟，同气连枝。交友投分，切磨箴规】 意思是：兄弟之间要互亲互爱，因为兄弟是血脉相连，同气连枝。朋友要意气相投，要能一起探究学问，品行上能够互相劝勉。

【仁慈隐恻，造次弗离。节义廉退，颠沛匪亏】 意思是：仁义、慈爱，恻隐之心，在何时何地都不能缺失。气节、正义、廉洁、谦让这些美好的品德，在穷困潦倒的时候也不能丧失。

【性静情逸，心动神疲。守真志满，逐物意移】 意思是：保持内心的安宁，情绪就会舒适，心情浮躁时，精神就会疲倦。保持自己善良的天性，愿望就可以得到满足，追求物质上的享受，天性就会转变。

【背邙面洛，浮渭据泾。宫殿盘郁，楼观飞惊】 意思是：（洛阳）北面靠着邙山，正面临着洛水；（长安）北面横亘着渭水，远据泾河。宫殿建设得百曲九折，楼台宫阙巧夺天工，令人心惊。

【肆筵设席，鼓瑟吹笙。升阶纳陛，弁转疑星】 意思是：宫殿里摆着酒席，弹琴吹笙，欢乐到了极点。官员们上下台阶，来回互相敬酒，甚至珠帽转动，像满天的星辰。

【磻溪伊尹，佐时阿衡。奄宅曲阜。微旦孰营】 意思是：周文王在磻溪遇到吕尚，吕尚帮助武王夺得天下，武王尊他为“太公望”；伊尹辅佐时政，商汤王封他为“阿衡”。周成王占领了古奄国曲阜一带地面，要不是周公旦辅政哪里能成就这一伟业？

【旷远绵邈，岩岫杳冥。治本于农，务兹稼穑】 意思是：中国的土地辽阔遥远，地大物博，名山奇谷气象万千。把农业作为治国的根本，一定要做好播种与收获。

【俶载南亩，我艺黍稷。税熟贡新，劝赏黜陟】 意思是：一年的农活儿该开始了，种植小米和黄米。到了收获的季节，用刚熟的新谷缴纳税粮。庄稼种得好的受到表彰和赏赐，种得不好的就要受到处罚。

【聆音察理，鉴貌辨色。贻厥嘉猷，勉其祗植】 意思是：听人说话要琢磨其中的道理，看人的容貌要看出他的心理。要给人家留下正确高明的告诫，勉励别人谨慎地处世。

【省躬讥诫，宠增抗极。殆辱近耻，林皋幸即】 意思是：听到别人的告诫，要反省自身；备受恩宠时不能得意忘形，对抗权威。如果知道有危险耻辱的事快要发生就归隐山林，这样可以避免灾祸。

【两疏见机，解组谁逼。索居闲处，沉默寂寥】 意思是：汉代疏广、疏受叔侄见机归隐，有谁逼迫他们辞职呢？离君独居，悠闲度日，整天不用多费唇舌，清静无为难道不是好事？

【求古寻论，散虑逍遥。欣奏累遣，戚谢欢招】 意思是：探求古迹，寻找些至理名言，就可以排除杂念，自在逍遥。轻松的事放到一起，费力的事丢在一边，消除烦恼，得到无尽快乐。

【耽读玩市，寓目囊箱。易輶攸畏，属耳垣墙】 意思是：在街市上沉迷留恋于读书，眼睛注视的全是书袋和书籍。换了轻便的车

教育篇

子要注意安全，说话要防止有人偷听。

【具膳餐饭，适口充肠。饱饫烹宰，饥厌糟糠】 意思是：平时吃的饭菜，要口味适宜，让人吃得饱。饱的时候自然满足于大鱼大肉，饿的时候应当满足于糟糠粗粮。

【亲戚故旧，老少异粮】 意思是：亲属、朋友来了要盛情款待，老人、小孩的食物应不同。

【嫡后嗣续，祭祀烝尝。稽颡再拜，悚惧恐惶】 意思是：子孙代代传续，四时祭祀不能怠慢。跪拜再三，礼仪要周全恭敬，态度要虔诚。

【笺牒简要，顾答审详。骸垢想浴，执热愿凉】 意思是：给人的书信要言简意赅，回答别人的问题时要详尽准确。觉得身上脏了就想洗澡，捧着热东西就希望把它吹凉。

【驴骡犊牲，骇跃超骧。诛斩贼盗，捕获叛亡】 意思是：家里有了灾祸，连驴子、骡子这些牲口都会狂蹦乱跳，惶恐不安。官府缉捕盗贼，捕获叛乱分子和亡命之徒。

【释纷利俗，并皆佳妙。毛施淑姿，工颦妍笑】 意思是：为人解决纠纷，或者发明创造，这些都非常巧妙。毛嫱、西施容貌姣好，即使是皱着眉头，也像甜美的笑。

【指薪修祜，永绥吉劭。矩步引领，俯仰廊庙】 意思是：顺应自然，积德修身，保证平安，是多么的美好。假如心境如此坦然，才可以昂首迈步，一举一动都像在神圣的庙宇中一样庄重。

【束带矜庄，徘徊瞻眺。孤陋寡闻，愚蒙等诮】 意思是：穿衣着装要整齐端庄，举止要从容，要高瞻远瞩，不可犹豫不决。孤陋寡闻就不会明白这些道理，只能和愚昧无知的人一样，让人耻笑。

弟子规

叙

弟子规，圣人训，首孝悌，次谨信。泛爱众，而亲仁，有余力，则学文。

入则孝出则悌

父母呼，应勿缓，父母命，行勿懒。父母教，须敬听，父母责，须顺承。冬则温，夏则清，晨则省，昏则定。出必告，反必面，居有常，业无变。事虽小，勿擅为，苟擅为，子道亏。物虽小，勿私藏，苟私藏，亲心伤。亲所好，力为具，亲所恶，谨为去。身有伤，贻亲忧，德有伤，贻亲羞。亲爱我，孝何难，亲恶我，孝方贤。亲有过，谏使更，怡吾色，柔吾声。谏不入，悦复谏，号泣随，挞无怨。亲有疾，药先尝，昼夜侍，不离床。丧三年，常悲咽，居处变，酒肉绝。丧尽礼，祭尽诚，事死者，如事生。兄道友，弟道恭，兄弟睦，孝在中。财物轻，怨何生，言语忍，忿自泯。或饮食，或坐走，长者先，幼者后。长呼人，即代叫，人不在，己即到。称尊长，勿呼名，对尊长，勿见能。路遇长，疾趋揖，长无言，退恭立。骑下马，乘下车，过犹待，百步馀。长者立，幼勿坐，长者坐，命乃坐。尊长前，声要低，低不闻，却非宜。进必趋，退必迟，问起对，视勿移。事诸父，如事父，事诸兄，如事兄。

谨而信

朝起早，夜眠迟，老易至，惜此时。晨必盥，兼漱口，便溺回，辄净手。冠必正，纽必结，袜与履，俱紧切。置冠服，有定位，勿乱顿，致污秽。衣贵洁，不贵华，上循分，下称家。对饮食，勿拣择，食适可，勿过则。年方少，勿饮酒，饮酒醉，最为丑。步从容，立端

正，揖深圆，拜恭敬。勿践阈，勿跛倚，勿箕踞，勿摇髀。缓揭帘，勿有声，宽转弯，勿触棱。执虚器，如执盈，入虚室，如有人。事勿忙，忙多错，勿畏难，勿轻略。斗闹场，绝勿近，邪僻事，绝勿问。将入门，问孰存，将上堂，声必扬。人问谁，对以名，吾与我，不分明。用人物，须明求，倘不问，即为偷。借人物，及时还，后有急，借不难。凡出言，信为先，诈与妄，奚可焉。话说多，不如少，惟其是，勿佞巧。奸巧语，秽污词，市井气，切戒之。见未真，勿轻言，知未的，勿轻传。事非宜，勿轻诺，苟轻诺，进退错。凡道字，重且舒，勿急疾，勿模糊。彼说长，此说短，不关己，莫闲管。见人善，即思齐，纵去远，以渐跻。见人恶，即内省，有则改，无加警。惟德学，惟才艺，不如人，当自砺。若衣服，若饮食，不如人，勿生戚。闻过怒，闻誉乐，损友来，益友却。闻誉恐，闻过欣，直谅士，渐相亲。无心非，名为错，有心非，名为恶。过能改，归于无，倘掩饰，增一辜。

泛爱众而亲仁

凡是人，皆须爱，天同覆，地同载。行高者，名自高，人所重，非貌高。才大者，望自大，人所服，非言大。已有能，勿自私，人所能，勿轻訾。勿谄富，勿骄贫，勿厌故，勿喜新。人不闲，勿事搅，人不安，勿话扰。人有短，切莫揭，人有私，切莫说。道人善，即是善，人知之，愈思勉。扬人恶，即是恶，疾之甚，祸且作。善相劝，德皆建，过不规，道两亏。凡取与，贵分晓，与宜多，取宜少。将加人，先问己，己不欲，即速已。恩欲报，怨欲忘，报怨短，报恩长。待婢仆，身贵端，虽贵端，慈而宽。势服人，心不然，理服人，方无言。同是人，类不齐，流俗众，仁者希。果仁者，人多畏，言不讳，色不媚。能亲仁，无限好，德日进，过日少。不亲仁，无限害，小人进，百事坏。

行有余力则以学文

不力行，但学文，长浮华，成何人。但力行，不学文，任己见，昧理真。读书法，有三到，心眼口，信皆要。方读此，勿慕彼，此未终，彼勿起。宽为限，紧用功，工夫到，滞塞通。心有疑，随札记，就人问，求确义。房室清，墙壁净，几案洁，笔砚正。墨磨偏，心不端，字不敬，心先病。列典籍，有定处，读看毕，还原处。虽有急，卷束齐，有缺损，就补之。非圣书，屏勿视，蔽聪明，坏心志。勿自暴，勿自弃，圣与贤，可驯致。

【弟子规，圣人训，首孝悌，次谨信】意思是：《弟子规》是根据圣人孔子的教诲而编成的生活规范用书。首先要做到孝顺父母，友爱兄弟。其次要小心谨慎，要讲信用。

【泛爱众，而亲仁，有余力，则学文】意思是：和大众相处时要平等博爱，亲近有仁德的人，效仿学习。如果做官之后，还有多余的时间和精力的话，就要好好地学习，增加学问。

【父母呼，应勿缓，父母命，行勿懒】意思是：父母呼唤时，要及时答应，不能慢吞吞地应答；父母有事交代时，要立刻去做，不能推辞偷懒。

【父母教，须敬听，父母责，须顺承】意思是：父母教导我们时，要恭敬地聆听。父母责备教诫时，要虚心接受。

【冬则温，夏则凊，晨则省，昏则定】意思是：侍奉父母要无微不至，冬天寒冷时会要父母温暖被窝，夏天睡前要帮父母把床铺扇凉。早晨起床之后，要向父母请安问好。下午回家后，向父母报平安，使老人家放心。

【出必告，反必面，居有常，业无变】意思是：外出离家时，要告诉父母要到哪里去，回家后要告诉父母回来了。平时起居作息，要有规律，做事有常规，不要任意改变。

【身有伤，贻亲忧，德有伤，贻亲羞】意思是：要爱护自己的身体，以免让父母亲忧虑。

要注重自己的品德修养，不要使父母亲蒙受耻辱。

【亲有过，谏使更，怡吾色，柔吾声】意思是：父母亲有过错的时候，要小心劝导让他们改过向善。劝导时态度要诚恳，要柔声劝说，要和颜悦色。

【亲有疾，药先尝，昼夜侍，不离床】意思是：父母亲生病时，子女要为父母试药，一旦病重，更要昼夜服侍，不能随便离开。

【丧三年，常悲咽，居处变，酒肉绝】意思是：父母去世要守孝三年，其间要常常追思、感怀父母。自己的生活起居必须调整改变，不能贪图享受，要戒绝酒肉。

【丧尽礼，祭尽诚，事死者，如事生】意思是：办理父母亲的丧事要合乎礼节，不可轻率。祭拜时应诚心诚意，要如同他们生前一样恭敬。

【兄道友，弟道恭，兄弟睦，孝在中】意思是：当兄长的要友爱弟妹，做弟妹的要尊敬兄长，兄弟姊妹能和睦相处，这就是孝敬父母了。

【长呼人，即代叫，人不在，己即到】意思是：长辈有事呼唤人，应代为传唤，如果那个人不在，自己应该主动去询问是什么事。

【称尊长，勿呼名，对尊长，勿见能】意思是：称呼长辈，不可以直呼姓名，在长辈面前，不要炫耀自己的才能。

【路遇长，疾趋揖，长无言，退恭立】意思是：路上遇见长辈，要向前问好。长辈没有事时，即恭敬退后站立一旁，等待长辈离去，才能离开。

【长者立，幼勿坐，长者坐，命乃坐】意思是：长辈站立时，晚辈不可以自行就座；长辈坐定以后，吩咐坐下才能坐。

【进必趋，退必迟，问起对，视勿移】意思是：有事找尊长时，应快步走向前；退回去时，必须稍慢一些。当长辈问话时，应当专注聆听，不可以东张西望。

【事诸父，如事父，事诸兄，如事兄】意思是：对待叔伯尊长，要如同对待自己的父亲，对待族里的兄长，要如同对待自己的亲兄长一样。

【朝起早，夜眠迟，老易至，惜此时】意思是：要早起，把握光阴，努力学习；要晚睡，利用时间工作。岁月匆匆，要珍惜时间。

【晨必盥，兼漱口，便溺回，辄净手】意思是：早晨起床后，务必洗脸、刷牙、漱口。大小便后，一定要洗手。

【冠必正，纽必结，袜与履，俱紧切】意思是：帽子要戴端正，衣服扣子要扣好，袜子穿平整，鞋带系紧，一切穿着以稳重端庄为宜。

【置冠服，有定位，勿乱顿，致污秽】意思是：衣、帽、鞋袜都要放在指定位置，以免弄脏弄乱。

【衣贵洁，不贵华，上循分，下称家】意思是：穿衣服要注重整洁，不要讲究昂贵、华丽。穿着要注意身份及场合，更要考虑家中的经济状况。

【对饮食，勿拣择，食适可，勿过则】意思是：饮食上要注意营养均衡，不要挑食，不可偏食，三餐要吃得适量，避免过量。

【年方少，勿饮酒，饮酒醉，最为丑】意思是：年少时不可以饮酒。醉酒之后的丑态是最让人难堪的。

【步从容，立端正，揖深圆，拜恭敬】意思是：走路时步伐要从容稳重，站立时要端正有站相，作揖时要深而圆满，跪拜时要恭敬。

【勿践阈，勿跛倚，勿箕踞，勿摇髀】意思是：进门时不要踩门槛，站立时身体也不要站得歪歪斜斜的，坐的时候不可以伸出两腿，不要抖动双腿。

【缓揭帘，勿有声，宽转弯，勿触棱】意思是：揭帘子、开门要避免发出声响。在室内行走或转弯时，应小心不要撞到物品的棱角，以免受伤。

【执虚器，如执盈，入虚室，如有人】意思

是:即使是拿着空的器具,也要像里面装满东西一样,小心打破。进入无人的房间,也要像有人在一样,不可以随便。

【事勿忙,忙多错,勿畏难,勿轻略】意思是:做事不要慌张,因为忙乱容易出错;不要畏惧苦难,也不要随便应付了事。

【斗闹场,绝勿近,邪僻事,绝勿问】意思是:容易发生争吵打斗的场所,不要接近。一些邪恶下流事要拒绝,不要好奇地去追问。

【将入门,问孰存,将上堂,声必扬】意思是:将要入门之前,应先问:"有人在吗?"进入客厅之前,应先提高声音,让屋内的人知道有人来了。

【人问谁,对以名,吾与我,不分明】意思是:如果屋里的人问:"是谁?"应该回答自己的名字,要是回答"我"的话,会让人无法分辨。

【用人物,须明求,倘不问,即为偷】意思是:借用别人的物品,一定要事先讲明,经人允许后才能拿。如果没有事先询问就拿别人的东西,那就是偷窃的行为。

【借人物,及时还,后有急,借不难】意思是:借了别人的物品,要准时归还,这样以后若有急用,再借就不难了。

【凡出言,信为先,诈与妄,奚可焉】意思是:开口说话,诚信是最重要的,事情不能随便答应,至于欺骗或花言巧语,怎么可以呢?

【话说多,不如少,惟其是,勿佞巧】意思是:话多不如话少。话要说得恰到好处,话的内容要实事求是,不要花言巧语。

【奸巧语,秽污词,市井气,切戒之】意思是:奸诈取巧的语言,下流肮脏的词汇,街头无赖的习气,不要沾染。

【见未真,勿轻言,知未的,勿轻传】意思是:没有看到真相之前,不要轻易发表意见,对了解得不够清楚的事情,不要任意传播。

【事非宜,勿轻诺,苟轻诺,进退错】意思是:不合礼义的事,不要随便答应,如果轻易允诺,会使自己进退两难。

【凡道字,重且舒,勿急疾,勿模糊】意思是:讲话时吐字应该清楚,不要太快,不要模糊不清。

【彼说长,此说短,不关己,莫闲管】意思是:遇到他人来说长道短,不要受影响,事不关己不必多管。

【见人善,即思齐,纵去远,以渐跻】意思是:看见他人的善行义举,要想到学习看齐,纵然能力相差很多,也要逐渐赶上。

【见人恶,即内省,有则改,无加警】意思是:看见别人的不良行为,要自省,如果自己有就改掉,没有也要告诫自己以后不能出现这样的缺点。

【惟德学,惟才艺,不如人,当自砺】意思是:要重视自己的品德、学问,要注意自己才能技艺的培养,如果感觉到有不如人的地方,要奋发图强。

【若衣服,若饮食,不如人,勿生戚】意思是:至于外表穿着,或者饮食不如他人,则不必放在心上,更没有必要忧虑自卑。

【闻过怒,闻誉乐,损友来,益友却】意思是:如果听到别人说自己的缺点就生气,听到别人夸自己就高兴,那么坏人就会来接近你,良朋益友会逐渐疏远自己。

【闻誉恐,闻过欣,直谅士,渐相亲】意思是:听到他人的称赞,没有得意忘形,反而自省,那么正直诚信的人,就会渐渐喜欢和我们亲近了。

【无心非,名为错,有心非,名为恶】意思是:无心之过称为错,若是明知故犯便是犯罪。

【过能改,归于无,倘掩饰,增一辜】意思是:知错能改,错误自然慢慢地减少直至消失;如果为了面子去掩饰错误,那就是错上加错。

【凡是人,皆须爱,天同覆,地同载】意思是:只要是人,就是同类,皆须相亲相爱。同

教育篇

是天地所生万物滋长的，互助合作，才能维持这个共同体。

【行高者，名自高，人所重，非貌高】意思是：德行高尚者，名望自然高。大家所敬重的不是外表容貌，而是德行操守。

【才大者，望自大，人所服，非言大】意思是：才能高的人，声望自然高，人们所欣赏佩服的不是说大话，而是言而有信的人。

【己有能，勿自私，人所能，勿轻訾】意思是：有能力可以服务于众人的时候，不要自私自利。对于他人的才华，不要毁谤。

【勿谄富，勿骄贫，勿厌故，勿喜新】意思是：不要讨好巴结富人，不要在穷人面前骄傲自大。不要喜新厌旧。

【人不闲，勿事搅，人不安，勿话扰】意思是：对于正在忙碌的人，不要去打扰。当别人心情不好时，不要用闲言闲语干扰他。

【人有短，切莫揭，人有私，切莫说】意思是：别人的缺点，不要去揭穿，对于他人的隐私，不要去张扬。

【道人善，即是善，人知之，愈思勉】意思是：赞美他人的善行就是行善。当对方听到你的称赞之后，会更加勤勉地行善。

【扬人恶，即是恶，疾之甚，祸且作】意思是：张扬他人的过失就是做坏事。指责批评太过分了，会给自己招来灾祸。

【善相劝，德皆建，过不规，道两亏】意思是：朋友之间要互相劝善，共同形成良好的修养。有错不能互相规劝，两个人的品德都会有缺陷。

【凡取与，贵分晓，与宜多，取宜少】意思是：财物的取得与给予，一定要分辨清楚明白，宁可多给别人，自己少拿一些。

【将加人，先问己，己不欲，即速已】意思是：事情要加到别人身上之前，先要反省自己喜欢与否。自己都不喜欢的，就要立刻停止。

【恩欲报，怨欲忘，报怨短，报恩长】意思是：受人恩惠要时时想着报答，别人有对不起自己的事要忘掉，怨恨不平的事过去就算了，别人对我们的恩德要常思报答。

【待婢仆，身贵端，虽贵端，慈而宽】意思是：对待家中的婢女与仆人，要注重以身作则。品行端正，更要仁慈宽大。

【势服人，心不然，理服人，方无言】意思是：仗势强逼别人服从，对方难免口服心不服；唯有以理服人，别人才会没有怨言。

【同是人，类不齐，流俗众，仁者希】意思是：同样是人，总是良莠不齐。跟着潮流走的俗人多，仁慈博爱的人少。

【果仁者，人多畏，言不讳，色不媚】意思是：如果有一位仁德的人出现，大家自然敬畏他，因为他说话公正无私没有隐瞒，又不讨好他人。

【能亲仁，无限好，德日进，过日少】意思是：能够亲近有仁德的人是再好不过了，他会使我们的德行一天比一天进步，过错也跟着减少。

【不亲仁，无限害，小人进，百事坏】意思是：如果不肯亲近仁人君子，就会有无穷的祸害，小人会乘虚而入，导致事情的失败。

【不力行，但学文，长浮华，成何人】意思是：不能身体力行，一味死读书，纵然有些知识，也只是变成一个不切实际的人，如此读书又有何用？

【但力行，不学文，任己见，昧理真】意思是：如果只是一味地做，不肯读书学习，就容易固执己见，蒙蔽了真理。

【读书法，有三到，心眼口，信皆要】意思是：读书的方法要注重三到：眼到、口到、心到。三者缺一不可。

【方读此，勿慕彼，此未终，彼勿起】意思是：研究学问，要专一，不要一本书才开始读，就想看其他的书，必须把这本书读完，才能读另外一本。

【宽为限，紧用功，工夫到，滞塞通】意思

是：制订读书计划的时候，要宽松一些，实际执行时，就要加紧用功，这样困顿疑惑之处自然而然就迎刃而解了。

【心有疑，随札记，就人问，求确义】意思是：心里有疑问时，应随时用笔记下，一有机会，就向人请教，务必弄明白真义。

【房室清，墙壁净，几案洁，笔砚正】意思是：书房要整理清洁，墙壁要保持干净，书桌上笔墨纸砚等文具要放置整齐。

【墨磨偏，心不端，字不敬，心先病】意思是：磨墨时如果心不在焉，墨就会磨偏了，写出来的字如果歪歪斜斜，心也定不下来。

【列典籍，有定处，读看毕，还原处】意思是：书籍课本应分类，排列整齐，放在固定的位置，读诵完毕须归还原处。

【虽有急，卷束齐，有缺损，就补之】意思是：虽有急事，也要把书本收好再离开，书本有缺损就要修补。

【非圣书，屏勿视，蔽聪明，坏心志】意思是：不是传述礼义的著作，都要摒弃，以免智慧遭受蒙蔽，更会损害自己的思想和志向。

【勿自暴，勿自弃，圣与贤，可驯致】意思是：不要自暴自弃，也不必愤世嫉俗；圣贤的境界虽高，是需要循序渐进才可以达到的。

朱子家训

【黎明即起，洒扫庭除，要内外整洁；既昏便息，关锁门户，必亲自检点】 出自《朱子家训》。意思是：每天天刚微亮的时候，就要起床。先用水来洒湿堂前阶下的灰尘，然后用扫帚扫地。房子的里面和外面都要整齐清洁。黄昏时，便要休息。睡觉以前，门窗有要关的或要锁的，必须亲自去查看一下。

【一粥一饭，当思来处不易；半丝半缕，恒念物力维艰】 出自《朱子家训》。意思是：粥饭一样的食物，都应当想着它的得来不易；哪怕是半根丝或半条线，也要常念着这些东西的生产是很艰难的。

【宜未雨而绸缪，毋临渴而掘井】 出自《朱子家训》。意思是：没到下雨的时候，要先把房子修缮好；不要到了口渴的时候，才想到去挖井。

【自奉必须俭约，宴客切勿流连】 出自《朱子家训》。意思是：自己的用度，必须节约；请客不可以没有限度地铺张浪费。

【器具质而洁，瓦缶胜金玉；饮食约而精，园蔬愈珍馐】 出自《朱子家训》。意思是：饮食用具，要质朴结实，又洗得干净，即使是用泥土做的瓦器，也比金玉制的好些。饮食的东西，要节约又要做得精美，就是园里种的蔬菜，也胜于珍贵的肴馔。

【勿营华屋勿谋良田，三姑六波实淫盗之媒，婢美妾娇非闺房之福，奴仆勿用俊美，妻妾切忌艳妆】 出自《朱子家训》。意思是：不要营造华丽的房屋、不要图实良好的田园。社会上不正派的女人都是奸淫和盗窍的媒介，美丽的婢女和娇艳的姬妾，不是家庭的幸福。

【宗祖虽远，祭祀不可不诚；子孙虽愚，经书不可不读】 出自《朱子家训》。意思是：祖宗虽然年代久远了，祭祀却要虔诚地举行；子孙虽然笨愚，五经、四书，却是要诵读的。

【居身务期质朴，教子要有义方】 出自《朱子家训》。意思是：自己做人，要节俭朴实；教训子孙要有适宜的方法。

【勿贪意外之财，勿饮过量之酒】 出自《朱子家训》。意思是：不要贪念不属于你的财务、不要过量的喝酒。

【与肩挑贸易，毋占便宜；见穷苦亲邻，须加温恤】 出自《朱子家训》。意思是：和做小生意的挑贩们交易，不要占他们的便宜。看到穷苦的亲戚或邻人们，要体恤他们，并且尽量给他们金钱上的帮助。

【刻薄成家，理无久享；伦常乖舛，立见

消亡】 出自《朱子家训》。意思是：对人刻薄而起家的，绝没有长久享受的道理。乱了伦常的人，会立刻灭亡。

【兄弟叔侄，须分多润寡；长幼内外，宜法肃辞严】 出自《朱子家训》。意思是：兄和弟，叔和侄之间，要把财产多的一部分分出来，资助相对贫困的人。一家人里，老的、少的、女的、男的，应有严正的规矩和庄重的言辞。

【听妇言，乖骨肉，岂是丈夫？重资财，薄父母，不成人子】 出自《朱子家训》。意思是：听信妇人的挑拨话，而伤了骨肉之亲的感情，怎么配做一个大丈夫？看重钱财，而薄待父母，不是做儿子的道理。

【嫁女择佳婿，毋索重聘；娶媳求淑女，毋计厚奁】 出自《朱子家训》。意思是：嫁女儿，要为她选择贤良的夫婿，不要索取贵重的聘礼；娶媳妇，须求贤淑的女子，不要贪图丰厚的嫁妆。

【见富贵而生谄容者，最可耻；遇贫穷而作骄态者，贱莫甚】 出自《朱子家训》。意思是：看到富贵的人，便做出谄媚的样子，是最可耻的；遇到贫穷的人，便生骄傲之态，是鄙贱不过的。

【居家戒争讼，讼则终凶；处世戒多言，言多必失】 出自《朱子家训》。意思是：人们住家，要慎防争斗诉讼。因为诉讼，无论胜败，总要伤财耗时，甚至破家荡产，所以结果总是凶多吉少的。处世，不可多说话。话说多了，总难免有失当的地方。

【毋恃势力而凌逼孤寡，毋贪口腹而恣杀牲禽】 出自《朱子家训》。意思是：不要凭借势力来欺凌孤儿寡母、不要贪口腹之欲而任意宰杀牛羊鸡鸭等动物。

【乖僻自是，悔误必多；颓惰自甘，家道难成】 出自《朱子家训》。意思是：性情乖张古怪，却自以为是的人，做错了事情，常常懊悔。甘心颓废、自暴自弃的人，是难成家立业的。

【狎昵恶少，久必受其累；屈志老成，急则可相依】 出自《朱子家训》。意思是：亲近不良的少年，日子久了，必然会受牵累。屈意敬奉老练有德的人，遇到急难的时候，就可以靠他指导或扶助。

【轻听发言，安知非人之谮诉，当忍耐三思因事相争，焉知非我之不是，须平心静想。】 出自《朱子家训》。意思是：他人来说长道短，不可轻信，要再三的考虑，怎么知道他不是来说人坏话的呢？要冷静地想清楚。

【施惠无念，受恩莫忘】 出自《朱子家训》。意思是：对人施与恩惠，不要记在心里而望酬报；受了别人的恩惠，也不要忘记报答。

【凡事当留余地，得意不宜再往】 出自《朱子家训》。意思是：无论做什么事，当留有余地；得意以后，就要知足，不应该得寸进尺。

【人有喜庆，不可生妒忌心；人有祸患，不可生喜幸心】 出自《朱子家训》。意思是：别人有了喜欢吉庆的事情，不可有妒忌的意思；别人有了祸患的时候，不可有幸灾乐祸的心肠。

【善欲人见，不是真善；恶恐人知，便是大恶】 出自《朱子家训》。意思是：做了好事，而想他人看见，就是沽名钓誉，不是真正地行善。做了坏事，而怕他人知道，就是有意做大恶，不是偶然做了的坏事。

【见色而起淫心，报在妻女；匿怨而用暗箭，祸延子孙】 出自《朱子家训》。意思是：看到美丽的女子就起邪心的人，将来必报应在自己的妻子儿女的身上，怀怨在心，而暗中伤害人的，将会把祸根留给子孙。

【家门和顺，虽饔飧不继，亦有馀欢】出自《朱子家训》。意思是：家里和气平安，虽然穷得吃不饱，也是令人感到很欢乐的。

【国课早完，即囊橐无馀，自得至乐】

出自《朱子家训》。意思是：尽快缴完赋税，即使口袋所剩无余也自得其乐。

【读书志在圣贤，非徒科第；为官心存君国，岂计身家】 出自《朱子家训》。意思是：读古人的书，要有志气来学圣贤的行为，不只是为了科举的及第；做一个官吏，要有忠君爱国的思想，怎么可以计较自己和家人的享受？

【守分安命，顺时听天。为人若此，庶乎近焉】 出自《朱子家训》。意思是：我们守住本分去工作，守分安命，不妄求；顺时势以进行，顺其自然。如果能够这样做人，那就差不多和圣贤做人的道理相吻合了。

经 篇

经篇

大学

【大学之道，在明明德，在亲民，在止于至善】 出自《大学》。意思是：《大学》的道理在于彰显自己本来清明的本性和德行，在于（用这种德行）接近感化臣民，在于使广大臣民达到善的最高境界。

【民之所好好之，民之所恶恶之，此之谓民之父母】 出自《大学》。意思是：老百姓喜欢什么，当权者就喜欢什么；老百姓厌恶什么，当权者就厌恶什么，这样才称得上是老百姓的父母官。比喻君民同心，共喜好，共憎恶。

【一家仁，一国兴仁；一家让，一国兴让；一人贪戾，一国作乱】 出自《大学》。兴：兴起。意思是：如果君主的家庭成员之间仁爱和睦，那么整个国家就会兴起仁爱和睦的风气；如果君主的家庭成员之间互相谦让有礼，整个国家就会兴起谦让有礼的风气。反之，如果君主贪婪残暴，整个国家就会发生动乱。

【长国家而务财用者，必自小人矣】出自《大学》。长：执掌。意思是：君主执掌国家军政大权，却一心只想着聚财敛富以为己用，一定是受了小人的影响。

【仁者以财发身，不仁者以身发财】出自《大学》。意思是：仁道的君主会将财富用到百姓的身上以取得美誉；不仁道的君主会利用自己的权力聚敛财富。

【其为父子兄弟足法，而后民法之也】 出自《大学》。意思是：他在当父亲、儿子、兄长、弟弟时，其行为能够成为别人效仿的楷模，那百姓就会主动向他学习了。

【道得众，则得国；失众，则失国。是故君子先慎乎德】 出自《大学》。意思是：有道德会得到民众的拥戴，有了人民的拥戴就能执掌一国的政权；丧失人民的拥戴，就会失去国家。所以君子总是首先认真地修身养性。

【有德此有人，有人此有土，有土此有财，有财此有用】 出自《大学》。用：开支。意思是：（君主）有好的德行就有人民的拥戴；有了人民拥戴就会有土地；有了土地就会有财富，这样国家就开支有余。

【德者本也，财者末也。外本内末，争民施夺】 出自《大学》。意思是：道德是立国的根本，财富只是末枝。君主本末倒置的话，就会使百姓争利，这是对人民施行抢夺别人利益的教育。

【惟仁人，为能爱人，能恶人】 出自《大学》。意思是：只有具有仁爱之心的人，才是能爱人民，能够果断地摒弃邪恶的人。

【君子有诸己而后求诸人，无诸己而后非诸人】 出自《大学》。意思是：君子要自己具备（某种美德），之后才有资格去要求别人具备；自己没有（某种恶习），之后才有资格去批评别人的恶习。

【君子必慎其独也】 出自《大学》。意思是：君子自己独处的时候，也要谨慎自己的举止行为。

【富润屋，德润身，心广体胖，故君子必诚其意】 出自《大学》。润身：增强修养。胖：大、舒坦的意思。意思是：富有能使住所华丽，品德能增强自己的修养。胸襟宽广，身体自然舒泰安康。所以君子一定要使自己的意

念诚实。

【所恶于上，毋以使下；所恶于下，毋以事上】 出自《大学》。恶：讨厌。意思是：厌恶自己上级的某些行为，就不要用这种方式对待自己的下属；讨厌下属的某些行为，就不用这样的做法对待自己的上级。

【好人之所恶，恶人之所好，是谓拂人之性，菑必逮夫身】 出自《大学》。意思是：喜好人们所厌恶的，厌恶人们所喜好的，这是违背了人的本性，一定会有祸患降临其身。

【货悖而入者，亦悖而出】 出自《大学》。货：财物。意思是：违背道义而获得的财物，也会被别人以违背道义的手段掠夺而去。

【诚其意者，毋自欺也】 出自《大学》。意思是：要做一个真心实意的人，不要自欺。

【好而知其恶，恶而知其美】 出自《大学》。意思是：对你所喜欢的人，要知道他的缺点；对你所厌恶的人，要能发现他的优点。

中庸

【凡事豫则立，不豫则废】 出自《中庸》。豫：有准备。立：成功。废：失败。意思是：做任何事情都要先作好准备，有了准备就会成功，没有准备就会失败。

【好学近乎知，力行近乎仁，知耻近乎勇】 出自《中庸》。意思是：爱好好学习就接近于智了，努力实践就接近于仁了，知道羞耻就接近于勇了。

【博学之，审问之，慎思之，明辨之，笃行之】 出自《中庸》。意思是：广泛地学习知识，周密地探究它，谨慎地思考它，明晰地辨别它，坚定地实行它。

【故君子不可以不修身，思修身，不可以不事亲】 出自《中庸》。事亲：孝敬父母。意思是：所以君子不可以不进行自身修养，想把自身修养好，就必须孝敬父母。

【大德必得其位，必得其禄，必得其名，必得其寿】 出自《中庸》。位：地位。意思是：有崇高品德的人必然能得到与之相应的社会地位，必然得到与之相应的财富，必然得到与之相应的名望，必然得到与之相应的寿命。

【仁者，人也】 出自《中庸》。意思是：仁爱就是爱人民。

【诚者天之道也，诚之者，人之道也】 出自《中庸》。意思是：诚信是天道的本来原则，而要做到诚信，这也是人世间本来的原则。

【天下国家可均也，爵禄可辞也，白刃可蹈也，中庸不可能也】 出自《中庸》。均：平定治理。蹈：踩。意思是：天下国家是可以平定治理好的，官位和丰厚的俸禄是可以辞去的，刀刃是可以踩踏而过的，但要完全做到中庸的境界，是非常困难的。

【君子中庸，小人反中庸】 出自《中庸》。反：违背。意思是：君子能够顺常理处事，做到中庸，小人的行为却违反中庸之道。

【为政在人，取人以身，修身以道，修道以仁】 出自《中庸》。意思是：施行善政要得到贤臣，要得到贤臣必须先修正自身，要修正自身必须加强自己的道德品质，要加强自己的道德品质，必须以仁义为首。

【素隐行怪，后世有述焉，吾弗为之矣】 出自《中庸》。素：索求。隐：隐僻之理。意思是：索求隐僻的理论，做出怪异荒诞的举动，即使能得到后世的称赞，我也不愿意做这样的事情。

【居上不骄，为下不倍】 出自《中庸》。意思是：身居高位时不要骄傲，地位卑微时不背弃。

【获乎上有道，不信乎朋友，不获乎上矣】 出自《中庸》。道：方法。意思是：想得到上级的信任是有方法的，假如得不到朋友的信任，就得不到上级的信任。

【言顾行，行顾言】 出自《中庸》。意思

是：说话时要顾虑到行为，行事时要顾虑到说话，做到言行一致

【君子素其位而行】 出自《中庸》。素：向来。意思是：君子安心于自己所处的地位，去做应做的事。

【人一能之，己百之；人十能之，己千之】 出自《中庸》。意思是：别人只用一分气力就可以做到的，我用一百分的气力去做；别人用十分气力做到的，我就用一千分的气力去做。比喻笨鸟先飞，付出比别人多的努力可以达到同样的效果。

【天命之谓性，率性之谓道，修道之谓教】 出自《中庸》。性：本性。意思是：上天赋予的秉性，叫做人的本性；人能依照这种本性行事就是顺应天道；能够修炼好天道甚至推广它就叫做教化。

【致中和，天地位焉，万物育焉】 出自《中庸》。致：达到。中和：不偏不倚。意思是：如果达到理想境界中的不偏不倚的中和状态，那么天地间的位置就会安排得很恰当，世上的万物就会顺利地生长发育了。

【可以赞天地之化育，则可以与天地参矣】 出自《中庸》。赞：帮助。化育：生长变化。意思是：能够帮助天地发挥对待事物生长变化的作用的人，就可以列为天地之间，造化万物。

【得一善，则拳拳服膺，而弗失之矣】出自《中庸》。拳拳：忠实地奉行。膺：胸。服膺：紧贴胸前，表示牢记的意思。意思是：得到一种好的道理，就牢牢地记在心上，而且永远不失掉它。

【君子诚之为贵】 出自《中庸》。意思是：君子把诚实看成人生最宝贵的东西。

【君子和而不流，强哉矫】出自《中庸》。流：随波逐流。矫：刚强。意思是：君子待人和气而不随波逐流，这才是真正刚强的表现啊！

【君子戒慎乎其所不睹，恐惧乎其所不闻】出自《中庸》。意思是：有德行的人就是在别人眼睛看不到的地方，也是谨慎检点；就是在别人耳朵听不到的地方，也是怀着戒惧心理而加以注意。

论语

【知之为知之，不知为不知，是知也】出自《论语·为政》。意思是：知道就是知道，不知道就是不知道，这才是明智的态度。

【过而不改，是谓过矣】 出自《论语·卫灵公》。意思是：有了错误而不改正，这就是真的错误了。

【岁寒，然后知松柏之后凋也】 出自《论语·子罕》。意思是：到了天气寒冷的时候，才能看出松柏是最后凋零的。比喻那些不畏困难、意志坚定的强者。

【内省不疚，夫何忧何惧】 出自《论语·颜渊》。意思是：内心没有愧疚，那还有什么可担忧和害怕呢？比喻没做亏心事，不怕鬼叫门。

【见贤思齐焉，见不贤而内自省也】出自《论语·里仁》。齐：看齐。意思是：看到有德行的人就想着向他看齐，看到没德行的人，就从内心认真地反省自己有没有和他相同的缺点。

【古之学者为己，今之学者为人】 出自《论语·宪问》。意思是：古代的人学习是为了充实提高自己，现在的人学习是为了装饰自己，取悦别人。

【百工居肆以成其事，君子学以致其道】出自《论语·子张》。意思是：不同职业的工匠要在作坊里完成他们的工作，君子则通过学习获得“道”。

【名不正则言不顺，言不顺则事不成】出自《论语·子路》。名：名分。意思是：名分不正确，说的话就不合乎道理；说话不合乎道理，事情就会办不成功。

【苟正其身矣，于从政乎何有？不能正其身，如正人何】 出自《论语·子路》。苟：如果。意思是：如果能够使自己的行为作风正派起来，这对于从事政治还有什么困难呢？如果自己作风不正派，又怎么能要求别人正派呢？

【为政以德，譬如北辰，居其所而众星共之】 出自《论语·为政》。北辰：北极星。意思是：用仁德施政，便会像天上的北极星一样恒定在一个位置，所有的星星都拱卫着它。

【均无贫，和无寡，安无倾】 出自《论语·季氏》。意思是：财富平均，贫富差距不大，就不会感到贫穷；上下级之间和睦团结，就不觉得人少；人心安定，就不会担心被颠覆。

【不患贫而患不均，不患贫而患不安】 出自《论语·季氏》。意思是：提心的不是贫穷，而是分配不顽抗；提心的不是人少，而是社会不安定。

【慎终追远，民德归厚矣】 出自《论语·学而》。终：指父母死亡。意思是：为父母办理丧事要谨慎，要竭礼尽哀，对先人要至诚至敬地追祭，（这样）人民的道德就会归复忠厚老实。

【有德者必有言，有言者不必有德】 出自《论语·宪问》。意思是：有崇高品德的人一定有好的言论，但有好的言论的人不一定品德高尚。

【夫仁者，己欲立而立人，己欲达而达人】 出自《论语·雍也》。立：立身。意思是：仁德的人，自己要立身于世，也要使别人能立身于世；自己想达到的，也要使别人能达到。

【见义不为，无勇也】 出自《论语·为政》。意思是：应该去做的正义行为，却不肯去做，这是没有勇气的表现。

【君子喻于义，小人喻于利】 出自《论语·里仁》。喻：明白。意思是：君子知晓的是义，小人知晓的是利。

【饱食终日，无所用心，难矣哉】 出自《论语·阳货》。意思是：整天吃得很饱，什么心思也不动，（这样的人）真是无聊啊。

【人而无信，不知其可也】 出自《论语·为政》。意思是：人要是不讲诚信，不知道他怎么可以立身处世。

【德之不修，学之不讲，闻义不能徙，不善不能改，是吾忧也】 出自《论语·述而》。修：修养。意思是：不修养德行，不讲求学问，听到正义的事情不去做，有了错误不能改正，这些是我所忧患的事情啊。

【志于道，据于德，依于仁，游于艺】 出自《论语·述而》。游：练习。意思是：要立志向道，固守德行，依靠仁义，练习六艺。

【君子怀德，小人怀土；君子怀刑，小人怀惠】 出自《论语·里仁》。意思是：君子关心道德修养的提高，小人关心土地财产的获得；君子关心国家的法令，小人关心别人的恩惠。

【不患人之不己知，患不知人也】 出自《论语·学而》。患：担心。意思是：不要担心别人不了解自己，担心自己不了解别人。

【士志于道，而耻恶衣恶食，未足与议也】 出自《论语·里仁》。士：读书人。意思是：一个读书人立志于追求大道，在生活上却以穿旧衣服、吃粗茶淡饭为耻辱，这种人不值得与他谈论。

【不义而富且贵，于我如浮云】 出自《论语·述而》。意思是：用违背道义的手段得到的财富和高官，对于我来说就像是天上转瞬即逝的浮云。

【富与贵，是人之所欲也，不以其道得之，不处也；贫与贱，是人之所恶也，不以其道得之，不去也】 出自《论语·里仁》。道：道义。处：接受。去：抛弃。意思是：富有和尊贵，是人们所希望的，但是如果不用正当的方法得到它，君子是不会接受的；贫穷与卑微，是

人们所厌弃的，如果不用正当的方法去摆脱，君子是不会去抛弃的。

【君子固穷，小人穷斯滥矣】 出自《论语·卫灵公》。意思是：君子能够坚守住贫困，而小人贫困了就会胡作非为，坏事干尽。

【见利思义，见危授命，久要不忘平生之言，亦可以为成人矣】 出自《论语·宪问》。授：给予。命：生命。要：穷困。成人：品德完美的人。意思是：看见利益能想到道义，看见危险能付出生命，长期生活在困苦里却不忘记自己平日的诺言，也可以说是一个品德完美的人了。

【不在其位，不谋其政】 出自《论语·泰伯》。位：位置。意思是：不在那个职位上，不要去参与那个方面的政事。

【危邦不入，乱邦不居】 出自《论语·泰伯》。意思是：有危险征兆的国家不要去，有祸乱的国家，不要在那儿居住。

【贤者辟世，其次辟地，其次辟色，其次辟言】 出自《论语·宪问》。辟世：归隐。意思是：贤德的人在政治昏聩的时候就离开官场而归隐；其次，在动乱的时候迁到平安地带；再次，发觉别人的脸色不对，礼貌不周，就避开不再见面；又次，当与人说话不合时就避开不谈了。

【当仁不让于师】 出自《论语·卫灵公》。让：谦让。意思是：当遇到该行仁德之事的时候（勇往直前地去做），就是老师在，也不要谦让。

【君子和而不同，小人同而不和】 出自《论语·子路》。和：调和。意思是：君子与人相处时，努力调和关系但不盲目附和；小人与人相处则盲目附和，其实内心不同。

【君子病无能焉，不病人之不己知也】 出自《论语·卫灵公》。病：忧虑。意思是：君子忧虑自己没有能力，不忧虑别人不了解自己。

【主忠信，无友不如己者】 出自《论语·学而》。主：亲近。意思是：亲近忠义诚信的人，不结交与自己不同道的人。

【君子以文会友，以友辅仁】 出自《论语·颜渊》。意思是：君子以学术、文学、艺术等与朋友聚会，以朋友的良好学识来增强自己的仁德。成语“以文会友”出于此。

【躬自厚而薄责于人，则远怨矣】 出自《论语·卫灵公》。厚：严格。薄：少。意思是：对自己严格，对别人宽容，那么别人就不会怨恨你了。

【自行束脩以上，吾未尝无诲焉】 出自《论语·述而》。自行：自愿。脩：古代称干肉为脩。意思是：自愿地送给我一捆干肉，我从来没有不教诲的。

【不愤不启，不悱不发】 出自《论语·述而》。启：开启。发：引发。意思是：不到冥思苦想而不得要领的时候，不去开导；不到想说又不知道怎么去说的时候不去启发。

【朝闻道，夕死可矣】出自《论语·里仁》。朝：早晨。意思是：早晨求到了真理，即使晚上死去也心甘情愿。

【笃信好学，守死善道】出自《论语·泰伯》。笃：忠诚。意思是：坚定自己的信念，勤奋好学，用至死不渝的信念来维护真理。

【仕而优则学，学而优则仕】出自《论语·子张》。仕：官宦。意思是：当官的如果处理职务游刃有余的话，就研究学问；求学的人有余力就去做官。

【女为君子儒，勿为小人儒】出自《论语·雍也》。女：通“汝”，你。意思是：你要做一个君子式的儒者，不要做一个小人式的儒者。

【士而怀居，不足以为士矣】出自《论语·宪问》。意思是：研究学问的人只贪图生活享受，就不能叫做研究学问的人了。

【其身正，不令而行；其身不正，虽令不从】 出自《论语·子路》。意思是：执政者如果自身言行正当，即便不下命令，下面的人也会去做；如果其言行不正，纵然下了命令，

語言的盛宴

下面的人也不会听从。

【小不忍，则乱大谋】 出自《论语·卫灵公》。意思是：小事上不能忍耐，就往往会破坏了大计划。

【天下有道，则庶人不议】 出自《论语·季氏》。庶人：百姓。意思是：国家的政治清明，那么，百姓就不会有非议了。

【君子不以言举人，不以人废言】 出自《论语·卫灵公》。以：因为。君子不因为别人说其好话就举荐他，也不因为一个人犯了错误，就连他所说的正确的话也舍弃掉。

【近者说，远者来】 出自《论语·子路》。说：同“悦”，高兴。意思是：君主向近处的百姓施惠，使其欢悦，那么远处的百姓也会纷纷前来归附。

【举直错诸枉，则民服；举枉错诸直，则民不服】 出自《论语·为政》。错：放置。枉：不正直。意思是：将正直的人置于不正直的人之上，百姓就心服；将不正直的人置于正直的人之上，百姓就会有所不服了。

【工欲善其事，必先利其器】 出自《论语·卫灵公》。意思是：做工的人要想做出好的器物来，就一定要先将他的工具搞好。

【食不厌精，脍不厌细】 出自《论语·乡党》。脍：生鱼肉片。意思是：粮食不嫌舂得精细，鱼肉不嫌切得细致。原为：“食不厌精，脍不厌细，一学而不精，可乎？”后将前两句用于讽刺。

【君子坦荡荡，小人长戚戚】 出自《论语·述而》。意思是：君子胸怀坦荡，无忧无虑；小人心胸狭隘，常常忧虑重重。

【君子泰而不骄，小人骄而不泰】 出自《论语·子路》。泰：泰然，镇定。意思是：君子泰然自若而不骄傲，小人骄傲而不能泰然自若。

【巧言令色，鲜矣仁】 出自《论语·学而》。意思是：凡是那些花言巧语，貌似可爱的人，很少有仁慈的。

【与朋友交，言而有信】 出自《论语·学而》。意思是：与朋友交往，一定要说话诚实讲信用。

【人之将死，其言也善】 出自《论语·泰伯》。意思是：人要死的时候，说出的话是善意的。

【逝者如斯夫！不舍昼夜】 出自《论语·子罕》。逝：过去的，这里指时光。斯：这里指流水。舍：停留。意思是：逝去的时光就像流水一样，日夜不停地流走！比喻人生如流水，时刻不停留。

【士不可以不弘毅，任重而道远】 出自《论语·泰伯》。士：读书人。弘毅：抱负远大。意思是：读书人不能不心胸开阔、意志坚强，因为他对社会的责任重，要走的路还很长。

【吾日三省吾身：为人谋而不忠乎？与朋友交而不信乎？传不习乎】 出自《论语·学而》。省：反省，检查。传：老师讲授的知识。意思是：我每天多次反省自己：为别人做事是否忠诚？与朋友交往有没有不守信用？老师传授的知识都学了吗？

【言忠信，行笃敬】 出自《论语·卫灵公》。笃：一心一意。敬：谨慎。意思是：说话一定要忠诚守信。

【仰之弥高，钻之弥坚】 出自《论语·子罕》。弥：更加，越发。钻：钻研。意思是：越是抬头仰望，越觉得高远；越是用心钻研，越觉得深奥。原是孔子的学生颜渊对孔子道德、学问的赞叹。后多用来赞扬某人的才学。

【学如不及，犹恐失之】 出自《论语·泰伯》。意思是：学习就好像是在追赶什么东西似的，总是怕追赶不上，等追赶上了，又害怕会失掉它。

【人洁己以进，与其洁也，不保其往也】 出自《论语·述而》。意思是：人家使自己清洁以求进步，就应赞赏他洁净的一面，不应总是记着他以往的行为。

【己所不欲，勿施于人】 出自《论语·颜渊》。意思是：自己不喜欢的事情，不要强加给别人。

【敬鬼神而远之】 出自《论语·雍也》。意思是：敬重鬼神，但要远离他们。比喻对于自己不喜欢的人，既不得罪，也不靠近。成语"敬而远之"即由此而来。

【人不知而不愠，不亦君子乎】 出自《论语·学而》。愠：恼怒。意思是：别人不了解自己，而自己也不怨恨，不也算得上是君子吗？此句表现了一个人的高度修养。

【古者言之不出，耻躬之不逮也】 出自《论语·里仁》。躬：指身体，引申为亲身。逮：赶上，不逮，即赶不上，做不到。意思是：古人不轻易说话，怕说了以后又做不到，这是很羞耻的事情。

【矜而不争，群而不党】 出自《论语·卫灵公》。矜：持重，谨慎。群：合群。党：指结党营私。意思是：内心矜持，但不与人争执；合群而不结党营私。此句原是讲学问标准，后人常将其作为君子的品行标准。

【志士仁人，无求生以害仁，有杀身以成仁】 出自《论语·卫灵公》。意思是：仁人志士，不能为了求生而损害仁义，而应做到为了仁义而献出自己的生命。

【朽木不可雕也，粪土之墙不可杇也】 出自《论语·公冶长》。杇：同"圬"，泥瓦匠抹墙的工具，这里指粉刷墙壁。意思是：腐烂的木头不能再用来雕刻了，用粪土垒成的墙不能粉刷了。比喻对无法造就的人，用不着再去培养他了。

【敏而好学，不耻下问】 出自《论语·公冶长》。意思是：聪敏而好学，不以向不如自己的人请教学问为耻辱。

【发愤忘食，乐以忘忧，不知老之将至】 出自《论语·述而》。意思是：发奋读书，便忘记了吃饭，学有所得就高兴得忘记了忧愁，不知道衰老就要到了。形容学习之勤奋。

【温故而知新，可以为师矣】 出自《论语·为政》。故：指旧知识。意思是：温习旧的知识，从而得到新的领悟，获得新的知识，这样就可以做老师了。

【三军可夺帅也，匹夫不可夺志也】 出自《论语·子罕》。三军：军队的统称。意思是：军队可以丧失自己的主帅，但却不能让一个普通人丧失自己的志向。

【往者不可谏，来者犹可追】 出自《论语·微子》。谏：挽回，改正。意思是：过去的事已经无法挽回了，但未来的事还来得及改正。说明人应抓住以后的时光，奋发努力，而不要沉浸在对过去的追悔之中。

【日月逝矣，岁不我与】 出自《论语·阳货》。意思是：时间在不断地溜走啊，岁月不等我呀！劝勉人们应珍惜时间，有所作为。

【三思而后行】 出自《论语·公冶长》。三思：指经过多次考虑。意思是：做事一定要经过深思熟虑后才去行动。

【无欲速，无见小利。欲速则不达；见小利则大事不成】 出自《论语·子路》。意思是：做事不要急于求成，不要只顾眼前的小利。急于求成，反而达不到预期的目的；只顾小利，就做不成大事。成语"欲速则不达"即由此而来。

【成事不说，遂事不谏，既往不咎】 出自《论语·八佾》。咎：追究。意思是：已经做成的事就不要再解释了，已经决定的事就不要再劝阻了，已经过去的事情就不要再去责怪了。成语"成事不说"、"既往不咎"即由此而来。

孟子

【夫志，气之帅也；气，体之充也。夫志至焉，气次焉。故曰：持其志，无暴其气】 出自《孟子·公孙丑上》。志：思想意志。暴：损毁。意思是：思维意志，是气的统帅；气，充满体内，让身体活动。意志是最高的，而气则次要一些。所以说，人一定要保持坚定的意志，才不会损毁正义道德的骨气。

【舜，何人也？予，何人也？有为者亦若是】 出自《孟子·滕文公上》。意思是：舜，是什么人？我，是什么人？有作为的人也应该以舜为榜样。

【流水之为物也，不盈科不行。君子之志于道也，不成章不达】 出自《孟子·尽心上》。科：坑坎。章：花纹，引申为显著成就。意思是：流水这东西不把坑填满，是不会再向前流的；君子有志于洞悉圣人之道，没有一定的成就，是不能到达圣人的境地的。

【古之人，得志泽加于民，不得志修身见于世。穷则独善其身，达则兼善天下】 出自《孟子·尽心上》。意思是：古代的贤人，得志的时候，就为民造福，不得志的时候，就加强自己的品德修养，使自己的德望昭显于世。窘迫潦倒时，就完善自身的修养，顺利亨通时，就为天下人多做好事。

【枉己者，未有能直人者也】 出自《孟子·滕文公下》。意思是：自身弯曲不正的人，从来不能使别人变得正直。说明正人必先正己。

【人必自侮，然后人侮之】 出自《孟子·离娄上》。意思是：一个人必定是先侮辱自己，然后别人才侮辱他。说明自甘堕落的人才会被人看不起。

【爱人不亲，反其仁；治人不治，反其智；礼人不答，反其敬】 出自《孟子·离娄上》。意思是：对人友好但别人对自己不领情，要反问自己仁爱做得如何；管治别人但管治得不好，要反问自己是否有智慧；对人礼让但别人不答理，要反问自己是否敬重别人。比喻多作自我批评。

【万物皆备于我矣，反身而诚，乐莫大焉；强恕而行，求仁莫近焉】 出自《孟子·尽心上》。意思是：万事万物、美德、真理都蕴涵在我的天性之中，反求存在于自我的本心，按本心诚实地去做，没有什么比这更快乐了。尽力按恕道去做，达到仁德的道路没有比这更快捷的了。

【未有仁而遗其亲者也，未有义而后其君者也】 出自《孟子·梁惠王上》。亲：父母。意思是：没有人存有仁爱之心而抛弃他的父母和亲人的；没有人存有正义之心而不先考虑他的国君的。比喻良好的道德素质是保证稳定的根基。

【三代之得天下也，以仁；其失天下也，以不仁】 出自《孟子·离娄上》。三代：指夏禹、商汤、周武三个王朝。意思是：夏、商、周三代的开国之主之所以能够取得天下，是因为他们有仁爱之心；他们的末代失去天下是因为他们昏庸无道，没有仁爱之心。

【行一不义，杀一不辜，而得天下，皆不为也】 出自《孟子·公孙丑上》。这句话是孟子盛赞伯夷、伊尹、孔子这三位历史人物时说的。意思是：（叫伯夷、伊尹、孔子）去做一件不仁义的事情，去杀一个无辜的人，因此得到天下，他们是都不会去做的。

【上无礼，下无学，贼民兴，丧无日矣】 出自《孟子·离娄上》。意思是：高高在上的人不讲究礼义，下层的百姓就没有学习的榜样，就会趁机作乱，那样国家灭亡的日子也就不远了。

【长君之恶，其罪小；逢君之恶，其罪大】 出自《孟子·告子下》。意思是：（一些官吏）明明知道君主有过失却不加以劝谏，这种人的罪过还算小；（有些官员）当君主的过错并未发生时，诱导君主去犯错，这种人才罪大恶极。

【善战者服上刑，连诸侯者次之，辟草莱任土地者次之】 出自《孟子·离娄上》。上刑：最重的刑罚。意思是：最善于领兵打仗的人应该服以最重的刑罚；联合诸侯发动战争的人应该服次一等的刑罚；为开拓疆土而战并以收取沉重的赋税为战争提供后勤支援的人应该服再次一等的刑罚。

【恻隐之心，仁之端也；羞恶之心，义之

端也;辞让之心,礼之端也;是非之心,智之端也】 出自《孟子·公孙丑上》。恻隐之心:同情心。端:开始。意思是:同情之心是仁德的开端;羞耻之心是道义的开端;谦让之心是礼义的开端;是非之心是智慧的开端。

【人之所以异于禽兽者几希】 出自《孟子·离娄下》。几希:稀少。意思是:人和禽兽的区别是很少的。

【士穷不失义,达不离道】 出自《孟子·尽心上》。穷:不得志。达:得志。意思是:读书人在不得志的时候不丧失道义,在得志的时候不背弃道义。

【天下有道,以道殉身;天下无道,以身殉道】 出自《孟子·尽心上》。殉:为某种目的而死。意思是:天下政治清明时,可以牺牲自己的主张保全自身;天下政治不明时,可以牺牲自身以保证主张的纯洁。

【不仁而在高位,是播其恶于众也】出自《孟子·离娄上》。播:传播。意思是:缺乏仁爱之心的人在统治者的位置上,这等于在民众中间传播他的恶劣思想啊。

【不以文害辞,不以辞害志】 出自《孟子·万章上》。文:文字。意思是:不要因为文字而曲解了词意,也不要因为词意而曲解了全文的本意。

【登东山而小鲁,登泰山而小天下】出自《孟子·尽心上》。意思是:登上东山就感到鲁国太小了,登上泰山就感到天下太小了。

【博学而详说之,将以反说约也】 出自《孟子·离娄下》。意思是:广泛地学习,详细地解说,在融会贯通以后,用很少的话把道理表达出来。

【不信仁贤,则国空虚】 出自《孟子·尽心下》。意思是:不信任仁德贤能的人,那么,国家就会没有人才可用。

【存乎人者,莫良于眸子】 出自《孟子·离娄上》。意思是:观察一个人,再没有比观察他的眼睛更好的方法了。说明眼睛是心灵之窗。

【君之视臣如土芥,则臣视君如寇仇】 出自《孟子·离娄下》。土芥:泥土、小草。意思是:君主将臣子看得像草芥一样低贱,臣子就会将君主看成敌人。说明君臣关系当中,君主如何看待臣子,臣子也会用相应的态度对待君主。

【无政事,则财用不足】 出自《孟子·尽心下》。政事:施政。意思是:不勤于政事,国家的财政就会不足。说明政治对国家的财力有着直接的影响。

【以德服人者,中心悦而诚服也】 出自《孟子·公孙丑上》。意思是:依靠自己的德行让人信服的,人们才能心悦诚服。

【老吾老,以及人之老;幼吾幼,以及人之幼】 出自《孟子·梁惠王上》。老:第一个“老”为动词,尊敬、敬养。幼:第一个“幼”为动词,爱护。意思是:尊敬自己的长辈,并将这种尊敬也推及到别人的长辈;爱护自己的孩子,并将这种爱护推及到别人的孩子。

【得道者多助,失道者寡助】 出自《孟子·公孙丑下》。道:仁政。意思是:能够施行仁政的人,帮助他的人就多;而不施行仁政的人,帮助他的人就少。现多用来形容正义的事业就能得到支持,倒行逆施则会遭到人们的反对。

【域民不以封疆之界,固国不以山溪之险,威天下不以兵革之利】 出自《孟子·公孙丑下》。域民:使百姓定居于国内。封疆:边疆。固:使……稳固。兵革:指武器装备。意思是:让百姓安居在国内不能光靠疆界,让国家稳定不受外侵不能光靠地势的险要,让天下臣服不能光靠武器装备的精良。说明“域民”、“固国”、“威天下”应靠的是仁政。

【国人皆曰贤,然后察之;见贤焉,然后用之】 出自《孟子·梁惠王下》。察:考察,了解。意思是:全国的人都说这个人是贤才,那么就去考察他;见他果然是贤才,那么就要

任用他。

【民为贵，社稷次之，君为轻】 出自《孟子·尽心下》。社稷："社"指"土神"，"稷"指"谷神"，古代用社稷指代国家。意思是：人民是最重要的，其次是国家，而君主是最轻的。

【所欲与之聚之，所恶勿施尔也】 出自《孟子·离娄上》。意思是：百姓想要的，就替他们聚集起来；百姓所厌恶的，不要强加于他们身上。

【乐民之乐者，民亦乐其乐。忧民之忧者，民亦忧其忧】 出自《孟子·梁惠王下》。意思是：为人民的快乐而感到快乐的，人民也会因为他的快乐而快乐；为人民的忧虑而忧虑的，人民也会因为他的忧虑而忧虑。用于规劝为政者应多关心百姓，与百姓共甘苦。

【天时不如地利，地利不如人和】 出自《孟子·公孙丑下》。天时：阴晴寒暑的变化。地利：地形优势。人和：团结，得人心。意思是：有良好的时令，不如有有利的地势；有有利的地势，不如有团结一致的人心。说明人心是最重要的。

【观于海者难为水，游于圣人之门者难为言】 出自《孟子·尽心上》。游于圣人之门：在圣人的门下受过教育。意思是：曾经观看过大海的人，很难再受到别的水流的吸引；曾经在圣人的门下受过教育的人，也很难有什么言论能吸引他了。用来比喻阅历丰富、眼界高远、见过大场面。

【苟得其养，无物不长；苟失其养，无物不消】 出自《孟子·告子上》。苟：如果。养：滋养。意思是：如果得到了必要的滋养，什么东西都可以生长；如果失去了必要的滋养，什么东西都可能消亡。

【彼一时，此一时也】 出自《孟子·公孙丑下》。意思是：那是一个时候，现在是另一个时候，时间不同，情况也不一样了。用来说明时势不同，情况也随之改变，不能再相提并论了。

【尽信书，则不如无书】 出自《孟子·尽心下》。书：这里专指《尚书》。意思是：完全相信《尚书》里的话，还不如没有《尚书》。现多指不要迷信书本，不要被书本所束缚。

【出乎尔者，反乎尔者也】 出自《孟子·梁惠王下》。意思是：你怎样对待别人，别人也会怎样对待你。

【仰不愧于天，俯不怍于人】 出自《孟子·尽心上》。意思是：上无愧于天，下无愧于地。

【天作孽，犹可违；自作孽，不可活】 出自《孟子·离娄上》。意思是：如果是自然所造成的灾害，还可以躲避；但如果是自己种下的罪孽，则是不能逃避的。

【不以规矩，不能成方圆】 出自《孟子·离娄上》。规：圆规。矩：曲尺。意思是：不使用圆规和曲尺，就不能准确地画出方形和圆形。用来比喻行事如果没有准则，就什么事情也办不好。

【大匠诲人必以规矩，学者亦必以规矩】 出自《孟子·告子上》。规矩：法则。意思是：高明的工匠教授别人，一定会按照法则，而学习的人本身也应当遵循法则。

【引而不发，跃如也】 出自《孟子·尽心上》。意思是：教育别人就像教别人射箭一样，只将弓拉满，但不发箭，只做出一种跃跃欲试的样子。比喻教育要善于启发。

【言近而指远者，善言也】 出自《孟子·尽心下》。近：浅显。指：同"旨"，意义。意思是：语言虽然浅显，但意义深远，这才称得上是"善言"。

【虽有天下易生之物，一日暴之，十日寒之，未有能生者也】 出自《孟子·告子上》。暴：同"曝"，晒。意思是：即便天下有一种东西容易生存，如果晒它一天，又冻它十天，那它也就不能生存了。比喻学习应持之以恒。后常用"一暴十寒"形容人没有恒心。

【弈之为数，小数也，不专心致志，则不得也】 出自《孟子·告子上》。弈：下围棋。数：技艺，技术。意思是：下棋虽然只是一门小技艺，但如果不能专心致志地学，也学不会。

【心之官则思，思则得之，不思则不得也】 出自《孟子·告子上》。心：古代人认为心脏是用来思考的。官：功能。意思是：心是用来思考的，思考了就会有所收获，不思考就不会有所得。说明学习应善于思考。

【天将降大任于斯人也，必先苦其心志，劳其筋骨，饿其体肤，空乏其身，行拂乱其所为】 出自《孟子·告子下》。拂：违背。意思是：上天要将重大的责任降临给某人时，一定会先让他的内心经受痛苦，让他的身体经受劳累，使他经受饥饿、经受贫穷，使他的所为遭受不顺。说明做任何事都要经历一番苦难。

诗经

【战战兢兢，如临深渊，如履薄冰】 出自《诗经·小雅·小旻》。意思是：谨小慎微，好像走近深渊旁边，好像踏在薄冰之上一样。用来比喻处事谨慎。

【谋夫孔多，是用不集】 出自《诗经·小雅·小旻》。意思是：谋士太多了，就会无所适从，难以成事。

【如匪行迈谋，是用不得于道】 出自《诗经·小雅·小旻》。匪：不是，非。迈：行走。意思是：只是一意计谋而不行动，这和想到远方而不迈开腿有何两样呢？

【巧言如簧，颜之厚矣】 出自《诗经·小雅·巧言》。意思是：甜言蜜语，出言虚伪的人，脸皮实在太厚了。

【式夷式已无小人殆】 出自《诗经·小雅·节南山》。式：用。夷：正直。殆：近。意思是：任用正直的人，国家就会兴旺，小人便无法亲近。

【营营青蝇，止于樊。岂弟君子，无信谗言】 出自《诗经·小雅·青蝇》。青蝇：黑头苍蝇。岂弟：同"恺悌"，平易近人。意思是：黑头苍蝇，讨厌地飞来飞去，停在屋外的篱笆上；平易近人的君子啊，不要听信它的谗言。

【哀哀父母，生我劬劳】 出自《诗经·小雅·蓼莪》。劬劳：劳累。意思是：悲伤啊，父母生我养我多么辛苦。

【它山之石，可以攻玉】 出自《诗经·小雅·鹤鸣》。意思是：其他山上的石头，也可以用来雕琢我的玉。比喻借鉴他人的经验以解决自己的问题。

【辟言不信，如彼行迈，则靡所臻】 出自《诗经·小雅·雨无正》。辟：法则。行迈：行走。臻：达到。意思是：不听信合乎法则的话，就好比走路没有目标，永远也到达不了目的地。

【无怨无恶，率由群匹】 出自《诗经·大雅·假乐》。率：循。意思是：（君主能够做到）无人怨恨，无人憎恶，能够听从群臣的意见。

【刑于寡妻，至于兄弟，以御于家邦】 出自《诗经·大雅·思齐》。意思是：君王能够示范于他的嫡妻，至于他的兄弟也是一样，以此来治理天下。比喻一视同仁，公而不私。

【既明且哲，以保其身】 出自《诗经·大雅·烝民》。明：明辨是非。哲：聪明。意思是：既明辨是非又聪明过人，就能保住自己的性命。

【白圭之玷，尚可磨也，斯言之玷，不可为也】 出自《诗经·大雅·抑》。尚：还。意思是：白玉上面的斑点，还可以打磨下去。话语一旦有了问题，那就不好整治了。

【不明尔德，时无背无侧】 出自《诗经·大雅》。明：完善。尔：你。时：是。背：背后。意思是：你之所以没有完美的德性，是因为在你的前后左右没有被你所亲近的贤者。

【匪面命之，言提其耳】 出自《诗经·大

語言的盛宴

雅·抑》。意思是:不但当面指教,而且提着耳朵叮嘱,希望他永不忘记。形容教诲殷切。

【一日不见,如三秋兮】 出自《诗经·王风·采葛》。意思是:一天不相见,就像是隔了三季。

【投我以木桃,报之以琼瑶】 出自《诗经·卫风·木瓜》。意思是:你赠给我一个桃子,我回报你的是美玉。

【桃之夭夭,灼灼其华】 出自《诗经·周南·桃夭》。意思是:桃花怒放,美丽可爱,红艳艳的花朵多么耀眼。

【死生契阔,与子成悦。执子之手,与子偕老】 出自《诗经·邶风·击鼓》。意思是:这是生离死别啊,我和你立约盟誓,握着你的手,和你一起到白头。

【深则厉,浅则揭】 出自《诗经·邶风·匏有苦叶》。厉:连衣涉水。揭:撩起衣服涉水。意思是:渡口水深,索性连着衣服涉水,水浅时便撩起衣服蹦过去。比喻处理问题要因地制宜。

【不忮不求,何用不臧】 出自《诗经·邶风·雄雉》。忮(zhì):忌恨。臧:善。意思是:不忌恨,不求备于人,他的行为怎么会不善呢?

【伐柯伐柯,其则不远】 出自《诗经·豳风·伐柯》。柯:斧柄。意思是:砍伐树枝做斧柄,手里拿的斧柄的尺度就是伐取的标准。

【日就月将,学有缉熙于光明】 出自《诗经·周颂·敬之》。缉熙:发扬光大,积渐广大。意思是:日日有所收获,月月有所进步,这样不断学习,就能达到无比光明的境界。

【靡不有初,鲜克有终】 出自《诗经·大雅·荡》。靡:无,没有。鲜:少。克:能够。意思是:没有人一开始就不做的,但很少有人能坚持到底。说明人们做事多是有始无终。

【刍荛之言,圣人择焉】 出自《诗经·大雅·板》。刍荛:割草打柴的人,引申为普通劳动者。意思是:即使是普通百姓说的话,古圣先贤也会从中择取。

【君子无易由言,耳属于垣】 出自《诗经·小雅·小弁》。意思是:君子一定不要轻易讲话,小人正把耳朵紧紧地贴在墙上。

【兄弟阋于墙,外御其务】 出自《诗经·小雅·常棣》。阋:争吵。墙:指院内,指家里。御:抵御。务:亦作"侮"。意思是:兄弟们尽管在家里可能会争吵或不和,但如果受到别人的欺侮,就会一致对外了。说明兄弟之间总是能够共患难的。

【中心藏之,何日忘之】 出自《诗经·小雅·隰桑》。中心:内心。意思是:内心里藏着他,哪天能够忘记他呢!两句话表现了女子对男子的深情厚意。

【硕鼠硕鼠,无食我黍】 出自《诗经·魏风·硕鼠》。硕鼠:大鼠,比喻剥削阶级。黍:这里泛指粮食。意思是:大老鼠啊大老鼠,不要再吃我的粮食啦!这是农民对统治者沉重剥削的怨恨与控诉。

【岂曰无衣?与子同袍】 出自《诗经·秦风·无衣》。意思是:谁说没有衣服穿呢?我与你同穿一件战袍。此句反映了战士们同仇敌忾,士气饱满,充满团结战斗的精神。

【人之多言,亦可畏也】 出自《诗经·郑风·将仲子》。多言:指爱说闲话。意思是:别人的闲谈议论也能让人感到畏惧。

【相鼠有皮,人而无仪;人而无仪,不死何为】 出自《诗经·鄘风·相鼠》。相:看。仪:礼仪,指尊严。意思是:看看那老鼠尚且还有一层皮呢,而人却这样没有廉耻;这样没有廉耻,还活着干什么呢?

【风雨如晦,鸡鸣不已】 出自《诗经·郑风·风雨》。晦:昏暗。意思是:风雨交加,天色昏沉,群鸡鸣叫不已。现常以前半句形容社会黑暗。

語言的盛宴

尚书

【任官惟贤才，左右惟其人】 出自《尚书·商书·咸有一德》。意思是：任命官吏只能任命德才兼备的人；君主身边的大臣及侍从也只能是这样的人。

【德惟治，否德乱】 出自《尚书·商书·太甲下》。意思是：只有推行德政，天下才会长治久安；不推行德政，天下就会大乱。

【惟治乱在庶官，官不及私昵，惟其能】 出自《尚书·商书·说命中》。意思是：天下是长治久安，还是混乱，取决于官吏的作用。在选用官员时，不能提拔那些和自己关系亲昵的人，要任人唯贤。

【旁求俊彦，启迪后人】 出自《尚书·商书·太甲上》。旁：广泛地。俊彦：贤能之辈。意思是：广泛地访求贤能之人，并以此教育后人。

【无耻过作非】 出自《尚书·商书·说命中》。耻过：以过为耻。意思是：不要以过为耻而文过饰非。

【功崇惟志，业广惟勤】 出自《尚书·周书·周官》。崇：高。惟：由于。意思是：功德高是由于有志向，事业广大是由于勤劳。

【不矜细行，终累大德】 出自《尚书·周书·旅獒》。矜：小心谨慎。意思是：在细节上不小心谨慎，最终会败坏大的品德。

【无偏无党，王道荡荡】 出自《尚书·周书·洪范》。党：朋友。意思是：（君主）没有偏袒、私念，王道就是通畅的。说明为人君者、从政者不能心存私念，要公平对待一切。

【制治于未乱，保邦于未危】 出自《尚书·周书·周官》。制治：制定各种法令进行治理。意思是：在国家没有产生动乱之前，就订立各种法令制度进行治理；在国家没有产生危机的时候，便采取保卫措施。

【怨不在大，亦不在小】 出自《尚书·周书·康诰》。意思是：（对上层人物的）怨恨不在大，也不在小。比喻当官的人只要尽职尽责，即使有民怨，也无关大小。

【民之所欲，天必从之】 出自《尚书·周书·泰誓上》。意思是：百姓所要得到的东西，老天就一定会从了他们的愿。比喻民心的重要性。

【天视自我民视，天听自我民听】 出自《尚书·周书·泰誓上》。天视：苍天的看法。意思是：上天的见解就是来自百姓的见解，上天所听闻的就是百姓所听闻的。比喻重视百姓就是重视上天，就能顺应天意。

【树德务滋，除恶务本】 出自《尚书·周书·泰誓上》。树：立。意思是：培育良好的德行，务求滋长；铲除邪恶，务求除根。

【为善不同，同归于治；为恶不同，同归于乱】 出自《尚书·周书·蔡仲上》。为善：做善事。意思是：（君主）行善的方式虽然各有不同，但同样都会达到安定统治；行恶的方式也各有不同，但同样也会导致动乱。

【貌曰恭，言曰从，视曰明，听曰聪，思曰睿】 出自《尚书·周书·洪范》。意思是：态度要谦恭，说话要合乎逻辑，观察要清楚，听取意见要聪慧，思考问题要睿智。

【不做无益害有益】 出自《尚书·周书·旅獒》。意思是：不去做无益于自己身心的事情，以免损害了有益于身心的事情。

【无稽之言勿听，毋询之谋勿庸】 出自《尚书·周书·旅獒》。无稽：没有根据。谋：计谋。庸：使用。意思是：毫无根据的话不要听信，没有咨询过别人的计谋不要使用。

【天聪敏，自我民聪明；天明畏，自我民明威】 出自《尚书·虞书·皋陶谟》。聪明：指见闻。意思是：上天知晓人间的善恶，是在百姓中间听取和观察来的；上天的奖惩命令，是来自于百姓的意见的。

【诗言志，歌永言，声依永，律和声】出自

《尚书·虞书·舜典》。永:长久。声:古代音乐的五声。意思是:诗是抒发作者志向的乐章,是需要长久歌咏的,五声是依附于所歌咏的诗的,使用十二律和五声合于节奏。

【德无常师,主善为师】 出自《尚书·商书·咸有一德》。师:榜样。意思是:德行修养没有固定的老师,以善为原则的人都是自己学习的榜样。

【好问则裕,自用则小】 出自《尚书·商书·仲虺之诰》。裕:宽裕。意思是:谦虚好问的人气度就宽宏,自以为是的人气量就狭小。

【能自得师者王,谓人莫己若者亡】出自《尚书·商书·仲虺之诰》。意思是:能够自己拜得名师的人可以成就伟业,到处和人叫嚣别人不如自己的人会灭亡。

【火炎昆冈,玉石俱焚】 出自《尚书·夏书·胤征》。炎:烧。意思是:大火燃烧昆仑山时,美玉和顽石都遭到毁灭。比喻好坏同归于尽,成语"玉石俱焚"源于此。

【百姓不亲,五品不逊】 出自《尚书·虞书·舜典》。五品:即五伦,父、母、兄、弟、子。意思是:百姓之间视为仇人,互不亲近,提倡尊老爱幼也不会顺利。

【不役耳目,百度惟贞】 出自《尚书·周书·旅獒》。意思是:感官不被声色支配的人,他的思维是纯洁的。

【辞尚体要,弗惟好异】 出自《尚书·周书·毕命》。尚:崇尚,重。体要:精要,具体而概括。惟:为,是。意思是:文辞重在充实而概括,不是为了喜爱标新立异。

【弗虑胡获,弗为胡成】 出自《尚书·商书·太甲下》。弗:不。胡:怎么。意思是:不经过思考,怎么会有所收获呢?不去实行,怎么会有所成就呢?

【人惟求旧,器非求旧,惟新】 出自《尚书·商书·盘庚上》。意思是:用人要选用熟悉的臣子,不要像选用器具那样只要新的,不要旧的。

【木从绳则正,后从谏则圣】 出自《尚书·商书·说命上》。后:君主。意思是:木料经过墨线划线就能裁成直木,君主接受臣下意见就能成为圣明的君主。

【人无于水鉴,当于民鉴】 出自《尚书·周书·酒诰》。意思是:为政的人不应该把水作为镜子,而是应该把人民当作镜子。比喻应以百姓的反应检查为政的得失。

【民为邦本,本固邦宁】 出自《尚书·夏书·五子之歌》。邦:国家。意思是:百姓是国家的根本,百姓安居乐业了,国家才能安宁。

【以公灭私,民其允怀】 出自《尚书·周书·周官》。允:相信,信任。意思是:在上位的人能够大公无私地处理政事,就会得到老百姓的信任。

【与人不求备,检身若不及】 出自《尚书·商书·伊训》。意思是:对别人不求全责备,对自己则惟恐检查得不够。说明一个人的品德修养,应对别人实事求是,对自己严格要求。

【汝惟不矜,天下莫与汝争能;汝惟不伐,天下莫与汝争功】 出自《尚书·虞书·大禹谟》。矜:自夸贤能。伐:自夸功高。意思是:只要你不自视贤能,天下就没有人与你争贤能的高下;只要你不自视功高,天下就没有人与你争夺功劳大小。

【责人斯无难,惟受责俾如流,有惟艰哉】 出自《尚书·周书·秦誓》。俾:使。如流:比喻谦虚。意思是:指责别人的过错并不难,难的是让自己能够像流水一样从容地接受别人的指责。

【满招损,谦受益】 出自《尚书·虞书·大禹谟》。意思是:骄傲自满会招致损害,谦虚谨慎会带来益处。告诫人们应谦虚处事。

【小人怨女詈女,则皇自敬德】 出自《尚书·无逸》。女:同"汝",你。皇:更加。意思是:如果小人怨恨你,辱骂你,那么你就更

应该谨慎自己的德行。

【玩人丧德，玩物丧志】 出自《尚书·周书·旅獒》。意思是：喜欢玩弄别人，会有损于自己的道德，只顾迷恋喜欢的器物，会让人丧失掉进取的心志。

【克勤于邦，克俭于家】 出自《尚书·虞书·大禹谟》。意思是：报效国家，要能够勤劳；主持家政，要能够节俭。

【惟日孜孜，无敢逸豫】 出自《尚书·周书·君陈》。逸豫：安逸享乐。意思是：每天都努力不怠，不敢贪图安逸和享乐。

【为山九仞，功亏一篑】 出自《尚书·周书·旅獒》。仞：古代的长度单位，周制一仞为八尺，九仞，形容很高。篑：盛土的筐。意思是：堆筑九仞高的土山，由于只差一筐土而没有完成。比喻做事应持之以恒、善始善终。成语“功亏一篑”即由此而来。

【元首丛脞哉，股肱惰哉，万事堕哉】 出自《尚书·虞书·益稷》。丛脞：繁琐。股肱：臣子。意思是：君王做事情繁琐不堪胸无大略，辅助他的臣子就会懈怠，这样，任何事情都做不成功。

【若网在纲，有条而不紊】 出自《尚书·商书·盘庚上》。意思是：好像网结在纲上，才会有条不紊。

【居上克明，为下克忠】 出自《尚书·商书·伊训》。意思是：为上的能够体察下情，为下的能够尽忠职守。

【贤君无私怨】 出自《尚书·商书·伊训》。意思是：贤明的君主没有个人的恩怨。比喻君主的个人情感不应带到政治里去。

礼记

【玉不琢，不成器；人不学，不知道】出自《礼记·学记》。意思是：玉不经过雕琢，就不能成为器具；人不通过学习，就不懂得道理。

【是故学然后知不足，教然后知困】出自《礼记·学记》。意思是：所以学习后才知道自己的不足，教授才知道自己知识上的贫乏。

【人之学也，或失则多，或失则寡，或失则易，或失则止】 出自《礼记·学记》。意思是：很多人在学习时，有的过失在于贪多，有的过失在于求少，有的过失在于把学习看得太容易，有的过失在于半途而废。

【苟利国家，不求富贵】 出自《礼记·儒行》。意思是：只求有利于国家，不求个人富贵。

【一人有庆，兆民赖之】 出自《礼记·缁衣第三十三》。庆：行善。兆：一百万，旧指一万亿。意思是：君主拥有美德善行，天下亿万臣民都能受其恩惠。

【上好是物，下必有甚者矣】 出自《礼记·缁衣第三十三》。意思是：君主爱好某种东西，下面的臣民一定会更爱好。说明君主要谨言慎行，做好表率。

【大道之行也，天下为公】 出自《礼记·礼运第九》。行：通行。意思是：大道通行于天下时，天下是天下人所共有的。

【一张一弛，文武之道也】 出自《礼记·杂记下第二十一》。张：拉开弓弦。文：周文王。武：周武王。意思是：（治理国家、管教臣民）要像操纵弓箭一样，既要紧张，也要松弛，这就是周文王、周武王治理国家的原则。

【政不正，则君位危；君位危，则大臣倍，小臣窃】 出自《礼记·礼运第九》。倍：同“背”，背叛。意思是：如果在政事上不能行正道（以致发生重大政策错误），那么君主的地位就非常危险了；国君的地位岌岌可危，大臣就有可能背叛，小官吏就会乘机盗窃国家财物。

【刑肃而俗敝，则民弗归也，是谓疵国】 出自《礼记·礼运第九》。刑肃：刑法酷烈。俗敝：伤风败俗。意思是：刑法残酷而社会风气又败坏，那么民众就不会归服，这叫做有病的国家。

【古之为政，爱人为大】 出自《礼记·哀公问第二十七》。意思是：古代的帝王治国，把爱护臣民作为从政的头等大事。

【无三年之蓄，曰非其国也】 出自《礼记·王制第五》。蓄：储备。意思是：国家要是没有能够支持三年的储备，那这个国家就不叫国家了。

【礼之教化也微，其止邪也于未形，使人日徙善远罪而不自知也】 出自《礼记·经解第二十六》。微：微妙。意思是：礼义的教化作用是潜移默化的，它会在邪恶还没有形成的时候就扼杀它，能使人在不知不觉中靠近善良，远避罪恶。

【贵人而贱禄，则民兴让；尚技而贱车，则民兴艺】 出自《礼记·坊记第三十》。意思是：尊重人才而轻视俸禄，这样民间就会兴起谦让的风气；重视技艺而轻视车马，这样民间就会兴起学习技艺的风气。

【人之所以为人者，礼义也】 出自《礼记·冠义第四十三》。为：是。意思是：人之所以是人（区别于其他生物），是因为人有礼义啊。

【道德仁义，非礼不成】 出自《礼记·曲礼第一》。意思是：道德仁义，没有礼就不能实行。

【恭近礼，俭近仁，信近情】 出自《礼记·表记第三十二》。恭：恭敬。俭：节俭。情：性情。意思是：恭敬接近礼，节俭接近仁，诚信接近人本来的性情。本句阐明了恭、俭、信在礼义中至高无上的地位。

【人化物也者，灭天理而穷人欲者也】 出自《礼记·乐记第十九》。意思是：人的内心受到外界事物的诱惑而发生变化，人变成了物，（一旦出现这种变化）就会泯灭了天授予人类的善良本质，去追求无穷的个人私欲的满足。

【敖不可长，欲不可从，志不可满，乐不可极】 出自《礼记·曲礼上第一》。敖：通“傲”，傲慢之心。长：滋长。从：通“纵”，放纵。意思是：傲慢之心不能滋长，欲望不可放纵，志气不可表露出自满，享乐不可穷奢极欲。

【富贵而知好礼，则不骄不淫；贫贱而知好礼，则志不慑】 出自《礼记·曲礼上第一》。淫：过度。慑：怯。意思是：富贵的人知道爱好礼义，就不会以富贵傲于人前，做事过分；贫贱的人知道爱好礼义，就会有志气而不会怯懦迷惘。

【很毋求胜，分毋求多】 出自《礼记·曲礼上第一》。很：争吵。意思是：在争吵时，不要存取胜于人的心理；在分财产时，不要存多分的想法。

【孝子之养老也，乐其心，不违其志；乐其耳目，安其寝处】 出自《礼记·内则第十二》。意思是：孝子养父母的老，要使父母从心里感到快乐，不违背他们的意愿，（想办法）让他们赏心悦目，父母的寝处要安排得舒适。

【凡为人子之理，冬温而夏凊，昏定而晨省】 出自《礼记·曲礼上第一》。凊：凉。意思是：做人子女的按照侍奉双亲的礼制，要让父母冬天温暖，夏天凉爽，晚上铺好床，安放好枕头，早晨要请安。

【从命不忿，微谏不倦，劳而不怨，可谓孝矣】 出自《礼记·坊记第三十》。意思是：听从父母的教诲，不要有不乐意或者埋怨的表情；（父母有过）要和颜悦色地劝谏，如果不听，也不能发脾气，要反复劝谏；侍奉父母累了也不能怨恨，这就是孝了。

【善则称亲，过则称己，则民作孝】 出自《礼记·坊记第三十》。作：兴起。意思是：做了善事要归功于父母的教诲，犯了错误要自己承担起来，这样民间就会兴起孝顺的风气。

【长民者，朝廷敬老，则民作孝】 出自《礼记·坊记第三十》。意思是：做百姓的长官的人，在朝廷内就要尊敬老人，这样民间就

語言的盛宴

会兴起孝敬的风气。

【养则观其顺也，丧则观其哀也，祭则观其敬而时也】 出自《礼记·祭统第二十五》。意思是：（看子女孝顺父母与否，看其三个方面）：父母活着的时候，看他是否孝顺；父母过世时，看他是否悲伤；祭祀的时候看他是否恭敬。

【予唯不食嗟来之食，以至于斯也】出自《礼记·檀弓下第四》。嗟来之食：无礼吆喝的饭。意思是：我就是因为不吃无礼吆喝的饭，才落得这个样子的啊。

【戴仁而行，抱义而处，虽有暴政，不更其所】 出自《礼记·儒行第四十一》。戴：按照。抱：坚守。意思是：按照仁义来行事，以义自处，即使在残暴的统治下也不改变自己所信奉的仁义。

【君子辞贵不辞贱，辞富不辞贫】 出自《礼记·坊记第三十》。辞：推辞。意思是：君子推辞尊贵的地位而不会推辞贫贱的地位；会推辞富有，不会推辞贫穷。

【临财毋苟得，临难毋苟免】 出自《礼记·曲礼上第一》。意思是：在财物面前不随意取，在危难面前不躲避。

【入竟而问禁，入国而问俗，入门而问讳】 出自《礼记·曲礼上第一》。禁：禁忌。意思是：每到一个地方就先打听当地的禁忌；每到一个国家就先了解该国的风俗；每到一户人家就先问清避讳什么。

【为人臣下者，有谏而无讪，有亡而无疾】 出自《礼记·少仪第十七》。谏：规劝。亡：出走。疾：憎恶。意思是：作为臣子，可以当面规劝，但不能背后讥讽；可以弃君而去，但不能有所怨恨。

【君子不失足于人，不失色于人，不失口于人】 出自《礼记·表记第三十二》。意思是：君子不让自己的行为有不检点的地方；不让别人对自己的仪态有轻视的地方；不让自己无意中说出不该说的话。

【轻绝贫贱而重绝富贵，则好贤不坚而恶恶不著也】 出自《礼记·缁衣第三十三》。绝：断交。意思是：轻率地和贫贱的朋友绝交，或者郑重地和富贵的朋友绝交，这都表明尚贤的心理不够坚定而嫉恶的心理不够明显。

【爱而知其恶，憎而知其善】 出自《礼记·曲礼上第一》。爱：与自己亲近的人。恶：不好的地方。意思是：对自己所喜欢的人要看到他的缺点；对自己所厌恶的人要看到他的优点。

【君子如欲化民成俗，其必由学乎】 出自《礼记·学记第十八》。意思是：君子如果想教化百姓养成良好的习惯，就必须从教育入手。

【立爱自爱始，教民睦也；立教自长始，教民顺也】 出自《礼记·祭义第二十四》。意思是：培养仁爱的风气就从自己的亲人开始，这是教化百姓和睦；培养尊重人的风气就从尊敬年长的人开始，这是教化百姓和顺。

【凡学之道，严师为难。师严然后道尊；道尊然后民知敬学】 出自《礼记·学记第十八》。严：尊敬。意思是：求学的学问，最不容易做到的就是尊敬师长。师长受到尊敬了，然后师道才受到尊敬；师道受到了敬重，然后百姓才知道恭敬地去学习。

【君子既知教之所由兴，又知教之所由废，然后可以为人师也】 出自《礼记·学记第十八》。意思是：君子了解了教育成功的原因，又知晓教育失败的原因，之后就可以成为别人的老师了。

【在上位不陵下；在下位不援上】 出自《礼记·中庸》。陵：同“凌”，欺凌。援：攀附。意思是：身居高位，不欺凌地位低的人；身居低位，也不攀附地位高的人。比喻领导者应该端正自持。

【内称不辟亲，外举不辟怨】 出自《礼

记·儒行》。称:举荐。怨:仇家。意思是:举荐人才,要内部不回避亲属,外部不埋没仇家。说明举荐者应胸怀宽广,以客观实际为准则。

【生财有大道,生之者众,食之者寡,为之者疾,用之者舒,则财恒足矣】 出自《礼记·大学》。道:规则,方法。食:使用,消耗。舒:缓慢。意思是:创造财富是有正确的方法的,那就是创造财富的人多,消耗财富的人少,生产得快,使用得慢,那么财货就会永远富足。

【苛政猛于虎也】 出自《礼记·檀弓下》。《檀弓下》记载:孔子路过泰山,见一妇女于坟前痛哭,便叫子路询问原由。妇女说他的公公、丈夫、儿子先后被山里的老虎吃了。孔子问她为什么不离开,她说因为深山僻地,征税达不到。苛:繁重的。意思是:繁重的政令和赋税比老虎还要凶猛!

【人莫知其子之恶】 出自《礼记·大学》。意思是:人们常常不了解自己孩子的缺点。说明人总是溺爱自己的孩子,而忽略了孩子的错误。

【君子之接如水,小人之接如醴】 出自《礼记·表记》。醴:甜酒。意思是:君子之间的交往和接触像水一样清淡,而小人之间的交往和接触则像醴酒一样甜蜜。

【不苟訾,不苟笑】 出自《礼记·曲礼》。訾:诋毁。苟:随便,轻易。笑:讥笑。意思是:不随随便便诋毁别人,也不随随便便讥笑别人。

【鹦鹉能言,不离飞鸟;猩猩能言,不离禽兽】 出自《礼记·曲礼上》。禽兽:此处为偏义复词,侧重于"兽"字。意思是:鹦鹉虽然能说话,但它还是飞禽;猩猩虽然能说话,但它还是走兽。比喻一个人不仅在于能说话,更重要的在于要有礼。

【生有益于人,死不害于人】 出自《礼记·檀弓上》。意思是:活着的时候要对人民有益,死了也不做害人的恶鬼。

【十目所视,十手所指,其严乎】 出自《礼记·大学》。意思是:许多人的眼睛都盯着你,许多人的手指都指着你,这是多么严厉呀!说明人的言行会受到公众严厉的监督。

【虽有嘉肴,弗食不知其旨也;虽有至道,弗学不知其善也】 出自《礼记·学记》。意思是:纵然有最美味的佳肴,不亲自品尝,就不知道它的味道;纵然有最好的学说,如果不去学习,也无法了解它的益处。

【时过然后学,则勤苦而难成】 出自《礼记·学记》。意思是:错过了时机以后再学,即使再刻苦,也很难有所成就。

【良冶之子,必学为裘;良弓之子,必学为箕】 出自《礼记·学记》。冶:冶炼、铸造。弓:射箭。箕:竹制的器具。意思是:优秀的冶匠的儿子,一定是先学习缝制皮衣;好的射手的儿子,一定是先学会用竹条编制器具。比喻学习一定要由浅入深。

【独学而无友,则孤陋而寡闻】 出自《礼记·学记》。意思是:只有自己一个人学习,而没有一个朋友相互切磋、相互探讨,学识就会偏狭浅显。现在常用"孤陋寡闻"形容人知识浅陋、见识不广。

【苟日新,日日新,又日新】 出自《礼记·大学》。苟:如果。意思是;如果每天都能让自己更新,那就应该日日更新,不断进入新的境界。说明每天都应让自己有所提高和进步。

易经

【方以类聚,物以群分,吉凶生矣】 出自《周易·系辞上》。方:事情。分:划分。意思是:天地间的事物是以同类相聚成群的规则来区分的,这样,吉凶祸福就在这中间了。

【一阴一阳之谓道,继之者善之,成之者性之】 出自《周易·系辞上》。道:规律。继:

继承。意思是：一阴一阳相互作用就是天地发展的规律，继承这种天的法则就是善良，使其成为人的规则，那就是天赋的秉性。

【尺蠖之屈，以求信也；龙蛇之蛰，以存身也】 出自《周易·系辞下》。屈：弯曲。信：音“申”，通“伸”，伸展。意思是：尺蠖将自己的身躯尽量弯曲，是为了伸展前进；龙蛇冬眠，是为了保全生命。

【吉人之辞寡，躁人之辞多】 出自《周易·系辞下》。意思是：老实敦厚的人言辞少，浮躁虚妄的人言辞多。

【穷则变，变则通，通则久】 出自《周易·系辞下》。穷：终极。意思是：事物发展到极点就会发生变化，发生变化能使事物的发展不受任何阻塞，事物的发展不受阻塞就能长久。

【二人同心，其利断金；同心之言，其臭如兰】 出自《周易·系辞上》。意思是：齐心协力的人，他们的力量大得可以把坚硬的金属弄断；同心同德的人见解一致，其说服力强，人们就像嗅到芬芳的兰花香味，容易接受。

【善不积，不足以成名；恶不积，不足以灭身】 出自《周易·系辞下》。意思是：不积累善举，不足以成就美名；不积累恶行，不足以使自己灭亡。

【小人不耻不仁，不畏不义，不见利不劝，不威不惩】 出自《周易·系辞下》。劝：奖赏。威：威慑。惩：警戒。意思是：小人不以不仁义为耻辱，不以不义气为可怕，不看到利益不会进取，不加以威慑不知道戒惧。比喻对待小人要恩威并施，掌握他的心理。

【德薄而位尊，知小而谋大，力小而任重，鲜不及矣】 出自《周易·系辞下》。德薄：德行浅薄。意思是：德行浅薄却地位尊崇，智商低下却图谋大事，力量微弱却负担重任，这样很少有不招致祸端的。

【君子道长，小人道消也】 出自《周易·上经·泰》。意思是：正人君子的风气和声势得以伸张和壮大，邪恶小人的风气和声势得以消退。

【地势坤，君子以厚德载物】 出自《周易·上经·坤》。坤：地，八卦之一。意思是：君子应当像大地一样，以宽厚的德行去负载万物。

【积善之家，必有余庆；积不善之家，必有余殃】 出自《周易·上经·坤》。余庆：更多的吉庆。意思是：积德行善的人家必然有更多的吉庆（恩泽后世）；不积德行善的人家，必然有更多的灾祸（贻害子孙）。说明因果报应的道理。

【君子进德修业，忠信，所以进德也】 出自《周易·上经·乾》。进德：增进品德。意思是：君子增进品德，营修功业，要讲求忠义诚信，忠义诚信是用来增进品德的。

【谦谦君子，卑以自牧也】 出自《周易·上经·谦》。谦谦：非常谦虚。卑：谦卑。自牧：自我修养。意思是：非常谦虚的君子，以谦卑之道来自我修养。

【不事王侯，高尚其事】 出自《周易·上经·蛊》。事：侍奉。意思是：不侍奉王侯，把自己这种逍遥世外的行为看得很高尚。

【其正直也，方其义也，君子敬以直内，以方外】 出自《周易·上经·坤》。意思是：“直”里面包含着“正”，“方”里面包含着“义”，君子应当以恭敬的态度让自己的内心正直，以正义的准则规范外在的行为。

【天地不交，否。君子以俭德辟难，不可荣以禄】 出自《周易·上经·否》。否：音“匹”，闭塞不通。意思是：当天地不通，上下不交时，叫做否。（这时）君子应该收敛自己的才华来躲避灾难，不可追求荣华富贵。

【反复其道，七日来复，天行也】 出自《周易·上经·复》。意思是：阴阳反复是自然法则，经过七天，往者回复，这就是阴阳此消彼长的循环规律。

【同声相应，同气相求】 出自《周易·上经·乾》。声：声调。气：气息。意思是：声调、话语等都相同就会产生情感上的共鸣，气息、气质等都相同，就会彼此吸引。

【日月得天，而能久照；四时变化，而能久成】 出自《周易·下经·恒》。意思是：太阳和月亮遵循天体运行规律，就能永远照射万物；春夏秋冬四季遵循自然规律循环往复，就能滋生万物。

【时止则止，时行则行。动静不失其时，其道光明】 出自《周易·下经·艮》。时：适时。道：前途。意思是：在应该停止的时候停止，在应该行动的时候行动。行动或者停止都不要失去最好的时机，这样才能前途光明。

【见善则迁，有过则改】 出自《周易·下经·益》。意思是：看见善美的德行就向其学习，有了过错就改掉。

【君子藏器于身，待时而动】 出自《周易·系辞下》。藏：积蓄。器：才干、才智。意思是：君子要不断积累才智，等到有利的时机就发挥出来。

【安而不忘危，存而不忘亡，治而不忘乱】 出自《周易·系辞下》。意思是：在和平的时候不要忘了有危险的发生，生存的时候不要忘了有灭亡的时候，安定的时候不要忘了有危乱的时候。说明国家和个人都应该居安思危，成语"安不忘危"即由此而来。

【仁者见之谓之仁，知者见之谓之知】 出自《周易·系辞上》。知：同"智"。意思是：对待同样的问题，仁者见了说它是仁，而智者见了说它是智。说明同样的事情，不同的人有不同的见解。

【日中则昃，月盈则食】 出自《周易·下经·丰》。昃：日西斜。食：同"蚀"，亏损。意思是：太阳升到了中午就开始西斜，月亮满盈后就开始亏损。用来比喻事物盛极则衰，物极必反。

【言行，君子之枢机。枢机之发，荣辱之主也】 出自《周易·系辞上》。枢机：比喻事物的关键部分。意思是：言行，是君子立身处世的关键。言行一旦发出，就成了事情成败、人身荣辱的主宰。

【天行健，君子以自强不息】 出自《周易·上经·乾》。健：刚健。意思是：自然界运行刚健有力，周而复始，君子也应像自然界一样努力向上，永无休止。这句话原是用来解释"乾"卦的，后常被用来自勉与勉人。成语"自强不息"即由此而来。

【慢藏诲盗，冶容诲淫】 出自《周易·系辞上》。慢藏：保管疏忽。冶容：妖冶的容颜。意思是：财物收藏不慎，则不啻于引人偷盗；女人打扮得妖冶，不知检点，则不啻于引人淫荡。

史篇

史篇

国语

【得时无怠，时不再来】 出自《国语·越语下》。意思是：得到了机遇就不要懈怠，机遇一旦错过，就不会再度重来。

【从善如登，从恶是崩】 出自《国语·周语下》。是：似。意思是：向善就好像攀登山峰，向恶就好像山石坍塌。比喻上进困难，堕落却快得惊人。

【为君不君，为臣不臣，乱之本也】 出自《国语·敬姜论劳逸》。意思是：做君主的不像君主，做臣子的不像臣子，这是国家混乱的根源。

【败不可处，时不可失，忠不可弃，怀不可从】 出自《国语·晋语》。处：居住。意思是：政令败坏的地方不能居住，机遇不能丧失，忠诚的人不能抛弃，顾着私欲的情绪不能依从。

【过而能改者，民之上也】 出自《国语·鲁语》。意思是：犯了错误能够改正的人就是人上人了。

【恶有衅，虽贵，罚也】 出自《国语·鲁语》。衅：事端。意思是：只要犯了罪，就是地位再高，也应受到处罚。

【轻则寡谋，骄则无礼】 出自《国语·周语》。意思是：轻举妄动的人做事缺乏思考，骄傲自满的人待人无礼。

【人之求多闻善败，以鉴戒也】 出自《国语·楚语》。意思是：正面和反面的东西，都应该知道，以便从中吸取教训。

【塞水不自其源，必复流】 出自《国语·晋语》。意思是：堵塞流水不从发源的地方堵，水必定还要流出来。比喻处理问题必须治本。

【上医医国，其次疾人】 出自《国语·晋语》。意思是：最高明的医生能医治国家的疾病，然后才给人看病。

【盛而不骄，劳而不矜其功】 出自《国语·越语》。意思是：达到顶点时不骄傲，有了功绩不自夸有功。

【时不可失，丧不可久】 出自《国语·晋语》。意思是：要紧紧抓住时机不能错过，错过了也不能延误太久。

【拱木不生危，松柏不生埤】 出自《国语·晋语》。拱木：可用两手围抱的树。危：这里指屋脊。意思是：合抱的大树不生在屋脊上，松柏不生在矮墙上。比喻人才的成长要有一定的条件。

【狐埋之而狐搰之，是以无成功】 出自《国语·吴语》。搰：掘出来。意思是：狐狸实在多疑，刚把东西埋起来，又把它掘出来看看，到最后也没藏好。比喻人疑虑太多，不能成事。

【君以为易，其难也将至矣】 出自《国语·晋语》。意思是：往往在你觉得是轻而易举的时候，困难也就跟来了。说明做事不能麻痹大意。

【口之言也，善败于是乎兴】 出自《国语·周语》。善败：善恶，好坏。兴：兴起，这里作“清楚”讲。意思是：放开人民的嘴，让他们有话直说，政事的善恶好坏就都可以反映出

語言的盛宴

来了。

【为川者决之使导，为民者宣之使言】 出自《国语·周语》。为:治理。意思是:治理河道,要用疏导的办法使其通畅;治理百姓,要引导百姓使其敢言。成语“防民之口,甚于防川”即由此而来。

【兴王赏谏臣,逸王罚之】 出自《国语·晋语》。意思是:能够让国家振兴的君主会奖赏敢于进谏的臣子,而贪图安逸的君主则会惩罚敢于进谏的臣子。

【民可近也,而不可上也】 出自《国语·周语》。意思是:对待百姓,应当亲近他们,但是不能够凌驾于他们之上。

【王事唯农是务,无有求利于其官,以干农功】 出自《国语·周语》。王事:公事。意思是:在所有的公事当中,最重要的是专力于农业,没有为了自己的利益而影响农事的。

【松柏之地,其草不肥】 出自《国语·晋语》。意思是:在长满松柏的地方,草长得就不肥美。用来比喻物不两盛。意同《左传·襄公二十九年》:“松柏之下,其草不殖。”

战国策

【不以禄私其亲,功多者授者,不以官随其爱，能当之者处之】 出自《战国策·燕策》。随:放任。意思是:不能用厚禄来偏私自己亲近的人，应该把它授予功劳大的人;不把高官随便封赐给自己喜欢的人,要让能够胜任的人担任。

【反古未可非，而循礼未足多】 出自《战国策·赵策》。反:违反。可:宜。循:遵守。意思是:违反古代的礼仪不宜非议,遵循古代的礼仪不值得称道。

【古之君子,交绝不出恶声】 出自《战国策·燕策》。交:交情。意思是:古时候的君子,交情断绝了也不出言伤人。

【厚者不毁人以自益也，仁者不危人以要名】 出自《战国策·燕策》。要:求取。意思是:敦厚的人不诋毁别人而使自己得到益处,仁爱的人不危害别人而取得名声。

【祸与福相贯,生与死为邻】 出自《战国策·楚策》。贯:相通。意思是:灾祸和幸福相通,生与死紧邻。

【积羽沉舟,群轻折轴】 出自《战国策·魏策》。群:众多。意思是:羽毛堆积得太多,会把船只沉没;轻小的东西装载过多,会把车轴弄断。

【比目之鱼，不相得则不能行】 出自《战国策·燕策》。相得:彼此心意契合。意思是:比目鱼如果不能彼此心意契合,就不能向前游了。

【兵不如者,勿与挑战;粟不如者,勿与持久】 出自《战国策·楚策》。意思是:兵力不如对方,不要主动挑起战争;粮食不如对方充足,不要打持久战。

【不知而不疑,异于己而不非者,公于求善也】 出自《战国策·赵策》。意思是:对自己不熟悉的事情,不随便怀疑;跟自己不同的意见,不轻易反对。这才是大公无私、寻求真理的态度。

【除患无至,易于救患】 出自《战国策·燕策》。无至:未到。意思是:祸患在发生前就消灭它,这比祸患发生了再去补救要容易得多。

【多闻其过,不欲闻其善】 出自《战国策·燕策》。意思是:要多听别人对自己的批评意见,不要总想听别人对自己的夸奖。

【法令既明,士卒安难乐死】 出自《战国策·楚策》。意思是:法令严明,士兵就不会畏惧困难,贪生怕死。

【弗知而言为不智，知而不言为不忠】 出自《战国策·秦策》。意思是:不了解事情的真相就高谈阔论,便是不明智;如果知道了而不谈,就是不忠诚。

【客之美我者，欲有求于我也】 出自《战国策·齐策》。意思是：客人当面赞美我，那是对我有所求罢了。

【理世不必一其道，便国不必法古】 出自《战国策·赵策》。意思是：治理国家不必用一种永远不变的办法，要想使国家富强不必完全效法古人的办法。

【谋泄者事无功，计不决者名不成】 出自《战国策·齐策》。意思是：计谋一旦泄漏，就不会成功；遇事犹豫不决，就不会成名。

【三人疑之，则慈母不能信】 出自《战国策·秦策》。意思是：有三个人怀疑，连自己母亲也不敢相信他了。比喻流言飞语可以歪曲事实，混淆视听，惑乱人心。

【善为国者，顺民之意】 出自《战国策·齐策》。意思是：善于料理国事的人，总是顺应人民的意愿。

【善作者不必善成；善始者不必善终】 出自《战国策·燕策》。意思是：善于创始的人，不一定完成得很好；有个好的开头的人，不一定能有一个好的结果。

【胜而不骄，故能服世；约而不忿，故能从邻】 出自《战国策·秦策》。意思是：胜利了不骄傲，所以能令人信服；约束自己不发怒，所以能睦邻相从。

【圣人不能为时，时至而弗失】 出自《战国策·秦策》。意思是：圣人不能制造时势，但时机一旦来临就决不会失掉它。

【圣人甚祸无故之利】 出自《战国策·赵策》。意思是：圣人认为，无故得利，必然会招来灾祸。

【鸿鹄一举千里，所恃者，六翮尔】 出自《战国策·燕策》。意思是：天鹅展翅一飞千里，它所依赖的，只是六根粗大的羽毛罢了。比喻办事在于人员精干。

【怀重宝者，不以夜行；任大功者，不以轻敌】 出自《战国策·赵策》。意思是：怀藏贵重宝贝的人不走夜路，能建大功的人不要轻视敌人。

【以书为御者，不尽于马之情；以古制今者，不达事之变】 出自《战国策·赵策》。尽：通晓。意思是：只按照书上的方法来驾御车马的，不能完全掌握马的脾性；只用古人的方法来管理现今的人，就不能通达时势的变化。说明治国不能死守教条，要因时因事制宜。

【道不拾遗，民不妄取】 出自《战国策·秦策》。意思是：行人不随便捡拾别人遗落的东西，百姓不随便拿别人的东西。后来常用此形容太平盛世或社会治安良好。

【内寇不与，外敌不可距】 出自《战国策·燕策》。寇：祸乱。距：同“拒”，抵抗。意思是：国家内部的祸患不安定下来，就无法抵抗外部敌人的侵扰。

【罚不讳强大，赏不私亲近】 出自《战国策·秦策》。讳：回避。私：偏袒。意思是：不因为其势力强大就回避对他的惩罚，不因为是自己亲近的人就偏私行赏。

【将欲败之，必姑辅之；将欲取之，必姑与之】 出自《战国策·魏策》。姑：暂且。辅：帮助。意思是：若想将敌人打败，不妨先给他一点帮助；若想得到东西，不妨先给对方点东西。

【同欲者相憎，同忧者相亲】 出自《战国策·中山策》。意思是：有相同欲望的人会相互嫉恨，而有同样忧虑的人则会相互亲近。

【宵行者能无为奸，而不能令狗无吠也】 出自《战国策·韩策》。宵行：走夜路。意思是：走夜路的人，可以保证自己不做坏事，但却没有办法让狗别对着自己乱叫。比喻人可以行得正、做得端，但却不能阻止别人的议论。

【与不期众少，其于当厄；怨不期深浅，其于伤心】 出自《战国策·中山策》。与：给予。期：决定于。厄：困境，穷困。意思是：给人东西，不在多少，而应当在别人正困难的时候给予；结怨不在深浅，而在于是否恰恰伤了他的心。

【以财交者，财尽而交绝；以色交者，华落而爱渝】 出自《战国策·楚策》。华：年华，容颜。意思是：用金钱所结交的朋友，一旦你的财力用尽，交情也就断绝了；用美丽的容颜来交好的，一旦年华老去，宠爱也就消失了。

【仁不轻绝，智不轻怨】 出自《战国策·燕策》。意思是：仁慈的人不轻易与人绝交；明智的人不轻易怨恨别人。说明待人要宽厚。

【宁为鸡口，无为牛后】 出自《战国策·韩策》。牛后：指牛肛门。意思是：宁愿做小而洁净的鸡口，也不愿做大而肮脏的牛后。现多用来比喻人宁愿在小地方自主，也不愿在大地方受人支配。

【前事之不忘，后事之师】 出自《战国策·赵策》。师：这里指借鉴。意思是：不忘记以前做事的经验教训，以后做事就可以有所借鉴了。

【见兔而顾犬，未为晚也；亡羊而补牢，未为迟也】 出自《战国策·楚策》。牢：牲口圈。意思是：看见兔子后，再回头唤狗去追捕，也不算晚；羊丢了以后，再将牲口圈修补好，也不算迟。用来比喻事故发生后，再想办法补救也来得及。

史记

【强弩之极，矢不能穿鲁缟；冲风之末，力不能漂鸿毛】 出自《史记·韩长孺列传》。冲风：疾风。鲁缟：鲁国的生绢。意思是：强弓射出的箭，到了落地的时候，力量已尽，就连薄绢也射不穿；疾风刮到最后，微弱的风力连大雁的羽毛也飘不起来。

【治天下终不以私乱公】 出自《史记·韩长孺列传》。意思是：治理国家始终不能由于私情而扰乱公事大计。

【千羊之皮，不如一狐之腋】 出自《史记·赵世家》。意思是：千张羊皮，不如狐狸腋下的一块皮可贵。比喻众愚不如一贤。

【法之不行，自上犯之】 出自《史记·商君列传》。意思是：法令不能施行，是因为上面的人带头知法犯法。

【好学深思，心知其意】 出自《史记·五帝本纪》。意思是：好学深思，心中才能理解其中的深意。

【有颜回者好学，不迁怒，不贰过】 出自《史记·仲尼弟子列传》。意思是：有个叫颜回的学生好学，他不迁怒于别人，不会一个错误重复犯两次。

【败军之将，不可以言勇；亡国之大夫，不可以图存】 出自《史记·淮阴侯列传》。言：谈论。图：图谋。意思是：打了败仗的将领，不能再谈论勇敢；亡了国的士大夫不能再谋划兴存的事情。

【猛虎之犹豫，不若蜂虿之致螫；骐骥之跼躅，不如驽马之安步】 出自《史记·淮阴侯列传》。虿：蝎子一类的毒虫。螫：用毒刺刺人。骐骥：千里马。跼躅：踯躅、徘徊不前。意思是：猛虎迟疑不决，不如蝎子一类的毒虫螫一下；千里马徘徊不前，不如劣等马不慌不忙地往前走。

【乘人之车者载人之患，衣人之衣者忧人之忧，食人之食者死人之事】 出自《史记·淮阴侯列传》。载：承担。意思是：乘坐别人车子的人要承载别人的忧虑，穿别人衣服的人要分担别人的忧愁，吃别人饭的人要拼死为别人效力。

【大行不顾细谨，大礼不辞小让】 出自《史记·项羽本纪》。大行：干大事。意思是：干大事不要顾及细小的枝节，行大礼不能不接受一些小的责备。

【飞鸟尽，良弓藏；狡兔死，走狗烹】 出自《史记·越王勾践世家》。意思是：飞鸟消灭

了，好的弓箭就收藏起来；兔子死光了，猎狗就杀了煮着吃了。

【富贵不归故乡，如衣绣夜行】 出自《史记·项羽本纪》。衣：穿。意思是：富有了、显达了，不回归故乡的话，就好像穿着很漂亮的衣服在黑夜里行走。

【剑，一人敌，不足学。学万人敌】 出自《史记·项羽本纪》。意思是：剑法只能抵挡一个人，不值得学习。要学就学抵抗万人的兵法。

【安危在出令，存亡在所任】 出自《史记·楚元王世家》。意思是：安全和危险在于发布什么法令，生存和灭亡在于任用什么人。

【不作威，不作福，靡有后羞】 出自《史记·三王世家》。靡：没有。意思是：不依仗地位和权势要威风、逞霸道，就不会在以后遭到羞辱。

【反听之谓聪，内视之谓明，自胜之谓强】 出自《史记·商君列传》。反听：外听他人意见。内视：自我省察。自胜：自我克制。意思是：听了批评的意见，能自我反省的，叫做聪明；能主动检查自己的叫做明智；能克制自己私心的叫做坚强。

【非好学深思，心知其意，固难为浅见寡闻道也】 出自《史记·五帝本纪赞》。意思是：除了好学深思、领会书中意旨的人，对见识浅薄、孤陋寡闻的人说这些深刻的道理，本来就是难说清楚。

【夫贤士之处世也。譬若锥之处囊中，其末立现】 出自《史记·平原君虞卿列传》。意思是：一个有才能的人处在世上，就好比把锥子装进口袋，立刻可以看到锥尖从袋里钻出来。

【其为政也，善因祸而为福，转败而为功】 出自《史记·管晏列传》。意思是：处理政务的人，应善于因祸得福，转败为胜。

【岂若卑论侪俗，与世浮沉而取荣名哉】 出自《史记·游侠列传》。岂：怎么。卑论：庸俗的谈论。侪俗：凡庸之辈。意思是：怎么可以和庸俗之辈同流合污，用随波逐流的手段来取得好名声呢？

【马上得之，宁可以马上治之乎】 出自《史记·陆贾列传》。意思是：骑马打下来的天下，怎么可以还在马上治理呢？比喻可以用武力得天下，但却不能再用武力来治理天下，而是应讲究治术。

【安危在出令，存亡在所任】 出自《史记·楚元王世家》。意思是：国家的安危在于所发布的法令，国家的存亡在于所任用的人才。说明君主必须谨慎出令、善于用人。

【泰山不让土壤，故能成其大；河海不择细流，故能就其深】 出自《史记·李斯列传》。让：辞让。择：剔除。意思是：泰山不辞让每一块微小的土壤，所以才能够那样巍峨壮观；河海不拒绝每一条细小的水流，所以才那样深不可测。

【一沐三捉发，一饭三吐哺】 出自《史记·鲁周公世家》。意思是：洗一次头发，要三次握着头发出来招待贤士，吃一顿饭，要三次吐出口中的饭去会见贤士。表现了周公求贤之诚，思贤之切。

【渊深而鱼聚之，山深而兽往之】 出自《史记·货殖列传序》。意思是：水深了，鱼就会纷纷聚集；树林茂密，鸟兽就会争相前来。比喻领导者德政广施，民心就会归附。

【千人之诺诺，不如一士之谔谔】 出自《史记·商君列传》。谔谔：直言争辩的样子。意思是：有一千个人对你唯唯诺诺，不敢言语，也不如有一个人与你直言争辩。

【天下熙熙，皆为利来；天下壤壤，皆为利往】 出自《史记·货殖列传》。熙熙：指和乐的样子。壤：同“攘”，壤壤，即众多的样子。意思是：天下人和和乐乐，都是为利益而来；天下人纷纷攘攘，也都是为了利益而往。

【贵上极则反贱，贱下极则反贵】 出自

《史记·货殖列传》。贵:价格上涨。贱:价格下跌。意思是:货品的价格上涨到极高时就会降下来,下跌到极低时就会涨上去。

【贵出如粪土,贱取如珠玉】 出自《史记·货殖列传》。意思是:当货品的价格极高时,就要像扔掉粪土一样赶快抛售;当货品的价格极低时,就要像购买珍宝一样趁机购买。说明贱买贵卖的商业道理。

【将在外,君命有所不受】 出自《史记·孙子吴起列传》。原句为"将在军,君命有所不受",后演化为此句。意思是:将军在外面指挥作战,君主的命令可以不接受。说明在外作战的主将可以根据战场的实际情况决定战略战策。

【运筹帷幄之中,决胜于千里之外】 出自《史记·高祖本纪》。成语"运筹帷幄"即由此而来。意思是:在营帐中操控着战略,就能让在千里之外作战的军队取得胜利。说明谋略和指挥才能之高超。

【十则围之,倍则战】 出自《史记·淮阴侯列传》。意思是:如果自己的兵力是敌人的十倍,就采用围攻;如果自己的兵力是敌人的两倍,就与敌人展开交战。

【两鼠斗于穴中,将勇者胜】 出自《史记·廉颇蔺相如列传》。意思是:两只老鼠在洞中争斗,哪一个更勇敢些,哪一个就能获胜。比喻狭路相逢勇者胜。

【人之所病,病疾多;而医之所病,病道少】 出自《史记·扁鹊仓公列传》。病道:医治病的方法。意思是:人们通常担忧的是疾病太多,而医生所担忧的却是医治疾病的方法太少。

【一饭之德必偿,睚眦之怨必报】 出自《史记·范雎蔡泽列传》。睚眦:瞪眼睛。意思是:受人一顿饭的恩惠也要报答,被人瞪一眼的怨恨也要报复。反映的是古人恩怨相报的标准。现常用"睚眦必报"来形容人斤斤计较的做法,含有贬义。

【人生一世间,如白驹过隙耳】 出自《史记·魏豹列传》。白驹:骏马。意思是:人的一生,就好像骏马从一条缝隙上飞驰而过一样,瞬间即逝。

【月满则亏,物盛则衰】 出自《史记·范雎蔡泽列传》。意思是:月亮到了最圆的时候,就会开始亏损;事物到了鼎盛的时候,就会走向衰落。

【失之毫厘,差以千里】 出自《史记·太史公自序》。毫厘:形容极其细微。意思是:开始有毫厘的差错,到后来就可能相去千里了。说明开始时的一点小错误,可能发展成为后来的大错误。

【良贾深藏若虚,君子盛德,容貌若愚】 出自《史记·老子韩非列传》。贾:商人。意思是:善于经营的商人总是将自己的财富隐藏起来,好象什么都没有;修养深厚的君子总是谦虚忍让,看起来像愚蠢的人一样。

【桃李不言,下自成蹊】 出自《史记·李将军列传》。意思是:桃树和李树本不会讲话,但因为其花果能吸引人们,所以,树下人来人往自然就踏出小路来了。用来比喻品德高尚的人不尚虚名,而实至名归。

【不飞则已,一飞冲天;不鸣则已,一鸣惊人】 出自《史记·滑稽列传》。意思是:不飞便罢,一飞就要飞到高空;不叫便罢,一叫就会使人震惊。成语"一鸣惊人"即由此而来。

【壮士不死即已,死即举大名耳,王侯将相宁有种乎】 出自《史记·陈涉世家》。举大名:图大事。意思是:英雄志士不死就算了,要死就要为大事而死,王侯将相难道天生就高贵吗?

【抱薪救火,薪不尽,火不灭】 出自《史记·魏世家》。薪:柴火。意思是:抱着柴火去救火,柴火不烧完,火就不会灭。比喻用错误的方法去消除危害,反而使危害扩大。

【当断不断,反受其乱】 出自《史记·齐

悼惠王世家》。意思是：应该作出决断的时候而不作出决断，反而会给自己招来灾祸。

汉书

【泰山之霤穿石】 出自汉代班固《汉书·贾邹枚路传》。霤：音“六”，流滴的水。意思是：泰山上的水滴可以穿透石头。比喻“水滴石穿”，只要功夫到了，自然会成功。

【百闻不如一见】 出自汉代班固《汉书·赵充国辛庆忌传》。意思是：听别人说一百次，也不如自己亲自看一次。比喻眼见为实。

【常玉不瑑，不成文章；君子不学，不成其德】 出自汉代班固《汉书·董仲舒传》。瑑：雕刻为凸纹。意思是：平常的玉不雕琢，就不会有好看的花纹；君子不学习，就不能成就他的德行。

【千人所指，无病而死】 出自汉代班固《汉书·王嘉传》。意思是：被群众所怨恨，没有病也会死掉。比喻众怒不可犯，民心不可违。

【安土重迁，黎民之性；骨肉相附，人情所愿】 出自汉代班固《汉书·元帝纪》。附：聚。意思是：百姓在一个地方住惯了，就故土难离，这是百姓的天性；亲人能够相聚，是人们的愿望。

【百里不同风，千里不同俗】 出自汉代班固《汉书·王吉传》。意思是：方圆百里的地方可能风俗不一样，方圆千里的地方就会习俗各异。

【既往不咎，来事之师】 出自汉代班固《汉书·李寻传》。意思是：事情过去了就别再追究了，可以作为将来事情的借鉴。

【彼一时也，此一时也，岂可同哉】 出自汉代班固《汉书·东方朔传》。意思是：那是一个时候，现在又是一个时候，时间不同，情况有了变化，怎能相提并论呢？

【兵出无名，事故不成】 出自汉代班固《汉书·高帝纪》。意思是：出兵没有正当的理由，所以事情不成功。

【不加功于亡用，不损财于亡谓】 出自汉代班固《汉书·杨王孙传》。意思是：不在无用的事情上用功夫，不在无意义的事情上耗费钱财。

【察伯乐之图，求骐骥于市】 出自汉代班固《汉书·梅福传》。意思是：就是把伯乐的《相马经》反复默诵，背得烂熟，但也无法在集市上买到千里马。比喻只掌握理论而无实践经验，这种理论是不起作用的。

【朝无争臣则不知过，国无达士则不闻善】 出自汉代班固《汉书·萧望之传》。争臣：敢于规劝君主之臣。达士：通达事理的人。意思是：朝廷里没有敢于直谏的大臣，则国王便不知自己的过错；国家没有通达事理的人，就听不到至理名言。

【侈而无节，则不可赡】 出自汉代班固《汉书·严安传》。侈：奢侈，浪费。赡：富足。意思是：奢侈无度而没有节制，就不可能充裕。

【聪者听于无声，明者见于无形】 出自汉代班固《汉书·伍被传》。聪：听觉灵敏。明：眼睛明锐。意思是：听觉灵敏的人，人家未说之前已经听说了；目光锐利的人，在事物还未出现之前，就已经觉察到了。说明智者透彻事理，富于先见之明。

【毒药苦口利病，忠言逆耳利行】 出自汉代班固《汉书·刘安传》。毒药：良药。意思是：好的药虽然苦口，但利于治病；忠言虽然刺耳，但有利于自己修养品行。

【款言不听，奸乃不生，贤、不肖自分，白、黑乃形】 出自汉代班固《汉书·司马迁传》。款：空，不真实。形：现。意思是：不听假话，就不会产生邪恶的事，贤和不肖自然界线分明，白和黑也会明显地区别开来。

**【量材而授官，录德而定位；则廉耻殊

語言的盛宴

路，贤不肖异处矣】 出自汉代班固《汉书·董仲舒传》。意思是：按照才能高低授给官职，凭德行高低来定职位，这样就把贤和不肖分开了。

【临渊羡鱼，不如退而结网】 出自汉代班固《汉书·董仲舒传》。意思是：站在水边羡慕鱼好，不如回去织网去打捞。

【闻鼓鼙之声，则思将率之臣】 出自汉代班固《汉书·陈汤传》。鼙：古代军用小鼓，这里借指军事、战争。意思是：一听到战鼓的声音，就会想起统兵打仗的将领来。后来常用此句形容一遇战事就想起良将的重要。

【安者非一日而安也，危者非一日而危也】 出自《汉书·贾谊传》。意思是：安定和危乱都不是一天形成的。说明事物都有一个逐渐积累的过程，提醒当权者应明察秋毫、防微杜渐。

【天下安，注意相；天下危，注意将】 出自《汉书·陆贾传》。意思是：国家太平时，应注意发挥宰相的作用，让国家繁荣昌盛；国家危乱的时候，应注意发挥大将的作用，使国家免于危难。

【水至清则无鱼，人至察则无徒】 出自汉代班固《汉书·东方朔传》。察：苛察。徒：同伙，朋友。意思是：水太过清澈，就没有鱼在里面生长了；人太过苛察，就没有朋友了。

【乌鸢之卵不毁，而后凤凰集；诽谤之罪不诛，而后良言进】 出自《汉书·路温舒传》。意思是：乌鸦鹞鹰的蛋不被毁坏，然后才有凤凰聚集而来；君主对犯有诽谤罪的人不诛杀，然后才有忠良之言进谏。

【明主不恶切谏以博观，忠臣不避重诛以直谏】 出自汉代班固《汉书·主父偃传》。意思是：圣明的君主不厌恶恳切的劝谏以广纳群言，忠诚的臣子不逃避重罚以直言进谏。

【商旅之民多，谷不足而货有余】 出自《汉书·货殖传》。商旅：指商人。谷：指粮食。意思是：经商的人多了，就会使粮食生产不足，而货物有剩余。说明农、商之间要平衡发展。

【乐太盛则阳溢，哀太甚则阴损】 出自《汉书·东方朔传》。意思是：过于高兴就会散溢阳气，过于哀伤就会减损阴气。说明人的喜怒要有节制，否则就会伤害身体。

【神大用则竭，形大劳则敝】 出自《汉书·司马迁传》。神：精神。大：过度。形：身体。意思是：精神太过劳累就会衰竭，身体太过劳累，就会疲惫。

【人苦不知足，既平陇，复望蜀】 出自《汉书·岑彭传》。陇：指今甘肃省一带。蜀：今四川省一带。成语"得陇望蜀"即由此而来。意思是：人总是苦于不知足，得到了陇地，还想要得到蜀地。形容人的欲望总是没有止境。

【遗子黄金满籯，不如一经】 出自汉代班固《汉书·韦贤传》。籯：竹制的箱子或笼子。意思是：给子女留下满筐的黄金，也不如给子女留下一部经书。比喻给子女留下再多的家产也不如给子女良好的教育更有价值。

【少成若天性，习贯如自然】 出自汉代班固《汉书·贾谊传》。贯：同"惯"。意思是：从小培养成的习惯就像是天生的一样。说明良好的品行和道德应从小培养。

【夙兴以求，夜寐以思】 出自汉代班固《汉书·武帝纪》。夙：早晨。兴：起来。寐：睡。意思是：早晨一起来就寻求，晚上睡觉还在思索。

后汉书

【传闻不如亲见，视景不如察形】 出自（南朝·宋）范晔《后汉书·马援传》。景：同"影"，影子。意思是：凭借传闻了解事情，不如亲眼观看，只看看影子，不如直接观察事物的形状。说明“百闻不如一见”的道理。

【舍近求远，劳而无功】 出自（南朝·宋）范晔《后汉书·臧宫传》。意思是：舍弃近处，而到远处去寻求，花费了力气，但却没有收获。劝告人们做事要讲求方法，才能事半功倍。

【精诚所加，金石为开】 出自（南朝·宋）范晔《后汉书·光武十王列传》。意思是：只要有至诚之心，就是金石也能够断开。比喻只要心思专一，就没有做不成的事情。

【有志者，事竟成】 出自（南朝·宋）范晔《后汉书·耿弇传》。竟：结果，终究。意思是：有志向的人，事业终究是会成功的。

【志不求易，事不避难，臣之职也。不遇盘根错节，何以别利器乎】 出自（南朝·宋）范晔《后汉书·虞诩传》。意思是：立志不要从容易方面想，做事情不要回避困难，这是做臣子的本分。如果没遇到盘根错节，怎么能识别刀是锋利的呢？

【大丈夫处世，当扫除天下，安事一室乎】 出自（南朝·宋）范晔《后汉书·陈蕃传》。扫除：这里喻指整治。意思是：大丈夫活在世上，应当以治理天下为己任，怎么能只顾自己一家呢！

【爱之则不觉其过，恶之则不知其善】 出自（南朝·宋）范晔《后汉书·爰延传》。意思是：喜欢一个人就察觉不到他的过错，讨厌一个人就不知道他的优点。说明待人不能感情用事。

【安平则尊道士之术，有难则贵介胄之臣】 出自（南朝·宋）范晔《后汉书·桓谭传》。介胄：披盔戴甲。意思是：天下安定太平，就推崇有学问的文士，天下动乱危难，就重视满身甲胄的武将。

【安有巢毁而卵不破乎】 出自范晔（南朝·宋）范晔《后汉书·孔融传》。意思是：哪有鸟窝毁坏了而鸟蛋不破碎的呢？

【不敢望到酒泉郡，但愿生入玉门关】 出自（南朝·宋）范晔《后汉书·班超传》。意思是：不敢奢望能回到酒泉郡，但愿能活着进入玉门关。

【苍蝇之飞，不过十步；自托骐骥之尾，乃腾千里之路】 出自（南朝·宋）范晔《后汉书·隗嚣传》。意思是：苍蝇飞起来，不过十几步远；但如果依附在骏马的尾巴上，就能奔腾千里远的路程。

【传闻之事，恒多失实】 出自（南朝·宋）范晔《后汉书·臧宫传》。意思是：传闻的事情，大多数都是不真实的。

【芳饵之下必有悬鱼，重赏之下必有死夫】 出自（南朝·宋）范晔《后汉书·耿纯传》。意思是：芳香的鱼饵下面肯定有上钩的大鱼，丰厚的奖赏下面肯定有不怕死的人。

【功冠天下者不安，威震人主者不全】 出自（南朝·宋）范晔《后汉书·申屠刚传》。冠：位居第一。意思是：功劳大得是全天下第一的人，地位很难安稳；威名震撼国君的人，生命很难保全。

【官无二业，事不并济】 出自（南朝·宋）范晔《后汉书·张衡传》。意思是：当官的人不能兼做其他职业，做事情不能许多事情一起做。

【狐死首丘，代马依风】 出自（南朝·宋）范晔《后汉书·卓茂传》。意思是：狐狸将死的时候总是把头朝向自己生活过的山丘，代马不论走到哪里都依恋着北面吹来的风。比喻怀念故土。

【患生于所忽，祸发于细微】 出自（南朝·宋）范晔《后汉书·冯衍传》。忽：疏忽。意思是：灾难发生在人们所疏忽的地方，祸患开始于很细微的地方。

【既朽不雕，衰世难佐】 出自（南朝·宋）范晔《后汉书·皇甫嵩传》。意思是：木头已经烂了，就不要再雕琢；世道已经衰败，就难以辅佐了。

【爱之则不觉其过，恶之则不觉其善】

出自(南朝·宋)范晔《后汉书延》。意思是:喜欢一个人就不容易看到他的过失,讨厌一个人就往往看不到他的长处。

【败不可悔，时不可失】 出自(南朝·宋)范晔《后汉书·冯衍列传》。意思是:既然失败了,就不必老是后悔,重要的是要抓紧时间再干一番事业。

【乘人之危,非仁也】 出自(南朝·宋)范晔《后汉书·盖勋列传》。意思是:趁着别人遇难的时候,而去要挟、侵害人家,这不是有道德的人所能干出来的。

【大丈夫当雄飞,安能雌伏】 出自(南朝·宋)范晔《后汉书·赵典列传》。雄飞:比喻奋发有为。雌伏:比喻退藏,不进取,无所作为。意思是:大丈夫应当像雄鸟那样展翅高飞,怎么能像雌鸟那样伏在那里?

【堤溃蚁孔，气泄针芒】 出自(南朝·宋)范晔《后汉书·陈宠列传》。意思是:一个小小的蚂蚁窝可以使堤坝被水冲毁,一个小小的针眼可以使气全部泄出。比喻小不防则引出大祸害。

【夫人小而聪了,大未必奇】 出自(南朝·宋)范晔《后汉书·孔融传》。意思是:小时聪明的人,长大以后不一定出众。这含有提示警觉的作用,比一味对孩子夸奖更有益处。

【大树将颠,非一绳所维】 出自(南朝·宋)范晔《后汉书·徐穉传》。意思是:大树将要倒下,不是一根绳子就能拉住的。用来比喻国家衰败,大势将去,不是一个人的力量能挽救的。

【人所归者天所与,人所畔者天所去】 出自《后汉书·申屠刚列传》。与:帮助。畔:同“叛”,背叛。意思是:民心所归向的,正是天要帮助的;民心所背叛的,也是天要抛弃的。说明得民心者得天下,失民心者失天下。

【失之东隅,收之桑榆】 出自《后汉书·冯异列传》。东隅:日出的地方,指早晨。桑隅:落日的余晖照在桑隅树梢上,指晚上。意思是:在早晨失去了,但在晚上又得到了。比喻一方面失败了,却在另一方面胜利了。

【败不可悔,时不可失】 出自《后汉书·冯衍列传》。意思是:既然已经失败了,就不要老是后悔,而要抓紧时间,争取再干一番。

【贫贱之知不可忘,糟糠之妻不下堂】 出自《后汉书·宋弘传》。糟糠之妻:指共患难的妻子。下堂:指被丈夫休退。意思是:贫困时结交的朋友不能忘掉,曾经共患难的妻子不能抛弃。

【不患位之不尊,而患德之不崇;不耻禄之不伙,而耻智之不博】 出自(南朝·宋)范晔《后汉书·张衡传》。患:担忧。伙:多。意思是:不担心自己地位不高贵,只担心自己的品德不高尚;不因为俸禄不多而感到耻辱,而是以才智不广博为耻辱。

【男儿要当死于边野，以马革裹尸还葬耳】 出自《后汉书·马援传》。马革裹尸:用战马的皮包裹尸体,比喻战死沙场。意思是:好男儿应当为国家而战死沙场,用战马的皮包裹着自己的尸体回来安葬啊!

【志士不饮盗泉之水，廉者不受嗟来之食】 出自(南朝·宋)范晔《后汉书·列女传·乐羊子妻》。盗泉:在今山东省。相传孔子曾路过盗泉,但因为厌恶其名,虽渴也不喝盗泉之水。嗟:不礼貌的招呼声。意思是:品德高尚的人不会喝盗泉的水,廉洁清正的人不会吃别人带有侮辱的饭食。

【丈夫为志,穷当益坚,老当益壮】 出自(南朝·宋)范晔《后汉书·马援传》。益:更加。意思是:大丈夫立志,越是处境困难时越是坚定不移,越是年老,其志向越大。后常用来形容一个人经得起考验,越是条件不好,越是年老,越有雄心壮志。

【国以民为本,民以食为天】 出自《史记·郦生陆贾列传》。天:这里指人民赖以生存的东西。意思是:国家以人民为根本,而人民以粮食为第一需要。说明了粮食生产的重要性。

【国以民为本，民以谷为命】 出自《三国志·魏书·和洽传》。谷：稻谷。意思是：国家以人民为根本，人民以粮食为生命。

三国志

【动则三思，虑而后行】 出自《三国志·魏书·杨阜传》。意思是：行动之前，一定要经过深思熟虑，考虑周全以后再行动。

【有道之君，以乐乐民；无道之君，以乐乐身】 出自《三国志·吴志·陆凯传》。意思是：圣明的君主把快乐让给人民享受；昏庸的君主把快乐全部留给自己享受。比喻君主要把百姓的快乐与否当作自己成败的准则。

【志行万里者，不中道而辍足；图四海者，匪怀细以害大】 出自《三国志·吴书·陆逊传》。辍：停止。匪：同“非”。意思是：立志行万里的人，不会中途停步；想要统一天下的人，不会对小事耿耿于怀而危害大事。

【救寒莫如重裘，止谤莫如自修】 出自《三国志·魏书·王昶传》。意思是：御寒什么都比不上毛皮衣，止息诽谤什么都比不上自我修养。

【兵者凶事，不可为首】 出自《三国志·魏书·武帝纪》。意思是：战争是凶残、危险的事情，不能首先发动战争。

【不可以己所能而责人所不能】 出自《三国志·魏书·王修传》。责：要求。意思是：不能因为自己对某一件事情擅长，就要求别人也擅长。

【不以人所短弃其所长】 出自《三国志·吴书·诸葛恪传》。意思是：不要因为别人有短处就放弃他的长处不予使用。

【不以人之坏自成，不以人之卑自高】 出自《三国志·魏书·文帝纪》。坏：衰败。意思是：不在别人失败的时候显示自己的成功，不借别人的低贱显示自己的高贵。

【才所以为善也，故大才成大善，小才成小善】 出自《三国志·魏书·卢毓传》。才：才能。意思是：才干是用来做善事的，因此才干大的能做成大善事，才干小的能做成小善事。

【当官不挠贵势，执平不阿所私】 出自《三国志·魏书·杜畿传》。当：面对。挠：屈服。意思是：面对当官的，不向那些权势之人屈服；主持公道，不偏袒那些与自己有私交的人。

【非成业难，得贤难；非得贤难，用之难；非用之难，任之难】 出自《三国志·吴书·钟离牧传》。意思是：成就大的事业并不难，难的是得到有才能的贤人；得到贤人并不难，难的是使用他们；使用他们并不难，难的是信任他们。

【苟得其人，虽仇必举；苟非其人，虽亲不援】 出自《三国志·蜀书·许靖传》。意思是：假如能得到人才，即使是仇人也一定推举他；假如他不是人才，即使是亲近的人也不任用。

【苟全性命于乱世，不求闻达于诸侯】 出自《三国志·蜀书·诸葛亮传》。意思是：在乱世中暂且保全自己的性命，再追求在各个诸侯间闻达显贵。

【将当以勇为本，行之以智计】 出自《三国志·魏书·夏侯渊传》。意思是：将领要把勇敢作为根本，在行军打仗时配合智谋使用。

【动摇则骨气得消，血脉流通，病不得生】 出自《三国志·魏书·吴普传》。意思是：人经常活动，是祛病延年的重要途径。

【犯法怠慢者，虽亲必罚】 出自《三国志·蜀书·诸葛亮传》。意思是：只要犯了法，即使是家人亲友，也要处罚。

【夫济大事必以人为本】 出自《三国志·蜀书·先主传》。济：成。意思是：要想成就大事业，必然要以人为根本。

【善为国者必先治其身，治其身者慎其所习】 出自《三国志·魏书·三少帝纪》。意思是：善于治理国家的人必定会先改造好自身；而改造自身就要慎重地对待自己周围的影响。

【吏多民烦，俗以之弊】 出自《三国志·吴书·步骘（zhì）传》。意思是：官吏太多，就会给百姓带来烦扰，世俗也会产生很多弊端。

【此间乐，不思蜀】 出自《三国志·蜀书·后主传》。意思是：这里很好，我不想念蜀国。此句为后主刘禅投降后，回答司马文王时说的话，充分反映了他的昏庸，毫无亡国之痛。成语"乐不思蜀"即由此而来。

【治世以大德，不以小惠】 出自《三国志·蜀书·后主传》。意思是：治理国家要讲大的德政，而不能用小恩小惠。说明治理国家要符合人民的根本利益，而不仅仅是给人民一些小的利益。

【良药苦口，惟疾者能甘之；忠言逆耳，惟达者能受之】 出自《三国志·吴书·孙奋传》。甘之：以之为甘，这里指乐于服用。意思是：疗效好的药吃起来很苦，只有患有疾病的人才乐于服用；忠诚的言语听起来很刺耳，只有贤达之人才愿意接受。

【良将不怯死以苟免，烈士不毁节以求生】 出自《三国志·魏书·庞德传》。苟免：苟且求免。意思是：好的将帅不会因为怕死就苟且求免；有志之士也不会毁掉自己的名节而求得生存。

【人心不同，各如其面；面从后言，古人之所诫也】 出自《三国志·蜀书·蒋琬传》。意思是：人心各不相同，就像人的面貌各不相同一样；古人所警惕的是那些当面听从，而背后又反对的人。

【神交，非外言可间】 出自《三国志·吴书·诸葛瑾传》。神交：交心的朋友。意思是：真正知心的朋友，不是别人的言语就能够离间的。

【读书百遍而义自见】 出自《三国志·魏志·王肃传》注引《魏略》。意思是：书能读到上百遍，书中的含义也就自然懂了。

【士别三日，即当刮目相看】 出自《三国志·吴书·吕蒙传》。三：非实指。刮目：擦眼睛。意思是：与人分别了几天后，就应当另眼相看了。说明不能用老眼光看人。

【记人之善，忘人之过】 出自《三国志·蜀书·秦宓传》。意思是：待人要记住他的好处，忘掉他的过错。后来常用此言作为自我修养和与人交往的一种要求。

【士有百行，以德为首】 出自《三国志·魏书·夏侯玄传》。意思是：士有百种品行，但德是占第一位的。

【苟使国家有利，吾何避死乎】 出自《三国志·魏书·古弼传》。意思是：如果是对国家有利的事，我怎么能够贪生怕死呢？

【勿以恶小而为之，勿以善小而不为】 出自《三国志·蜀书·先主传》。意思是：不要因为一件坏事很小，就放任自己去做；不要因为一件善事很小，就轻易不做。

资治通鉴

【家贫思良妻，国乱思良相】 出自《资治通鉴·周威烈王二十三年》。意思是：家道贫困的时候就希望有个能持家的好妻子，国家大乱的时候就希望有个治国有方的好宰相。

【不察事之是非而悦人赞己，闇莫甚焉】 出自《资治通鉴·周纪》。闇：愚昧。意思是：不辨别事情的是非，而喜欢别人称赞自己，世上的确没有比这更糊涂的了。

【德胜才，谓之君子；才胜德，谓之小人】 出自《资治通鉴·唐纪》。意思是：德行胜过才能，叫做君子；才能胜过德行，就叫做小人。

【德者人之所严，而才者人之所敬；爱者易亲，严者易疏，是以察者多蔽于才而遗于德】 出自《资治通鉴·周纪》。意思是：有道德的人受人尊敬，有才的人被人喜欢；而所喜欢的人容易亲密，对所尊敬的人容易疏远；所以观察一个人容易重视才能而忽略道德。

【短于从善，故至于败】 出自《资治通鉴·汉纪》。短：少。意思是：不肯向善者学习，这便是失败的原因了。

【君子陷人危，必同其难】 出自《资治通鉴·汉纪》。意思是：因为自己的原因而使人陷入危境，君子必定要和他共患难。

【口说不如身逢，耳闻不如目睹】 出自《资治通鉴·唐纪》。口说：听人说的。意思是：听人说的不如亲身经历，亲耳听到不如亲眼见到。

【老禾不早杀，余种秽良田】 出自《资治通鉴·陈纪》。秽：田中多草，荒芜。意思是：残留在地里的头季谷不早点割掉，它落下的稻谷粒必然使良田荒芜。

【立功者患信义不著，不患名位不高】 出自《资治通鉴·晋纪》。意思是：立功的人担心自己的信义不显著，而不必忧虑自己的名誉和地位不高。

【面从后言，古人所诫】 出自《资治通鉴·魏纪》。意思是：古人最忌讳的是表面服从而背后反对。

【明主用人也，使能者不敢遗其力，而不能者不得处其任】 出自《资治通鉴·魏纪》。遗：剩下，留下。意思是：贤明的君主在用人时，能使有才的人竭尽全力，而不让不学无术的人空占着位子。

【没齿而无怨言，圣人以为难】 出自《资治通鉴·魏纪》。意思是：一辈子连句怨恨的话都不说，这恐怕连圣人也难于做到。

【木心不直，则脉理皆邪，弓虽劲而发矢不直】 出自《资治通鉴·唐纪》。脉理：木材的纹理。意思是：木心不直，它的纹理就会歪歪斜斜，用这种木材制造的弓，虽然强劲，可是发射出去的箭矢不会直飞目标。比喻如果心术不正，做的事就不会合乎正义。

【能择善者而从之，美自归己】 出自《资治通鉴·宋纪》。择：选择。善：优点。从：追随。意思是：能选择别人的长处去学习它，这种长处自然也就属于自己的了。

【怒者常情，笑者不可测也】 出自《资治通鉴·唐纪》。意思是：发怒是人之常情，但不发怒而常把笑容挂在面上的人，这是最难让人猜测的。

【千钧之弩，不为鼷鼠发机；万石之钟，不以莛撞起音】 出自《资治通鉴·汉纪》。莛：小草。意思是：千钧力量的强弓，绝不用来射杀一只小老鼠；万石那样重的巨钟，用小草敲打它是不会发出响声的。比喻不可大材小用，亦不可小材大用。

【人不可以求备，必舍其所短，取其所长】 出自《资治通鉴·唐纪》。意思是：对人不可求全责备，应用其所长，舍其所短。

【人何患其不己知，但当吞之以药而柔调耳】 出自《资治通鉴·魏纪》。何患：何必担忧。意思是：别人不了解自己也不要紧，自己要像吃药那样慢慢地调理。

【夫表曲者景必邪，源清者流必洁】 出自《资治通鉴·汉纪》。表：古代测量日影计时的标杆。景：同“影”。邪：歪斜。意思是：标杆是弯曲的，它的影子也必定是弯曲的；水源是清洁的，流水也必定是洁净的。比喻上级公正廉明，下级就自然端正无邪。

【任贤使能各尽其心，其本根固矣，奸计立矣】 出自《资治通鉴·魏纪》。立：孤立。意思是：如果能够任用贤人，使用其才能，使其各自尽心竭力，那么国家的根本就牢固了，奸邪之人也就会受到孤立了。

【治安则骄侈易生，骄侈则危亡立至】 出自《资治通鉴·唐贞观十五年》。意思是：社

会安定了，就容易产生骄奢淫逸的思想，一旦骄奢淫逸起来，国家就会立即陷入危机之中。

【人欲自见其形，必资明镜；君欲自知其过，必待忠臣】 出自《资治通鉴·唐太宗贞观元年》。意思是：人们要想看到自己的形象，必须用明镜来自照；君王要想知道自己的过失，一定要听取忠臣的进谏。

【开直言，广视听，理之萌也】 出自《资治通鉴·唐纪》。理：治理之法。意思是：广开直言之路，多听、多看，治理之法也就出来了。

【夫行罚先贵近而后卑远，则令不犯】 出自《资治通鉴·唐纪》。贵近：贵族和亲近的人，指皇帝身边的人。卑远：指职位低而远离京都的官员。意思是：施行惩罚，要从皇帝身边的人开始，然后再是离京都远的地方官，这样就不会有人违反法令了。

【有功不赏，为善失其望；奸回不诘，为恶肆其凶】 出自《资治通鉴·汉纪》。望：期望。奸回：奸邪之人。诘：责问，追问，这里指惩罚。意思是：对有功的人不加以奖赏，那么做好事的人就会觉得失望；对于奸邪之徒不加以惩罚，那么做坏事的人就会更加肆虐。

【罪止于身，家属不问】 出自《资治通鉴·陈纪》。意思是：一个人犯了罪，只要惩罚他一个人就可以了，而不要株连他的家人。

【人心不摇，邦本自固】 出自《资治通鉴·唐纪》。意思是：民心没有动摇，国家自然就会稳定。说明君主要重视百姓的思想。

【贤子心不忘本，犹怀首丘】 出自《资治通鉴·晋纪》。首：向着，首丘，指向着狐穴所在的土丘。传说狐狸死后，头总是向着自己的巢穴，这里比喻怀念故乡。意思是：贤德之人永远不会忘了根本，至死也总是怀念着自己的家乡。

【凡论人，必先称其所长，则所短不言自见】 出自《资治通鉴·晋纪》。意思是：评论一个人，一定要先品评其长处，这样其短处即使不说也可以知道了。

【凡百事之成也必在敬之，其败也必在慢之】 出自《资治通鉴·秦纪》。敬：严肃，谨慎。慢：怠慢，疏忽。意思是：凡事之所以能取得成功，都是因为严肃认真地对待它；凡事之所以失败，都是因为轻慢、懈怠。说明做事要谨慎，不可疏忽大意。

【仁者不以盛衰改节，义者不以存亡易心】 出自《资治通鉴·魏志》。意思是：仁义之士不会因为形式的盛衰而改变自己的气节，志士不会因为失败或者成功而改变自己的心志。

史篇

子篇

子　篇

老子

【将欲取之，必固予之】 出自《老子》。固：通“姑”，暂且。予：给予。意思是：想要夺取它，必须暂时先给予它。

【天下万物生于有，有生于无】 出自《老子》。意思是：天下万物是从具体的事物中产生出来的，而具体事物是从“道”产生的。

【不出于户，以知天下；不窥于牖，以知天道】 出自《老子》。牖：窗户。意思是：不出门，就能知道天下的事情；不看窗外，就能认识天象运行的规律。比喻一切都了然于胸。

【不自见故明，不自是故彰，不自伐有功，不自矜故长】 出自《老子》。意思是：不自我表现，所以高明；不自以为是，所以显著；不自我夸耀，所以能建立功勋；不骄傲自满，所以能够长久。比喻人不能自以为是，骄傲自大。

【大器晚成】 出自《老子》。意思是：宝器都成得很晚。比喻成大事者要经过长时间的磨炼才能成功。

【功遂身退，天之道】 出自《老子》。遂：成功。意思是：功业有所成就就隐退，这是合乎天道的。成语“功成身退”源于此。

【后其身而身先，外其身而身存】 出自《老子》。外：疏远。意思是：甘心居在别人身后的人反而在前面，不顾自身的人反而得到保全。

【祸莫大于不知足，咎莫大于欲得】 出自《老子》。意思是：没有比不知足更大的祸患，没有比贪得无厌更大的过失。

【鸡犬之声相闻，民至老死不相往来】 出自《老子》。意思是：鸡叫和狗吠都能听到，但邻居之间到老到死都不互相往来。

【爱以身为天下，如可以寄天下矣】 出自《老子》。意思是：爱护自己的身体是为了治理天下，天下就可以依靠他了。

【处其厚，不居其薄；处其实，不居其华】 出自《老子》。处：保持。厚：厚道。居：安守，处于。意思是：要保持厚道，不要刻薄；要保持朴实，不要浮华。

【大音希声，大象无形】 出自《老子》。希声：无声。意思是：最大的声音听不见，最大的形象没有形象，即有无相生，虚而为实之意。

【方而不割，廉而不刿】 出自《老子》。割：生硬地割裂，就是勉强的意思。廉：锋利，有棱角。刿：割伤。意思是：做人应当方正而不显得生硬勉强，有棱角而不至于把人割伤。

【夫唯不争，故莫能与之争】 出自《老子》。唯：因为。意思是：正因为他不和人争，所以谁也争不过他。

【抗兵相加，则哀者胜矣】 出自《老子》。意思是：两军势力相当之时，悲愤的一方获得胜利。

【民之从事也，恒于其成而败之】 出自《老子》。恒：常常。意思是：人们做事，常在快要成功时而失败。

【其安也易持，其未也易谋，其脆也易判，其微也易散】 出自《老子》。意思是：事情在安定的时候容易维持，在没有征兆的时候容易图谋，在脆弱的时候容易分解，在弱

小的时候容易打散。

【强行者有志，不失其所者久】 出自《老子》。意思是：坚持力行的人才有志向，不丧失本性的人就能长久。

【人皆知防患，莫知使患无生】 出自《老子》。患：灾患。意思是：人们都知道防止祸患，却不知道如何不使祸患发生。

【人之道，为而弗争】 出自《老子》。弗：不。意思是：做人的道理，就是做了好事而不跟人家争功。

【善闭，无关楗而不可开，善结，无绳约而不可解】 出自《老子》。楗：门闩。意思是：善关门的人不用门闩而打不开，善于捆缚的人不用绳索却解不开。

【善于为士者不武，善战者不怒，善胜敌者弗与】 出自《老子》。士：这里指将帅。与：相接。意思是：善于做将帅的人不轻易动武，善于打仗的人不会被敌人所激怒，善于战胜敌人的人，不与敌人硬拼。

【善人者不善人之师；不善人者善人之资】 出自《老子》。意思是：善人是不善之人的老师；不好的人，可以做好人的借鉴。

【善者不多，多者不善】 出自《老子》。多：称赞。意思是：善良人不自我吹嘘，自我吹嘘的人不是善良人。

【善摄生者，陆行不遇兕虎，入军不被甲兵】 出自《老子》。意思是：善于保存自己的人，走山路碰不到野兽，在战场上受不到兵器的伤害。指勇敢，不怕死是最好的防身武器。

【甚爱必大费，多藏必厚亡】 出自《老子》。甚爱：过分爱惜。费：破费。厚亡：很多损失。意思是：过分的爱惜必定会造成大的破费，过多的储存必定会带来更多的损失。

【天网恢恢，疏而不漏】 出自《老子》。天网：天道之网。恢恢：广大的样子。意思是：天道之网，极为广大，虽然看起来稀疏，但决不会有所疏漏。用来比喻坏人难以逃脱制裁。

【民不畏死，奈何以死惧之】 出自《老子》。奈何：为什么。意思是：既然人民不畏惧死亡，为什么还要用死亡来威胁他们呢？是说严酷的刑法不能让人民屈服。

【民之饥者，以其上什税之多也，是以饥】 出自《老子》。上：指上层统治阶级。意思是：百姓之所以受饥荒，都是因为统治者吞食租税太多。

【行无行，攘无臂，执无兵，扔无敌】 出自《老子》。行：行军。攘：伸。兵：兵器，武器。扔：进攻，攻打。意思是：作战的时候，行军要如同没有行军一样，伸出手臂如同没有伸出手臂一样，手中拿着兵器就象没有拿兵器一样，进攻敌人就象没有进攻一样。

【大军之后，必有凶年】 出自《老子》。大军：指大的战争。凶年；因为战争过后，田地荒芜，物资短缺，百姓死亡，故叫"凶年"。意思是：经过大的战争之后，国家一定会有荒年。说明战争给国家和百姓所带来的必然的伤害。

【大直若屈，大巧若拙，大辩若讷】 出自《老子》。意思是：最正直的人表面上却显得委屈迁就，最灵巧的人表面上却显得十分笨拙，而最善辩的人则常常表现得很木讷。说明要透过表面看到问题的实质。

【知人者智，自者直明】 出自《老子》。意思是：能够了解别人的人才算有智慧，能够认识自己的人，才算得上聪明。

【胜人者有力，自胜者强】 出自《老子》。意思是：战胜别人，不过是自己有力量，而能战胜自己的人，才是强者。此句是老子的人生哲理，对后人很有启发。

【祸兮，福之所倚；福兮，祸之所伏】 出自《老子》。倚：依存。伏：陷匿，隐蔽。意思是：灾祸之中可能依存着幸福，幸福之中也可能潜伏着灾祸。用来说明事物之间相互转化的辨证关系。

【有无相生，难易相成】 出自《老子》。

語言的盛宴

意思是：有和无是相互对立而产生的，难和易是相互对立而形成的。用来比喻事物都是相互对立、相互依存的，体现了老子朴素的辩证法思想。

【自知而不自见，自爱而不自贵】 出自《老子》。见：同“现”，表现。意思是：有自知之明，但却不自我显露；能自爱自尊，但却不自命高贵。说明待人处世要谦虚。

【上善若水，水善利万物而不争】 出自《老子》。上：最，上善，最善的人。意思是：最善的人就像水一样，水滋养万物，但却不与万物相争。

【合抱之木，生于毫末；九层之台，起于累土；千里之行，始于足下】 出自《老子》。合抱：一抱粗。毫末：形容微小的东西。意思是：一抱粗的大树，也是由幼小的树苗长成的；九层高的楼台，也是用一块块泥土慢慢垒成的；千里长的路程，也是从脚下第一步开始的。原意是说事物都是由微到著发展变化的，告诫人们要防患于未然。后喻指大的事业也是由小到大、由少到多积累起来的。

庄子

【委之以财而观其仁，告之以危而观其节】 出自《庄子·列御寇》。意思是：让他做和财物有关的事情，就能看出他是否廉洁；让他做危难的事情，就可以看出他是否有操守。说明一个人如果能够近利不贪、临危不惧，那么就是个有德行的人。

【举世而誉之而不加劝，举世而非之而不加沮】 出自《庄子·逍遥游》。劝：勉励，振奋。非：诋毁。沮：丧气。意思是：全世界的人都赞誉他，也不会因此而振奋；全世界的人都诋毁他，也不会因此而沮丧。说明有修养的人往往将荣辱看得很淡，宠辱不惊，飘然世外。

【吹呴呼吸，吐故纳新】 出自《庄子·刻意》。呴：张口吐气。意思是：张口呼吸，吐出体内的混浊气体，吸进新鲜空气。比喻弃旧扬新。

【善吾生者，乃所以善吾死也】 出自《庄子·大宗师》。意思是：把我的生看为是好事的人，也应该把我的死看作是好事。

【以隋侯之珠，弹千仞之雀】 出自《庄子·让王》。意思是：用明珠去打飞得极高的鸟雀。比喻舍重求轻。

【安危相易，祸福相生】 出自《庄子·则阳》。易：变化。生：产生。意思是：安全和危险是相互转换的，祸患和幸福也是交替产生的。

【彼亦一是非，此亦一是非】 出自《庄子·齐物论》。意思是：那里有一套评判对错的标准，这里有一套评判对错的标准。比喻标准不同，是非根本就说不清楚。

【大惑者，终身不解；大愚者，终身不灵】 出自《庄子·天地》。惑：糊涂。灵：知晓。意思是：最糊涂的人一辈子也不知道自己糊涂；最愚蠢的人，一辈子也不知道自己愚蠢。

【狗不以善吠为良，人不以善言为贤】 出自《庄子·徐无鬼》。吠：狗叫。意思是：狗不是因为能够嚎叫才称为好狗，人不是因为能说会道才称为贤人。

【好面誉人者，亦好背而毁之】 出自《庄子·盗跖》。誉：赞美。意思是：喜欢当面夸奖别人的人，也喜欢在背后诋毁别人。

【褚小者不可以怀大，绠短者不可以汲深】 出自《庄子·至乐》。褚：衣袋。绠：井绳。意思是：衣袋小就装不下大的东西；井绳短了，就无法打出深井里的水。

【道行之而成，物谓之而然】 出自《庄子·齐物论》。意思是：道路是人走出来的，东西的名称是人们叫出来的。

【海不辞东流，大之至矣】 出自《庄子·徐无鬼》。意思是：海洋所以这样大，是因为它能接纳百川的流水。比喻谦虚可以使人变

得更美好。

【鹤不日浴而白，乌不日黔而黑】 出自《庄子·天运》。意思是：白鹤不必每日洗澡，却总是白净的；乌鸦没有天天染色，却总是黑的。比喻本性天然的东西，很难改变。

【鉴明则尘垢不止，止则不明也】 出自《庄子·德充符》。止：停留。意思是：镜子明亮尘垢就不会停留在上面，尘垢落在上面，镜子就不明亮。说明亲近贤人则无过。

【两喜，必多溢美之言；两怒，必多溢恶之言】 出自《庄子·人间世》。溢：过分。意思是：彼此喜欢的人，肯定会互相说出过分赞美的话；而互相对立的人，必然也会说出过分的话而相互诋毁。说明听人话语要冷静分析。

【年不可举，时不可止，消息盈虚，终则有始】 出自《庄子·秋水》。意思是：过去的时间无法挽留，未来的时间永无休止。灭和生，盈和虚，总是循环不断的。

【人皆知有用之用，而莫知无用之用也】 出自《庄子·人间世》。意思是：人们都知道显示自己才能的用处，但并不知道自认为没有本领的用处。

【汝不知夫螳螂乎？怒其臂以应车辙，不知其不胜任也】 出自《庄子·人间世》。意思是：你没见过螳螂吗？它怒气冲冲地伸出胳臂妄图阻挡车轮前进，可它并不明白这是无济于事的。比喻不自量力。

【其寝不梦，其觉无忧】 出自《庄子·大宗师》。寝：睡觉。觉：醒。意思是：修为高的人睡觉的时候不做梦，醒着的时候也没有忧愁。形容人豁达开朗。

【朝菌不知晦朔，蟪蛄不知春秋】 出自《庄子·逍遥游》。晦朔：指黑夜和黎明。蟪蛄：寒蝉，春生夏死，夏生秋死。意思是：朝生暮死的朝菌不会知道什么是黑夜，什么是黎明；春生夏死，夏生秋死的寒蝉不会知道什么是春，什么是秋。

【人生天地之间，若白驹之过郤】 出自《庄子·知北游》。意思是：人生一世，就如同白驹过隙一样，稍纵即逝。原意是说世间一切都在瞬息万变，生生死死，无有止时。现在多用来指人生短暂。

【哀莫大于心死，而人死亦次之】 出自《庄子·田子方》。意思是：人最大的悲哀莫过于心如死灰，而相比之下，生命的结束倒显得次要了。后常用来比喻丧失理想和信念胜过丧失生命。

【凫胫虽短，续之则忧；鹤胫虽长，断之则悲】 出自《庄子·骈拇》。凫：野鸭。胫：小腿。意思是：野鸭的腿虽然短，但要给它续上一段，也会使其痛苦；鹤的腿虽然长，但若截掉一段，也会使它悲痛。后用来比喻自然规律不能违背。

【水之积也不厚，则其负大舟也无力】 出自《庄子·逍遥游》。意思是：如果水体积蓄得不够深厚，那么它就没有足够的力量来将大船浮起来。说明基础不深厚或条件不充足就难以承担大事。

【吾生也有涯，而知也无涯】 出自《庄子·养生主》。意思是：我的生命是有限的，而知识却是无止境的。说明学海无涯，当以有限之生命投入到无限之学习事业中去。

管子

【名满于天下，不若其已也。名进而身退，天之道也】 出自《管子·白心》。意思是：名满天下的人，不如早些隐退。因为在名声高的时候隐退，才合乎天道。

【疑今者察之古，不知者视之往】 出自《管子·形势》。意思是：对当今有疑问可以去考察历史，对未来不了解可以查看过去。说明以史为鉴的道理。

【民之观也察矣，不可遁逃以为不满】 出自《管子·小称》。察：明显。意思是：人民看

问题最清楚了，任何人也无法避过他们的眼睛而行恶。

【观国者观君，观军者观将】 出自《管子·霸言》。意思是：看一个国家要看他的君主如何，看一支军队要看他的主将如何。

【言是而不能立，言非而不能废，有功而不能赏，有罪而不能诛，若是而能治民，未之有也】 出自《管子·七法》。意思是：意见正确而不被采纳，意见错误而不被废止，有功的人不能得到奖赏，有罪的人不能得到惩治，这样能够治理好百姓国家的，从来没有过。

【海不辞水，故能成其大；山不辞土石，故能成其高；士不厌学，故能成其圣】 出自《管子·形势解》。意思是：海不排斥水，所以能成就它的阔大；山不排斥土石，所以能成就它的高峻；士人不厌弃学问，所以能成为圣贤。

【不法法，则事毋常；法不法，则令不行】 出自《管子·法法》。毋：不。意思是：不确立法制而口说依法办事，那么办事的时候就没有规矩可循；立法不依，那么政令就行不通。

【不为不可成，不求不可得】 出自《管子·牧民》。意思是：不做不可能成功的事情，不寻求不可能得到的东西。

【谄谗饰过之说胜，则巧佞者用】 出自《管子·立政九败解》。谄：奉承。意思是：巴结奉承、谗言诽谤别人来掩饰自己过错的言论占了上风，一定是善于谄媚的人受到了重用。

【伐矜好专，举事之祸也】 出自《管子·形势》。伐：夸耀。矜：骄傲。意思是：骄傲自夸，独断专行，是成就大事的祸患。

【博学而不自反，必有邪】 出自《管子·戒》。意思是：如果博学多识，但不知反省自己的作为，必然会干出不正当之事。说明读书的目的，贵在加强自身的修养。

【不偷取一世，则民无怨心】 出自《管子·牧民》。一世：一时。意思是：对国事一时也不懈怠，则民众便不会产生怨言。

【不以物乱官，不以官乱心，是谓中得】 出自《管子·内业》。意思是：不要让外物扰乱了感官，不要让感官扰乱了心志，这就叫做心中有所得。

【道德当身，故不以物惑】 出自《管子·戒》。惑：迷惑。意思是：如果自己道德高尚，就不会被外界不正的东西所迷惑。

【钓名之士，无贤士焉】 出自《管子·法法》。意思是：沽名钓誉的人，不是有道德的人。

【惰而侈，则贫；力而俭，则富】 出自《管子·形势》。意思是：懒惰又奢侈，生活就会贫困；勤劳而节俭，生活就会富足。

【节欲之道，万物不害】 出自《管子·内业》。意思是：能克服私欲，什么祸害对你都是无可奈何的了。

【强而骄者损其强，弱而骄者亟死亡】 出自《管子·白心》。亟：快。意思是：强大而骄傲就会削弱力量，弱小而骄傲就会急速灭亡。

【全生之说胜，则廉耻不立】 出自《管子·立政九败解》。全生：保命。说：主张。意思是：活命哲学如果占了上风，人们就不讲廉耻了。

【全心在中，不可蔽匿】 出自《管子·内业》。意思是：有什么样的心灵，就必然表现出来，想掩盖也是徒然的。

【人无弘量，但有小谨，不能大立也】 出自《管子·小谨》。意思是：没有博大的胸怀，只知道谨小慎微的人，是不能成就大事业的。

【善人者，人亦善之】 出自《管子·霸形》。意思是：你对别人好，别人对你也好。

【善罪身者，民不得罪也；不能罪身者，民罪之】 出自《管子·小称》。意思是：严于自我批评的人，人民就不会抱怨他；不肯自我批评的人，人民就会谴责他。

【尧舜之人，非生而治也；桀纣之人，非生而乱也，故治乱在上也】 出自《管子·霸言》。尧舜：指唐尧和虞舜，相传都是古代的圣贤之君。桀纣：指夏桀和商纣，古代的两个暴君。意思是：尧舜时代的百姓，不是天生就好治理的；桀纣时代的百姓，也不是天生就爱作乱的。因此，治和乱的根本在于上面的统治者。

【草茅弗去则害禾谷，盗贼弗诛则伤良民】 出自《管子·明法解》。草茅：杂草。意思是：不除掉有害的杂草，就会妨害庄稼的生长；不诛杀盗贼，就会伤害到守法之民。说明一定要对坏人严惩不贷。

【蛟龙待得水而后立其神，人主待得民而后成其威】 出自《管子·形势解》。意思是：蛟龙在有了水以后，才有神威；君主在有了民众的拥护后，才有其威信。

【一夫不耕，民或为之饥；一女不织，民或为之寒】 出自《管子·轻种甲》。意思是：有一个农民不耕种，就可能有人挨饿；有一个妇女不织布，就可能有人受冻。说明了农业生产的重要性。

【仓廪实则知礼节，衣食足则知荣辱】 出自《管子·牧民》。仓廪：粮仓。廪与“仓”同义。实：充实。意思是：粮仓里的粮食充足了，人民就会知道讲礼节；百姓丰衣足食了，就知道什么是光荣与耻辱了。说明要讲究礼节，提倡荣辱，就必须先让人民有一个好的物质生活。

【观其交游，则其贤不肖可察也】 出自《管子·权修》。意思是：看人只要看他交往的朋友，就可以知道他是贤德还是不肖了。

【善气迎人，亲如兄弟；恶气迎人，害于戈兵】 出自《管子·心术》。意思是：待人和颜悦色，就会如兄弟般亲近；待人恶颜相向，就无异于兵戎相见。说明待人应和善。

【今日不为，明日亡货；昔之日已往而不来矣】 出自《管子·乘马》。亡：同“无”，没有。货：财物。意思是：今天不努力做事，明天就会财货贫乏。过去的时光已经过去了，再也不会回来了。

【举事而不时，力虽尽，其功不成】 出自《管子·禁藏》。不时：不合时宜。意思是：做事情，如果不合时宜，即使将力量都用尽了，也不能取得成功。说明做事要见机而行。

晏子春秋

【圣人千虑，必有一失；愚人千虑，必有一得】 出自《晏子春秋·杂下》。意思是：有大智慧的人即使考虑上千次，也会有疏漏的地方；愚笨的人考虑上千次，也会有可取的地方。后来，也用“千虑一失”警告人们要谨慎；用“千虑一得”作自谦之词。

【言无阴阳，行无内外】 出自《晏子春秋·内篇问上》。意思是：不管人前人后，说话都要一样，不论是亲是疏，做事都要公平。

【利于国者爱之，害于国者恶之】 出自《晏子春秋·内篇谏上》。意思是：对国家有利的就爱护奖赏它，对国家有害的就憎恶惩治它。比喻任人唯贤，为恶必除。

【列士并学，能终善者为师】 出自《晏子春秋·内篇谏上》。意思是：士子一起学习，能始终行善的人，可以做老师。

【人不同能，而任之以一事，不可责偏成】 出自《晏子春秋·内篇问上》。意思是：每个人的才能都是不一样的，应根据他们的不同特长让其担任一件事，而不能责备求全。

【橘生淮南则为橘，生于淮北则为枳】 出自《晏子春秋·内篇杂下》。意思是：橘子生在淮南，就结出橘子；移到淮北，就长成枳。比喻环境对改变一个人的品质是十分重要的。

【任人之长，不强其短；任人之工，不强其拙】 出自《晏子春秋·内篇问上》。意思是：使用人要用他的长处，而不强求其短处；要用他所擅长的，而不强求其所不能的。

【不因喜以加赏，不因怒以加罚】 出自《晏子春秋·内篇问上》。意思是：不因为高兴就多加奖赏，也不因为愤怒就加以惩罚。说明奖惩不应因个人的喜怒而变化不定，而是应该有一定的标准。

【为者常成，行者常至】 出自《晏子春秋·内篇杂下》。意思是：能够坚持不懈地做下去的人，常常会得到成功；能够不断行走的人，常常可以达到目的地。说明做事只要坚持不懈，就能获得成功。

【贤君饱而知人之饥，温而知人之寒，逸而知人之劳】 出自《晏子春秋·内篇谏上》。意思是：贤明的君主，自己吃饱了，也应该知道还有人在挨饿；自己穿暖了，也应该知道还有人在受冻；自己生活得安逸了，也应该知道还有人在受累。说明君主不能独享其乐，应该时刻想着自己的人民。

荀子

【青取之于蓝，而青于蓝；冰水为之，而寒于水】 出自《荀子·劝学》。意思是：青色染料是从蓝草里提炼出的，但颜色比蓝草更深；冰是由水凝结而成的，而比水还寒冷。比喻只要努力学习，就可以后来居上。

【名无固宜，曰之以命，约定俗成谓之宜，异于约则谓之不宜】 出自《荀子·正名》。意思是：名称没有本来就恰当的，是由人们约定好而给其起的名字，约定好了，习以为常了，便是正确的，和约定好的名称不一样的就是错误的。

【士有妒友，则贤交不亲；君有妒臣，则贤人不至】 出自《荀子·大略》。交：朋友。意思是：一个人有好嫉妒他人的臣子，那么贤德的臣子就不会来亲近他；国君有好嫉妒他人的朋友，那么贤良的人就不会来辅佐他。比喻择友而交，任人唯贤的道理。

【主道知人，臣道知事】 出自《荀子·大略》。知：掌管。事：职务。意思是：一国之君的职责是选用贤人，臣子的职责是处理分内的事情。

【君子博学而日参省乎己，则知明而行无过矣】 出自《荀子·劝学》。意思是：君子博学，而且每天检查、反省自己，就能聪慧明达，行为没有过失了。

【善在身，介然必以自好也；不善在身，菑然必以自恶也】 出自《荀子·修身》。介然：耿介的样子。好：爱。菑："缁"的异体字，黑色，引申为混浊的意思。意思是：好的品行在身，就感到坚定自信，自己必定喜欢；不好的品行在身，就感到全身污浊，自己必定讨厌。

【君子养心莫善于诚，至诚则无他事矣】 出自《荀子·不苟》意思是：君子修养心性最重要的是诚信，达到最诚信的程度就不会有别的麻烦事发生了。

【君子之学也，入乎耳，箸乎心，布乎四体，形乎动静】 出自《荀子·劝学》。箸：同"著"，附着。意思是：有德行人的学习，听在耳里，心中明白，举止有威仪，行动合乎礼。

【少而不学，长无能也；老而不教，死无思也】 出自《荀子·法行》。意思是：年少时如不学习，年长了就没有才能；年老时如不对人教诲，死了之后就没有人怀念。意同"少壮不努力，老大徒伤悲"。

【百发失一，不足谓善射；千里蹞步不至，不足谓善御】 出自《荀子·劝学》。意思是：射出一百支箭，只有一支没命中目标，这不能说善于射箭；走了一千里的路就差半步没走而没到达终点，这不能说善于驾车。比喻做事要做得完美。

【不诱于誉，不恐于诽率道而行，端然正

己】 出自《荀子·非十二子》。诽:诽谤。意思是:不被赞誉引诱,不因为诽谤感到恐惧;按照道义行事,正直无私地改正自己的过错。

【耻不修,不修见污;耻不信,不耻见不信;耻不能,不耻不见用】 出自《荀子·非十二子》。意思是:以品德修养不够为耻辱,不以受到了侮辱为耻;以没有诚信为耻,不以不受信任为耻;以没有能力为耻,不以不被任用为耻。

【崇人之德,扬人之美,非谄谀也】 出自《荀子·不苟》。崇:推崇。意思是:推崇别人的品德,表扬别人的优点,这不是阿谀奉承。

【苟能无以利害义,则耻辱亦无由至矣】 出自《荀子·法行》。义:道义。意思是:如果能够做到不以利益危害道义,那么耻辱也就没有理由到来了。

【见其可利也,则必前后虑其可害也者】 出自《荀子·不苟》。意思是:看到事物有利的某方面,一定也要看到它有害的方面。

【伯乐不可欺以马,而君子不可欺以人】 出自《荀子·君道》。欺:骗。意思是:只有伯乐最了解什么样的马是骏马,只有道德高尚的人才能知道什么样的人是君子。

【不学问,无正义,以富利为隆,是俗人者也】 出自《荀子·儒效》。隆:兴隆。俗人:平庸的人。意思是:不学习,缺乏正义感,只求财富兴隆,这是庸俗的人。

【不知戒,后必有,恨后遂过不肯悔,谗夫多进】 出自《荀子·成相》。恨:同“很”,不听从。后:系“复”字之误,同“愎”,拒绝规劝。谗夫:说坏话的人,引申为坏人。意思是:不知警惕,还要重犯错误;拒绝规劝,坚持错误,必然让坏人钻空子。

【得众动天,美意延年】 出自《荀子·致士》。美意:乐意。延年:延长寿命。意思是:取得大众的拥护就能干出惊天动地的事业,心情舒畅可以延长寿命。

【登高而招,臂非加长也,而见者远;顺风而呼,声非加疾也,而闻者彰】 出自《荀子·劝学》。招:招手。疾:壮,指声音宏大。彰:明,清楚。意思是:站在高处向人招手,胳膊并未加长,而远处的人可以看见;顺着风对人呼喊,声音并没有更大,但能使听的人听得更清楚。

【君子言有坛宇,行有防表,道有一隆】 出自《荀子·儒效》。坛宇:界线。防表:标准。一隆:专一。意思是:君子说话有界线,行为有标准,用心能专一。

【弓矢不调,则羿不能中微;六马不和,则造父不能以致远】 出自《荀子·议兵》。意思是:后羿虽然善射,弓箭不协调也不能命中微小的目标;造父虽然善于驾车,马不听使唤也不能走到很远的地方去。

【君子之于子,爱之而勿面,使之而勿貌,导之以道而勿强】 出自《荀子·大略》。勿面:不表现在脸上。意思是:对于自己的孩子,君子虽然喜爱,但却不表现在脸上,对待他们要严肃庄重,不能用和言悦色来讨他们喜欢。教导时要用道理来诱导他,而不是强制他。

【公道达而私门塞,公义明而私事息】 出自《荀子·君道》。达:畅通。义:原则。意思是:公正的道路畅通了,徇私舞弊的门就被堵塞了;为公的原则明确了,私人的贪图就停止了。用来告诫执政者应提倡公正以抵制私情的泛滥。

【贤不肖不杂则英杰至,是非不乱则国家治】 出自《荀子·王制》。杂:混杂。意思是:贤人与不贤的人不相互混杂在一起,有才能的英杰就会到来;是与非不颠倒混杂,国家就会安定。

【大者不能,小者不为,是弃国捐身之道也】 出自《荀子·大略》。捐:丢弃,舍弃。意思是:大事做不来,小事不去做,这是亡国亡身的道路。

【贤能,不待次而举;罢不能,不待须而

語言的盛宴

废】 出自《荀子·王制》。次:停留,不待次,就是不稍耽搁。罢:同“疲”,软弱无能。须:片刻。意思是:对于有德有才之人,应当立即提拔;对于无德无才的人,则应当立即罢免。

【非我而当者,吾师也;是我而当者,吾友也;谄谀我者,吾贼也】 出自《荀子·修身》。非:批评。当:恰当。是:肯定。意思是:对我的过错批评得正确的,是我的老师;对我的优点给予恰当的肯定的,是我的朋友;而阿谀奉承我的,则是害我的人。

【乐易者常寿长,忧险者常夭折】 出自《荀子·荣辱》。乐易:欢乐,平易。忧险:忧虑,担忧。意思是:乐观泰然的人总是容易长寿,而多愁多虑的人往往短命。说明人的情绪对健康有很大影响,人应保持积极乐观的心态。

【言而当,知也;默而当,亦知也】 出自《荀子·非十二子》。知:同“智”,智慧。意思是:说话说得得当,是明理和智慧的表现;不该说话的时候能沉默得得当,也是明理和智慧的表现。

【相形不如论心,论心不如择术】 出自《荀子·非相》。相:观察,相形,即观察人的外表。意思是:要了解一个人,观察他的外表不如了解他的思想,了解他的思想不如看他的实际行为。

【是是、非非,谓之知;非是、是非,谓之愚】 出自《荀子·修身》。是是:前一个“是”为动词,肯定的意思;后一个“是”为名词,意为正确的事物。非非、非是、是非:用法同前。意思是:肯定正确的、否定错误的,这叫智慧;否定正确的、肯定错误的,这叫愚钝。

【蓬生麻中,不扶而直;白沙在涅,与之俱黑】 出自《荀子·劝学》。蓬:蓬蒿。涅:污泥。意思是:蓬蒿长在麻田中,不用扶助,自然挺直;白沙混在污泥之中,会与污泥一样成为黑色。说明环境对人的影响。

【欲观千岁,则数今日】 出自《荀子·非相》。千岁:年代久远。数:计算。意思是:要想年代久远的事,就要先看一看现在。说明历史发展是有一定共同性的。

【庸言必信之,庸行必慎之】 出自《荀子·不苟》。庸:平常的。意思是:日常的言论一定要守信用,日常的行为一定要谨慎。

【人虽有性质美而心辩知,必将求贤师而事之,择良友而友之】 出自《荀子·性恶》。辩:智慧。意思是:人即使再怎样本质好,再怎样聪慧,也还要向老师学习,选择有品行的朋友来相互帮助。

【有师法者,人之大宝也;无师无法者,人之大殃也】 出自《荀子·儒效》。法:法度。意思是:能够有老师、有法度是人最为宝贵的事情;没有老师、没有法度是人最为不幸的事情。

【假舟楫者,非能水也,而绝江河】 出自《荀子·劝学》。假:借用,凭借。绝:横渡。意思是:凭借着船就可以渡过江河,并不是依靠游泳。用来比喻拥有知识就拥有了力量。

【与人善言,暖于布帛;伤人以言,深于矛戟】 出自《荀子·荣辱》。意思是:赠人以美好的言辞,比布帛更能温暖别人;而用恶语伤人比用矛戟刺人伤害还要深。

【不知则问,不能则学,虽能必让,然后为德】 出自《荀子·非十二子》。让:谦让。意思是:不知道的就要问,不会做的就要学,即使能做也要谦让,这样才能成为有德行的人。

【能之曰能之,不能曰不能,行之至也】 出自《荀子·子道》。意思是:能做就说能做,不能做就说不能做,这才是行为的标准。强调做事应实事求是,老老实实。

【声无小而不闻,行无隐而不形】 出自《荀子·劝学》。隐:藏而不显。意思是:声音再小,也不会不被人听到;行动再隐秘,也总会被人知道。说明人应当谨言慎行。

【君子居必择乡,游必就士,所以防邪僻

而近中正也】 出自《荀子·劝学》。游:交游。意思是:君子居住一定要选择好的乡邻,交游一定选择可靠的人,这样是为了防止自己走上邪路,以接近中正之道。

【不积跬步,无以致千里;不积小流,无以成江海】 出自《荀子·劝学》。跬步:半步。意思是:没有半步半步的积累,就无法行走千里的路程;不汇聚细小的溪流,就不能形成广阔的江海。比喻学习在于积累。

【不登高山,不知天之高也;不临深溪,不知地之厚也】 出自《荀子·劝学》。深溪:深谷。意思是:不登上高山,就不知道天有多么高远;不到深谷,就不知道地有多么深厚。

【锲而舍之,朽木不折;锲而不舍,金石可镂】 出自《荀子·劝学》。锲:刻。镂:雕刻。意思是:如果刻了几下就放弃,那么腐朽的木头也不会断;如果坚持不懈地刻下去,就是金石也可以雕刻成功。比喻学习应持之以恒、坚持不懈。

【无冥冥之志者,无昭昭之明;无惛惛之事者,无赫赫之功】 出自《荀子·劝学》。冥冥:专心致志,不见他物。昭昭:明白,融会贯通。惛惛:义同"冥冥",专心致志。赫赫:显耀盛大的样子。意思是:没有专一的思想,就不能达到融会贯通;不能潜心刻苦地钻研,就不会取得显赫的业绩。

【月不胜日,时不胜月,岁不胜时】 出自《荀子·强国》。不胜:不如。时:季。意思是:做事按月计算不如按日计算,按季计算不如按月计算,按年计算又不如按季计算。意在警戒人们要珍惜时间。

【一进一退,一左一右,六骥不致】 出自《荀子·修身》。六骥:用六匹好马拉的车。意思是:一会儿向前,一会儿向后,一会儿向左,一会儿向右,即使用六匹马拉的好车也无法到达目的地。比喻做事要专心。

【假舆马者,非利足也,而致千里】 出自《荀子·劝学》。假:凭借。舆:车。利足:指能走。意思是:驾车的人,并不是他自身善于行走,但却能到达很远的地方。比喻人如果能够借助外力,就能做很多难以做到的事情。

孙子兵法

【三军可夺气,将军可夺心】 出自《孙子兵法·军争篇》。意思是:军队的士气可以被瓦解,将帅的雄心也可以被挫伤。说明战争中要善于攻心。

【兵者,国之大事,死生之地,存亡之道,不可不察也】 出自《孙子兵法·计篇》。意思是:征战是国家的大事,关系着百姓的生死和国家的存亡,不能不仔细考虑。

【善用兵者,避其锐气,击其惰归,此治气者也】 出自《孙子兵法·军争篇》。意思是:善于统兵打仗的人,总是会避开敌人的锐气,等到敌人的军队松懈下来,快收兵的时候再去攻击,这是掌握军队士气的方法。

【投之亡地然后存,陷之死地然后生】 出自《孙子兵法·九地篇》。《史记》中也作:"陷之死地而后生,置之亡地而后存。"意思是:将军队置于必死的境地,然后才能奋起抵抗,夺得生路。说明处于危险的境地,反而能够激发人们的斗志。成语"置之死地而后生"即由此而来。

【上兵伐谋,其次伐交,其次伐兵,其下攻城】 出自《孙子兵法·谋攻篇》。上兵:用兵的上策。交:结盟,交好。意思是:用兵的上策是在战略上挫败敌人,其次是在外交上挫败敌人,再次是用进攻挫败敌人,最下策是攻打敌人的城池。

【百战百胜,非善之善者也;不战而屈之兵,善之善者也】 出自《孙子兵法·谋攻篇》。善:高明。屈:使屈服。意思是:百战百胜,不算是最高明的作战者,不交兵而使敌

語言的盛宴

人屈服的，才算是最高明的。

【兵者，诡道也。故能而示之不能，用而示之不用，近而示之远，远而示之近】 出自《孙子兵法·计篇》。意思是：作战是诡诈的。因此，能打，要装成不能打；想打，要装成不想打；想向近处，要装成想往远处；想往远处，要装成想往近处。

【以近待远，以佚待劳，以饱待饥，此治力者也】 出自《孙子兵法·军争篇》。佚：同"逸"，安逸，从容。意思是：用靠近战场的优势对付敌人的远途跋涉，用自己的安闲从容等待敌人的疲惫劳顿，用自己的粮草充足来对付敌人的饥饿处境，这是出兵作战的高明所在。

【水因地而制流，兵因敌而制胜】 出自《孙子兵法·虚实篇》。制：制约。意思是：水根据地形的不同而决定其流向，作战用兵根据敌人的情况而制定取胜的战略战术。

【用兵之法，无恃其不来，恃吾有以待之；无恃其不攻，恃吾有所不可攻也】 出自《孙子兵法·九变篇》。恃：倚仗。意思是：用兵的法则是不要将希望寄托在敌人不会来上，而是应该依靠自己的充分准备严阵以待；不要将希望寄托在不会进攻上，而是应该依靠自己有敌人不可攻破的严密守备。

【兵贵胜，不贵久】 出自《孙子兵法·作战篇》。意思是：用兵作战贵在能速战速决，不要拖延。

【始如处女，敌人开户；后如脱兔，敌不及拒】 出自《孙子兵法·九地篇》。开户：指没有防备。意思是：战争开始的时候，军队像处女一样庄重、娴静，让敌人没有防备；而战争打响后，就像脱兔一样风驰电掣地行动，让敌人来不及抵抗。

【善出奇者，无穷如天地，不竭如江河】 出自《孙子兵法·兵势篇》。意思是：善于出奇制胜的人，其战术谋略如天地变幻无穷，如江河奔流不竭。

【善用兵者，役不再籍，粮不三载，取用于国，因粮于敌，故军食可足】 出自《孙子兵法·作战篇》。意思是：善于用兵的人，征兵役不超过两次，运粮草不超过三次。军中所需取于国内，而粮草则可以取于敌方，这样，军中的粮食就够用了。

【佯北勿从，锐卒勿攻】 出自《孙子兵法·军争篇》。佯：假装。北：败北，失败。意思是：对于假装失败的军队，不要去追赶；对于精锐的队伍，不要去强攻。

【知彼知己，胜乃不殆；知天知地，胜乃不穷】 出自《孙子兵法·地形篇》。殆：失败，危险。天：天时。地：地利。意思是：既了解敌人，又了解自己，就能够胜而不败；懂得天时和地利，就能够取得无穷的胜利了。

【高陵勿向，背丘勿逆】 出自《孙子·军争篇》。陵：高山。向：仰攻。逆：正面进攻。意思是：敌人处于高地的时候，不要仰攻；敌人背离高地的时候，不要对敌人正面进攻。

【善战者，立于不败之地，而不失敌之败也】 出自《孙子兵法·军形篇》。意思是：善于作战的人，既能使自己立于不败之地，又能不失掉打败敌人的机会。

【微乎微乎，至于无形；神乎神乎，至于无声，故能为敌之司命】 出自《孙子后法·虚实篇》。司命：主宰。意思是：微妙又微妙，以至于不露形迹；神奇又神奇，以至于无声无息。这样，就能够控制敌人的命运了。说明作战时，应行动隐蔽，神出鬼没，这样才能掌握和调动敌方。

【胜兵先胜而后求战，败兵先战而后求胜】 出自《孙子兵法·军形篇》。意思是：打胜仗的军队，总是先创造取得胜利的条件，然后才寻求与敌交战；打败仗的军队，总是先与敌交战，然后去企求胜利。强调不打无准备之仗。

【善战者之胜也，无智名，无勇功】 出自《孙子兵法·军形篇》。意思是：善于用兵的

人取胜，不是靠出奇制胜，或者是足智多谋的名声和勇猛善战的功劳。

【胜者之战民也，若决积水于千仞之溪者，形也】 出自《孙子兵法·军形篇》。意思是：胜利者指挥军队作战，就像决开千仞高处放下溪中的积水一样，这是一种力量的表现啊！

列子

【善持胜者，以强为弱】 出自《列子·说符》。意思是：善于保持自己胜利的人，总是将自己的强大看成是弱小的。说明要保持住胜利，就不能骄傲自满。

【病非一朝一夕之故，其所由来渐矣】 出自《列子·力命》。意思是：疾病不是一朝一夕形成的，而是逐渐累积而成的。

【见出以知入，观往以知来】 出自《列子·说符》。意思是：看见出去的，就能知道将要进来的；观察过去的，就能知道未来的。说明事物有一定的共同性。

【大道以多歧亡羊，学者以多方丧生】 出自《列子·说符》。歧：岔路。多方：多个方向，这里指目标不专。生：年华，岁月。意思是：大的道路由于岔路太多而跑丢了羊，学习的人因为目标太多而荒废了年华。比喻做学问应专精，才会有所成就。

【吞舟之鱼，不游枝流；鸿鹄高飞，不集污池】 出自《列子·杨朱》。枝：通“支”，枝流，即支流。意思是：能将船吞下的大鱼，不会在江河的支流中游泳；翱翔万里的鸿鹄，不会栖息在污浊的池塘边。比喻英杰志向远大，秉性高洁。

【将治大事者不治细，成大功者不成小】 出自《列子·杨朱》。细：指小事。意思是：要做大事业的人不会去做那些琐碎的事情，要成就大功的人不会去求取那些小的功绩。说明胸怀大志的人不会在小事上耽误工夫。

【生不知死，死不知生；来不知去，去不知来】 出自《列子·天瑞》。意思是：活着的人不知道死后的样子，死了的人不知道活着的样子；到来的人不知道离去的样子，离去的人不知道到来的样子。比喻不必把与自己无关的事情放在心上。

【先日所用，今或弃之；今之所弃，后或用之】 出自《列子·说符》。意思是：先前所使用的东西，现在或许要抛弃；现在要抛弃的，将来或许要用到。比喻东西的作用只有在用得着的时候才显示出作用。

【理无常是，事无常非】 出自《列子·说符》。意思是：道理没有永远正确的，事情没有永远错误的。比喻事物的不断变化性。

【以近知远，以一知万，以微知明】 出自《列子·非相》。意思是：从近处可以了解远处，从少可以知道多，从细微处可以得知显著处。

【察见渊鱼者不祥，智料隐匿者有殃】 出自《列子·力命》。意思是：明察秋毫甚至能够看见深渊里的鱼的人不会吉利，机智得可以知道一切隐匿之事的人会有灾祸。

【得其精而忘其粗，在其内而忘其外】 出自《列子·九方皋相马》。粗(cū)：粗浅的表象。意思是：抓到了本质，不妨忽略其粗浅的表象；审察了内容，不妨忽略其外形。

【得时者昌，失时者亡】 出自《列子·说符》。意思是：顺乎时代潮流的就会昌盛，逆于时代潮流的就会走向灭亡。

【人而无义，唯食而已】 出自《列子·说符》。意思是：人不知大义，只知一日三餐，如同禽兽。

【鸠傅隼翼，羔披豹皮，类似质违，表是里非】 出自《列子》。傅：附着。披：穿。意思是：鸠鸟附着鹰翅膀，小羊穿着豹皮，虽然它们的外表很相似，但其本质却完全两样。比喻在观察事物时，应由表及里，不要被表面的东西迷住眼睛。

鬼谷子

【奥若稽古，圣人之在天地间也，为众生之先】 出自《鬼谷子·捭阖第一》。意思是：综观历史，在天地之间的圣人是芸芸众生的先知。

【夫贤、不肖、智、愚、勇、怯、仁义，有差】 出自《鬼谷子·捭阖第一》。意思是：人们之间的贤良、不肖、智慧、愚蠢、勇敢、胆怯、仁义，都存在一定的距离。

【口者，心之门户，心者，神之主也，志意、喜欲、思虑、智谋、此皆由门户出入，故关之以捭阖，制之以出入】 出自《鬼谷子·捭阖第一》。意思是：口是心灵的门户，心是灵魂的主宰，人的意志、欲望、思维、智慧、谋略，都要借助这个门户来表露，所以要通过捭阖之术来驾驭和控制。

【古之大化者，乃与无形俱生。反以观往，复以验今；反以知古，复以知今；反以知彼，复以知己。动静虚实之理，不合于今，反古而求之。事有反而得复者，圣人之意也，不可不察】 出自《鬼谷子·反应第二》。意思是：古代以大道教化天下的圣人，是与无形的道共生共存的。折返观察过去，再来检验现在；折返了解历史，再来认识现实；回顾了解对方，再来了解自己。动静和虚实的道理如果与现实不相符合，就要回复历史去探求。事情必须要通过反反复复的认识过程，这是圣人的见解，不能够不认真考察。

【故善反听者，乃变鬼神以得其情。其变当也，而牧之审也。牧之不审，得情不明。得情不明，定基不审】 出自《鬼谷子·反应第二》。意思是：善于反复详细听取对方言论的人，能通过神秘玄奇而获得实情。对方的变化是适当的，因而能周密详细地掌握，不详细调查了解，得到的情况就不明确，得到的情况不明确，奠定的基础就不牢固。

【故知之始己，自知而后知人也，其相知也，若比目之鱼。其伺言也，若声与之响；其见形也，若光之与影也】 出自《鬼谷子·反应第二》。意思是：了解别人必先了解自己，了解自己再去了解别人。对别人的了解，就像比目鱼一样没有距离；掌握对方的言论就像声音与回音一样相符；明白了对方的情形，就像光和影子一样不走样。

【物有自然，事有合离。有近而不可见，有远而可知。近而不可见者，不察其辞也；远而可知者，反往以验来也】 出自《鬼谷子·抵巇第四》。意思是：万物都有规律存在，万事都有聚合分离。尽管有时离得很近反而不能觉察，离得远的却能明察秋毫。离得近却不能觉察，是没有考察对方言辞；离得远却能明察秋毫，是因为抚今追昔得出的验证。

【巇者，罅也。罅者，涧也，涧者成大隙也。巇始有朕，可抵而塞，可抵而却，可抵而熄，可抵而匿，可抵而得，此谓抵巇之理也】 出自《鬼谷子·抵巇第四》。意思是：巇，也就是罅。罅是从小的裂缝开始，如同山涧发展成大裂隙似的。裂隙事先都有预兆，能用抵的方法而堵塞，能用抵的方法而使其减缓，能用抵的方法而使其停止，能用抵的方法而使其消亡，能用抵的方法而获得成功，这就是抵巇之术的所在。

【用之于人，则量智能、权才力、料气势，为之枢机，以迎之随之，以钳和之，以意宜之。此飞箝之缀也】 出自《鬼谷子·飞钳第五》。意思是：把飞钳之术运用于其他人，就要观察测试其智慧才能、考察能力，估量气概声势，把握关键所在，以迎合对方或随顺对方，以钳制之术达到与其协调，以意念表情达到与其融洽。这是飞钳术的运用与发挥。

【故谋必欲周密，必择其所与通者说也，故日或结而无隙也】 出自《鬼谷子·揣摩第八》。意思是:所以谋划一定要周密,而且要选择意趣相投的人进行游说,因此说交结要亲密无间。

【人之情，出言则欲听，举事则欲成】 出自《鬼谷子·权篇第九》。意思是:根据人的心理,进行游说希望能被采纳,办事希望获得成功。

【故外亲而内疏者说内，内亲而外疏者说外,故因其疑以变之】 出自《鬼谷子·谋篇第十》。意思是:所以表面亲密而内心疏远的人要从根本着手进行游说，内心亲近而表面疏远的人要从表象入手游说。

【安徐正静,其被节先肉。善与而不静,虚心平意,以待倾损。有主位】 出自《鬼谷子·符言第十二》。意思是:人的修养能够达到安详从容正直沉静,那么就能达到从容自如境界。善于怀柔而不争,要心意空舒宁静,以防备倾覆失败。以上主要讲善守其位。

【目贵明,耳贵聪,心贵智】 出自《鬼谷子·符言第十二》。意思是:眼睛最重要的是明亮,耳朵最重要的是敏锐,心智最重要的是聪明。

【一曰长目,二曰飞耳,三曰树明】 出自《鬼谷子·符言第十二》。意思是:人首先眼睛看得远,其次要耳朵听得远,其三要能明察万物。

【摄心者，谓逢好学伎术者，则为之称远;方验之,警以奇怪,人系其心于己】出自《鬼谷子·中经》。意思是:摄取内心的方法,就是如果遇见好学技术的人,就称赞他的长处,传播远方;然后验证,以其技艺为神奇怪异,从而惊叹,这样他的心绪就会归向于我。

【守义者，谓守以心义，探心在内以合也】 出自《鬼谷子·中经》。意思是:所谓守义,就是遵守义理,探求内心以相一致。

韩非子

【善张网者引其纲】 出自《韩非子·外储说右下》。引:拉着。纲:网的主绳。意思是:善于撒网捕鱼的人总是拉着网的主绳撒网的。比喻做事应当抓住事情最关键的部分。

【千丈之堤,以蝼蚁之穴溃】 出自《韩非子·喻老》。意思是:长达千丈的大堤,由于小小的蚁穴而崩溃。比喻小问题不注意的话会酿成大患。

【举事有道,记其入多,其出少者,可为也】 出自《韩非子·南面》。道:原则。意思是:做事情要有一定的原则,凡是收益多付出少的事情就可以办。比喻做事情要权衡利弊,三思而行。

【上用目,则下饰观;上用耳,则下饰声;上用虑,则下繁辞】 出自《韩非子·有度》。繁辞:繁多的言辞。意思是:国君用眼睛看,臣下就会粉饰外观;国君用耳朵听,臣下就说好听的话;国君动用脑筋来思考,臣下就用繁多的言辞来附会。

【不劲直,不能矫奸】 出自《韩非子·孤愤》。劲:坚强有力。意思是:自己不正直的话,就不能去纠正别人的奸邪行为。

【长袖善舞,多钱善贾】 出自《韩非子·五蠹》。善:善于。意思是:袖子长就善于舞蹈,钱财多的就善于经营。

【火形严,故人鲜灼;水形懦,故人多溺】 出自《韩非子·内储》。严:猛烈。鲜:稀少。灼:烧伤。意思是:火的形态很猛烈,因而人被烧伤的很少;水的形态很柔弱,因而人被淹死的很多。

【冰炭不同器而久，寒暑不兼时而至】 出自《韩非子·显学》。意思是:冰和炭不能长时间放在同一个容器里,寒和暑不能同时来到。比喻相互矛盾敌对的学说,不能同时用

来治理国家。

【不听其言也，则无术者不知；不任其身也，则不肖者不知】 出自《韩非子·六反》。意思是：不亲耳听听他的言论，就不知道他是否有谋略；不让他干一干，就分辨不出他的好坏。

【德则无德，不德则有德】 出自《韩非子·解老》。意思是：自以为有德就是无德的表现，不自以为有德却真正是有德。

【独视者谓明，独听者谓聪】 出自《韩非子·外储说右上》。意思是：见了事物能独立判断是或非，这叫做眼光明亮；听了事情能独立判断错或对，这叫做耳朵灵敏。

【凡说之难，在知所说之心。可以吾说当之】 出自《韩非子·说难》。说：谏说。当：适当。意思是：谏说的难处，就在于能了解所谏说的对象的心理，怎样用我的言论，针对他的心理去说服他。

【功当其事，事当其言，则赏。功不当其事，事不当其言，则罚】 出自《韩非子·二柄》。意思是：功效和职事相符合，职事和他的言论主张相符合，就赏；否则，就罚。

【国家必有文武，官治必有赏罚】 出自《韩非子·解老》。意思是：国家一定要有文有武，治理政事一定要有赏有罚。

【国小而家大，权轻而臣重者，可亡也】 出自《韩非子·亡征》。意思是：地方势力大于中央，下级的权力大于上面的，就会灭亡。

【一手独拍，虽疾无声】 出自《韩非子·功名》。疾：快速。意思是：只用一只手拍，速度再快，也没有声响。比喻君臣之间应互相配合，才能奏效。

【与其用一人，不如用一国】 出自《韩非子·八经》。意思是：治理国家，与其用自己一个人的智慧和力量，不如运用全国人民的智慧和力量。

【刑过不避大臣，赏善不遗匹夫】 出自《韩非子·有度》。匹夫：平民。意思是：惩罚有罪过的人，就是大臣也不要放过；奖赏有功劳的人，就是平民百姓也不能遗漏。

【赏罚不信，则禁令不行】 出自《韩非子·外储说左上》。行：施行。意思是：如果赏罚不守信用，那么禁令就难以推行。

【焚林而田，偷取多兽，后必无兽；以诈遇民，偷取一时，后必无复】 出自《韩非子·难一》。田：同“畋”，打猎。偷取：暂且得到。遇：对待。意思是：烧掉树林打猎，虽然可以一时获得很多猎物，但以后就不会再猎到野兽了；用欺骗的方法来对待百姓，虽然可以蒙蔽百姓一时，但以后就不会再得逞了。比喻领导者要取信于民。

【赏厚而信，人轻敌矣；刑重而必，人不北矣】 出自《韩非子·难二》。必：一定。北：败逃。意思是：奖赏丰厚并能及时兑现，士兵就会看轻敌人而不畏惧了；刑罚严厉而且说到做到，士兵就不敢临阵脱逃了。

【母欺子，子而不信其母】 出自《韩非子·外储说左上》。意思是：做母亲的欺骗了孩子，孩子就不会再相信他的母亲了。说明父母不可以欺哄孩子，这对今天如何教育子女仍很有启发。

【同事之人，不可不审察也】 出自《韩非子·说林上》。意思是：对于和自己一起干事的人，一定要进行详细考察。

【万物必有盛衰，万事必有弛张】 出自《韩非子·解老》。意思是：万物都会有兴盛和衰败，万事都会有松弛和紧张。说明盛衰、张弛是一切事物的规律。

【木之折也必通蠹；墙之坏也必通隙】 出自《韩非子·亡征》。道：原由。蠹：蛀虫。意思是：木头断了，一定是因为里面有蛀虫；墙倒塌了，一定是因为里面有缝隙。用来比喻事物的变化都有其内在的原因。

【不知而言，不智；知而不言，不忠】 出自《韩非子·初见秦》。意思是：自己不知道而信口开河，这是不明智；自己知道却故意不

讲,这是不忠实。

【目短于自见,故以镜观面;知短于自知,故以道正己】 出自《韩非子·观行》。知:同“智”,智慧。意思是:人的眼睛无法看到自己,所以要用镜子来观看自己的面容;人的智慧常常无法认识到自己,所以要用法则来纠正自己。

【不吹毛而求小疵,不洗垢而察难知】 出自《韩非子·大体》。疵:小毛病。意思是:不去吹开兽皮上的毛以寻找细小的毛病,不洗掉污垢以查找难以知道的东西。用来比喻故意挑剔别人的毛病或缺点。成语“吹毛求疵”即由此而来。

【顾小利,则大利之残也】 出自《韩非子·十过》。意思是:只顾眼前的小利,势必会损害到大的利益。说明做事要从大处着眼。

【以肉去蚁,蚁愈多;以鱼驱蝇,蝇愈至】 出自《韩非子·外储说左下》。意思是:用肉来驱赶蚂蚁,蚂蚁会越来越多;用鱼来驱赶苍蝇,越赶苍蝇就会越来。说明处理问题要有正确的措施。

墨子

【谋而不得,则以往知来,以见知隐】 出自《墨子·非攻中》。见:同“现”,显现。意思是:谋虑问题而无法得出结论时,就可以根据过去推知未来,从已经显现出来的推知尚且隐藏的事情。

【义人在上,天下必治】 出自《墨子·非命上》。意思是:有道义的人在上(执政),天下一定能太平安定。

【天子为善,天能赏之;天子为暴,天能罚之】 出自《墨子·天志中》。意思是:君主做好事,上天能够奖赏他;君主做凶恶的事情,上天能够惩罚他。比喻天子是天之子,百姓是真正的天。天子,顺天则昌,逆天则亡。

【政者,口言之,身必行之】 出自《墨子·公孟》。意思是:从政的人,嘴上说的,一定要做到。比喻言出必果,身体力行。

【贫则见廉,富则见义】 出于《墨子·修身》。意思是:贫穷的时候最能表现出一个人是否清廉,富裕的时候最能表现出一个人是否讲求仁义。

【不胜其任,而处其位,非此位之人也】 出自《墨子·亲士》。意思是:对人应当量材使用。

【夫尚贤者,政之本也】 出自《墨子·尚贤上》。意思是:重视爱护贤人,这是治理国家的根本。

【善人赏而暴人罚,则国必治】 出自《墨子·尚同下》。意思是:好人得到奖赏,坏人得到惩罚,国家必然会太平。

【赏不当贤,而罚不当暴,则是为贤者不劝,而为暴者不沮矣】 出自《墨子·尚贤》。劝:劝勉,鼓励。意思是:奖赏不给予有德有才的人,惩罚不给予凶暴的人,那么有德有才的人就得不到勉励,也不能打击凶暴之徒的气焰。

【少尝苦曰苦,多尝苦曰甘】 出自《墨子·非攻上》。意思是:很少尝到苦味的人,一见苦就叫苦;而备尝苦味的人便不觉得苦。

【江河之溢,非一水之源;千镒之裘,非一狐之白】 出自《墨子·亲士》。意思是:江河的水之所以浩浩荡荡,并非只由一个源头流出来;无比珍贵的皮衣并非只由一只狐狸腋下的毛皮制成。比喻从事伟大的事业,要靠很多人才。

【尽天下之卵,其石犹是也,不可毁也】 出自《墨子·贵义》。意思是:用世上所有的鸡蛋去碰石头,石头也会依然如故,不会被毁坏。

【君子不镜于水而镜于人,镜于水,见面之容;镜于人则知吉凶】 出自《墨子·非攻》。意思是:君子不以水为镜子,而以别人为镜子对照检查自己;以水为镜能看到自己的面容，而以别人为镜子，便会知道吉凶。

【一目之视也，不若二目之视也；一耳之听也，不若二耳之听也】 出自《墨子·尚同下》。意思是：一只眼睛不如两只眼睛看得明白；一只耳朵不如两只耳朵听得清楚。比喻国君应有贤臣辅佐。

【良马难乘，然可以任重致远】 出自《墨子·亲士》。意思是：好的马难以驾驭，但它却可以负重远行。比喻优秀的人才虽然难以驾驭，但却常常能干大事，因此对人才的优缺点要有正确的态度。

【战虽有阵，而勇为本】 出自《墨子·修身》。阵：列阵。意思是：作战之中虽然有阵列的讲究，但最根本的还是要勇敢。

【繁为攻伐，此实天下之巨害也】 出自《墨子·非攻下》。意思是：频繁的进攻和讨伐，实在是天下最大的祸害呀。表现了墨子反对战争，想使百姓安居乐业的思想。

【染于苍则苍，染于黄则黄；所入者变，其色亦变】 出自《墨子·所染》。苍：青色。意思是：将丝放入青色的染料中，它就会变成青色，将丝放入黄色的染料中，它就会变成黄色。丝的颜色改变了，而染料的颜色也变了。比喻接受外界事物要慎重。

商君书

【苟可以强国，不法其故；苟可以利民，不循其礼】 出自《商君书·更法》。法：效法。故：旧传统。循：遵从。意思是：如果能够使国家强盛，就不必仿效旧的传统；如果能够使人民受益，就不必遵守旧的礼制。

【爱人者不阿，憎人者不害，爱恶各以其正，治之至也】 出自《商君书·慎法》。意思是：对我所喜爱的人公正不徇私不阿附，对我所憎恶的人不去陷害他，喜爱与厌恶都以正直相待，就能把事情管理好。

【出一令可以止横议，杀一犯可以儆百众】 出自《商君书·赏刑》。横议：肆意议论。意思是：发出一个号令可以制止肆意的议论，严惩一个罪犯可以警戒一百人不敢轻易犯罪。

【蠹众而木折，隙大而墙坏】 出自《商君书·修权》。意思是：蛀虫多了，树木就会折断；缝隙大了，墙壁就会倒塌。比喻不利的因素多了、严重了，就会出现危险。

【赏厚而信，刑重而必】 出自《商君书·修权》。意思是：奖赏丰厚但必须有信用，刑法规定严厉但一定要实行。

【事不中法，不为也】 出自《商君书·君臣》。中：适合。意思是：事情不适合法度，就不要去干。

【过举不匿，则官无邪人】 出自《商君书·垦令》。过举：错误的行为。匿：隐瞒。意思是：做官的人不隐瞒错误的行为，那么在其中间，就不会有奸邪之人了。

【利不百，不变法；功不十，不易器】 出自《商君书·更法》。意思是：没有百倍的利益，不要轻易变法；没有十倍的功效，不要轻易改变器具。

【治世不一道，便国不法古】 出自《商君书·更法》。道：方法。便：便利。意思是：治理国家不一定只用一种方法，只要对国家有利，就不必效法过去。

【善为国者，仓廪虽满不偷于农，国大民众不淫于言】 出自《商君书·农战》。廪：粮仓。偷：马虎，疏忽。淫：过度。意思是：善于治理国家的人，即使粮仓已满，也不会疏忽农业生产；国家再强大，人口再多，也不会让空谈泛滥。

【不以私害法，则治】 出自《商君书·修劝》。意思是：不因为自己的私利而损害法律，国家就能治理好。

【以战去战，虽战可也】 出自《商君书·画策》。意思是：用战争来制止战争，就算发动战争也是可以的。说明并非所有的战争都

語言的盛宴

是不可取的。

【胜而不骄，败而不馁】 出自《商君书·战法》。意思是：打了胜仗不骄傲，打了败仗也不气馁。成语"胜不骄，败不馁"即由此而来。

【穷巷多怪，曲学多辩】 出自《商君书·更法》。曲学：邪曲古怪、见识不广的学究。意思是：住在穷僻小巷的人们总是爱少见多怪，而那些邪曲古怪，又见识不广的学究往往喜欢无谓的诡辩。

吕氏春秋

【东面望者不见西墙，南乡视者不睹北方，意有所在也】 出自《吕氏春秋·去尤》。睹：看见。意思是：向东面看的人见不到西面的墙，向南面看的人望不见北方，这是因为心意有所集中啊。比喻在实践过程中只局限于一隅。

【察己则可以知人，察今则可以知古】 出自《吕氏春秋·察今》。意思是：明察自己就可以知道别人，明察现在就可以知道过去。

【一心可以事百君，三心不可以事一君】 出自《吕氏春秋·内篇问下》。事：侍奉。意思是：只要一心一意为国，不管更换多少个国君也能在朝中做事；三心二意，就是侍奉一个国君也不能至终。

【万民之主，不阿一人】 出自《吕氏春秋·贵公》。阿：庇护。意思是：万民的君主不应该偏袒庇护某一个人。比喻要公平对待每一个人。

【欲胜人者必先自胜，欲论人者必先自论，欲知人者必先自知】 出自《吕氏春秋·季春纪·先己》。意思是：想战胜别人必须首先战胜自己，想评论别人必须先评论自己，想了解别人必须先了解自己。

【善学者，假人之长以补其短】 出自《吕氏春秋·孟夏纪·用众》。假：借助。意思是：善于学习的人，能够取他人之长来补自己之短。

【不知而自以为知，百祸之宗也】 出自《吕氏春秋·有始览·谨听》。意思是：不知道却自以为知道，这是各种祸患的根源。

【尝一脟肉，而知一镬之味、一鼎之调】 出自《吕氏春秋·慎大览·察今》。脟：同"脔"，切成小块的肉。镬：古代的一种大锅。意思是：品尝一小块肉就知道了一整锅肉的味道，进而知道一鼎肉的味道是否调和。

【得十良马，不若得一伯乐；得十良剑，不若得一欧冶】 出自《吕氏春秋·不苟·赞能》。意思是：得到十匹好马，也不如得到一个懂得相马的伯乐；得到十把好剑，也不如得到一位懂得铸剑的欧冶子。

【苟虑害人，人亦必虑害之；苟虑危人，人亦必虑危之】 出自《吕氏春秋·慎大览·顺说》。意思是：如果想着伤害别人，别人一定也在想着伤害他；如果想着危及别人，那么别人也一定想着危及他。

【尺之木必有节目；寸之玉必有瑕适】 出自《吕氏春秋·举难》。意思是：尺长的木头必有节眼；寸大的玉块必有瑕疵。比喻事物很难尽善尽美。

【良工之与马也，相得则然后成】 出自《吕氏春秋·知士》。意思是：善于赶马驾车的人和好马是相辅相成的，赶车人技艺再高，若无好马，车也不会跑得快；纵有好马，但没有好的赶马人，它也无法发挥能力。

【良剑期乎断，不期乎镆铘】 出自《吕氏春秋·慎大览·察今》。镆铘：即莫邪，我国古代名剑。意思是：好剑在于它的锋利，是否能割断东西，并不在于它是否名叫"镆铘"。比喻用人应重才，不必讲究名气如何。

【人之情，不能乐其所不安，不能得于其所不乐】 出自《吕氏春秋·诬徒》。意思是：人之常情，不能乐意于他们所不安心的，不能满足于他们所不乐意的。

【善学者，若齐王之食鸡也，必食其跖数千而后足】 出自《吕氏春秋·用众》。意思是：善于学习的人，就像齐王吃鸡一样，一定要吃到几千个鸡爪才满足。比喻治学应当兼取众家之长。

【水出于山而走于海，水非恶山而欲海也，高下使之然也】 出自《吕氏春秋·审己》。走：归，倾注。然：这样。意思是：水从山里流注到大海，并不是水爱海不爱山，而是地势高低不同形成的。比喻在上者英明，贤才便可得到重用。

【怀腐而欲香，入水而恶濡，不可得也】 出自《吕氏春秋·劝学》。怀：藏。意思是：身上藏着腐臭的东西，而又想得到香；钻进水里而又怕弄湿身子，这是不可能的。

【大匠不斫，大庖不豆，大勇不斗，大兵不寇】 出自《吕氏春秋·孟春纪·贵公》。斫：砍削。庖：厨师。豆：古代的食器，这里用作动词，指摆食器。大兵：正义之师。寇：扰害。意思是：高明的工匠并不亲自弄凿挥斧，高明的厨师也不亲自搬弄食器，而真正勇敢的人不会和人争斗，真正正义的军队更不会扰害百姓。

【流水不腐，户枢不蝼】 出自《吕氏春秋·尽数》。户枢：门轴。蝼：也作"蠹"，蛀蚀。意思是：流动的水不会变得腐臭，经常转动的门轴不会被虫蛀。说明经常运动的东西不容易被侵蚀。

【闻而审，则为福矣；闻而不审，不若无闻矣】 出自《吕氏春秋·察传》。审：审查、核实。意思是：听到传闻能够加以考察，就会带来好处；听到传闻却不加以考察，倒不如不听。

【竭泽而渔，岂不获得？而明年无鱼】出自《吕氏春秋·孝行览·义赏》。竭：干涸。意思是：将河水抽干了捕鱼，怎么会捕不到呢？只是第二年就没有鱼了。说明做事不能只顾眼前利益，要有长远的打算。

【得言不可以不察，数传而白为黑，黑为白】 出自《吕氏春秋·慎行论·察传》言：传言。意思是：听到了言论，不能不他细审查，因为经过几次传播以后，白的也会变成黑的，黑的也会变成白的。说明一些传闻一定要仔细审查。

集 · 篇

集 篇

楚辞

【路漫漫其修远兮，吾将上下而求索】 出自屈原《离骚》。意思是：我面临的世路漫长遥远，我将不畏艰苦坚持探索。

【岂余身之惮殃兮，恐皇舆之败绩】 出自屈原《离骚》。意思是：难道我自己还害怕灾祸吗？我担心的是国家的失败。

【老冉冉其将至兮，恐修名之不立】 出自屈原《离骚》。冉冉：渐渐。修名：美名。立：树立。意思是：老年一天天挨近，我担心的是为国立功的美名还没有树立起来。

【长太息以掩涕兮，哀民生之多艰】 出自屈原《离骚》。意思是：长叹一声，掩面哭泣啊，心中同情老百姓生活的艰辛。

【民生各有所乐兮，余独好修以为常】 出自屈原《离骚》。各有所乐：各人的爱好有所不同。意思是：人们的爱好各不相同，我对坚持美德习以为常。

【何方圜之能周兮，夫孰异道而相安】 出自屈原《离骚》。周：相合。意思是：方的和圆的怎么能够合在一起，志趣不同的人怎么能够相依。

【何昔日之芳草兮，今直为此萧艾也】 出自屈原《离骚》。意思是：往昔的香草为什么变成了现在的艾蒿。

【苟中情其好修兮，又何必用夫行媒】 出自屈原《离骚》。中情：内心的情感。行媒：媒人。意思是：只要内心爱好修美，君臣自能遇合，不必通过媒介。

【阽余身而危死兮，览余初其犹未悔】 出自屈原《离骚》。意思是：我的身子挨近危险的境地，接近死亡的边缘，但我回顾原有的理想，毫不后悔，我仍要坚持。指不因危险死亡而违背理想。

【伏清白以死直兮，固前圣之所厚】 出自屈原《离骚》。死直：守正直之道而死。意思是：守正直之道而死，犹保持清白，这些都是为古代的圣贤所崇尚的行为，我当然要作为终身奉行的原则。

【与天地兮同寿，与日月兮齐光】 出自屈原《九章·涉江》。意思是：我要使自己的生命和天地一样长，我要使自己发出的光能跟日月争明。

【身既死兮神以灵，魂魄毅兮为鬼雄】 出自屈原《九歌·国殇》。意思是：为国捐躯的将士们虽然牺牲了，但他们的精神永存，他们刚毅的魂魄不愧为鬼中英雄。

【悲莫悲兮生别离，乐莫乐兮新相知】 出自屈原《九歌·少司命》。意思是：悲，没有什么比生死别离更悲的；乐，没有什么比得到新的知己更乐的。

【苟余心其端直兮，虽僻远之何伤】 出自屈原《九章·涉江》。意思是：如果我的心正直坦荡啊，即使居住在偏远之地对我又有什么损伤。

【鸟飞反故乡兮，狐死必首丘】 出自屈原《九章·哀郢》。首丘：头向着狐穴所在的土丘。意思是：鸟飞走后还是要返回故乡，狐狸死后头还向着狐穴所在的土丘。比喻人都怀念自己的故乡。

【举世皆浊我独清，众人皆醉我独醒】 出自屈原《渔父》。举：全。意思是：世人都浑浑浊浊，只有我清清白白；大家都喝得烂醉

語言的盛宴

如泥，只有我头脑清醒。比喻不随俗浮沉。

【圣人不凝滞于物，而能与世推移】 出自屈原《渔父》。意思是：圣人不墨守成规，而能随着时代的变迁而发展。

【安能以皓皓之白，而蒙世俗之尘埃乎】 出自屈原《渔父》。意思是：怎能让自己纯洁的心灵蒙受世俗尘埃的污染呢？

【带长剑兮挟秦弓，首身离兮心不惩】 出自屈原《九歌·国殇》。挟：夹在胳膊下。秦弓：秦地产的弓，指强弓。惩：戒惧，害怕。意思是：佩带着长剑与强弓奔赴沙场，以不怕牺牲的精神英勇奋战。

【尺有所短，寸有所长；物有所不足，智有所不明】 出自屈原《卜居》。意思是：尺虽比寸长，但和更长的东西相比，就显得短，寸虽比尺短，但和更短的东西相比，就显得长；事物总有它的不足之处，智者也总有不明智的地方。

淮南子

【不涸泽而渔，不焚林而猎】 出自《淮南子·主术训》。涸泽：枯竭、水干。意思是：不把池里的水汲干了捕鱼，不把树林焚烧了来猎兽。比喻做事要从长远来考虑，不能只顾眼前的利益。

【循流而下易以至，背风而驰易以远】 出自《淮南子·主术训》。循：顺着。背：以背依附。意思是：船顺流而下就会很容易到达目的地，马顺风而驰就会很容易跑到遥远的地方。比喻做事应善于借用外力，不能蛮干。

【稻生于水，而不能生于湍濑之流；紫芝生于山，而不能生于盘石之上】 出自《淮南子·说山训》。湍濑：水浅流急的地点。意思是：水稻是一种生长在浅水里的谷物，但是它不能生长在水流湍急的浅滩；灵芝是一种生长在高山上的瑞草，但是它不能生长在巨石嶙峋的秃岭。比喻任何事物生存发展都要适合其特点的特殊环境。

【牛蹄之涔，无尺之鲤；块阜之山，无丈之材】 出自《淮南子·俶真训》。涔：路上的积水。意思是：牛蹄洼的积水中，长不出一尺长的鲤鱼；不起眼的小土丘上，长不出一丈长的木材。

【上求材，臣残木；上求鱼，臣干谷】 出自《淮南子·说山训》。意思是：君主想得到木材，臣下就要去损坏树林；君主想要得到鱼，臣下就要去淘干河谷。比喻领导者要节制欲望，不给臣下阿谀的机会。

【天下有三危：少德而多宠，一危也；才下而位高，二危也；身无大功而受厚禄，三危也】 出自《淮南子·人间训》。意思是：天下有三种危险：好的品德少而受到的恩宠多，这是第一种危险；才能低而官位高，这是第二种危险；自己没有立过大功而得到丰厚的俸禄，这是第三种危险。

【圣人不求誉，不辟诽，正身直行，众邪自息】 出自《淮南子·缪称训》。誉：美名。诽：诽谤。意思是：有德行的人不求美名，不逃避诽谤，立身正派行为端正，各种邪恶自然平息。比喻身正不怕影子歪。

【百星之明，不如一月之光；十牖之开，不如一户之明】 出自《淮南子·说林训》。牖：窗户。意思是：群星闪烁，不如一轮明月的光辉；打开十扇窗户，不如打开一扇门敞亮。

【不耻身之贱，而愧道之不行；不忧命之短，而忧百姓之穷】 出自《淮南子·修务训》。身：自己。意思是：不以自己的身份低贱为耻辱，而以道义不能推行而惭愧；不为自己的生命短暂而忧愁，而为百姓穷苦感到忧愁。

【非澹薄无以明德，非宁静无以致远】 出自《淮南子·主术训》。意思是：没有清心寡欲就无法昭示自己的道德，没有宁心静气就不能达到目标。

【见一叶落而知岁之将暮，睹瓶中之冰而知天下之寒】 出自《淮南子·说山训》。暮：晚。睹：见。意思是：看见一片树叶飘落就知道这一年就要过去了，看到瓶子里的水结了冰就知道天气要变寒冷了。

【百言百当，不如择趋而审行也】 出自《淮南子·人间训》。意思是：就是百句话都说对了，也不如选择一句可行的审慎地去实践。

【登高使人欲望，临深使人欲窥，处使然也】 出自《淮南子·说山训》。窥：探究，引申为思虑深刻。意思是：登到高处可以使人开阔胸怀，对着深渊可以使人思虑深邃，这是所处的环境促成的。

【焚林而猎，愈多得兽，后必无兽】 出自《淮南子·人间训》。意思是：烧掉森林虽然可以获得很多的猎物，但以后就不会再猎到野兽了。比喻做事不能只顾眼前利益，忽略了长远的利益。

【其计乃可用，不羞其位；其言可行，而不责其辩】 出自《淮南子·主术训》。羞：同“丑”，以为耻。意思是：如果一个人的计策高明可用，就不要因为他的地位低下而耻于采纳；如果一个人的话正确可行，就不要责怪他巧言善辩。

【行一棋不足以见智，弹一弦不足以见悲】 出自《淮南子·说林训》。意思是：只走一步棋不足以看得出一个人的才智，只弹一下琴不足以看得出一个人的悲喜。比喻只通过一时一事不能断定一个人才能的高低。

【得万人之兵，不如闻一言之当】 出自《淮南子·说山训》。一言之当：即能够说出天时、地利、人和的话，称之为“当”。意思是：拥有一万兵马，也不如听一句正确有用的话。

【刑罚不足以移风，杀戮不足以禁奸】 出自《淮南子·主术训》。意思是：单靠刑罚不能够改变社会的不良风气；单靠杀戮也不能够禁止坏人坏事。说明要想社会秩序井然，不能光靠刑罚和杀戮，还要重视道德教育。

【欲致鱼者先通水，欲致鸟者先树木】 出自《淮南子·说山训》。意思是：要想引来鱼儿，就要先开通水道，要想引来鸟儿，就要先种上树木。比喻领导要想得到民心，就要先使其德行和政策完善。

【有百技而无一道，虽得之弗能守】 出自《淮南子·诠言训》。道：方向。意思是：如果没有一定的方向，即使具有多种技能，即使能有所收获，也不能坚持长久。说明只有精专，才能长久，杂而不精，就会半途而废。

【千人同心，则得千人之力；万人异心，则无一人之用】 出自《淮南子·兵略训》。意思是：一千个人同心协力，就可以得到一千个人的力量；一万个人，如果不能齐心协力，就会一个人的力量也得不到。说明统一军心的重要性。

【五指之更弹，不若卷手之一挃；万人之更进，不如百人之俱至】 出自《淮南子·兵略训》。更弹：轮番弹奏。卷手：握拳。挃：撞击。意思是：五个手指轮番弹奏，不如握住拳头用力一击；一万个人轮番进攻，不如一百个人一同拼杀。

【圣人先忤而后合，众人先合而后忤】 出自《淮南子·人间训》。忤：不合。合：结交。意思是：圣人总是先有争执和不合，然后才结交成朋友；而一般的人总是先交好，然后又不合、起争执。

【善游者溺，善骑者堕】 出自《淮南子·原道训》。堕：落，掉下。意思是：善于游水的人常常会被水所淹，善于骑马的人往往会从马上掉下来。

【走不以手，缚手走，不能疾；飞不以尾，屈尾飞，不能远】 出自《淮南子·说山训》。走：跑。缚：捆绑。屈：收缩。意思是：跑虽然不用手，但如果把手绑起来，就跑不快了；飞虽然不用尾巴，但如果将尾巴缩起来，就飞不远了。比喻任何事物要发挥自己的功能，总要借助于其他的事物。

【心欲小而志欲大，智欲员而行欲方，能欲多而事欲鲜】 出自《淮南子·主术训》。员：同"圆"。这里指灵活，圆滑。意思是：考虑问题要谨慎，但志向一定要远大，思想智慧要灵活，但行为一定要方正，才华能力要多方面，但做事不要大小都管。

【心哀而歌不乐，心乐而哭不哀】 出自《淮南子·缪称训》。意思是：如果心里哀伤，就是唱歌也表现不出欢乐的样子；如果心里高兴，就是哭泣也表现不出哀伤的样子。说明"情发乎中而必见于外"的道理。

【圣人不贵尺之璧，而重寸之阴】 出自《淮南子·原道训》。尺之璧：直径为一尺的璧，形容极其珍贵。意思是：圣明的人不以盈尺的璧玉为珍贵，而是珍爱寸长的光阴。说明时间之宝贵，劝人们应当珍惜。

韩诗外传

【树欲静而风不止】 出自汉代韩婴《韩诗外传》。意思是：树想要静下来，但风始终不停地吹。比喻事物的发展不以人的意志为转移。

【君子有三言，可贯而佩之：一曰无内疏而外亲，二曰身不善而怨他人，三曰患至而后呼天】 出自汉代韩婴《韩诗外传》。意思是：君子有三句话要始终如一地记在心中来警诫自己：一是不要对亲人疏远而对外人亲近，二是不要自身的事情做不好而埋怨别人，三是不要灾祸降临才呼天唤地。

【君子有三忧。弗知，可无忧与？知而不学，可无忧与？学而不行，可无忧与】 出自汉代韩婴《韩诗外传》。意思是：君子有三种忧虑。不知道有哪些学问，能不忧虑吗？知道了却又不能去学，能不忧虑吗？学了却又不能去实行，能不忧虑吗？

【人善我，我亦善之；人不善我，我则引之，进退而已耳】 出自汉代韩婴《韩诗外传》。意思是：别人对我好，我也对他好；别人对我不好，我就引导他，同他接近或疏远罢了。

【剑虽利，不厉不断；材虽美，不学不高】 出自《韩诗外传》。意思是：剑虽然锋利，不去磨它就不能砍断东西；资质虽然好，不学习才华就不高。

【独视不若与众视之明，独听不若与众听之聪，独虑不若与众虑之工】 出自汉代韩婴《韩诗外传》。明：看得清楚。聪：听得清楚。意思是：一个人观看比不上众人看得清楚，一个人听，比不上众人听得明白，一个人思考比不上众人想得周到。

【大成若缺，其用不弊；大盈若冲，其用不穷】 出自老子《道德经》汉代韩婴《韩诗外传》转达。敝：败坏。冲：空虚。意思是：最完美的事物也会有瑕疵，但瑕不掩瑜；最圆润的事物和行为也有不足，其用却不会穷竭。

【夫明镜者，所以照形也；往古者，所以知今也】 出自汉代韩婴《韩诗外传》。往古：古代。意思是：明亮的镜子是用来照形体的；过去的事迹是用来了解现在的。说明应该注意历史的经验教训。

【君子洁其身而同者合焉，善其音而类者应焉】 出自汉代韩婴《韩诗外传》。意思是：君子把自己的品德修养完美，有高尚品德的人便来和他交往；君子说的话合于道理，因此说话合理的人便来响应。

【君子盛德而卑，虚己以受人】 出自汉代韩婴《韩诗外传》。盛德：高尚的品德。虚己：虚心接受别人的意见。意思是：君子虽有高尚的道德，但仍然谦卑，总是虚心地接受别人的意见。

【君子尊贤而容众；嘉善而矜不能】 出自汉代韩婴《韩诗外传》。矜：同情。意思是：

語言的盛宴

君子尊敬贤人，也容纳一般的人；鼓励贤能的人，也同情没有能力的人。

【蓝有青，而丝假之，青于蓝；地有黄，而丝假之，黄于地】 出自汉代韩婴《韩诗外传》。假：借助。意思是：蓼蓝含有青色的色素，用青染料去染丝，青的颜色胜过了蓼蓝；黄土含有黄色的色素，用黄染料去染丝，黄的颜色超过黄土。

【目者，心之符也；言者，行之指也】 出自汉代韩婴《韩诗外传》。符：记号，引申为窗户。意思是：眼睛是心灵的窗户，言语是行为的意向。

【良玉度尺，虽有十仞之土，不能掩其光；良珠度寸，虽有百仞之水，不能掩其莹】 出自汉代韩婴《韩诗外传》。意思是：一尺长的美玉，虽然埋藏在十仞厚的土地下，也不能掩盖它发出的光芒；一寸大的美珠，虽然沉没在百仞深的水底，也不能掩盖它所发出的光辉。比喻人的心地善良一定会有外在的表现。

【两瞽相扶，不伤墙木，不陷井阱，则其幸也】 出自汉代韩婴《韩诗外传》。瞽：失明的人。意思是：两个失明的人互相扶持，不被墙壁、树木碰伤，不掉进陷阱里面去，就算是幸运了。

【禄过其功者削，名过其实者损】 出自汉代韩婴《韩诗外传》。禄：官吏的薪俸。意思是：薪俸超过了他的功劳的人，薪俸就要削减；名誉超过了他的实际才能的人，名誉就会被降低。

【任人者佚，任力者劳】 出自《韩诗外传》。任：用。佚：通“逸”，安乐。意思是：把事情交给贤能的人去做，所以觉得安逸；凡事都亲自去做，所以感到辛苦。

【善御者不忘其马，善射者不忘其弓，善为上者不忘其下】 出自汉代韩婴《韩诗外传》。御：驾车。意思是：好的车夫总是爱惜自己的马，好的射手总是爱惜自己的弓，而好的君主总是想着自己的百姓。

【有谔谔争臣者其国昌，有默默谀臣者其国亡】 出自汉代韩婴《韩诗外传》。谔谔：直言不讳的样子。意思是：如果大臣都敢于争相直言进谏，那么这个国家就能昌盛，如果大臣都不思言谏，专事阿谀，那么国家就将衰败。说明国君应虚心纳谏，并任用直言之士。

【居处齐则气姝，饮食齐则气珍】 出自《韩诗外传》。齐：有规律。意思是：日常的生活起居有规律，面色就会很好；饮食有规律，精神就会很好。

【与人以实，虽疏必密；与人以虚，虽戚必疏】 出自汉代韩婴《韩诗外传》。疏：疏远。戚：亲近。意思是：真诚待人，即使表面上看来疏远，但实际上还是亲密的；待人虚伪，即使表面上看来亲近，而实际上也是疏远的。

【实之与实，如胶如漆；虚之与虚，如薄冰之见昼日】 出自汉代韩婴《韩诗外传》。意思是：诚实人之间的交往就像胶和漆一样亲密无间、牢不可破，虚伪的人之间的交往，就像薄冰见到太阳一样，很快就消融了。

【比于善者，自进之阶；比于恶者，自退之原】 出自汉代韩婴《韩诗外传》。意思是：与好人相比较，就会使自己进步；与坏人相比较，就会使自己后退。说明人应向上看，应严于律己。

【智者不为非其所为，廉者不为非其所有】 出自汉代韩婴《韩诗外传》。意思是：聪明的人不会去做他不应该做的事情，廉洁的人不会去占有他不该占有的东西。

【君子之于道也，犹农夫之耕，虽不获年之优，无以易也】 出自汉代韩婴《韩诗外传》。道：真理。获年：丰收。优：古农具名，这里泛指耕种。意思是：君子对真理的追求就好比农民对于耕种一样，虽然有时会歉收，但却从未动摇过耕种的信念。

【智如泉涌，行可为表仪者，人师也】 出自《韩诗外传》。表仪：标准，表率。意思是：智慧如泉水般永不枯竭，行为可以做表率的人，可以为人之师。

【学而不已，阖棺乃止】 出自汉代韩婴《韩诗外传》。阖棺：盖上棺盖，比喻去世。意思是：学习没有完结的时候，直到死去才算停止。

说苑

【以所见可以占未发，睹小节固足以知大体】 出自汉代刘向《说苑·尊贤》。节：事情的一端。意思是：根据所看见的可以推测没有发生的，看见事物的一端，可以知道它的大体。

【能言者，未必能行；能行者，未必能言】 出自汉代刘向《说苑·权谋》。意思是：能说的人未必能做；能做的人未必能说。

【上之变下，犹风之靡草也】 出自汉代刘向《说苑·贵德》。意思是：处于上位的人影响改变下属，就像风吹草伏一样。比喻上行下效。

【水广则鱼大，君明则臣忠】 出自汉代刘向《说苑·尊贤》。意思是：水域深广，就会长出大鱼；君主贤明，臣子就会尽忠。

【人皆知以食愈饥，莫知以学愈愚】 出自汉代刘向《说苑·建本》。愈：痊愈，这里作治疗解。意思是：人们都知道用食物治疗饥饿，却不知道用学习来治疗愚昧。

【怒则思理，危不忘义】 出自汉代刘向《说苑·立节》。意思是：愤怒的时候要保持理智，危难关头不要忘掉道义。

【君子不羞学，不羞问】 出自汉代刘向《说苑·谈丛》。意思是：君子不羞于学习，不羞于询问。

【鲍鱼兰芷，不同箧而藏】 出自汉代刘向《说苑·指武》。箧：小箱子。意思是：鲍鱼和兰芷不能同时存在于一个小箱子里。比喻君子与小人不能相处。

【得其所利，必虑其所害；乐其所成，必顾其所败】 出自汉代刘向《说苑·敬慎》。意思是：得到他的好处时，就一定要想到他的害处；庆祝他的成功时，就一定要想到他的失败。

【耳闻之不如目见之；目见之不如足践之；足践之不如手辨之】 出自汉代刘向《说苑·政理》。意思是：耳朵听到不如眼睛看到；眼睛看到不如身临其境；身临其境不如亲手实践。

【过而改之，是犹不过】 出自汉代刘向《说苑·君道》。意思是：犯了错误就马上改掉，那就相当于没有犯过错误。

【本不正者，末必倚】 出自汉代刘向《说苑·建本》。倚：歪、偏、侧。意思是：如果本原不正，其末必然是歪的。

【不慎其前而悔其后，虽悔无及】 出自汉代刘向《说苑·建本》。意思是：事前不谨慎而事后懊悔，即使懊悔，哪里还来得及呢？

【草木秋死，松柏独在】 出自汉代刘向《说苑·谈丛》。意思是：秋天草枯木凋，而松柏却昂然挺拔。比喻在艰难困苦的考验中，才显出英雄本色。

【聪明睿智而守以愚者益；博闻多记而守以浅者广】 出自汉代刘向《说苑·敬慎》。意思是：聪明而又有才干还处处持守几分愚笨的，一定能获得更大的益处；多听多记，还持守几分浅薄的样子，他的知识一定更广博。

【砥砺琢磨非金也，而可以利金；诗书壁立，非我也，而可以厉心】 出自汉代刘向《说苑·建本》。意思是：磨刀石并不是金属，但可以把金属磨得更锋利；诗书很多，并不就是我自己，但可以磨炼我的意志。

【蠹蠡仆柱梁，蚊虻走牛羊】 出自汉代

刘向《说苑·谈丛》。蠹、蠡:蛀虫。仆:倒。梁:屋梁。走:奔逃。意思是:蛀虫能把屋梁推倒,蚊子和牛虻能把牛羊赶得四处奔逃。比喻小事不可轻视,发展下去必然酿成严重的后果。

【多闻而择焉,所以明智也】 出自汉代刘向《说苑·建本》。意思是:要多听并加以选择,自然就能增加智慧。

【非其人而欲有功,譬其若夏至之日,而欲夜之长也】 出自汉代刘向《说苑·尊贤》。意思是:如果用人不当,而想获得成功,就像希望夏至那天的夜是长的,这是不可能的。

【福生于隐约,而祸生于得意】 出自汉代刘向《说苑·敬慎》。隐约:穷愁忧困。意思是:福生于穷愁忧困之中,而祸却生于一个人得意的时候。

【可以与人终日而不倦者,其惟学乎】 出自汉代刘向《说苑·建本》。意思是:可以和大家谈一天而仍不觉得疲倦的,恐怕只有学问吧!

【临官莫如平,临财莫如廉,不可攻也】 出自汉代刘向《说苑·政理》。意思是:做官要平实,对于金钱要廉洁,平实和廉洁的操守是不可攻破的。

【亲贤学问,所以长德也】 出自汉代刘向《说苑·建本》。意思是:亲近贤能的人,向他请教,就会对自己的才智道德有所帮助。

【朝无贤人,犹鸿鹄之无羽翼也,虽有千里之望,犹不能致其意之所欲至矣】 出自汉代刘向《说苑·尊贤》。意思是:朝廷中如果没有贤德之人,就好像鸿鹄没有翅膀一样,虽然有翱翔千里的愿望,但却不能到达自己想去的地方。

【人知粪其田,莫知粪其心】 出自汉代刘向《说苑·建本》。粪:培养。意思是:人们只知道培育自己的田地,却不知道培养自己的修养。

【少而好学,如日出之阳;壮而好学,如日中之光;老而好学,如炳烛之明】 出自汉代刘向《说苑·建本》。炳:点燃。意思是:小的时候爱好学习,就好像是初升的太阳;到了壮年的时候爱好学习,就好像是中午的阳光;到了老年的时候才爱好学习,就好像是点燃的蜡烛的亮光。说明人只要学习,不管什么时候,总会看到光明。

【一言而非,驷马不能追】 出自汉代刘向《说苑·谈丛》。驷马:四匹马拉的车。意思是:一句话说错了,就算用四匹马拉的车也追不回来。

◎ 抱朴子

【有始者必有卒,有存者必有亡】 出自晋代葛洪《抱朴子·论仙》。意思是:有开始就一定有结束,有生存就一定有死亡。比喻死生终始相互依存,缺一不可。

【丰草不秀瘠土,巨鱼不生小水】 出自《抱朴子·审举》。丰:茂盛。秀:成长。意思是:贫瘠的土地长不出茂盛的草,浅小的水洼里长不出巨大的鱼。

【卉茂者土必沃,鱼大者水必广】 出自《抱朴子·清鉴》。意思是:花卉茂盛的地方土地一定肥沃;鱼儿很大的地方水域一定宽广。

【饰治之术,莫良乎学。学之广在于不倦,不倦在于固志】 出自《抱朴子·崇教》。意思是:完善自我的方法,没有比学习更好的。学习能学得广博,在于不知疲倦,能做到不知疲倦,在于巩固自己的志向。

【登山不以艰险为止,则必臻乎峻岭矣。积善不以穷否而怨,则必永其令闻矣】 出自《抱朴子·广譬》。意思是:登山不因为艰难险阻而停止,就一定会到达峻岭。积善不因为自己穷困潦倒而埋怨,就一定会使自己的美誉长久。

【白石似玉，奸佞似贤】 出自《抱朴子·祛惑》。意思是：白的石头很像玉，邪恶之徒外表很像贤人。说明有时真假难辨，识人不易。

【奔骥不能及既往之失，千金不能救斯言之玷】 出自《抱朴子·广譬》。意思是：人有了过失，就是用快马去追它也来不及；人说错了话，纵然花千金也难以补救。

【必死之病，不下苦口之药；朽烂之材，不受雕镂之饰】 出自《抱朴子·博喻》。镂：雕刻。意思是：病入膏肓者，不必施用良药；朽烂的木头不能承受雕刻。比喻腐朽的东西是无法挽救的。

【播种有不收者矣，而稼穑不可废】 出自《抱朴子·广譬》。意思是：虽然有时播种没有收成，但不能因为这样就不耕作了。比喻人不能因为一时的失败或挫折，就丧失信心而却步后退。

【不学而求知，犹愿鱼而无网焉，心虽勤而无获矣】 出自《抱朴子·勖学》。意思是：不学习而想得到知识，就好比想捕鱼而没有网，心情虽然迫切，但没有收获。

【超俗拔萃之德，不能立功于未至之时】 出自《抱朴子·广譬》。意思是：即使是杰出的人才，如果时机不成熟，也不能建立卓越的功勋。

【崇一篑而弗休，必钧高乎峻极矣】 出自《抱朴子·勖学》。意思是：不断地用一筐筐的土堆上去，就会堆积成高高的山峰。说明只要坚持不懈地学习，就会攀登高峰。

【寸火能焚云梦，蚁穴能决大堤】 出自《抱朴子·备阙》。云梦：地名，在今湖北省安陆市南。意思是：一点火能把云梦那一片广大的地方烧毁；一个蚁洞，便可使大堤崩塌。比喻小隐患可发展成大灾祸，所以要防微杜渐。

【登峻者戒在于穷高，济深者祸生于舟重】 出自《抱朴子·博喻》。戒：防备。穷：极。济：渡。意思是：登高的人要防止爬得太高以免摔下来，渡深水的人发生灾祸在于船重。

【多闻而体要，博见而善择。偏修一事，不足必赖也】 出自《抱朴子·微旨》。赖：依靠。意思是：学习时要体会它的要点，要多看，从中有选择地吸收正确的、自己需要的东西。若只钻研一件事情，那是不可靠的。

【风不辍，则扇不用；日不入，则烛不明】 出自《抱朴子·广譬》。辍：停。入：落山。意思是：风不停，扇子就用不上，太阳不落山，蜡烛就用不着。

【干将不可以缝线，巨象不可以捕鼠】 出自《抱朴子·用刑》。干将：宝剑名，后泛指宝剑。意思是：宝剑虽好，但却不能用来缝制衣物；大象虽大，但却不能用来捕捉老鼠。比喻人才各有其擅长的一面，也各有其不擅长的一面。

【与妒胜己者而谋举嫉恶之贤，是与狐议治裘也】 出自《抱朴子·博喻》。意思是：想让嫉贤妒能的人举荐正直的贤才，就好比同狐狸商量制作狐皮大衣一样，根本不可能。

【良匠能与人规矩，不能使人必巧】 出自《抱朴子·极言》。规矩：校正方圆的器具。意思是：一个高明的工匠，能够教给人如何使用规矩，但却不能使人一定成为能工巧匠。说明要想成为手艺高超的人，师傅的作用并不是绝对的。

【所见少，则所怪多，世之常也】 出自《抱朴子·论仙》。清代蒲松龄《聊斋志异》中也作："所见者愈少，所怪者愈多。"意思是：见识得少，觉得怪异的东西就越多。这是世间的常理。

【世有雷同之誉而未必贤也，俗有欢哗之毁而未必恶也】 出自《抱朴子·广譬》。意思是：受到众人一致称颂的未必就是贤德之人，而受到众人一致攻击的也未必就是顽恶之人。说明对待众人的称颂和诋毁应认真鉴

集篇

别，不可人云亦云。

【闻荣誉而不欢，遭忧难而不变】 出自《抱朴子·行品》。意思是：不因为听到了别人的赞扬就欣喜若狂，也不因为遭受了忧患和困难就改变自己的操守。表达了一种自安恬然的处世态度。

【修学务早，及其精专，习与性成，不异自然也】 出自《抱朴子·勖学》。意思是：学习一定要尽早开始，学有所成后，长期的习惯就会形成一种性格，就如同天生的一样。

【执志不绝群，则不能臻成功铭弘】 出自《抱朴子·广譬》。意思是：没有比别人更加坚定的意志，就不能取得巨大的成绩。

省心录

【不自满者受益，不自是者博闻】 出自北宋林逋《省心录》。意思是：不自满的人会受益，不自以为是的人会博闻。

【知不足者好学，耻下问者自满】 出自北宋林逋《省心录》。意思是：知道自己不足的人好学，羞于下问的人自满。

【穷不易操，达不患失】 出自北宋林逋《省心录》。意思是：失意时不改变自己的节操，得志时不要斤斤计较个人得失。

【强辩者饰非，谦恭者无争】 出自北宋林逋《省心录》。意思是：强词夺理的人喜欢掩盖过失，谦虚的人与世无争。

【忧国者不顾其身，爱民者不罔其上】 出自北宋林逋《省心录》。罔：欺骗。意思是：为国忧劳的人不会顾惜他的身体，关爱百姓的人不会欺骗他的上级。

【保生者寡欲，保身者避名。无欲易，无名难】 出自北宋林逋《省心录》。意思是：养生要少贪嗜好，保护自己要避免扬名，但是不贪嗜好容易，做到不争名就难了。

【利可共而不可独，谋可寡而不可众】 出自北宋林逋《省心录》。谋：计谋。意思是：有利要和大家共同享受，不能独占；但谋略只能和少数人商量，而不能由很多人来决定。

【大丈夫见善明，则重名节如泰山；用心刚，则轻死生如鸿毛】 出自北宋林逋《省心录》。意思是：大丈夫把名誉气节看得像泰山一样重；把生死看得像鸿毛那样轻。

【盖棺始能定士之贤愚，临事始能见人之操守】 出自北宋林逋《省心录》。意思是：一个人是好是坏，只有到生命结束时才能作出结论；一个人是否有操守，只有在患难到来时才能看出来。

【和以处众，宽以接下，恕以待人，君子人也】 出自北宋林逋《省心录》。意思是：和群众能和睦相处，对下属能宽容相待，对别人能够谅解，这就是君子的为人。

【骄富贵者戚戚，安贫贱者休休】 出自北宋林逋《省心录》。戚戚：忧惧。休休：安闲自得。意思是：以钱财地位为骄傲的人，常常忧心忡忡；安于清贫的人，常常悠闲自得。

【声色者，败德之具】 出自北宋林逋《省心录》。意思是：沉湎于歌舞美色，就会败坏道德。

【用不节，财何以丰；民不苏，国何以安】 出自宋代林逋《省心录》。苏：复苏，引申为从困境中解脱出来。意思是：花用没有节制，财物怎么能够丰富呢？人民不摆脱困境，国家怎么能够安定呢？

【口腹不节，致病之因；念虑不正，杀身之本】 出自宋代林逋《省心录》。口腹：饮食。意思是：不节制饮食是导致生病的原因；心术不正是引来杀身之祸的原因。

【内睦者家道昌，外睦者人事济】 出自宋代林逋《省心录》。意思是：家庭里面和睦相处的，家道就会昌盛；与外面的人和睦相处的，人事就会成功。

【欲齐家则正身，身端则家可理】 出自

宋代林逋《省心录》。齐家：即治家。正身：端正自身。意思是：要想治理好家，就要先端正自身，自身端正了，家也就容易治理了。

【结怨于人，谓之种祸；舍善不为，谓之自贼】 出自宋代林逋《省心录》。贼：伤害。意思是：与别人结下怨恨，就是给自己种下了祸根；对别人有好处的事情故意不做，就是自己伤害自己。

【人之生也，无德以表俗，无功以及物，于禽兽草木之不若也】 出自宋代林逋《省心录》。俗：俗人，一般人。物：指代人们。意思是：人生在世，如果没有高尚的品德来为一般人作出表率，如果没有功德惠及众人，就连禽兽草木都比不上了。

【为善如负重登山，志虽已确，而力犹恐不及；为恶如乘马走坡，虽不鞭策，而足亦不能制】 出自宋代林逋《省心录》。鞭策：用鞭子抽打。意思是：做善事就好比是身背着重物登山，尽管志向已经明确，但还是担心力量不够；做坏事就好比是骑着马走下坡路，尽管不用抽打，但马还是收不住脚步。

【心不清则无以见道，志不确则无以立功】 出自宋代林逋《省心录》。道：道理，真理。确：坚定。意思是：心里不洁净，就不能发现真理，志向不够坚定就不能建功立业。

【少不勤苦，老必艰辛】 出自宋代林逋《省心录》。意思是：年轻的时候不勤劳刻苦，到年老的时候必定要备受艰辛。

【昼之所为，夜必思之】 出自宋代林逋《省心录》。意思是：白天所做的事情，到了晚上一定要好好地思考一下。说明做事要及时反省，总结经验，吸取教训。

菜根谭

【君子之心事，天青日白，不可使人不知；君子之才华，玉韫珠藏，不可使人易知】 出自《菜根谭》。意思是：君子的想法，要像蓝天白日那样，让人一眼就能看到而不加以隐瞒；君子的才华，要像玉石珍珠那样蕴藏于深山大海而难以为人知晓。

【怒雨疾风，禽鸟戚戚；光风霁日，草木欣欣，或见天地不可一日无和气，人心不可一日无喜神】 出自《菜根谭》。意思是：狂风暴雨来临时，禽鸟就会惶惶不安；风和日丽时，草木也会充满生机。由此可见，天地间一天也不能没有和平的环境，而人的内心一天也不能够失去乐观的心情。

【恩里由来生害，故快意时须早回头；败后或反成功，故拂心处莫便放手】 出自《菜根谭》。意思是：好处中往往埋藏着祸根，所以在得意的时候一定要保持清醒的头脑；失败和挫折之后认真总结，往往能够取得胜利。因此，当你遇到不顺利的事情时，决不要轻易就放弃了。

【径路窄处，留一步与人行；滋味浓的，减三分让人尝。此是涉世一极安乐法】 出自《菜根谭》。意思是：与人在狭窄的道路上相遇时，要留一点儿余地让别人通行；有了美味佳肴时，不要留下独享，要分给别人一些。这是处世待人的重要诀窍。

【交友须带三分侠气，做人要存一点素心】 出自《菜根谭》。意思是：与朋友相处时，要有拔刀相助的豪气；为人处世时，应该保持一颗淳朴之心。

【处世不必邀功，无过便是功；与人不求感德，无怨便是德】 出自《菜根谭》。意思是：人生在世，不必勉强去争取功劳，其实只要是没有过错便是功劳了；帮助别人之后，不必希望对方感恩报答，只要对方不怨恨你就算知恩图报了。

【盖世功劳，当不得一个矜字；弥天罪过，当不得一个悔字】 出自《菜根谭》。意思是：即使有盖世奇功，假如因此而骄傲自满，就一定会栽跟头；即使有滔天大罪，只要能悔过自新，一样可以重新做人。

【攻人之恶毋太严，要思其堪受；教人以善毋过高，当使其可从】 出自《菜根谭》。意思是：指责别人的过错时，不能过于苛刻，要考虑到他是否能够接受；教导别人行善，不能期望太高，应该让他可以达到。

【事穷势蹙之人，当原其初心；功成行满之士，要观其末路】 出自《菜根谭》。意思是：一个人在事业受到挫折时，应当想一想当初的雄心大志，以此来增强自己的信念；一个人在大功将要告成时，要先作好准备，以防晚景不佳。

【立身不高一步立，如尘里振衣、泥中濯足，如何超达；处世不退一步处，如飞蛾投烛、羝羊触藩，如何安乐】 出自《菜根谭》。意思是：立身处世如果不能保持超然的心态，就好像在尘土里拍打衣服，在泥水里洗濯双脚，怎么能够超凡脱俗、出人头地呢？为人处事如果不抱多留一些余地的态度，那就如同飞蛾扑火，公羊用角去顶撞篱笆，怎么能够使自己的身心都感到安乐呢？

【处治世宜方，处乱世宜圆，处叔季之世当方圆并用。待善人宜宽，待恶人当严，待庸众之人当宽严互存】 出自《菜根谭》。意思是：天下太平时，待人接物要严正刚直；政局混乱时，为人处世要圆滑老练；国家即将衰亡时，为人处世就要刚直与圆滑并用。对待善良的君子要宽厚，对待邪恶的小人要严厉，对待平常百姓要宽严互用。

【人情反覆，世路崎岖，行不去处，须知退一步之法】 出自《菜根谭》。意思是：人情的冷暖变化无常，人生的道路坎坷不平，遇到障碍难以通过时，必须学会暂时退让。

【毋偏信而为奸所欺，毋自任而为气所使，毋以己之长而形人之短，毋因己之拙而忌人之能】 出自《菜根谭》。意思是：不要误信别人的片面之词，以免被奸诈之徒欺骗，也不要过分信任自己的才能，以免受到意气的驱使，更不要以自己的长处去揭发别人的短处，尤其不要因为自己笨拙而嫉妒别人的聪慧。

【真廉无廉名，图名者正所以为贪；大巧无巧术，用术者乃所以为拙】 出自《菜根谭》。意思是：真正廉洁的人因为不与人争名，所以建立不起廉洁之名，而那些到处树立声誉的人为了贪图虚名才这样做；真正聪明的人从不炫耀自己的才华，而恰恰是那些卖弄自己聪明智慧的人为了掩饰自己的愚蠢才这样做。

【苦心中常得悦心之趣，得意时须防失意之悲】 出自《菜根谭》。意思是：在心情苦闷时要学会自我解脱，经常去寻找一些乐趣，在春风得意时要保持冷静的头脑，避免发生不如意的事情。

【人知名位为乐，不知无名无位之乐为最真；人以饥寒为忧，那知不饥不寒之忧为更甚】 出自《菜根谭》。意思是：一般人只知道得到名誉和地位的乐趣，却不知道没有名声、不图高位的快乐才是真正的快乐；人们都为饥寒而担忧，却不知道那些衣食富足的贵人，患得患失的精神折磨才是最痛苦的。

【福不可邀，养喜神以为召福之本而已；祸不可避，去杀机以为远祸之方而已】 出自《菜根谭》。意思是：人生在世，幸福是不能够强求的，如果能够培养乐观的心态，便有机会得到幸福；人生在世，遇到灾祸也难免，如果能够去掉心中的邪念，则是远离祸患的方法。

【十语九中，未必称奇；一语不中，则愆尤骈集。十谋九成，未必归功；一谋不成，则訾议丛兴。君子所以宁默毋躁、宁拙毋巧】 出自《菜根谭》。意思是：十句话有九句说对了，未必有人称赞你，但是如果有一句说错了，就会遭到他人的指责；献计十条有九条都获得成效，未必会归功于你，假如有一计未能奏效，则各种诽谤就会袭来。因此，聪明的人宁愿沉默而不多言，宁愿笨拙而不卖弄。

【君子而诈善，无异小人之肆恶；君子而改节，不若小人之自新】 出自《菜根谭》。意思是：一个伪善的正人君子与无恶不作的小人并没有区别；一个君子如果改变自己的名节，他的品格还不如一个痛改前非的小人。

【心不可不虚，虚则义理来居；心不可不实，实则物欲不入】 出自《菜根谭》。意思是：为人应该虚怀若谷，这样才能容纳真正的学问和真理；做人应该忠厚老实，这样贪欲就难以滋生。

【图未就之功，不如保已成之业；悔既往之失，亦要防将来之非】 出自《菜根谭》。意思是：费尽心思去追求没有成功的事业，还不如花些工夫来保全已成的事业；追悔过去的错误，还不如预防将来会出现的过错。

【居逆境中，周身皆针砭药石，砥节砺行而不觉；处顺境内，满前尽兵刃戈矛，销膏靡骨而不知】 出自《菜根谭》。意思是：生活在艰苦贫困的环境中，周围所接触到的都是如同医疗器械一般的事物，不知不觉中就把一切毛病都治好了；如果身处丰足无忧的环境中，就如同面前摆满了杀人的兵器，不知不觉中身心就会受到腐蚀而最终走向失败的路途。

【不责人小过，不发人阴私，不念人旧恶。三者可以养德，亦可以远害】 出自《菜根谭》。意思是：不要对别人的小过失横加指责，不要张扬别人的私事，也不要计较别人以前的罪恶。只要做到这三点，既可以培养品德，又能够避免受到伤害。

【遇沈沈不语之士，且莫输心；见悻悻自好之人，尤须防口】 出自《菜根谭》。意思是：遇到表情深沉而不喜欢说话的人，千万不要立刻就推心置腹跟他做朋友；如果遇到满脸怒气、自以为是的人，就要小心谨慎不和他说话。

【小处不渗漏，暗中不欺隐，末路不怠荒，才是个真正英雄】 出自《菜根谭》。意思是：在为人处世时小心谨慎从不马虎，在无人知晓的情况下也不欺骗自己的良知，在处境艰难的情况下也不失去斗志，这样的人才能称得上是大英雄。

【害人之心不可有，防人之心不可无，此戒疏于虑也】 出自《菜根谭》。意思是：不能有害人之心，也不能无防人之心，这是人们在思想上不能不考虑的问题。

【千金难结一时之欢，一饭竟致终身之感，盖爱重反为仇，薄极反成喜也】 出自《菜根谭》。意思是：人与人相处如不投机，即使拿出千金也难以打动对方，当需要时给人吃顿饱饭，却能使他终生难忘。可见过分的钟爱反而会产生怨恨，贫困时所得到的帮助能使人终生难忘。

【衰飒的景象，就在盈满中；发生的机缄，即在零落内。故君子居安宜操一心以虑患，处变当坚百忍以图成】 出自《菜根谭》。意思是：衰败的景象往往是在得意时就埋下了祸根，机运的转变多半是在失意时就已经种下了善果。所以，当君子身居安逸时要作可能发生灾难的准备，当风云变幻时要坚忍以取得成功。

【功过不宜少混，混则人怀惰堕之心；恩仇不可太明，明则人起携贰之志】 出自《菜根谭》。意思是：上司对部下的功劳和过失，不能模糊不清，如果功过不明，就会使部下心灰意懒而不肯努力工作；一个人对恩惠和仇恨，不可以表现得太鲜明，假如恩仇太鲜明就容易使部下产生疑心而发生背叛。

【谢事当谢于正盛之时，居身宜居于独后之地】 出自《菜根谭》。意思是：要想退隐家园不再过问世事，应该在事业的顶峰急流勇退，这样可以使你名垂千古，安家度日最好在一个与世无争的清净之地，这样才能使你真正修身养性。

【觉人之诈，不形于言；受人之侮，不动于色。此中有无穷意味，亦有无穷受用】 出

集篇

自《菜根谭》。意思是：发现了别人的欺骗行为，不要流露于言谈中；受到别人的欺侮，不要表现在脸色上。这其中有着很深奥的道理，如果能够运用自如便可以终生受益。

【恩宜自淡而浓，先浓后淡者人反忘其惠；威宜自严而宽，先宽后严者人怨其酷】 出自《菜根谭》。意思是：对人施恩要先淡后浓，若先浓后淡，就容易使人忘记恩惠；对人施威风要先严后宽，若先宽后严，就会使人厌恶你冷酷无情。

【事有急之不白者，宽之或自明，毋躁急以速其忿】 出自《菜根谭》。意思是：有许多事情，你越是急着弄明白越是糊涂，所以不妨暂时放下，头脑冷静之后自然就会明白了，千万不可急躁，以免增加情绪上的紧张气氛。

【事稍拂逆，便思不如我的人，则怨尤自消】 出自《菜根谭》。意思是：当事业不如意处于逆境时，想想那些不如你的人，这样你就不会再怨天尤人。

【口乃心之门，守口不密，泄尽真机；意乃心之足，防意不严，走尽邪蹊】 出自《菜根谭》。意思是：口是心的大门，如果防守不严，心中的秘密就会泄露；意志是心的双腿，如果意志不坚定，就会走向邪路。

【自老视少，可以消奔驰角逐之心，自瘁视荣，可以绝纷华靡丽之念】 出自《菜根谭》。意思是：如果能从老年再回头来看少年时代的往事，就可以消除很多争强好胜的心理；如果能从没落世家回头再看荣华富贵的往事，就可以消除奢侈豪华的念头。

【宁为小人所忌毁，毋为小人所媚悦】 出自《菜根谭》。意思是：宁可遭受小人的猜忌和诽谤，也不要被小人的甜言蜜语所迷惑。

【人之过误宜恕，而在己则不可恕；己之困辱当忍，而在人则不可忍】 出自《菜根谭》。意思是：对别人的过错应当宽恕，而对自己的过错却不能随便原谅；自己遇到窘困时应该忍耐，而在别人遇到困难时应该前往帮助。

【谗夫毁士，如寸云蔽日，不久自明】 出自《菜根谭》。意思是：以谗言诽谤陷害他人的小人，就像浮云遮住太阳，只要风吹云散自然重现光明。

【遇欺诈的人，以诚心感动之；遇暴戾的人，以和气熏蒸之；遇倾邪私曲的人，以名义所节激励之。天下之人，无不入我陶冶中矣】 出自《菜根谭》。意思是：对奸猾的人，要用诚心来感动他；对凶残的人，要用温情来感动他；对心术不正、自私自利的人，要用名节义气的观念来激发他。这样做，无论什么样的人，都会被感化。

【责己者，求有过于无过之内，则德进】 出自《菜根谭》。意思是：对自己要严格，应该在自己没有过错时，设法找出自己的不足，如此才能使自己的品德进步。

【交友不宜滥，滥则贡谀者来】 出自《菜根谭》。意思是：交友不要太滥，如果什么人都来往，必然会交上阿谀奉承之徒。

【心无物欲，便成霁海秋空】 出自《菜根谭》。意思是：如果人的内心不被欲望所蒙蔽，他的心胸就会像秋天的晴空和平静的大海那样开阔。

【从冷视热人，然后知热处之奔驰无益；从冗长闲境，然后觉闲中之滋味最长】 出自《菜根谭》。意思是：一个人从名利场中退出来以后，再冷眼去看那些热衷于名利者，就会觉得他们毫无意义；当人静心修养后，再去回想以前紧张的生活节奏，就会感受到悠闲自在的生活乐趣。

【争先的径路窄，退后一步，自宽平一步；浓艳的滋味短，清淡一分，自悠长一分】 出自《菜根谭》。意思是：与人相争道路就显得很窄，如果能后退一步让别人先走，道路自会变宽；味道太浓的食品容易使人胃口不

佳，如果能清淡一些，就会使味道变得回味绵长。

【进步处有退步之思，庶免触藩之祸；著手时图放手之法，宁忧骑虎之危】 出自《菜根谭》。意思是：事业发达时就要作好隐退的准备，以免最后进退维谷，遭受灾祸；作出计划时先要考虑做到什么程度，以免最后骑虎难下，发生危险。

【多藏者厚亡，故知富不如贫之无虑；高步者疾颠，故知贵不如贱之常安】 出自《菜根谭》。意思是：财富多而不助人必然会导致灾祸发生，所以富人不像穷人那么无忧无虑；官做得越大摔得也越狠，所以地位高的人不像普通的人那样自在无忧。

【树木至归根日，而后知华萼枝叶之易空；人生到盖棺时，而后知子女玉帛之难守】 出自《菜根谭》。意思是：树木在临枯时，才明白茂盛的枝叶和艳丽的花朵只不过是一时的荣华；人在快死时，才觉得子女和财宝无法带走，毫无用处。

【世味能饱谙，任教覆雨翻云，总慵开眼；人情能会尽，随你呼牛唤马，只是点头】 出自《菜根谭》。意思是：一个饱经风霜的人，无论人情冷暖还是世态炎凉的风云变幻，都懒得再多看一眼；对人情世故了如指掌的人，不管别人说什么，他都只管点头而不置可否。

【雪夜月天，心境便自清澈；遇春风和气，意界亦自冲融】 出自《菜根谭》。意思是：皓月当空的雪夜，人的心境也会显得豁然开朗；在和风拂面的春天，人的心情也会格外舒畅。

【笙歌正沸时，便自拂然长往，见达人撒手悬崖；更漏已残时，犹然夜行不休，笑俗士沉身苦海】 出自《菜根谭》。意思是：当歌舞的场面达到高潮时，便立起身来扬长而去，胸襟开阔的人在紧要之处能猛然回头的做法真让人羡慕；当夜深人静时，却依然有夜行忙着赶路的人，那些目光短浅的人虽身坠苦海而无所察觉，说来真令人发笑。

【人生原是一个傀儡，只要根蒂在手，一线不乱，卷舒自由，行止在我，一毫不受他人提掇，便超出此场中矣】 出自《菜根谭》。意思是：人原本就像一个木偶，只要有主见，就像抓住了控制木偶的线一样，掌握了自己的行动方向。只要线不乱，就能够伸屈自如，控制自己的行动，不受别人的干扰。如果为人能够做到这一点，就很了不起了。

小窗幽记

【议事者身在事外，宜悉利害之情；任事者身居事中，当绝利害之虑】 出自《小窗幽记》。意思是：议论事情的人身处事外，一定要弄清楚事情的利害得失再作出结论；处理事情的人置身事内，则应该消除一切顾虑去做好工作。

【市恩不如报德之为厚，要誉不如逃名之为适，矫情不如直节之为真】 出自《小窗幽记》。意思是：施恩与他人，不如报答他人来得厚道；获取好名望，不如逃避名誉来得舒适；装腔作势，不如坦诚做人来得真实。

【使人有面前之誉，不若使人无背后之毁；使人有乍交之欢，不若使人无久处之厌】 出自《小窗幽记》。意思是：别人当面赞扬自己，远不如无人在背后诽谤自己；想让别人在初次见面喜欢自己，倒不如使别人与自己相处长久而不生厌恶感。

【澹泊之士，必为浓艳者所疑；检饰之人，必为放肆者所忌】 出自《小窗幽记》。意思是：淡泊名利的人，必定会受到奢侈之人的怀疑；行为检点的人，必定会被行为放荡的人嫉恨。

【好丑心太明，则物不契；贤愚心太明，则人不亲】 出自《小窗幽记》。意思是：将美与丑分得太清，就无法与事物相契合；将贤与愚分得太明，就无法与人相亲近。

【情最难久，故多情人必至寡情；性自有常，故任性人终不失性】 出自《小窗幽记》。意思是：情爱最难保持长久，所以感情丰富的人终会变得无情；天性最难以改变，即使是任性之人也不会失去其本性。

【伏久者，飞必高；开先者，谢独早】 出自《小窗幽记》。意思是：伏藏已久的事物，一旦显露出来，必定能够飞黄腾达；过早开放的花朵，往往会很快凋谢。

【轻财足以聚人，律己足以服人，量宽足以得人，身先足以率人】 出自《小窗幽记》。意思是：不过分看重钱财，就可以将众人聚集在自己的身边，严格要求自己可以让别人信服，宽宏大量可以得到别人的帮助，凡事率先去做，就能够为人师表。

【从极迷处识迷，则到处醒；将难放怀一放，则万境宽】 出自《小窗幽记》。意思是：在最令人迷茫的地方识破迷茫，就会清醒；把最难忘却的事情搁在一边，则海阔天空。

【居不必无恶邻，会不必无损友，惟在自持者两得之】 出自《小窗幽记》。意思是：不一定非要挑选没有坏邻居的地方居住，不一定非要避开有劣行朋友的聚会，只要能够把握好自我，即使是恶邻和损友，对自己也是有益的。

【先淡后浓，先疏后亲，先达后近，交友道也】 出自《小窗幽记》。意思是：先淡薄而后热情，先疏远而后亲近，先结交而后相知，这才是交朋友的正确方法。

【寂而常惺，寂寂之境不扰；惺而常寂，惺惺之念不驰】 出自《小窗幽记》。意思是：在寂静的时候要保持清醒，寂静的心境就不会被打扰；在清醒的时候要保持宁静，清醒的状态就不会被扰乱。

【真放肆不在饮酒高歌，假矜持偏于大庭卖弄。看明世事透，自然不重功名；认得当下真，是以常寻乐地】 出自《小窗幽记》。意思是：真正不拘礼教，不一定非要饮酒高歌，虚假的庄重在大庭广众中显得不自然。能够看透世事，自然就不会过于重视功名；只要认识到什么是真实的，就能找到愉悦的天地。

【会心之语，当以不解解之；无稽之言，是在不听听耳】 出自《小窗幽记》。意思是：能够互相心领神会的言语，应当不经语言点破就可以理解；没有经过查实的话，应该让它从耳边流过，而不要相信它。

【花繁柳密处拨得开，才是手段；风狂雨急时立得定，方见脚跟】 出自《小窗幽记》。意思是：不为花繁柳密的美景所蒙蔽，才能显示出非凡的才干；在狂风骤雨中能够站稳脚跟，才能表现出做人的坚定。

【贫不足羞，可羞是贫而无志；贱不足恶，可恶是贱而无能；老不足叹，可叹是老而虚生；死不足悲，可悲是死而无补】 出自《小窗幽记》。意思是：贫穷并不让人羞愧，让人羞愧的是贫穷且无志气；地位卑贱并不让人讨厌，让人讨厌的是地位卑贱且不知道充实自己的能力；年老并不值得叹息，值得叹息的是年迈而又一事无成；死亡并不让人悲伤，让人悲伤的是虽死却对世人没有什么贡献。

【彼无望德，此无示恩，穷交所以能长；望不胜奢，欲不胜餍，利交所以必伤】 出自《小窗幽记》。意思是：朋友不指望从自己身上得到什么，自己也不指望从朋友身上得到什么，这是清贫之交能够长久的原因。总是想从别人身上得到好处，却又不能满足，这是以利相交不能长久的原因。

【苍蝇附骥，捷则捷矣，难辞处后之羞。茑萝依松，高则高矣，未免仰扳之耻。所以君子宁以风霜自挟，毋为鱼鸟亲人】 出自《小窗幽记》。意思是：苍蝇依附在马的尾巴上，速度虽然很快，却洗不去叮在马屁股后的耻辱。茑萝绕着松树生长，虽然能够爬得很高，却免不了攀附依赖的耻辱。因此，君子宁愿顶风冒雪自我奋斗，也不像缸中鱼、笼中鸟那样依附于人。

【一失足成千古恨，再回头已百年身】 出自《小窗幽记》。意思是：一不小心犯下错误就会造成终身遗憾，等到悔过自新时已经晚了。

【心为形役，尘世马牛；身被名牵，樊笼鸡鹜】 出自《小窗幽记》。意思是：人心如果成为形体的奴隶，那么就如同牛马一样活在世上；如果心灵被名声所束缚，那么就好像关在笼子里的鸡鸭。

【待人而留有余不尽之恩，可以维系无厌之人心；御事而留有余不尽之智，可以提防不测之事变】 出自《小窗幽记》。意思是：对人要保留一些使他永远感激的恩惠，这样才能维系住贪得无厌的人心；处理事情要保留一些智慧以做得更好，这样才能提防难以预测的变故。

【宇宙内事，要力担当，又要善摆脱。不担当，则无经世之事业；不摆脱，则无出世之襟期】 出自《小窗幽记》。意思是：对世间的事，要做到既能承担重任，又善于自我摆脱。不敢承担重任，就无法成就大事业；不善于解脱，就不会有看破世事的胸怀。

【任他极有见识，看得假认不得真；随你极有聪明，卖得巧藏不得拙】 出自《小窗幽记》。意思是：无论他对事物有多深的见解，也只能看到事物的假处，而看不到真处；无论你有多聪明，也只能表现出巧而藏不住拙。

【士人有百折不回之真心，才有万变不穷之妙用】 出自《小窗幽记》。意思是：一个人要有百折不挠的坚强信念，才会有对任何变化都能应付自如的方法。

【无事如有事，时提防，可以弭意外之变；有事如无事，时镇定，可以消局中之危】 出自《小窗幽记》。意思是：在平安无事时，要像随时都会发生危险一样加以提防，这样才能防止意外事故的发生；在发生危险时，要像没有发生事情一样保持安定，这样才能化险为夷。

【舌存，常见齿亡；刚强，终不胜柔弱。户朽，未闻枢蠹；偏执，岂及乎圆融】 出自《小窗幽记》。意思是：牙齿都掉光了，舌头还依然存在；可见刚强胜不过柔韧。门扇已经损坏了，门柱却仍然没有被虫蚀；可见偏执总是比不上圆滑。

【是技皆可成名天下，惟无技之人最苦；片技即足自立天下，惟多技之人最劳】 出自《小窗幽记》。意思是：只要有技艺就能名扬天下，只有无技艺的人最为痛苦；只要有一技之长便能够自立，如果会的事情太多反而活得辛苦。

【世人白昼寐语，苟能寐中作白昼语，可谓常惺惺矣】 出自《小窗幽记》。意思是：世人常在白天说梦话，如果能够在梦中讲白天该讲的话，这人就可以说是能常常保持清醒的状态了。

【喜传语者，不可与语；好议事者，不可图事】 出自《小窗幽记》。意思是：好到处传话的人，一定不要告诉他重要的事情；爱议论事情的人，一定不可与之策划大事。

【玄奇之疾，医以平易；英发之疾，医以深沉；阔大之疾，医以充实】 出自《小窗幽记》。意思是：卖弄的毛病，要用平淡来纠正；傲才的毛病，要靠深沉来纠正；浮夸的毛病，要以充实来纠正。

【事理因人言而悟者，有悟还有迷，总不如自悟之了了。意兴从外境而得者，有得还有失，总不如自得之休休】 出自《小窗幽记》。意思是：经过别人的指点才明白道理的人，还会有迷茫的时候，远不如自己的领悟更为透彻；由外界环境而产生的兴趣，将来还会失去，总不如自己真心喜欢的那样感到快乐。

【眼里无点灰尘，方可读书千卷；胸中没些渣滓，才能处世一番】 出自《小窗幽记》。意思是：眼中没有一点成见，才能够读书千卷；内心没有任何成见，才能够处世圆融。

【不作风波于世上，自无冰炭到胸中】 出自《小窗幽记》。意思是：如果不对人世间的欲望作无尽的追求，心中自然没有冷如冰热如火的感觉。

【人生莫如闲，太闲反生恶业；人生莫如清，太清反类俗情】 出自《小窗幽记》。意思是：人生没有比闲逸更好的事情了，但是过于闲逸反而会做出不善的事情；人生没有比清高更好的事情了，但是太清高反而显得做作。

【闻人善，则疑之；闻人恶，则信之。此满腔杀机也】 出自《小窗幽记》。意思是：听说别人做了好事，就怀疑他的动机；听到别人干了坏事，却十分相信。这是心中充满敌意和不平的表现。

【处巧若拙，处明若晦，处动若静】 出自《小窗幽记》。意思是：越是巧妙的事情越要用笨拙的方法处理，处于显耀的地位时更要善于隐藏，处于动荡的环境，要像在平静的环境中一样不可慌乱。

【如今休去便休去，若觅了时了无时】 出自《小窗幽记》。意思是：如果能够就此作罢，那就作罢；若要等到事情做完时再停止，那就没有做完的时候。

【人只把不如我者较量，则自知足】 意思是：只要与境遇不如自己的人比较一下，自然就会满足了。

【闻谤而怒者，谗之隙；见誉而喜者，佞之媒】 出自《小窗幽记》。意思是：听到别人的诽谤而发怒的人，最容易接受诽谤；听到别人的奉承而高兴的人，也最容易听进谄媚的话。

【成名每在穷苦日，败事多因得志时】 出自《小窗幽记》。意思是：成名多在生活贫困的时候，失败多在志得意满的时候。

【让利精于取利，逃名巧于邀名】 出自《小窗幽记》。意思是：把利益让给别人，比与他人争利更为明智，逃避名气比争取名气更为高明。

【过分求福，适以速祸；安分速祸，将自得福】 出自《小窗幽记》。意思是：过分地乞求福分，将促使祸事降临；安然面对飞来横祸，自然能够逢凶化吉。

【耳目宽则天地窄，争务短则日月长】 出自《小窗幽记》。意思是：见多识广可知天地不过如此狭窄，将争名逐利的事务减少，时间则会变得清闲而悠长。

【处世以忠厚人为法，传家得勤俭意便佳】 出自《小窗幽记》。意思是：为人处世应该以踏实忠厚的人为模仿对象，传与后代的如果是勤劳和俭朴的美德便是最好的了。

【处事宜宽平，而不可有松散之弊；持身贵严厉，而不可有激切之形】 出自《小窗幽记》。意思是：处理事情最好平稳一些，却不能因此而宽松散漫；立身最好能够严格，但决不能过于激烈而严酷。

【欲利己，便是害己；肯下人，终能上人】 出自《小窗幽记》。意思是：一心只想着自己的私利，反而会害了自己；能够屈居人下而无怨言，终有一天会居于人上。

【不能缩头者，且休缩头；可以放手者，便须放手】 出自《小窗幽记》。意思是：不能逃避的事情，就要勇敢去面对；能够放弃的事情，就不要把它放在心上。

围炉夜话

【稳当话，却是平常话，所以听稳当话者不多；本分人，即是快活人，无奈做本分人者甚少】 出自《围炉夜话》。意思是：平实可靠的语言，经常是既不吸引人也不令人惊奇

的，所以喜欢听这种话的人并不多；一个人能够安守本分，没有非分之想，便是最愉快的人了，只可惜能够安分守己，不妄求的人，也是很少的。

【常人突遭祸患，可决其再兴，心动于警励也；大家渐及消亡，难期其复振，势成于因循也】 出自《围炉夜话》。意思是：如果是一个平常人，突然遭受了灾祸的打击，一定会重新振作，因为是灾祸使他产生了警戒心与激励心；如果是一群人或是一个团体逐渐衰败，就很难再振作起来，因为一些墨守成规的习性已经养成，很难再改变了。

【一信字是立身之本，所以人不可无也；一恕字是接物之要，所以终身可行也】 出自《围炉夜话》。意思是：一个“信”字是我们立身处世的根本，一个人如果失去了信用，任何人都不会接受他，所以做人是不可以没有信用的；一个“恕”字，是与别人交往时最重要的修养，因为“恕”是推己及人的意思，如果能够推己及人，便不会做出有负别人的事情，于己于人皆有益，所以值得我们一辈子去努力奉行。

【人皆欲会说话，苏秦乃因会说话而杀身；人皆欲多积财，石崇乃因多积财而丧命】 出自《围炉夜话》。意思是：每个人都希望自己有善辩的口才，但是战国的苏秦就是因为口才太好，才会被齐大夫派人暗杀；每个人都希望自己能积存更多的财富，然而晋代的石崇就是因为财富太多，遭人妒忌，才招来杀身之祸。

【王者不令人放生，而无故却不杀生，则物命可惜也；圣人不责人无过，惟多方诱之改过，庶人心可回也】 出自《围炉夜话》。意思是：君王虽然不会叫人多多放生，但是也不会无缘无故地滥杀生灵，因为这样至少可以教人爱惜生物；圣人不会要求人一定不犯错，只是用各种方法，引导众人改正错误的行为，因为唯有如此，才能使众人的心由恶改善，由邪道转为正道。

【泼妇之啼哭怒骂，伎俩要亦无多；惟静而镇之，则自止矣。谗人之簸弄挑唆，情形虽若甚迫；苟淡而置之，则自消矣】 出自《围炉夜话》。意思是：蛮横而不讲理的妇人，任她如何吵闹、恶口骂人，也不过那些花样，只要保持镇静，不去理会她，她就会自觉无趣而终止。爱说人是非、颠倒黑白的人，不断地以言辞来伤害我们，似乎被他逼得走投无路了；如果不将那些诽谤的言语放在心上，他自然就会停止无聊的言辞。

【志不可不高，志不高，则同流合污，无足有为矣；心不可太大，心太大，则舍近图远，难期有成矣】 出自《围炉夜话》。意思是：一个人不能志气不高，如果志气不高，就容易受不良的环境影响，不会有什么大的作为；一个人的野心不可太大，如果野心太大，就会好高骛远，不切实际，而去追逐遥远不可达的目标，很难有什么成就。

【误用聪明，何若一生守拙；滥交朋友，不如终日读书】 出自《围炉夜话》。意思是：如果聪明用错了地方，还不如一辈子老老实实谨守朴拙；随便交朋友，倒不如整天闭门读书。

【大丈夫处事，论是非，不论祸福；士君子立言，贵平正，尤贵精神】 出自《围炉夜话》。意思是：有志气的人在处理事情时，只问如何做是对的，不会问这样做为自己带来的究竟是福还是祸；文人在写文章的时候，最重要的是立论要公平公正，如果能够进一步去追求精要详尽，那就更可贵了。

【严近乎矜，然严是正气，矜是乖气，故持身贵严，而不可矜。谦似乎谄，然谦是虚心，谄是媚心，故处世贵谦，而不可谄】 出自《围炉夜话》。意思是：有时候，庄严看起来像是傲慢，然而庄严是正直之气所使然，傲慢却是一种乖僻的习气，所以律己最好是庄严，而不要傲慢。谦虚有时候看起来像是谄媚，然

语言的盛宴

而谦虚是待人有礼不自满，谄媚却是一种钻营奉承的态度，因此处事应该谦虚，而不可谄媚。

【君子存心，但凭忠信，而妇孺皆敬之如神，所以君子落得为君子；小人处世，尽设机关，而乡党皆避之若鬼，所以小人枉做了小人】 出自《围炉夜话》。意思是：君子做事，只求尽心尽力，忠实诚信，妇人孩子都会对他尊重万分，所以，君子之所以为君子并不枉然；小人做事，到处设计，处处费尽心思，自私自利，使得人人都对他退避三舍，心里十分鄙弃他。因此，小人费尽了心机，也得不到别人的敬重，真可谓是白做了小人。

【求个良心管我，留些余地处人】 意思是：让自己有一颗善良的心，使自己时时不违背它；多为别人留一些退路，让别人也有容身之地。

【一言足以招大祸，故古人守口如瓶，惟恐其覆坠也；一行足以玷终身，故古人饬躬若璧，惟恐有瑕疵也】 出自《围炉夜话》。意思是：一句话就可以招来大祸，所以古人言谈十分谨慎，从不敢胡言乱语，以免招来杀身之祸；一件错事足以使一生的清白受到玷污，因此古人守身如玉，行事非常小心，唯恐做错事，而让自己遗憾终身。

【十分不耐烦，乃为人大病；一味学吃亏，是处事良方】 出自《围炉夜话》。意思是：做任何事情不能忍受麻烦，是为人最大的缺点；做任何事情都能够抱着吃亏的态度，是处事最好的方法。

【和平处事，勿矫俗以为高；正直居心，勿设机以为智】 出自《围炉夜话》。意思是：为人处事要心平气和，不要故意违背习俗，自命清高；平日存心要刚直公正，切勿设计机巧，自以为聪明。

【待气性乖张，多是夭亡之子；语言深刻，终为薄福之人】 出自《围炉夜话》。意思是：脾气性情怪僻的人，大多是短命之人；说话尖酸刻薄的人，一定不会有什么福分。

【但责己，不责人，此远怨之道也；但信己，不信人，此取败之由也】 出自《围炉夜话》。意思是：只责备自己，不责备他人，是远离怨恨的最好方法；只相信自己，不相信他人，是不能够成功的主要原因。

【能结交直道朋友，其人必有令名；肯亲近耆德老成，其家必多善事】 出自《围炉夜话》。意思是：与行为正直者交朋友的人，一定也会有很好的名声；肯向德高望重者求教的人，他的家一定常常有好事。

【自奉必减几分方好，处世能退一步为高】 出自《围炉夜话》。意思是：对待自己，最好不要侍奉得太好；与人相处，最好凡事能退一步，才是最明智的做法。

【甘受人欺，定非懦弱；自谓予智，终是糊涂】 出自《围炉夜话》。意思是：心甘情愿受别人欺负之人，一定不是懦弱无能之人；自以为聪明的人，往往是见不到自己愚昧之处的愚昧者。

【以直道教人，人即不从，而自反无愧，切勿曲以求荣也；以诚心待人，人或不谅，而历久自明，不必急于求白也】 出自《围炉夜话》。意思是：以正直的美德去教导别人，即使他固执己见不听从你的意见，但只求自己真心实意，问心无愧，切不要委曲求全而违背正直的道理；用诚恳的心灵来对待他人，即使他人不理解而产生误会，但日子一久自然会明白你的心，无须急着去辩解。

【把自己太看高了，便不能长进；把自己太看低了，便不能振兴】 出自《围炉夜话》。意思是：如果把自己看得太高，便不能在一种平和的心境中追求进步；而把自己评估得过低，则永远不能振作，也永远不能够向前进步。

【忠实而无才，尚可立功，心志专一也；忠实而无识，必至偾事，意见多偏也】 出自《围炉夜话》。意思是：如果一个人竭尽心力，

虽然没有什么才能，只要专心致志在工作上，还是可以有一些功劳的；而如果一个人忠心卖力，却没有什么知识，必定会产生偏见，最终做不成事情。

【凡事勿徒委于人，必身体力行，方能有济；凡事不可执于己，必集思广益，乃罔后艰】 出自《围炉夜话》。意思是：不能凡事都依靠他人，必须亲自去做才能对自己有所帮助；也不要事事固执己见，最好听取各方面的意见，借鉴大家的智慧，以免将来遇到不能克服的困难。

【小心谨慎者，必善其后，畅则无咎也；高自位置者，难保其终，亢则有悔也】 出自《围炉夜话》。意思是：小心谨慎的人是相同的，事后必定会谋求安全的方法，因为有戒惧，才不会犯下过错；凡是身居高位的人，很难维持长久，因为只要到达顶点，就会开始处在下坡的路上。

【不与人争得失，惟求己有知能】 出自《围炉夜话》。意思是：不要与别人去争事情的得失、名利的有无，只要求自己能在做事之时获取智慧与能力。

【处事有何定凭，但求此心过得去；立业无论大小，总要此身做得来】 出自《围炉夜话》。意思是：为人处事其实并没有一定的标准尺度，最重要的是要能够对得起自己的良心；创立事业时无论是大事还是小事，最重要的是自己要有能力去应付。

【为人循矩度，而不见精神，则登场之傀儡也；做事守章程，而不知权变，则依样之葫芦也】 出自《围炉夜话》。意思是：为人只知道按着规矩，而不能够发挥自己的主体性，那就像是戏台上的木偶一样；做事只知道墨守成规，而不知道通权达变灵活发挥，那么只不过是照样画葫芦。

【有不可及之志，必有不可及之功；有不忍言之心，必有不忍言之祸】 出自《围炉夜话》。意思是：如果能够立下别人所不能企及的志向，必然能够成就别人所不能够企及的事业；如果有不能够容忍别人指责批评的心态，一定会招致不能容忍别人指责的灾祸。

【事当难处之时，只退让一步，便容易处矣；功到将成之候，若放松一着，便不能成矣】 出自《围炉夜话》。意思是：事情到了最困难的关头，若能退一步思量，便非常容易应付了；事情即将成功时，如果稍有懈怠疏忽，就会遭致失败。

【自己所行之是非，尚不能知，安望知人；古人已往之得失，且不必论，但须论己】 出自《围炉夜话》。意思是：不能确切明白自己的行为举止是对是错，哪里还能知道别人的对错呢？过去古人所做的事是得是失，暂且不要讨论，但是必须要明白自己的得失。

【和气迎人，平情应物；抗心希古，藏器待时】 出自《围炉夜话》。意思是：用祥和的态度去和人交往，用平等的心情去应对事物；用古人高尚的品格期许自己，才能等待机遇的到来。

【莫大之祸，起于须臾之不忍，不可不谨】 出自《围炉夜话》。意思是：灾祸产生的原因都是因为一时不能够忍耐，所以说，一定要谨慎处事。

【义之中有利，而尚义之君子，初非计及于利也；利之中有害，而趋利之小人，并不愿其为害也】 出自《围炉夜话》。意思是：在义行之中也会得到利益，而君子开始时重视的只是义理，并没有料想到重义会得利；在利益之中也会隐藏着祸害，而小人开始时追求的只是自己的私利，并没有料想到重利会为自己带来灾祸。

【正而过则迂，直而过则拙，故迂拙之人，犹不失为正直；高或入于虚，华或入于浮，而虚浮之士，究难指为高华】 出自《围炉夜话》。意思是：做人太方正不圆滑容易不通世故，做事太过直率则显得有些笨拙，但这两种人都还不失为正直的人；愿望太高很可能会成为空想，只讲究华美有时会成为不实，这两种人都无法成为真正高明成功之人。

【图功未晚，亡羊尚可补牢；浮慕无成，羡鱼何如结网】 出自《围炉夜话》。意思是：想要有所成就，任何时候都不嫌晚，因为就算羊已经被狼吃掉了，如果及早修补羊圈，事情还是可以补救的；羡慕是没有用的，希望得到水中的鱼，不如尽快地结网。

【聪明勿使外散，古人有纩以塞耳，旒色蔽目者矣；耕读何妨兼营，古人有出而负耒，入而横经者矣】 出自《围炉夜话》。意思是：聪明的人要懂得收敛，古人曾用棉花塞耳，以帽饰遮眼来掩饰自己的聪明举动；耕种和读书可以兼顾，曾有古人日出扛着农具去耕作，日暮手执经书阅读。

【古今有为之士，皆不轻为之士；乡党好事之人，必非晓事之人】 出自《围炉夜话》。意思是：从古至今，凡是有所作为的人，绝对不是那种轻狂草率的人；在乡里中，凡是好管闲事的人，往往是那些什么事情都不明白的人。

【为善之端无尽，只讲一让字，便人人可行；立身之道何穷，只得一敬字，便事事皆整】 出自《围炉夜话》。意思是：行善事的方法很多，只要能讲一个“让”字，人人都可以做得到；处世的方法更无穷尽，只要做到一个“敬”字，就能够使所有的事情有条不紊。

诗 篇

诗篇

曹操

【对酒当歌，人生几何？譬如朝露，去日苦多】 出自(三国·魏)曹操《短歌行》。意思是：看着眼前的美酒，就应该痛饮高歌，人生在世又能活多久呢？就好像那清晨的露水一般瞬间就消逝了，那逝去的日子实在是太多了。

【月明星稀，乌鹊南飞。绕树三匝，何枝可依】 出自(三国·魏)曹操《短歌行》。匝：指圈。作者以南飞的乌鹊，比喻当时的人才。意思是：月光明朗，星儿稀疏，乌鹊都飞向南方去了。乌鹊啊！你绕着树飞了三圈，又有哪一枝是可以让你栖息的呢？

【白骨露于野，千里无鸡鸣】 出自(三国·魏)曹操《蒿里行》。意思是：白骨在荒野中裸露着，几千里以内都没有鸡的叫声。比喻战争对老百姓带来的灾难之深。

【水何澹澹，山岛竦峙】 出自(三国·魏)曹操《步出夏门行·观沧海》。意思是：海面上微波起伏荡漾，海岛高耸峥嵘而峻险。形象地刻画了大海在平静时的壮阔景象。

【秋风萧瑟，洪波涌起】 出自(三国·魏)曹操《步出夏门行·观沧海》。萧瑟：指风声。意思是：萧瑟的秋风，吹过水面，吹起波涛涌动。

曹植

【烈士多悲心，小人偷自闲】 出自(三国·魏)曹植《杂诗》。意思是：烈士都拥有悲壮的心志，只有小人才会苟且偷闲。

【煮豆燃豆萁，豆在釜中泣。本是同根生，相煎何太急】 出自(三国·魏)曹植《七步诗》。意思是：煮豆的时候，灶下燃烧着豆秸，豆子也在锅中受煎熬。那豆秸与豆子都是同一豆根长出来的，为什么还要如此凶残相待呢？

【丈夫志四海，万里犹比邻】 出自(三国·魏)曹植《赠白马王彪》。意思是：大丈夫志在四海，即使远隔万里，也好像邻居一样。

【佳人慕高义，求贤良独难】 出自(三国·魏)曹植《美女篇》。慕：敬慕。高义：品德高尚。意思是：美女敬慕品德高尚的人，但是要想找个贤德的丈夫实在是很困难。

【良田无晚岁，膏泽多丰年】 出自(三国·魏)曹植《赠徐干》。晚岁：指收获迟。膏泽：指肥沃有水的土地。意思是：好土地的庄稼长势好，成熟得早，不可能晚收获的；肥沃的土地上大多都是丰收之年。

陶渊明

【羁鸟恋旧林，池鱼思故渊】 出自晋代陶渊明《归园田居》。羁鸟：关在笼中的鸟。池鱼：养在池子里的鱼。意思是：关在笼中的鸟向往昔日自由出入的树林，养在池子里的鱼怀念以往快乐游玩的深入潭。

【猛志逸四海，骞翮思远翥】 出自晋代陶渊明《杂诗》。逸：超过。骞翮(qiānhé)：展翅。骞，向高处起飞。翮，鸟羽的茎状部分。翥

(zhù):飞翔。意思是:威猛的志向超越四海,有如大鸟展翅想着高飞,翱翔天空。这两句诗是追忆年轻时期的情形,用比喻的手法,道出了当年的远大抱负。

【其人虽已没,千载有余情】 出自晋代陶渊明《咏荆轲》。意思是:那个刺客虽然已经死去,但是千百年后,却依然流传着他那慷慨悲壮的侠骨豪情。这首诗赞美荆轲的侠义行为,并为他刺杀秦王失败感到惋惜与同情。

【人生无根蒂,飘如陌上尘】 出自晋代陶渊明《杂诗》。意思是:人生在世,原本就是无根无蒂;到处漂泊流浪,犹如路上的灰尘。这首诗是描写人生在世的飘零无依。

【盛年不重来,一日难再晨】 出自晋代陶渊明《杂诗》。意思是:风华正茂的岁月不会重来,犹如一天里头不会有两个早晨。年轻人要及时努力,时光有如流水,是不等待人的啊!作者借时光一去不返,来勉励自己要珍惜岁月,也是提醒人们切莫辜负大好青春。

陈子昂

【明月隐高树,长河没晓天】 出自唐代陈子昂《春夜别友人》。长河:银河。没:淹灭,消失。意思是:天将破晓,明月西沉隐没在高高的树梢后面;天上的银河也在这破晓的曙光中消失了身影。

【感时思报国,拔剑起蒿莱】 出自唐代陈子昂《感遇》。蒿莱:野草,杂草,引申指民间。意思是:感慨时势而总想着报效祖国,身在民间,也要拔剑而起,建功立业。

王勃

【无为在歧路,儿女共沾巾】 出自唐代王勃《送杜少府之任蜀州》。意思是:不要在即将分手的路上,像小儿女那样伤心得泪湿衣襟。

【闲云潭影醒悠悠,物换星移几度秋】 出自唐代王勃《滕王阁诗》。意思是:那天上飘着的闲云,倒映在清澈的潭水中,每一天都是如此的悠然闲静。世上人事景物更换,天上星辰岁时移动,却不知已经历了多少个秋天。几度秋:就是多少年。风光依旧,人事已非,岁月一去便不再来,唯有那悠悠的闲云潭影是永远不变的。

【阁中帝子今何在?槛外长江空自流】 出自唐代王勃《滕王阁诗》。意思是:往日滕王阁中曾经住过的帝王之子,如今又在何处呢?只有那栏杆外的长江水,依旧滚滚不停地向东流去。作者感叹生命有限,人事无常,唯有大自然永久不变,万古长在。

杨炯

【丈夫皆有志,会见立功勋】 出自唐代杨炯《出塞》。会见:机会出现。意思是:大丈夫都有理想抱负,机会一来就能建立功勋。说明只要有大志,机会一来一定可以为国建功。

【送君还旧府,明月满前川】 出自唐代杨炯《夜送赵纵》。赵纵:赵州人,颇具才华,是诗人的朋友。旧府:故乡的旧居。意思是:今夜送你回故乡去,一轮明月照在江水之上,如此的良宵美景,成为今后美好的回忆。

卢照邻

【愿逐三秋雁,年年一度归】 出自唐代卢照邻《昭君怨》。三秋雁:指秋分时节南飞的大雁。意思是:我愿追随那南归的大雁,一年一度地回家看看。

【得成比目何辞死，愿作鸳鸯不羡仙】
出自唐代卢照邻《长安古意》。比目：比目鱼。意思是：如果有像比目鱼一样永不分离陪伴自己的人，即使死了又有何妨呢，我宁愿做那长期在一起的水中鸳鸯，也不羡慕天上的神仙。

骆宾王

【昔时人已没，今日水犹寒】 出自唐代骆宾王《于易水送人一绝》。易水：即今河北省易县的易河。战国时，燕国太子丹在易水河边送别荆轲。没：死亡。荆轲入秦后，假借献图，内藏匕首，欲行刺秦王，不成，被杀。意思是：当年在这易水河上，壮士荆轲慷慨激昂入秦的故事已经过去了；今天的易水却依旧寒冷如故。

【无人信高洁，谁为表予心】 出自唐代骆宾王《在狱咏蝉》。意思是：没有人相信我的高洁情怀，还有谁肯为我来表明内心的坦荡光明呢？作者写下此诗，正是他被冤屈关在狱中的时候，于是借蝉的高洁来表明自己的心志。

【贞心凌晚桂，劲节掩寒松】 出自唐代骆宾王《浮查》。贞心：坚贞不渝的心灵。劲节：坚贞的操守。意思是：坚贞不渝的心灵赛过了深秋的桂树，坚贞的操守掩盖了严冬的青松。

张若虚

【春江潮水连海平，海上明月共潮生】
出自唐代张若虚《春江花月夜》。意思是：春季里，江潮暴涨，江面开阔，长江与浩瀚的大海相连，简直分不清哪是江水，哪是海水；到夜里，潮汐潮涌，明月初升，远远望去，明月就像是从浪涛中跳出一样。

【江畔何人初见月，江月何年初照人】
出自唐代张若虚《春江花月夜》。意思是：那江边的人，是谁最先看到江上的月亮？那江上的月亮，又在哪一年最先照见江边的人？这两句诗是描写作者于春夜望月有感，不由兴起一份对人、对明月、对千古宇宙的冥思苦想。

【人生代代无穷已，江月年年只相似】
出自唐代张若虚《春江花月夜》。意思是：人生代代相传没有终了之时，江月却年年都只是一个样子。

孟浩然

【春眠不觉晓，处处闻啼鸟】 出自唐代孟浩然《春晓》。晓：天刚亮的时候。意思是：春天夜里睡得很香甜，一觉醒来，天已大亮。清晨处处听到鸟鸣的声音。

【气蒸云梦泽，波撼岳阳城】 出自唐代孟浩然诗《望洞庭湖赠张丞相》。张丞相：即张九龄。气蒸：水汽蒸腾、弥漫的样子。撼：摇动。岳阳城：在今湖南省岳阳市。意思是：湖面上蒸腾起来的水汽如同淡淡的薄雾，笼罩在云梦泽上空；湖水掀起的波涛，气势汹涌地震撼着雄伟的岳阳城。

【坐观垂钓者，徒有羡鱼情】 出自唐代孟浩然《望洞庭湖赠张丞相》。意思是：我看到了那些钓鱼的人，空有羡慕的心情，可是手里没钓鱼工具。婉转地表达了求人推荐提携的心情，但话说得曲折含蓄，不露痕迹。

王昌龄

【秦时明月汉时关，万里长征人未还】
出自唐代王昌龄《出塞》。秦：秦朝。汉：汉朝。意思是：秦汉时代就开始在边地设立关塞，防备匈奴入侵；不知道有多少人为了抵御外

語言的盛宴

敌入侵，万里出征、血战沙场，甚至再也回不到自己的故乡。

【洛阳亲友如相问，一片冰心在玉壶】 出自唐代王昌龄《芙蓉楼送辛渐》。冰心：像冰一样晶莹透亮的心灵。玉壶：玉质的壶。意思是：诗人在芙蓉楼送辛渐，对他说：如果洛阳的亲朋好友问起我的情况，你就告诉他们，我的心犹如晶莹透亮的冰藏在洁白无瑕的玉壶之中，正直清白。

【玉颜不及寒鸦色，犹带昭阳日影来】 出自唐代王昌龄《长信秋词》。玉颜：妇女娇美的容颜。寒鸦：早晨的乌鸦。意思是：失宠的宫妃虽有美丽的容貌，但却比不上一只乌鸦，乌鸦尚且能享受到阳光的温暖，而自己只能在冷宫里度日如年地消磨时光了。

【一人计不用，万里空萧条】 出自唐代王昌龄《失题》。这句诗指的是唐玄宗不采纳张九龄杀死安禄山的主张，结果造成安史之乱后万里萧条的局面。

王维

【君自故乡来，应知故乡事】 出自唐代王维《杂诗》三首之二。意思是：你从家乡来，应该知道家乡的情况。

【红豆生南国，春来发几枝。愿君多采撷，此物最相思】 出自唐代王维《相思》。红豆：一种植物的果实，产于南方，大如豌豆，色鲜红。相传古时有一人死在边地，他妻子想念他，痛哭而死，化为红豆，故又名“相思子”。这首五绝是一首借红豆而表达相思情意的咏物诗。诗的意思是：红豆生长在南方，当春天来到的时候，它会发出新的枝叶；希望你多多采摘，因为它最能表达相思的情意。

【空山新雨后，天气晚来秋】 出自唐代王维《山居秋暝》。意思是：这座空山在下雨之后，天气变得有点秋意了。

【明月松间照，清泉石上流】 出自唐代王维《山居秋暝》。意思是：雨过天晴，明月当空，温柔的月光照在松林上，柔和地洒在土地上；山间泉水顺流而下，与高低错落的山石碰撞，向远方流去。

【劝君更进一杯酒，西出阳关无故人】 出自唐代王维《渭城曲》。渭城，古县名，在今咸阳市东北渭水北岸。阳关：汉置关名，在今甘肃敦煌市西南，因在玉门关南，故称阳关。意思是：主人殷勤劝酒：再干一杯吧，出了阳关，就再也看不到老朋友了。

【行到水穷处，坐看云起时】 出自唐代王维《终南别业》。意思是：诗人悠闲地沿山涧随意而行，不知不觉竟来到流水的尽头，无路可走，索性坐下来悠然自得地欣赏那山光水色，云起云涌。

【竹喧归浣女，莲动下渔舟】 出自唐代王维《山居秋暝》。喧：说笑、喧闹。浣女：洗衣的妇女。意思是：翠竹林中笑语喧闹，是洗衣服的妇女结伴回来了；水面上荷花晃动，水波荡漾，是因为顺流而下的渔舟划破了荷塘的平静。诗人以“竹喧”渲染浣女的喜悦，以“莲动”烘托渔舟返航的场景。用热闹的字句反衬幽静的境界，将清新怡人、形态鲜明之景物点化得生机盎然。

【月出惊山鸟，时鸣春涧中】 出自唐代王维《鸟鸣涧》。意思是：月亮升起来了，惊醒了山鸟，不时于春涧中鸣叫。写出了春夜山中的幽静气氛。

李白

【人生得意须尽欢，莫使金樽空对月】 出自唐代李白《将进酒》。得意：适意，彼此了解。樽：古代盛酒的器具。空：徒然。意思是：人生遇到知己，就应该尽情欢乐，不要让金杯空空地对着明月清辉。

【天生我材必有用，千金散尽还复来】

出自唐代李白《将进酒》。意思是：上天生下我这样的人才必定有他的用处；身外之财花光以后还是可以再赚回来的。

【长相思，在长安】 出自唐代李白《长相思》。意思是：最令人牵肠挂肚思念的地方，那是长安啊。

【凤凰台上凤凰游，凤去台空江自流】 出自唐代李白《登金陵凤凰台》。这两句写凤凰台的来历和传说。凤凰台在金陵凤凰山上，相传南朝刘宋永嘉年间，有凤凰集于此山，乃筑台，山和台由此得名。凤凰在封建时代被认为是一种祥瑞。当年凤凰来游，象征着王朝的兴盛。如今凤去台空，六朝繁华已烟消云散，只有长江的水仍然不停地流着。十四字中连用三个凤字，却不嫌重复，音节流转明快，极其优美。

【山随平野尽，江入大荒流】 出自唐代李白《渡荆门送别》。大荒：辽阔无边的原野。意思是：山势由高到低，随着平原的展现逐渐消失，一望无际的平川伸向天边；滚滚的长江水在这平坦辽阔的原野上，江面随之开阔，奔腾流向远方。

【举杯邀明月，对影成三人】 出自唐代李白《月下独酌》。独酌：一个人喝酒。邀：邀请。三人：指诗人、明月、诗人的影子。意思是：我举起酒杯，邀请天上的明月，对着月光下的身影，恰成三人。

【抽刀断水水更流，举杯销愁愁更愁】 出自唐代李白《宣州谢朓楼饯别校书叔云》。宣州：今安徽省宣州县城。意思是：抽出利剑来，想斩断流水，可是滔滔的水流流得更急；举杯喝酒，想要借酒消愁，可是醉了以后，反而是愁上加愁，心里更是难过。

【相思相见知何日？此时此夜难为情】 出自唐代李白《三五七言诗》。意思是：想念你，想见你，却不知要到哪一天才能见到你？此时此夜，我心我情，为了你是多么地不能自禁！描写秋日夜好月明，想念伊人，相见无因，满怀愁绪，情何以堪？

【愿将腰下剑，直为斩楼兰】 出自唐代李白《塞下曲》其一。意思是：我愿用挂在腰间的宝剑，径直去把楼兰国王杀死。

高适

【莫愁前路无知己，天下谁人不识君】 出自唐代高适《别董大》。董大：当时著名的音乐家董庭兰。愁：担心。君：指董大。意思是：尽管前方道路漫长，但你不要担心前面的路上没有知心朋友，像你这样才华横溢有人品的人，天下又有谁不认识你呢？

【战士军前半死生，美人帐下犹歌舞】 出自唐代高适《燕歌行》。军前：前方战场。帐下：指将帅的营帐。意思是：士兵们在战场上出生入死，浴血奋战；而将军们却在营帐之中欣赏歌舞，沉溺于酒色之中，全然不顾战士的死活。

【借问梅花何处落，风吹一夜满关山】 出自唐代高适《塞上听吹笛》。意思是：请问《梅花》曲的笛声能传到哪里去呢？一夜的清风已把它传遍了关山的高峻险要之地。

岑参

【古来青史谁不见？今见功名胜古人】 出自唐代岑参《轮台歌奉送封大夫出师西征》。意思是：自古以来青史留名的人，有谁不知道？但现在看来，你的功名更胜过古人呢！这是作者在赞美封大夫的功绩。

【功名祗向马上取，真是英雄一丈夫】 出自唐代岑参《送李副使赴碛西官军》。意思是：要获取功名，只有跃马杀敌，才是真正的英雄好汉。

【一川碎石大如斗，随风满地石乱走】 出自唐代岑参《走马川行奉送出师西征》。作者通过描写恶劣的环境,来反衬军士的不畏艰险的精神,进而表现将士高昂的爱国精神。狂风像发疯的野兽,咆哮、怒吼,以至于飞沙走石。作者用极度夸张的手法来描写边塞的险恶环境。

【自从兵戈动,遂觉天地窄】 出自唐代岑参《西蜀旅舍春叹寄朝中故人呈狄评事》。兵戈动:指战争爆发。意思是:自从战争爆发,就觉得天地都变得狭小了。比喻战乱动荡,百姓无处安身。

杜甫

【无边落木萧萧下,不尽长江滚滚来】 出自唐代杜甫诗《登高》。落木:落叶。萧萧:指草木摇曳的声音。意思是:无边无际的树林在秋风的狂扫下,叶子纷纷落下,无穷无尽的江水波涛滚滚而来。

【天子呼来不上船,自称臣是酒中仙】 出自唐代杜甫《饮中八仙歌》。意思是:即使是皇帝派人来叫我,我也不肯上船,还自言自语地说自己是酒中仙。

【出师未捷身先死,长使英雄泪满襟】 出自唐代杜甫《蜀相》。意思是:诸葛亮带兵伐魏,出师尚未胜利,人先死去,常使后代的英雄们为他的壮志未酬而泪落满襟。这两句是赞颂诸葛亮忠贞蜀汉,出师未捷,鞠躬尽瘁精神的千古名句。高度评价了诸葛亮的精神品格,表现了后人对他的追念和景仰。

【此曲只应天上有,人间能得几回闻】 出自唐代杜甫《赠花卿》。意思是:像这样美妙动听的乐曲,只有天上(喻皇宫)才有,人间(喻皇宫之外)哪里能够听到几回呢?

【但见新人笑,那闻旧人哭】 出自唐代杜甫《佳人》。意思是:那负心的人,只看得见新人的高兴欢笑,哪听得见旧人的悲痛啼哭。

【功盖三分国,名成八阵图】 出自唐代杜甫《八阵图》。功盖:指诸葛亮功劳大。八阵图:八阵,指天、地、风、云、龙、虎、鸟、蛇八种阵法,诸葛亮之前就有,而诸葛亮之八阵有别于前。意思是:诸葛亮的盖世功业,高过三国的任何人;因排八阵图,而成其大名。

【花近高楼伤客心,万方多难此登临】 出自唐代杜甫《登楼》。意思是:万方多难之时,我来此登楼,花近高楼反而使我伤心。这是杜甫在代宗广德二年重返成都登楼之作,当时安史之乱虽平,但吐蕃又急攻长安。国家有难,面对美景,反而更增添无限愁绪。

【花径不曾缘客扫,蓬门今始为君开】 出自唐代杜甫《客至》。意思是:我这满是落花的小路,从不曾因客人的到来而打扫,今日为你来而打扫;用蓬草编成的门,从不曾因客人到来而开,今日为欢迎你才打开。

【留连戏蝶时时舞,自在娇莺恰恰啼】 出自唐代杜甫《江畔独步寻花》。意思是:流连嬉戏不去的蝴蝶,在枝头不停地来去飞舞;自在逍遥的黄莺,在林间啾啾地啼鸣,声音娇美清婉。诗中流露出自在闲适的韵味,轻灵而动人。

【朱门酒肉臭,路有冻死骨】 出自唐代杜甫诗《自京赴奉先县咏怀五百字》。奉先县:在今陕西省蒲城县。意思是:权贵、富豪人家里的美酒、鱼肉堆积如山,都已经有腐烂难闻的气味了;而穷苦的黎民百姓,还吃不饱、穿不暖,时常有人冻死在大路旁,其尸骨随处可见。

【亲朋无一字,老病有孤舟】 出自唐代杜甫《登岳阳楼》。这两句写诗人自己年老多病,又是一人孤单流落在外的凄凉心境。意思是:我现在孤单单一人流落在外,亲戚朋友连一个字的消息都没有;自己年老多病,落魄在此,唯一能托身依靠的,是那到处漂流的孤舟。老年诗人无一个定居之所,只好“以舟为家”,其凄凉之境,哀痛之心、愤怨之情,不言自明。

【自去自来梁上燕，相亲相近水中鸥】 出自唐代杜甫《江村》。意思是：自由自在地像梁上的的燕子一样飞来飞去，像水中的欧鸟一样相亲相近。

【永夜角声悲自语，中天月色好谁看】 出自唐代杜甫《宿府》。意思是：长夜里听到军中的号角声，很是悲伤，好像自己在诉说苦处；天上的明月虽好，还有什么人有心去看它呢?

刘长卿

【柴门闻犬吠，风雪夜归人】 出自唐代刘长卿《逢雪宿芙蓉山主人》。柴门：篱笆门。意思是：在大雪纷飞的夜晚，万籁寂静，突然，茅屋外传来狗叫声，打破了寂静的山村；原来是顶风冒雪归来的芙蓉山主人。

【细雨湿衣看不见，闲花落地听无声】 出自唐代刘长卿《送严士元》。细雨：牛毛小雨。闲花：自然飘落的花。意思是：天空中飘着濛濛细雨，看不见雨丝的痕迹，却打湿了身上的衣服；微风拂过，吹落了枝上的花瓣，花瓣飘落的时候，却听不见它落地的声音。

【寂寂江山摇落处，怜君何事到天涯】 出自唐代刘长卿《过贾谊宅》。意思是：这里是江山寂寂草木零落的处所，慨叹你究竟因何到此海角天涯来?贾谊是西汉杰出的政治家、文学家，因遭权臣谗毁，被贬为长河王太傅，三十四岁即抑郁而死。诗人虽是吊古，实为伤今，抒发自己不得志的郁闷。

韦应物

【浮云一别后，流水十年间】 出自唐代韦应物《淮上喜会梁州故人》。意思是：如浮云般地分别后，光阴像流水似的过去，不觉已经有十年了。作者与友人阔别十年，今又重逢，故此感慨。

【空山松子落，幽人应未眠】 出自唐代韦应物《秋夜寄邱二十二员外》。幽人：诗人所怀念的友人，即丘丹（丘二十二员外）。意思是：在秋天一个凉爽的夜晚，我怀念去远方学道的友人，徘徊沉吟，辗转难寐；这时，友人你所在的地方想必也是“空山松子落”的秋凉季节，你同样也在思念友人，尚未安眠。

【去年花里逢君别，今日花开已一年】 出自唐代韦应物《寄李儋元锡》。李儋：字元锡，作者的诗交好友，时任殿中侍御史。《寄李儋元锡》是韦应物晚年在滁州刺史任上的作品。意思是：去年开花时节与你分别，今日花又开了，和你分别已经一年，思念之心如新花之萌发；风景依稀，故人却天各一方，怎不能令人惆怅！流露出别后景况萧索、时光速逝的感慨。

【微雨众卉新，一雷惊蛰始】 出自唐代韦应物诗《观田家》。意思是：初春，一场小雨使草木都吐出新绿，一声雷鸣将所有蛰伏的虫类惊醒。

李益

【从此无心爱良夜，任他明月下西楼】 出自唐代李益《写情》。意思是：原先热切盼望的佳节突然落空，人圆既然不可能，又何必在乎月圆呢?从此再也无心关爱那良辰美景，即使有大好明月，也只能任它孤独地落下西楼。

【莫言塞北无春到，纵有春来何处知】 出自唐代李益《度破讷沙》。破讷沙：沙漠名，一作普纳沙，在今内蒙古五原县西南境内。塞北：中国古代长城以北地区。纵：即使。意思是：不要说塞北大地没有春天的足迹，春天总是会到来的；只是长年的风沙，没有花红柳绿，又有谁知道春天来了呢？

【十年离乱后，长大一相逢】 出自唐代李益《喜见外弟又言别》。意思是：我和你十年来，遭到重重离乱，到现在人已长大，怎奈我们重逢又要离别。这是诗人与幼时的表弟意外相逢的情景。离乱年代，刚见面又要分离，格外感慨。

孟郊

【春风得意马蹄疾，一日看尽长安花】 出自唐代孟郊《登科后》。得意：心满意足。疾：迅速。意思是：人到得意时满面春风，连骑的马都跑得那样轻快，一天就要把长安城内盛开的花看完。

【镜破不改光，兰死不改香】 出自唐代孟郊《赠别崔纯亮》。兰：兰花，有“香祖”之称。意思是：镜子虽然破了，依然不会改变其光亮；兰花虽然枯萎了，但其香气丝毫不会改变。

【妾心藕中丝，虽断犹牵连】 出自唐代孟郊《去妇》。妾：旧时妇女自称。意思是：我的心思就像藕中的细丝，藕虽然断了，藕丝还牵连不断，写出女子对离异丈夫的怀念。后演变为“藕断丝连”的成语。比喻表面虽断绝关系，但实际上仍有牵连。

张籍

【复恐匆匆说不尽，行人临发又开封】 出自唐代张籍《秋思》。意思是：出门在外的游子写家书托人带回，想要写的太多，写完以后，似乎把想说的话都写上了；但当捎信的人要离去的时候，又怕信上遗漏了什么，急忙把已经封好的信拆开再看一遍。

【万里无人收白骨，家家城下招魂葬】 出自唐代张籍《征妇怨》。意思是：因为战场在边关，所以战死者的尸体不能被运回家乡安葬，家家只好遥招死者的魂魄来祭奠。作者意在反映战争的残酷。

【洛阳城里见秋风，欲作家书意万重】 出自唐代张籍《秋思》。意思是：洛阳城又吹起阵阵秋风，拿起笔来想要写封家信，内心却有着千万重复杂的意念。作者张籍远居洛阳，因秋风吹起而勾起乡愁无限。

韩愈

【天街小雨润如酥，草色遥看近却无】 出自唐代韩愈《早春呈水部张十八员外》。张十八：张籍。天街：京城长安的街道。遥看：远看。意思是：早春，濛濛细雨飘洒在京城的街道上，像酥油一样滋润着每一块土地；远处地面上，小草刚刚露出嫩芽，呈现出一片淡淡的绿色，可是走近一看，却什么也看不出来了。

【蚍蜉撼大树，可笑不自量】 出自唐代韩愈《调张籍》。蚍蜉：蚂蚁一类的动物。撼：摇动。不自量：不衡量一下自已的实力。意思是：蚂蚁想摇动参天大树，不过是徒劳而已，可笑的是它们太不自量力了。

【草木知春不久归，百般红紫斗芳菲】 出自唐代韩愈《晚春》。不久归：指春季即将结束。红紫：指花朵的颜色。芳菲：美丽而芬芳。意思是：花草树木似乎知道了春天即将归去的信息，它们为了留住春天，正百般努力，把大地装点得花红柳绿、姹紫嫣红。

刘禹锡

【沉舟侧畔千帆过，病树前头万木春】 出自唐代刘禹锡《酬乐天扬州初逢席上见赠》。千帆：指船很多。意思是：在沉船的旁边有千万船只扬帆而过，在枯树前头是一望无

际的葱绿枝叶，勃勃生机。

【长恨人心不如水，等闲平地起波澜】 出自唐代刘禹锡《竹枝词》之七。意思是：总是愤恨人心比不上水，水只有在碰到山石阻挡时才会产生波澜；而人心即使在普通的平地上，也会莫名其妙地兴起大风波。

【旧时王谢堂前燕，飞入寻常百姓家】 出自唐代刘禹锡《乌衣巷》。王谢：指东晋王导、谢安等豪门世族，多居住于乌衣巷一带。乌衣巷：金陵城内的一条街，位于秦淮河南。三国时吴国曾设兵营于此，军士都穿黑色衣服，故名乌衣巷。意思是：昔日在王、谢的雕梁画栋之间筑巢的燕子，今天却飞入了普通老百姓家垒窝。这表示着王、谢昔日的显赫已成过去，不复存在了。

【请君莫奏前朝曲，听唱新翻《杨柳枝》】 出自唐代刘禹锡《杨柳枝词》九首中第一首。前朝曲：指过去的旧曲子。新翻：重新创作新曲。意思是：前朝的曲子已经陈旧了，劝你不要再演奏了；还是听听我重新创作的《杨柳枝》新曲吧。

【自古逢秋悲寂寥，我言秋日胜春朝】 出自唐代刘禹锡《秋词》。寂寥：空旷辽远。意思是：自古以来的诗人，每当秋季来临的时候，总是写出寂寞的诗词来表达自己的苦闷；而在我看来，这金色的秋日却要胜过那朝气蓬勃的春天。

【山围故国周遭在，潮打空城寂寞回】 出自唐代刘禹锡七绝诗《金陵五题》第一首《石头城》。金陵：今南京市。故国：故城，指吴国的都城石头城。周遭：周围，环绕。意思是：故都石头城四周如今依旧被群山怀抱，可当年繁华的景象都已成为了记忆；大江上潮来潮涌，拍打着寂寞萧条的古城，而后又悄然无声寂寞地退潮了。

白居易

【野火烧不尽，春风吹又生】 出自唐代白居易《赋得古原草送别》。意思是：虽然原野上的枯草，被野火烧光了茎叶，但只要一遇到春风，它又会破土发芽，生机勃勃地生长出来。

【回眸一笑百媚生，六宫粉黛无颜色】 出自唐代白居易的《长恨歌》。回眸：回过头看。粉黛：指美女。意思是：她回过头来，转动一下她那美丽的眼睛，微微一笑，就能表现出千万种风姿魅力；后宫里无数的美女，在她美艳的光环下，全都变得黯然失色。

【后宫佳丽三千人，三千宠爱在一身】 出自唐代白居易《长恨歌》。佳丽三千：泛言后宫美女众多。意思是：后宫的美女众多，可是，在众宠爱只集中在杨贵妃一人身上。

【一道残阳铺水中，半江瑟瑟半江红。可怜九月初三月，露似珍珠月似弓】 出自唐代白居易《暮江吟》。残阳：夕阳。此指西边的彩霞。铺：铺展。可怜：可爱。意思是：夕阳斜照在江水中，它映射出来的景色像在江面上铺了一层柔软的彩绸；彩霞在江水中一半呈现出翡翠般的碧绿，一半呈现色彩斑斓的橘红。那九月初三的夜晚是非常的可爱啊，如弓的月亮挂在天边，在它的映照下，露珠儿像珍珠一样晶莹闪亮。

【可怜身上衣正单，心忧炭贱愿天寒】 出自唐代白居易的《卖炭翁》。意思是：可怜的卖炭翁身上衣服单薄，无以御寒，但是仍希望天气再寒冷些，这样，他辛苦烧的炭就能卖个好价钱。

【别有幽愁暗恨生，此时无声胜有声】 出自唐代白居易的《琵琶行》。意思是：霎时间仿佛觉得一片幽深的秋怨在四际涌起，这个时候，没有声音反而比有声音更美了。

李绅

【春种一粒粟，秋收万颗子。四海无闲田，农夫犹饿死】 出自唐代李绅诗《悯农》二首之一。悯农：对农民的怜悯，同情。粟：谷物，这里指种子。四海：指全国。意思是：春天，在肥沃的土地上种下一粒种子，秋天就能收获许多粮食。可是，四海之内虽然没有荒置的土地，而农民们仍然一贫如洗，甚至饿死。

【锄禾日当午，汗滴禾下土。谁知盘中餐，粒粒皆辛苦】 出自唐代李绅诗《悯农》二首之二。意思是：夏日正午时分，骄阳炙烤着大地，此时农夫正在田地里锄草，身上流下的汗水滴滴答答地渗入到土地里，如此辛勤地劳作，才种出了粮食；又有谁知道那盘子里的饭食，每一颗、每一粒都是农民用辛勤的汗水换来的啊！

柳宗元

【千山鸟飞绝，万径人踪灭。孤舟蓑笠翁，独钓寒江雪】 出自唐代柳宗元《江雪》。意思是：冬天到了，大雪封山，连鸟儿的踪迹都没有了，被雪覆盖的小路上看不到一个行人；只有那身披蓑衣、头戴斗笠的渔翁，独自一个人坐在小船上，在寒冷的江雪中，寂寞地垂钓着。

【烟销日出不见人，欸乃一声山水绿】 出自唐代柳宗元《渔翁》。烟销：烟雾消散。欸(ǎ)乃：行船摇橹时的声音。意思是：清晨，一轮红日冉冉升起，弥漫在水面上的烟雾渐渐消散了，四周静悄悄的，还没有行人的影子；此时，渔翁摇动了船桨，随着摇橹的声音，一条渔船映入眼帘，还有那绿水青山，春天来到了。

元稹

【不是花中偏爱菊，此花开尽更无花】 出自唐代元稹《菊花》。意思是：众花之中，并非我对菊花有所偏爱，而是因为等到菊花开过，就再也没有别的花开了。这两句诗是赞美菊花的名句，菊性耐寒，傲霜的秋菊，也象征着有志者的气节操守。

【诚知此恨人人有，贫贱夫妻百事哀】 出自唐代元稹《遣悲怀》。此恨：也可解释作贫贱夫妻百事哀的怨恨。意思是：我确实知道这种生离死别的遗恨是人人都有的，只是想起当时夫妻贫贱相依的情景，实在是每一件事都令人觉得愁苦哀痛啊！

贾岛

【十年磨一剑，霜刃未曾试】 出自唐代贾岛《剑客》。意思是：剑客花了十年工夫精心磨制了一把剑；此剑刃白如霜，闪烁着寒光，是一把锋利无比却还没有试过锋芒的宝剑。诗人以剑客的口吻，着力刻画“剑”和“剑客”的形象，托物言志，抒写自己兴利除弊的政治抱负。

【鸟宿池边树，僧敲月下门】 出自唐代贾岛《题李凝幽居》。意思是：在一个夜色朦胧的夜晚，鸟雀早已经栖息在池塘边的树枝上；此时，有一晚归僧人，在月光下敲响了寺门。据说贾岛骑驴在长安街头反复斟酌，是用“敲”字好还是用“推”字好呢？不慎撞上了京兆尹韩愈的仪仗，韩愈帮他定夺，最后还是用“敲”字更妙。这就是“推敲”一词的来历。

【松下问童子，言师采药去。只在此山中，云深不知处】 出自唐代贾岛《寻隐者不遇》。意思是：我在松下向童子询问先生的去处，童子说先生上山采药去了；只知道他在这座山上，但是山中的云雾浓厚，厚不知他到底在哪里。

李贺

【大漠沙如雪，燕山月似钩】 出自唐代李贺《马诗》之五。大漠：广阔的沙漠。燕山现河北省北部的燕山。在这里“大漠”和“燕山”都是边塞的代称。意思是：广阔的沙漠，沙白如雪，燕山的残月如钩。描绘出边塞冷峻和肃杀的自然景色。

【黑云压城城欲摧，甲光向日金鳞开】 出自唐代李贺《雁门太守行》。意思是：战事危急得就像浓厚的乌云笼罩，像要把整个城头压毁一样，战士铠甲在阳光照射下金光闪烁。

【衰兰送客咸阳道，天若有情天亦老】 出自唐代李贺《金铜仙人辞汉歌》。金童仙人：汉武帝刘彻在长安建昌宫前的神明台上铸铜人两座，手托承露盘以储存露水，和玉屑吞服，以求长生不老。辞汉：魏明帝曹睿派人到长安将铜人拆下，运至都城洛阳，由于铜人过重，遂打碎，只运来承露盘。意思是：魏国的军士们把铜人拆卸，从长安运至洛阳，一路悲凉萧瑟，只有道路两旁残败的兰花前来送别；苍天啊，如果你也拥有情感的话，那么当你看见铜人的凄凉遭遇，你也会悲伤得容颜消退吧。

张祜

【一声何满子，双泪落君前】 出自唐代张祜《宫词》。意思是：倾听了一曲《何满子》之后，不禁在你面前伤心落泪。

【潮落夜江斜月里，两三星火是瓜洲】 出自唐代张祜《题金陵渡》。瓜洲：镇名，在今扬州市南，隔江与镇江市相望。意思是：落潮的大江浸在斜月的光照里，对岸三两星火，那就是瓜洲。写长江的夜景，十分出色。

杜牧

【一骑红尘妃子笑，无人知是荔枝来】 出自唐代杜牧《过华清宫绝句》。红尘：扬起的飞尘。妃子：指杨玉环。意思是：传送荔枝的差官飞快地把荔枝送到宫中，他们的千辛万苦只换得杨贵妃的嫣然一笑，人们看见飞奔而来的驿马，只认为是传送紧急公文，没有人知道其实送的是荔枝。

【东风不与周郎便，铜雀春深锁二乔】 出自唐代杜牧《赤壁》。周郎：三国时东吴的周瑜，他二十四岁时便当上了中郎将，人称周郎。铜雀：即铜雀台，在今河北省临漳县。春深：春意盎然。意思是：假使东风不帮助周瑜的话，那么江东美丽的二乔就要被永藏于铜雀深宫里面了。

【多情却似总无情，唯觉樽前笑不成】 出自唐代杜牧《赠别》。意思是：心里多情，外表看上去总像无情，只觉得在这离别筵上无法欢笑。

【清明时节雨纷纷，路上行人欲断魂】 出自唐代杜牧《清明》。清明：二十四节气之一，在每年的4月4、5或6日。雨纷纷：指春雨连绵的样子。行人：指出门在外的旅人。欲：将要。意思是：清明节这天下起了淅沥的小雨，路上的行人心情惆怅不已。

【千里莺啼绿映红，水村山郭酒旗风。南朝四百八十寺，多少楼台烟雨中】 出自唐代杜牧《江南春》。四十八寺：南朝历代君主及贵族好佛，广造佛寺，四百八十极言其多。这首七绝是说：千里江南黄莺啼叫，柳绿花红，山城水乡酒旗在春风中飘动；南朝各代曾修筑了四百八十座寺院，今已荒废，笼罩在烟雨之中。

【青山隐隐水迢迢，秋尽江南草未凋】出自唐代杜牧《寄扬州韩绰判官》。判官：唐时节度使的属官。隐隐：隐约、模糊的样子。迢迢：指路途遥远。凋：凋零，枯萎。意思是：远处的青山若隐若现，一带江水蜿蜒着流向远方；虽然已是深秋季节，但江南的草木尚未凋零，依旧郁郁葱葱，生机盎然！

【天阶夜色凉如水，坐看牵牛织女星】出自唐代杜牧《秋夕》。牵牛织女星：星座名，被银河隔开，一东一西。传说中，每逢七夕，都有鹊桥会。意思是：夜深了，宫中的石阶像冷水一样冰凉，孤独寂寞的宫女却一直坐在那儿，痴痴地仰望天空上的牵牛织女星，又到了七夕之夜，牛郎与织女一定在鹊桥相会吧，可怜我却连这样的机会都没有，只能枯坐深宫之中。

【落魄江湖载酒行，楚腰纤细掌中轻。十年一觉扬州梦，赢得青楼薄幸名】 出自唐代杜牧《遣怀》。这首七绝，是杜牧追忆在扬州当幕僚时那段生活的抒情之作。诗人不甘寄人篱下，长做幕僚，生活放荡是不满的表现，而追忆也带有对放荡生活的悔恨。潦倒江湖，以酒为伴，秦楼楚馆，美女娇娃，过着放浪形骸的浪漫生活；匆匆十年过去，那扬州往事不过是一场大梦而已，竟连自己曾经迷恋的青楼也责怪自己薄情负心。

李商隐

【君问归期未有期，巴山夜雨涨秋池】出自唐代李商隐《夜雨寄北》。意思是：你问我什么时候会回去，我却不能告诉你具体的日期；只因为巴山连日的雨水使湖水暴涨，阻断了我回家的路程。

【可怜夜半虚前席，不问苍生问鬼神】出自唐代李商隐《贾生》。可怜：可惜。虚：徒然，白白地。前席：古人席地而坐，话语投机则不自觉地向前移动座位，形容仔细倾听。鬼神：指有关祭祀方面的事。意思是：只可惜半夜里君王虽然向前移动座位，靠近贾谊，但他所问的却不是有关国计民生的大事，而是鬼神之事。作者讽刺了汉文帝实际上也是讽刺了唐皇，可怜贾谊实际上也是可怜自己。

【春心莫共花争发，一寸相思一寸灰】出自唐代李商隐的《无题四首》(其二)。春心：男女恋情，也指因为春天的美景而萌发的情思。共：和……在一起。意思是：恋情不要和春花争相萌发，一寸寸相思之情都会化为灰烬。

【春蚕到死丝方尽，蜡炬成灰泪始干】出自唐代李商隐的《无题》。意思是：春天的蚕儿到死时才把蚕丝吐尽，蜡烛烧成了灰烬烛泪才流干。

【身无彩凤双飞翼，心有灵犀一点通】出自唐代李商隐的《无题二首》(之一)。灵犀：古人视犀牛为灵兽，认为角中的白色纹理通于两端。现比喻有情人心心相印。意思是：虽然没有彩凤的翅膀比翼双飞，但我们的心灵却像灵犀一样，相互感应。用来比喻人与人之间的良好默契，心心相印。

【此情可待成追忆，只是当时已惘然】出自唐代李商隐《锦瑟》。意思是：这一份美好的感情，原本是值得回忆追念的；只是当时身临其境，毫不在意，如今回想起来，只留下一份惆怅与迷茫。

【历览前贤国与家，成由勤俭败由奢】出自唐代李商隐《咏史》。历览：纵观。前贤：前代贤良。意思是：纵观古代贤良治理国家的经验教训，崇尚勤俭节约的，国家就会蒸蒸日上，如果腐败奢侈之风盛行，国家就会衰败灭亡。

【庄生晓梦迷蝴蝶，望帝春心托杜鹃】出自唐代李商隐《锦瑟》。庄生：指战国时的哲学家庄周。晓梦：梦醒后。望帝：战国时蜀地封王，名叫杜宇。他将王位禅于开明后隐居，死后化为杜鹃。托：寄托。杜鹃：又名子规。其鸣哀切。意思是:庄周梦见自己变成蝴蝶的模样,醒来后感到很迷茫,蜀国的望帝伤悼年华已逝,抱负成空,遂死后化为杜鹃借哀鸣来表达自己的抱负。

罗隐

【今朝有酒今朝醉,明日愁来明日愁】 出自唐代罗隐《自遣》。意思是:今天有酒,那么今天就痛痛快快地喝得大醉,明日的忧愁,就放到明天再去解决好了!

【我未成名君未嫁,可能俱是不如人】 出自唐代罗隐《赠妓云英》。意思是:我没有考取进士,您没有出嫁,这可能都是因为我们不如别人吧?

【时来天地皆同力,远去英雄不自由】 出自唐代罗隐《筹笔驿》。意思是:时运来时,连天地都鼎力相助你,时运没有了,即使是多智的英雄也会壮志难酬。

杜荀鹤

【时人不识凌云木,直待凌云始道高】 出自唐代杜荀鹤《小松》。凌云木:指高大的松树。待:等到。始道:才说。意思是:高大的松树,在其幼小时,不被人看重;等到它们长成参天大树,直上云霄时,才有人赞赏它们的高大不凡。

【风暖鸟声碎,日高花影重】 出自唐代杜荀鹤《春宫怨》。意思是:春暖花开,阳光和煦,小鸟在树上喃喃细语,窃窃交谈;日近中午,在阳光的照耀下,枝头上的花的影子重重叠叠,散发出醉人的芬芳。

【少年辛苦终身事,莫向光阴惰寸功】 出自唐代杜荀鹤《题弟侄书堂》。意思是:青少年时期的辛苦学习将为一生事业奠定根基;在这段宝贵时间内,不应有一丝一毫的懒惰。

晏殊

【梨花院落溶溶月,柳絮池塘淡淡风】 出自宋代晏殊诗《寓意》。溶溶:形容月光如水。淡淡:形容春风轻柔。意思是:柔婉如水的月光,洒照在满院开放的梨花上;淡淡的微风,轻轻地把柳絮吹落在池塘里。这两句诗描写月照梨花,风飘柳絮,春天的夜色是如此的轻柔可爱。

欧阳修

【春风疑不到天涯?二月山城未见花】 出自宋代欧阳修诗《戏答元珍》。天涯:天边。这里指偏远的夷陵。意思是:早春二月已是桃红柳绿时节,而偏远的夷陵小城却还荒寒阴冷,未见到一朵盛开的花,是不是春风吹不到这偏远的的地方来呢?

【始知锁向金笼听,不及林间自在啼】 出自宋代欧阳修诗《画眉鸟》。始知:才知道。锁向:锁在。金笼:精美华贵的鸟笼。不及:比不上。意思是:才知道锁在金笼里,要失去自由和天性,还比不上在山林之中自由自在地歌唱快活。

【红树青山日欲斜,长郊草色绿无涯】 出自宋代欧阳修诗《丰乐亭游春》。日欲斜:指太阳即将落山。长郊:广阔的郊野。意思是:夕阳西下,映照着春天的青山、红花,城外广阔的郊野,绿茵茵一望无际的绿草延伸到天边。

【我欲四时携酒去,莫教一日不花开】 出自宋代欧阳修诗《谢判官幽谷种花》。意思是:一年四季中,我随时都打算带着酒到幽谷去赏花,可不能让花儿有一天不开放啊!

王安石

【不畏浮云遮望眼，只缘身在最高层】 出自宋代王安石《登飞来峰》。飞来峰：在今浙江省杭州西湖西北灵隐寺前。意思是：高高的飞来山上耸立着千丈高塔，听人说地面晨鸡初鸣时，在塔上便可看到红日高升。登上去就不用担心浮云遮住远望的视线，那是因为身在凌空的最高层。

【细数落花因坐久，缓寻芳草得迟归】 出自宋代王安石《北山》。细数：细细品玩。芳草：香草。意思是：我看见花枝上的残花一瓣瓣凋落，便仔细数着落花，一片、两片，不知不觉就坐得久了；等疲倦了站起来缓缓向家中走去，观察着地上的青草又茂盛了，这样走走停停的，等到家后已经很晚了。

【墙角数枝梅，凌寒独自开。遥知不是雪，为有暗香来】 出自宋代王安石《梅花》。凌寒：极其寒冷。开：梅花开放。遥：远远的。暗香：梅花淡淡的幽香。意思是：寒冬，在墙角边有几棵梅花树，它们在极其寒冷的时候，独自开放；远远望去，盛开的白梅像雪花一样，但却不是，随着微风吹过，有一阵阵淡淡的梅香飘了过来。

【春色恼人眠不得，月移花影上栏杆】 出自宋代王安石《夜直》。夜直：就是晚上值班。意思是：夜晚春色美得令人难以入睡，只见花影在月光映照下，不停地移动，已经爬到栏杆上来了。这两句诗是描写月下花影，无边春色，迷人的景致，使人久久不能成眠。

苏轼

【人生到处知何似？应似飞鸿踏雪泥】 出自宋代苏轼《和子由渑池怀旧》。何似：指人生像什么。鸿：大雁。意思是：人生到处走来走去，飘忽不定，到底像什么呢？应该像一只鸿雁一样冬南、夏北地迁徙着，即使找个地方休息，也会转眼飞走，只有无意中在化雪的泥地上留下脚爪的痕迹。

【天外黑风吹海立，浙东飞雨过江来】 出自宋代苏轼《有美堂暴雨》。浙东：古以钱塘为界，钱塘以东为浙东，以西为浙西。意思是：天空中的黑云被大风吹得翻腾着，顷刻，豆大的雨点倾斜而下，它借着风势，从浙东横扫过来，仿佛是海水卷起来从天而降，霎时间昏天暗地，气势如虹。

【只恐夜深花睡去，故烧高烛照红妆】 出自宋代苏轼《海棠》。红妆：这里指红色的海棠花。意思是：只是害怕眼前的这株海棠会像人一样，因为夜深了而睡去，所以，特意点上高大的蜡烛，照亮她艳丽的红妆，让她打起精神来。

【人皆养子望聪明，我被聪明误一生。但愿孩儿愚且鲁，无忧无虑到公卿】 出自宋代苏轼《洗儿》。意思是：每一个当父母都希望自己的孩子聪明多才，由于自己聪明一世得罪权贵，却失意一生；因此我希望儿子还是无灾无难的好，聪明倒是次要的事。

【日啖荔枝三百颗，不辞长作岭南人】 出自宋代苏轼《食荔枝》。啖：吃，食。意思是：如果每天都能吃到三百颗荔枝，那我情愿长久地在岭南住下去，做一个岭南人。

【春宵一刻值千金，花有清香月有阴】 出自宋代苏轼《春宵》。春宵：春夜。意思是：春天的夜晚，就是短短的一刻，也抵得上千金；在这美好的夜晚，花儿不停地散发着迷人的清香，轻柔的月影，朦胧的月色，景色是多么的优美动人。“春宵一刻值千金”是苏轼的名句，用来形容良辰美景的短暂与珍贵；片刻欢聚，价值千金。

【陌上花开蝴蝶飞，江山犹是昔人非】 出自宋代苏轼《陌上花》。意思是：蝴蝶在田埂上盛开的花间飞舞；江山虽跟过去一样，但人事却已全非了。

【人似秋鸿来有信，事如春梦了无痕】 出自宋代苏轼《正月二十日与潘郭二生出郊寻春，忽记去年是日同至女王城作诗，乃和前韵》。意思是：人可以像秋鸿般有信息，年年重回旧地；而那些早已过去的往事，却犹如春梦一般，未曾留下一丝痕迹。

李清照

【生当作人杰，死亦为鬼雄】 出自宋代李清照诗《夏日绝句》。人杰：指人中的俊杰。鬼雄：鬼中的强者。意思是：活着的时候就应当做人中的豪杰，死了也要成为鬼魂中的英雄。

【愿将血泪寄山河，去洒东山一抔土】 出自宋代李清照诗《上枢密韩肖胄诗》。抔(póu)：捧。意思是：我愿意将自己的血和泪寄托给祖国的河山，能洒到故乡一捧泥土也心甘情愿。

杨万里

【小荷才露尖尖角，早有蜻蜓立上头】 出自宋代杨万里《小池》。意思是：初夏，池塘里，一枝荷花刚刚从水面露出它那尖尖的小芽，就有一只眼尖的蜻蜓飞过来，静静地停落在它的小嫩尖上。

【一天星点明归路，十里荷香送出城】 出自宋代杨万里《六月将晦出夜凝归门》。意思是：一天的星光照亮了我回家的道路，一路的荷香送我步出城门。

【儿童急走追黄蝶，飞入菜花无处寻】 出自宋代杨万里《宿新市徐公店》。意思是：儿童们急急地跑着追逐黄蝶，黄蝶飞入黄色菜花中，无处寻找了。表现了农村儿童的生活情趣。

【个个诗家各筑坛，一家横割一江山】 出自宋代杨万里《和段季承左藏惠四绝句》。江山：这里指诗歌领域。意思是：现在的诗人们，个个都自己筑坛立派，每一家门派都占据着一片江山，整个文坛因而破碎分裂。

陆游

【小楼一夜听春雨，深巷明朝卖杏花】 出自宋代陆游《临安春雨初霁》。意思是：在小楼上倾听了一夜的春雨，在天刚亮的时候，就听见有人在深巷里叫卖杏花。

【夜阑卧听风吹雨，铁马冰河入梦来】 出自宋代陆游《十一月四日风雨大作》。夜阑：夜深了。冰河：冰封的河流。意思是：夜深了，躺在床上听着暴风骤雨的声音，梦中的自己仿佛已经跨上战马，踏过冰河，在戍边杀敌了。

【王师北定中原日，家祭无望告乃翁】 出自宋代陆游《示儿》。王师：南宋的军队。中原：指黄河以北地区。乃翁：你的父亲。意思是：等到朝廷的军队完全收复中原的那一天，你千万别忘记在祭祀的时候把这个胜利的消息告诉我。

【三更酒醒残灯在，卧听潇潇雨打篷】 出自宋代陆游《东关》。意思是：三更时分才从酒醉中醒来，只见残灯依然亮着；心情沉闷无聊，躺卧在船上，倾听潇潇的夜雨，不停地打落在船篷上。

【位卑未敢忘忧国，事定犹须待阖棺】 出自宋代陆游《病起书怀》。卑：低下。阖棺：指死亡。意思是：虽然地位低下，却从来没有忘记忧国忧民；在我死后再评论是非功过。

【出师一表真名世，千载谁堪伯仲间】 出自宋代陆游《书愤》。意思是：写《出师表》的诸葛亮当真是留名千古，千百年来，又有谁能与他相提并论呢？这两句诗充分显露了陆游对诸葛亮的尊崇。

朱熹

【等闲识得东风面，万紫千红总是春】

出自宋代朱熹诗《春日》。东风：就是春风。总：都是，尽是。意思是：东风一吹，百花齐放，到处都是一片万紫千红，全都是由于春天的到来。这两句诗描写春日的绚丽风光，东风轻吹，百花争艳，春意盎然，洋溢着无限的生机。

【问渠哪得清如许？为有源头活水来】

出自宋代朱熹诗《观书有感》。渠：指塘水。哪得：怎么会。活水：流动的水。比喻学到的新知识、新道理。意思是：问它为什么会如此的清澈明净，原来是它的源头上有清澈的活水在源源不断地流出来。

卢梅坡

【梅须逊雪三分白，雪却输梅一段香】

出自宋代卢梅坡《雪梅》二首中第一首。逊：差，不及。意思是：梅花与雪花相比，在颜色上至少要差三分白；但雪花比起梅花来，却也输上一大段的芳香。

【日暮诗成天又雪，与梅并作十分春】

出自宋代卢梅坡《雪梅》二首中第二首。日暮：傍晚时分。十分春：完美的春色。意思是：傍晚时分，诗已写成，天空也下起了纷纷扬扬的鹅毛大雪，诗中的白雪与梅花相互辉映，有香有色，因此创造出十分完美的春色来。

【有梅无雪不精神，有雪无诗俗了人】

出自宋代卢梅坡《雪梅》。意思是：光有梅花而没有雪来陪衬的话，就感觉不出一丝神韵；光有雪没有诗来吟咏的话，那只不过是个俗人。作者一方面吟咏梅雪的争艳，一方面描写自己赏雪做诗的高雅情趣。

元好问

【鸳鸯绣了从教看，莫把金针度与人】

出自金代元好问《论诗三十首》中的第二首。从教看：任意让别人看。金针度人：比喻向人传授诀窍。意思是：诗歌的创作和绣花一样，姑娘们精心绣出的鸳鸯可以任意让人观赏，但是绣鸳鸯的诀窍却不能轻易传授给别人。

【心画心声总失真，文章宁复见为人】

出自金代元好问《论诗三十首》中的第六首。宁复：岂能在。意思是：言语和所做诗文往往失真，和一个人的思想行为往往发生背离，因此，仅从诗文表面是不能见出一个人真正的思想和品行的。

【论功若准平吴例，合著黄金铸子昂】

出自金代元好问《论诗三十首》中的第八首。准：按照。平吴例：春秋战国时，范蠡协助越王勾践灭吴后，辞官归隐。越王以金铸范蠡之像，置于座侧，加以礼拜。合著：应该用。子昂：陈子昂，初唐诗人。他是唐代第一个从理论上提出崇尚汉魏风骨，摒弃齐梁绮靡诗风的人。意思是：陈子昂在诗坛上建立的丰功伟绩，可以和范蠡帮助越王勾践平定吴国相比，也应该像越王勾践那样，用黄金为陈子昂塑像，以表彰他对诗歌创作的贡献。

【人间只道黄金贵，不问天公买少年】

出自金代元好问《无题》。意思是：世人只知道黄金的珍贵，可是纵有千金也买不到一寸光阴；又有谁能用黄金，向天公买回少年时代的青春岁月呢？原诗感叹世人眼光肤浅，只知珍惜黄金，却不知光阴的可贵。

【枝间新绿一重重，小蕾深藏数点红】

出自金代元好问《同儿辈赋未开海棠》。意思是：枝条间生出丛丛的绿叶，红色的小花蕾点缀在绿叶之中。写出了海棠独有的特色。

語言的盛宴

于谦

【不愿千金万户侯，凯歌但愿早回头】 出自明代于谦《出塞》。意思是：我不愿意封侯为官，只想打胜仗以后，高奏凯歌回到家乡。

【富贵傥来君莫问，丹心报国是男儿】 出自明代于谦《题苏武忠节图》。傥来：无意中得来。意思是：你不要追求无意中得来的富贵，忠心报效国家才是男子汉。

【天涯无限路，芳草自斜阳】 出自明代于谦《春日客怀》。意思是：望着前方，茫茫天涯那无限遥远的路途，在落日的余晖中，芳草更加生机勃勃了。

【清风两袖朝天去，免得闾阎话短长】 出自明代于谦《入京》。朝天：即进京。闾阎：指贫苦百姓居住的地方，也代指百姓。意思是：我甩着两只长袖，什么也不带地进京去，省得人们说短道长。诗句表现了作者为官清廉的思想和作风。

【但愿苍生俱饱暖，不辞辛苦出山林】 出自明代于谦《咏煤炭》。意思是：只要能够让天下的百姓都吃饱穿暖，煤炭就会不辞辛苦地走出山林。诗句抒发了作者想为百姓献身的博大胸怀。

吴伟业

【恸哭六军俱缟素，冲冠一怒为红颜】 出自清代吴伟业《圆圆曲》。缟素：指吴三桂的军队为崇祯皇帝服丧。冲冠：发怒。这里指吴三桂为失去陈圆圆而发怒。意思是：崇祯帝死后，镇守山海关的吴三桂的军队为之素服服丧恸哭，由于陈圆圆被义军抢走，吴三桂一怒之下，引清军入关，击败起义军，都是为了一个女人啊。

【柳叶乱飘千尺雨，桃花斜带一溪烟】 出自清代吴伟业《鸳湖曲》。意思是：初春的鸳鸯湖畔，桃红柳绿，翠绿的柳叶在连天的细雨中飘荡，桃花被一层淡淡的烟雾笼罩着，争艳地开放在溪边。

郑燮

【冗繁削尽留清瘦，画到生时是熟时】 出自清代郑燮《题竹》。冗繁：多余的，繁杂的。清瘦：清逸瘦直。生时：生疏。熟时：熟练。意思是：要画好竹子，只有削去那些繁杂的枝叶，才能表现出竹子清瘦的风骨；不停地绘画，感到生疏的时候，也就是绘画技艺日渐成熟的时候。

【新竹高于旧竹枝，全凭老干为扶持】 出自清代郑燮《新竹》。凭：凭借，依靠。新竹生长得特别快，在风雨的洗礼下它很快就超过了老竹竿；但是新竹的成长却离不开老竹竿的扶持，它完全依靠老竹竿的呵护才能顺利成长。

【衙斋卧听萧萧竹，疑是民间疾苦声】 出自清代郑燮《潍县署中画竹呈年伯包大中丞括》。衙斋：官署中的书房。萧萧：竹子摇动发出的声音。疑：怀疑。意思是：官署里种满了竹子，晚上在书房看书时，风吹动竹子发出萧萧的声音，那声音好像是生活困苦的老百姓发出的呻吟声。

【写取一枝清瘦竹，秋风江上作鱼竿】 出自清代郑燮《予告归里，画竹别潍县绅士民》。写：画。意思是：当我辞官归家，离别潍县时，我特意画了一根清瘦劲节的竹子，作为我回到家乡在秋江上垂钓用的鱼竿。

【咬定青山不放松，立根原在破岩中】 出自清代郑燮《题竹石》。意思是：（竹子）像山崖上的青松，将紧紧地抓牢在大山之中；这个看似十分纤弱的翠竹，扎根在贫瘠的岩石缝中。诗人高度赞扬了翠竹的顽强生命力。

龚自珍

【落红不是无情物，化作春泥更护花】 出自清代龚自珍《己亥杂诗》。意思是：那些凋谢的落花，并不是无情的东西，即使落到地上化为春泥，还是依旧护持着枝上的花朵。

【设想英雄垂暮日，温柔不住住何乡】 出自清代龚自珍《己亥杂诗》。住：是指迷恋，留住。汉成帝宠幸赵飞燕姊妹，曾说过要终老温柔乡的话，因此，一般温柔乡都是指女人。"温柔不住住何乡"常用来形容对女色的贪恋沉迷。意思是：少年时代意气风发，可是英雄也会衰老，到那时不住在温柔乡，又能住到哪里去呢？

【万人丛中一握手，使我衣袖三年香】 出自清代龚自珍《投宋于庭》。意思是：在成千上万的人群中，很幸运地与你握了一下手，使我的衣袖直到三年后还留有香气。描写对某人的敬仰尊崇，一次握手，衣袖三年留有余香。

秋瑾

【英雄事业凭身造，天职宁容袖手观】 出自清代秋瑾《赠语溪女士徐寄尘和原韵》。凭：依靠。身：自己，自身。天职：义不容辞的应尽职责，这里指拯救国家。宁容：难道容许。袖手观：袖手旁观，比喻置身事外。袖手，把手揣在袖子里，在一边观看。意思是：英雄的业绩凭借自身来创造，拯救国家岂能袖手旁观！

【成败利钝不计较，但持铁血主义报祖国】 出自清代秋瑾《宝剑歌》。钝：引申为不顺利。意思是：不管是成功或是失败、顺利或是不顺利，都不要计较，只想用手中的武器去报效祖国。

【拚得十万头颅血，须把乾坤力挽回】 出自清代秋瑾《黄海舟中日人索句并见日俄战争地图》。拚：不顾惜。意思是：哪怕付出十万人的牺牲也在所不惜，要把濒于危亡的祖国拯救回来。

【粉身碎骨寻常事，但愿牺牲保国家】 出自清代秋瑾《失题》。意思是：为了革命，流血牺牲、粉身碎骨不过是件平常的事情，我只是希望牺牲自己来保全自己的国家。

词　篇

词　篇

李煜

【知我意，感君怜，此情须问天】 出自五代南唐后主李煜《更漏子》。意思是：你知道我的心意，我也十分感激你对我的爱怜！但是，这份浓情爱意是否如愿，只有去问那默默无言的苍天了。

【春花秋月何时了，往事知多少】 出自五代南唐后主李煜《虞美人》。春花秋月：指人间的美好时光。了：了结。意思是：春天花开，秋天月明，年复一年，何时才能了结呢？岁月悠悠，以前的事情我们又知道多少呢！

【林花谢了春红，太匆匆】 出自五代南唐后主李煜《乌夜啼》。意思是：树林里的花朵已经凋谢，那一片片、一瓣瓣的红艳，实在是消逝得太快了。

【别时容易见时难。流水落花春去也，天上人间】 出自五代南唐后主李煜《浪淘沙》。意思是：当年告别故国远离故土是多么容易，如今想回去却是千难万难，遥遥无期。往昔安逸的生活像流水落花一般消逝了，现在想起来是那么遥远，简直是天上与人间的差别啊！

【独自莫凭栏，无限江山】 出自五代南唐后主李煜《浪淘沙》。意思是：一个人的时候，不要独自倚靠在高楼的栏杆上，去看那无限美好的江山。

【梦里不知身是客，一晌贪欢】 出自五代南唐后主李煜《浪淘沙》。意思是：人在梦中，竟然忘记了自己是人家的座上之客，而一味地贪恋那片刻的欢愉。

【小楼昨夜又东风，故国不堪回首月明中】 出自五代南唐后主李煜《虞美人》。意思是：（囚居的）小楼上，昨夜又吹起了阵阵的东风，在这难眠的月夜，想起昔日的故国山河更是不堪回首。

【寻春须是先春早，看花莫待花枝老】 出自五代南唐后主李煜《菩萨蛮》（一作《子夜歌》）。莫待：不要等到。意思是：要寻找春天，就要在春天还没有到来之前去寻找；想看花，就就要趁花开放的时候，不要等到花枝衰败了才去欣赏。

【最是仓皇辞庙日，教坊犹奏别离歌。垂泪对宫娥】 出自五代南唐后主李煜《破阵子》。意思是：最令人伤心难忘的就是那天京城沦陷，仓皇告别祖庙的时候，乐队还在演奏着别离的悲歌，忍不住痛哭流涕看着满宫的嫔妃侍女。李后主这首词描写国家沦陷，身为囚虏的凄楚伤痛。

范仲淹

【碧云天，黄叶地，秋色连波，波上寒烟翠】 出自宋代范仲淹《苏幕遮》。寒烟：指秋天的雾霭。意思是：秋季，蓝天白云，秋高气爽，阳光明媚，远望山峦起伏，层林尽染，落叶飘飘，远处是水天一色，波光渺渺，水面上泛起秋日的雾霭。

【山映斜阳天接水，芳草无情，更在斜阳外】 出自宋代范仲淹《苏幕遮》。意思是：夕阳映照着远山，茫茫的秋水，一直连接到天边；而那冷漠无情的芳草，更是一直延伸到斜阳的另一边。人在夕阳下，面对落日、远

山，只见秋水苍茫，芳草连天，思念故人之情，不觉油然而生。

【明月楼高休独倚。酒入愁肠，化作相思泪】 出自宋代范仲淹《苏幕遮》。倚：倚靠。愁肠：忧愁的心绪。意思是：明月当空，月光洒在高楼上，此时莫要独自凭栏，平添忧愁；独自一个人喝酒，愁绪满怀，相思无奈，泪水涟涟。

【浊酒一杯家万里，燕然未勒归无计】 出自宋代范仲淹《渔家傲》。意思是：饮一杯浊酒，怀念着万里以外的家园，可是，征伐敌人的功名尚未成就，我还不能归去。

柳永

【多情自古伤离别，更那堪冷落清秋节】 出自宋代柳永《雨霖铃》。多情：指多情的人。那堪：难受。冷落：冷清。意思是：自古以来多情的人在离别的时候都很悲伤，可更让人难过的是，在这冷落凄凉的清秋时分别！这两句直抒胸臆，表现了伤离惜别之痛。

【执手相看泪眼，竟无语凝噎】 出自宋代柳永《雨霖铃》。凝噎：由于悲伤而喉咙哽塞。意思是：清秋离别，手拉着手互相凝视着对方，眼泪不自觉地流了下来，满腹的话语，此刻竟噎在喉咙里难以言表。

【何须论得丧？才子词人，自是白衣卿相】 出自宋代柳永《鹤冲天》。得丧：得失。意思是：一个读书人何必计较得与失呢？虽然我是个才子词人，没有什么功名地位，但我却是白衣中的卿相一类的人物啊！

【忍把浮名，换了浅斟低唱】 出自宋代柳永《鹤冲天》。怎忍用官场上的浮名，换了酒楼中的浅斟低唱。柳永，初名三变。作者此词传播四方，据说他去参加考试，宋仁宗特意从榜上除掉他的名字，说“且去浅斟低唱，何要浮名！”这两句反映了词人平日矛盾的心情：功名富贵，本是浮名，现在为了寄迹青楼，给歌妓们写作歌词，竟牺牲了功名富贵，心中未免不忍。虽然不忍，还是牺牲了，其内心痛苦可知。但他落第后却自我调侃说：“奉旨填词柳三变。”一位才华横溢的词人当年如此不得志，真令人扼腕叹息！

张先

【沙上并禽池上暝，云破月来花弄影】 出自宋代张先《天仙子》。并禽：成对的鸟儿，此指鸳鸯。暝：黄昏时分，暮色苍茫。花弄影：指月光下的花影摇摆舞动。意思是：黄昏时分，暮色沉沉，成对的鸟儿在池边沙滩上，相互依偎地熟睡了；一阵清风吹来，吹散了天空的浮云，月亮露出了笑脸，月光照射下的花枝摇曳着，地上花影呈现摇摆舞动的景象。

【天不老，情难绝。心似双丝网，中有千千结】 出自宋代张先《千秋岁》。意思是：苍天不会老去，那么我们之间的爱情也不会断绝。因为我们的心已经如双丝缔结成丝网，千千万万的丝结，已经把我们紧紧地连接在一起了，再也不能分开。

【心中事，眼中泪，意中人】 出自宋代张先《行香子》。描写一个孤独、寂寞的女子，在黄昏时分倾听断钟残角，不由又忆起那位薄情郎来，只觉满怀伤感、惆怅。意思是：心事满怀，不停地流淌着伤心泪，却还是痴心地想念意中人，可是那寡情薄意的人，却不知要到哪一天，才会回心转意？

【风不定，人初静，明日落红应满径】 出自宋代张先《天仙子》。意思是：夜已经深了，人们离去，四周才寂静下来，风却依然不停地吹刮着；作者在想：明早起来，被风吹落的花瓣一定又占满了整个小路了。

晏殊

【无情不似多情苦，一寸还成千万缕】 出自宋代晏殊《玉楼春》。意思是：那些冷酷无情的人，绝对不像我这个多情的人那样痛苦；我思念离别的情人，每一寸的愁肠都化做了千万缕的相思之情。

【满目山河空念远，落花风雨更伤春，不如怜取眼前人】 出自宋代晏殊《浣溪沙》。意思是：一眼望去，河山千里，不仅又想起那远方的人儿。在这又刮风又下雨，满地都是落花的暮春时节里，不禁使人叹息青春不再，岁月无情。唉！与其怀念遥不可及的远方人儿，倒不如好好珍惜眼前的伊人。词句感怀旧梦，叹息时光不再，还是好好把握眼前现实的欢乐。惆怅无奈中，又能够以一种明快通达的襟怀来面对现实。

【昨夜西风凋碧树，独上高楼，望尽天涯路】 出自宋代晏殊《蝶恋花》。西风：秋风。意思是：昨天夜里，秋风吹来，树叶在风中纷纷凋落。我独自登上高楼，久久凝望着道路尽头。词句深刻细致地刻画了为离愁所苦的复杂心情，平淡中见蕴藉，愁恨中见真情。

【无可奈何花落去，似曾相识燕归来】 出自宋代晏殊《浣溪沙》。意思是：秋季，花儿纷纷凋落，想要挽留却是一件无可奈何的事情；春天，那迁徙归来的燕子，在春风中翩翩起舞，好像似曾相识一般。

欧阳修

【平芜尽处是春山，行人更在春山外】 出自宋代欧阳修《踏莎行》。平芜：指平旷的草地。春山：就是青山。意思是：平旷草地的尽头是春山，离人的行程还远在春山之外。这是一首送别爱人的小词。这两句主要以春山来同离人的行程做比较，极言行程之远，写出了闺中女子送走了所爱的人以后，凭高望远而不见所思的痛苦。

【人生自是有情痴，此恨不关风与月】 出自宋代欧阳修《玉楼春》。情痴：指对感情情有独钟的人。恨：指离愁别绪。意思是：人生本来就常有执著于感情、对爱情情有独钟的事，但这些离愁别恨和那些春风秋月是没有关系的。

【月上柳梢头，人约黄昏后】 出自宋代欧阳修《生查子》。意思是：正月十五元宵佳节，一对热恋的情人，约定在黄昏后，月亮爬上柳梢头的时候见面。

晏几道

【今宵剩把银釭照，犹恐相逢是梦中】 出自宋代晏几道《鹧鸪天》。意思是：今夜，我用银灯来照她，犹恐这回的相逢是在梦中。

【相思本是无凭语，莫向花笺费泪行】 出自宋代晏几道《鹧鸪天》。无凭：凭什么。意思是：自从和你们分别之后，就日夜思念你们。这种思念凭空而来，挥之不去，纵有万语，却无从表达。欲吐心声于笔端，写到一半实在是写不下去了，就索性不写了，不想让泪水打湿信笺。

【天涯岂是无归意，争奈归期未可期】 出自宋代晏几道《鹧鸪天》。争奈：怎奈。意思是：在外游荡多年，不是我不想回家，我时刻都在期盼呀！可是我一再想着回去，却一再不能确定日期，因为现在的生活是不由自主啊！

【古来多被虚名误，宁负虚名身莫负】 出自宋代晏几道《玉楼春》。负：违背。意思是：自古以来，很多人都是因为贪恋虚名，而耽误了自己的一生；我宁可抛弃虚名，也不能辜负自己的志向。

苏轼

【大江东去，浪淘尽、千古风流人物】 出自宋代苏轼《念奴娇·赤壁怀古》。大江：指长江。风流：指杰出的。意思是：滚滚的长江东流而去，淘尽了多少代杰出的英雄人物。

【此生此夜不长好，明月明年何处看】 出自宋代苏轼《阳关曲·中秋月》。意思是：在我这一生所有的中秋夜里，不可能经常见到如此美好的明月。更不知明年的今夜，会是在什么地方欣赏明月？

【长恨此身非我有，何时忘却营营】 出自宋代苏轼《临江仙·夜归东皋》。营营：形容来来往往。意思是：由于终日奔走在名利场上，我的身体已经不能归我支配了，我也为此感到难过，那么，什么时候我才能摆脱功名利禄的诱惑与羁绊呢？

【万事到头都是梦，休休。明日黄花蝶也愁】 出自宋代苏轼《南乡子·重九涵辉楼呈徐君猷》。意思是：万事到头来都像梦境一样虚幻，功名利禄的事还是算了吧，不要再想了。重阳过后，花儿就要凋谢了，连蝴蝶也发愁啊。

【十年生死两茫茫。不思量，自难忘】 出自宋代苏轼《江城子》。意思是：十年之间，隔着生死的界限，两处茫茫，即使不去思量，也难以忘却。这是一首著名的悼亡词。苏轼前妻王弗卒于治平二年(1065)，至熙宁八年(1075)作此词时，正好十年。这三句语出自然，感情真挚。前句妙在一个“两”字，兼及生者一方与死者一方。如果是生离，纵然遥隔千里，总有消息可通；而如今却是隔着生死的界限，生者既无法了解死者，死者亦不知生者近况，故以“两茫茫”概之，足见其系念之深。“不思量，自难忘”，写出了对妻子刻骨铭心的忆念。不用想她，也不会忘记，可见其感情之深。

【世事一场大梦，人生几度秋凉】 出自宋代苏轼《西江月·黄州中秋》。意思是：人生虚幻无常，世事就像一场大梦；春去秋来，生命不过是短短的几回秋凉而已。作者感叹世事如梦，短短人生又能有几回秋凉？往事不堪回首，眼前尽是一片空虚与茫然。

【天涯流落思无穷！既相逢，却匆匆】 出自宋代苏轼《江城子·别徐州》。意思是：天涯沦落，内心有无限的愁思悲绪；难得与故人相逢，却又要匆匆分手。异乡游子，他乡遇故友，本是人生一大乐事，可是聚少离多，相逢太匆匆。

秦观

【山抹微云，天连衰草】 出自宋代秦观《满庭芳》。意思是：山腰里抹上了几缕淡淡的云彩，天尽处连接着一望无边的枯草。这是秦观的代表作，苏轼因此呼他为“山抹微云君”，他的女婿范温也自称是“山抹微云女婿”。一时间，《满庭芳》广传淮楚，唱遍歌楼。

【花影乱，莺声碎】 出自宋代秦观《千秋岁》。意思是：在鲜花盛开的时候，满地花的影子在摇曳，迷人双眼；群莺乱舞，耳朵里听到的都是莺叫的声音。

【郴江幸自绕郴山，为谁流下潇湘去】 出自宋代秦观《踏莎行·郴州旅舍》。意思是：郴江本来是围绕郴山的，为什么竟向潇湘流去。

【两情若是久长时，又岂在朝朝暮暮】 出自宋代秦观《鹊桥仙》。意思是：如果两个人的情义长久，又何必时时刻刻厮守在一起呢？两句词独创新意，字里行间透着豁达乐观的情绪，成为人们歌颂坚贞爱情的千古绝唱。

黄庭坚

【天涯也有江南信，梅破知春近】 出自宋代黄庭坚《虞美人·宜州见梅作》。意思是：在这偏远的地方，竟然也有江南一样的花信风，看见梅树枝头的花蕾即将开放，知道春天就要来到了。

【春无踪迹谁知？除非问取黄鹂】 出自宋代黄庭坚《清平乐》。黄鹂：即黄莺，叫声清脆婉转。意思是：春天来去无影，又有谁知道它的踪迹呢？要想知道春的去处，只有去问那枝头上鸣叫的黄鹂。

【若有人知春去处，唤取归来同住】 出自宋代黄庭坚《清平乐》。意思是：若是有人知道春天在什么地方，就要把它呼唤回来，留它同住。

周邦彦

【人如风后入江云，情似雨馀粘地絮】 出自宋代周邦彦《玉楼春》。人：指旧时的情人。雨馀：雨后。意思是：旧时的情人就好像风吹过后飘散在江心的浮云，踪迹全无，而自己的相思却好像雨后粘在地上的柳絮，难以自拔。

【沉思前事，似梦里，泪暗滴】 出自宋代周邦彦《兰陵王·柳》。意思是：回想起与朋友们一起在月下畅谈古今，一起把盏言欢的日子，好似梦境一般；分别后回想这些往事，眼泪竟不知不觉地流了下来。

【新笋已成堂下竹，落花都上燕巢泥】 出自宋代周邦彦《浣溪沙》。意思是：堂下新生的笋已长成竹，片片落花都被燕子衔去筑巢。这是一首伤春词，抒发了词人异乡的孤独之感。

李清照

【此情无计可消除，才下眉头，却上心头】 出自宋代李清照《一剪梅》。意思是：这种相思之情是没有办法消除的，才离开了眉头，却又涌上了心头。

【莫道不销魂，帘卷西风，人比黄花瘦】 出自宋代李清照《醉花阴》。销魂：这里形容极度悲伤、愁苦。西风：即秋风，"帘卷西风"为"西风卷帘"的倒装。黄花：菊花。意思是：不要说悲愁不会让人魂散神离，西风吹得帘子卷起时，我的容颜憔悴得就像秋霜下的菊花一样消瘦。

【知否？知否？应是绿肥红瘦】 出自宋代李清照《如梦令》。绿肥红瘦：绿叶渐长而繁茂，红花渐落而凋零。意思是：你知道吗？你知道吗？应该是绿叶繁茂红花凋落！

【枕上诗书闲处好，门前风景雨来佳】 出自宋代李清照《摊破浣溪沙》。枕上诗书：只靠在枕头上读书。意思是：靠在枕头上看书，感到这样清闲地过日子非常惬意；看书看倦了，便到门前赏景，下雨的时候，门外宁静的自然风光更是美丽怡人。

【新来瘦，非干病酒，不是悲秋】 出自宋代李清照《凤凰台上忆吹箫》。意思是：近来人瘦了，并非因为醉酒也不是为了秋天到来而悲哀。丈夫赵明诚外出游学，李清照思念不已，作此词以抒离情。

【雁字回时，月满西楼】 出自宋代李清照《一剪梅》。意思是：雁群排成整齐的队伍飞回来的时候，月亮正满照着西楼。原词描写闺怨，雁儿再来，不见锦书，思念伊人，不胜愁苦，明丽的月光照满西楼，倍增寂寞与惆怅。

辛弃疾

【青山遮不住，毕竟东流去】 出自宋代辛弃疾《菩萨蛮·书江西造口壁》。意思是：青山啊，你们尽管能遮断我远望的视线，但却阻挡不住这一江春水，大江依旧奔流东去。

【众里寻他千百度，蓦然回首，那人却在灯火阑珊处】 出自宋代辛弃疾《元夕》。蓦：突然。阑珊：将尽。意思是：在众人中许多次寻找，都没有找到，正当我感到失望的时候，偶然一回头，却发现那人正在灯火稀少的地方呢。

【少年不识愁滋味，爱上层楼；爱上层楼，为赋新词强说愁】 出自宋代辛弃疾《丑奴儿》。意思是：少年不懂得忧愁是什么滋味，为了填词赋诗，总爱登上高楼，观景赏色，然后故意抒发一些愁绪。

【想当年、金戈铁马，气吞万里如虎】出自宋代辛弃疾的《永遇乐》。意思是：遥想当年，刘裕手持金戈，身骑铁马，率领大军北伐，那种势如破竹的气势，犹如猛虎下山一样锐不可当。

【君莫舞，君不见、玉环飞燕皆尘土】 出自宋代辛弃疾《摸鱼儿·春晚》。舞：指得意。玉环：唐玄宗贵妃杨氏的名字。飞燕：赵飞燕，汉成帝的皇后。意思是：你们不要太得意忘形了。你们难道没有看见得宠一时的杨贵妃、赵飞燕都化为尘土吗？

【千古兴亡多少事，悠悠，不尽长江滚滚流】 出自宋代辛弃疾《南乡子·登京口北固亭有怀》。悠悠：形容久远，无穷无尽的样子。意思是：千百年来，在中原大地上，不知经历了多少朝代的兴亡更替，那悠悠的往事，恰似那滚滚向东流去的长江之水啊！

【醉里挑灯看剑，梦回吹角连营】 出自宋代辛弃疾《破阵子·为陈同甫赋壮词以寄之》。意思是：挑亮灯火，带着几分醉意，在朦胧的灯下欣赏自己的宝剑；在梦中，又回到那角声四起的军营。

【稻花香里说丰年，听取蛙声一片】 出自宋代辛弃疾《西江月》。意思是：田里稻花飘香，蛙声阵阵，似乎在告诉人们今年是个丰收年。生动地表达了词人对丰年的喜悦之情。

岳飞

【欲将心事付瑶琴。知音少，弦断有谁听】 出自宋代岳飞《小重山》。付瑶琴：指借弹奏瑶琴来诉说心事。意思是：原本想借瑶琴来诉说自己满腹的心事，可是知音太少，即使把琴弦都弹断了，又有谁会来听呢？

【壮志饥餐胡虏肉，笑谈渴饮匈奴血】 出自宋代岳飞《满江红》。意思是：我满怀奋勇杀敌的壮志，在打仗的时候，饿了就吃敌人的肉，渴了就喝敌人的血。

【莫等闲，白了少年头，空悲切】 出自宋代岳飞《满江红》。意思是：千万不要虚度年华，不然，到老时，就只有徒然悲叹了。

陆游

【一怀愁绪，几年离索。错!错!错!】 出自宋代陆游《钗头凤》。意思是：满怀的愁绪，几年来都在为我们的分离而心绪索然、沉痛。想到过去的分手，真是悔恨无穷，实在是错了！错了！太错了！

【胡未灭，鬓先秋，泪空流】 出自宋代陆游《诉衷情》。意思是：敌国未灭，头发先白，只落得热泪空流。

【零落成泥碾作尘，只有香如故】 出自宋代陆游《卜算子·咏梅》。意思是：即使被风吹雨打零落成泥，甚至被车轮碾成尘土，梅花的清香依然不变。此词借咏梅以自喻，梅

花的高贵品格正是词人品质的象征。

姜夔

【纵豆蔻词工，青楼梦好，难赋深情】 出自宋代姜夔《扬州慢》。工：善于。深情：指对国事危难的哀伤之情。意思是：即使有杜牧《赠别》、《遣怀》这样动人的诗篇，也难以描述今天我看到扬州破败、萧条时凄凉的心情。

【春未绿，鬓先丝，人间别久不成悲】 出自宋代姜夔《鹧鸪天》。丝：指斑白的发丝。意思是：春天还没有到来，草木没有发芽变绿，而我的双鬓却早已斑白。回首往昔，依依不舍，可如今分别得久了，岁月蹉跎了，也就不再感到悲伤了。

【平生最识江湖味，听得秋声忆故乡】 出自宋代姜夔《湖上寓居杂咏》。意思是：一生漂泊天涯，我是最清楚江湖沦落的辛酸滋味了；每次听到萧瑟的秋声，就会不由得想起遥远的故乡。作者流浪天涯，满腹辛酸，萧索寂凉的秋声，更为伤心人平添了几许思乡的情怀。

【数峰清苦，商略黄昏雨】 出自宋代姜夔《点绛唇·丁未冬过吴松作》。意思是：几座山峰在阴霾笼罩下显得无比凄苦，它们正在酝酿着黄昏时刻下一场雨。

【嫣然摇动，冷香飞上诗句】 出自宋代姜夔《念奴娇》。意思是：雨中微微颤动的荷花，好像美女甜蜜的一笑；此刻一阵幽香，仿佛飞上了我的诗句。

元好问

【问世间、情为何物，直教人生死相许】 出自金代元好问《摸鱼儿》。直教：竟能使。相许：报答对方。意思是：请问人世间，爱情究竟是一种什么样的东西呢？它竟然有那么大的力量，能使相爱的人以死相许，甚至用生命来报答对方。

【浩歌一曲酒千钟。男儿行处是，未要论穷通】 出自金代元好问《临江仙》。浩歌：放声歌唱。未要：休要。意思是：男儿立身行事，重在一个“是”字，高歌一曲，气概万千；千杯下肚，豪情万丈，何必在乎成败得失。

纳兰性德

【人到情多情转薄，而今真个不多情】 出自清代纳兰性德《摊破浣溪沙》。意思是：人如果太过多情，深情反而会变为薄情；如今看来，似乎真的是不多情了。事实上，真正的多情人，常会因为对感情的执著，而不肯轻易付出感情，旁人看来，自然会以为他是无情的人了。

【一往情深深几许？深山夕照深秋雨】 出自清代纳兰性德《蝶恋花·出塞》。这是一首吊昭君冢的怀古词。意思是：如果要问昭君对单于的感情有多深，那好比大山深处洒满林间山谷的金色阳光，深秋时节绵绵不断的细雨。

【等闲变却故人心，却道故人心易变】 出自清代纳兰性德《木兰花令·拟古决绝词》。等闲：轻易。意思是：是你平白无故地变了心，却反倒指责我变了心。

【万帐穹庐人醉，星影摇摇欲坠】 出自清代纳兰性德《如梦令》。穹庐：塞外游牧人圆形的帐幕。意思是：草原上排列着成千上万的庐帐，游牧的人全都喝得醉眼矇眬，只觉得满天的星星摇摆不定，就像要往下坠落似的。

【风一更，雪一更，聒碎乡心梦不成，故园无此声】 出自清代纳兰性德《长相思》。意思是：冬夜，风吹了一更，雪也下了一更，北风呼啸的声音刮得人心都快碎了；思乡情切，一夜都不能安然入梦啊，想想自己的故乡可从来没有这样的的风雪声。

【衔恨愿为天上月，年年犹得向郎圆】 出自清代纳兰性德《沁园春》。衔恨：怀恨。意思是：我心怀怨恨，为什么不能成为天上的月亮，可以经常照见你，年年与你团圆。

对 联

对 联

婚联

白头偕老
同道永春

夫妻恩爱
家庭祥和

革命伴侣
幸福家庭

花开并蒂
缘结同心

花团锦簇
云灿星辉

礼求平等
婚尚自由

门迎淑女
户接嘉宾

天长地久
花好月圆

天成佳偶
金玉良缘

投情合意
携手同心

行文明礼
结自由婚

鸳鸯对舞
鸾凤和鸣

百年歌好合
五世卜其昌

百年歌好合
两美结良缘

百年琴瑟好
千载凤麟祥

并蒂花最美
同心情更真

才高鹦鹉赋
春入凤凰楼

吹箫堪引凤
攀桂喜乘龙

当门花并蒂
迎户树交柯

革命交知己
劳动结同心

红莲开并蒂
彩凤喜双飞

語言的盛宴

红梅思爱意
绿竹贺新人

花好月为圆
琴和瑟亦静

欢歌随风舞
笑语伴龙腾

几生修得到
一日不可无

结成平等果
开出自由花

金风吹静夜
明月照新房

锦瑟调鸿业
香词谱凤台

菊垂金作客
梅点玉为容

恋爱心已合
结婚情更浓

香掩芙蓉帐
烛辉锦绣帏

良辰添吉庆
嘉礼占文明

鸟入同行侣
花开连理枝

齐种爱情树
同当幸福人

琴瑟春常润
人天月共圆

三星喜在户
五世歌好合

摄成双璧影
缔结百年欢

笙箫奏凤凰
鼓乐迎嘉宾

四季花长好
百年月永圆

堂开蓬莱景
人醉武陵春

同饮幸福酒
齐绘四化图

喜望红梅放
乐迎新人来

香车迎淑女
美酒贺新郎

祥云绕屋宇
喜气盈门庭

旭日芝兰香
春风琴瑟和

杨柳含春意
天涯有知音

云恋妆台晓
花迎宝扇开

語言的盛宴

芝兰茂千载
琴瑟乐百年

并蒂花开四季
比翼鸟伴百年

何必门当户对
但求道合志同

佳偶百年欣遇
知音千里相逢

槛外红梅竞放
檐前紫燕双飞

良日良辰良偶
佳男佳女佳缘

同德同心同志
知寒知暖知音

喜共花容月色
何分秋夜春宵

喜迎亲朋贵客
欣接伉俪佳人

梧桐枝上栖双凤
菡萏花间立并鸳

爱貌爱才尤爱志
知人知面更知心

爱情花常开不谢
幸福泉源远流长

银镜台前人似玉
金莺枕侧语如花

百年恩爱双心结
千里姻缘一线牵

文窗绣户垂帘幕
银烛金杯映翠眉

应要睦邻和妯娌
便须敬老奉翁姑

百事开怀百事咏
两心相重两心知

百子帐开留半臂
千丝缕细结同心

杯交玉液飞鹦鹉
乐奏瑶池舞凤凰

此去夫家长协作
莫忘母氏久劬劳

比飞却似关雎鸟
并蒂常开连理枝

笔墨今宵光更艳
梨花带雨晚尤香

并蒂花开致富路
连心果结文明家

并肩同步长征路
齐心共谱幸福歌

彩笔喜题红叶句
华堂欣诵爱情诗

彩烛双辉欢合卺
清歌一曲咏宜家

长天欢翔比翼鸟
大地喜结连理枝

几杯淡酒难称宴
一意留宾莫说归

惟有薄奁宜爱女
愧无美酒宴嘉宾

成家当思创业苦
立志莫贪蜜月甜

喜溢重门迎凤侣
光增陋室迓宾车

客溢篷门家有幸
席陈淡酒主怀惭

成家当思创业苦
举步莫恋蜜月甜

出水芙蓉开并蒂
朝阳彩凤喜双飞

窗前共议四化业
灯下同攻百科书

吹笙簧百年偕老
鼓琴瑟五世其昌

春风堂上初来燕
细雨庭前乍开花

三杯淡酒酬宾客
一席粗肴宴懿亲

六礼周全迎凤侣
双亲欢笑看儿婚

翠宇红楼相约处
高朋雅客共贺时

蝶恋花蜜花恋蝶
鱼傍水流水傍鱼

凤凰麒麟在郊薮
珊瑚玉树交柯枝

凤凰双栖桃花岸
莺燕对舞艳阳春

凤翔鸾鸣春正丽
莺歌燕舞日初长

夫妻恩爱百岁乐
男女平等四季春

夫妻协力山成玉
婆媳同心土变金

共结丝萝山海固
永偕琴瑟地天长

关雎笑述好逑句
渭滨喜传佳偶风

月圆花好兼良夜
云蒸霞蔚衬新妆

海阔天空双比翼
月好花好两知心

海阔天空双比翼
志同道合两知音

海誓山盟期百岁
情投意合乐千觞

皓月描来双影雁
寒霜映出并头梅

合家畅饮新婚酒
夫妇同吟比翼诗

和睦家庭春光好
恩爱夫妻幸福多

红花并蒂相偕美
紫燕双飞试比高

青梅酒熟凭君醉
红烛春浓任客谈

红梅并蒂相偕美
矫燕双飞试比高

红妆带绾同心结
碧树花开并蒂莲

鸿雁贺喜衔霜叶
秋风迎亲带桂香

互敬互爱好伴侣
同德同心美姻缘

节值仲冬迎淑女
时逢吉日款良朋

花灿银灯鸾对舞
春归画栋燕双栖

花开连理描新样
酒饮交杯醉太平

花月新妆宜学柳
芸窗好友早栽兰

陋室摆筵酬厚意
嘉宾上座叙欢情

欢庆此日成佳偶
且喜今朝结良缘

眉黛春生杨柳绿
玉楼人映杏花经

黄莺高唱满门乐
喜鹊声报合家欢

婚姻自主恩爱重
家庭和睦幸福多

吉人吉时传吉语
新人新岁结新婚

金鸡昂首祝婚礼
喜鹊登梅报佳音

金屋光辉花并蒂
玉楼春暖月初圆

净扫蓬门迎上客
鼓乐琴瑟接佳人

君子攸宁于此日
佳人作合自天缘

乐意双关禽对语
生香不断树交枝

连理枝头腾凤羽
合欢筵上对鸾杯

联翩丹凤舒新翼
并蒂红花攀高枝

两情雨水春为伴
百脉爱丝谊永联

两姓联婚成大礼
百年偕老乐长春

柳丝喜发千枝绿
桃蕾欣开并蒂红

鸾妆并倚人如玉
燕婉同歌韵似琴

美酒佳肴逢喜日
银筝玉管迎新人

描花四季花常好
绘月千年月永圆

齐眉纪念金刚石
比翼侨栖玳瑁梁

巧借花容添月色
欣逢秋夜作春宵

巧借花容添月色
欣为秋鹊架银桥

且看淑女成佳妇
从此奇男已丈夫

亲密胜似鸳鸯鸟
同心赛过比目鱼

秦晋姻缘春意闹
凤鸾伴侣彩虹飞

琴瑟调和多乐事
亲友团聚溢欢心

琴瑟调和多乐事
家庭团聚溢欢心

琴瑟和谐家庭乐
婚姻自主幸福多

琴韵谱成同梦语
灯花笑对含羞人

情歌唱乐水中月
喜酒催开庭前花

琼楼月皎人如玉
绣阁花香酒似兰

日丽云和莲并蒂
龙飞凤舞树交柯

容貌心灵双俊美
才华事业两风流

人户春风月圆夜
盈门喜气花好时

诗礼庭前歌窈窕
鸳鸯笔下展经纶

十里好花迎淑女
一庭芳草长宜男

十雨五风隆化育
五光十色映红妆

大驾光临门第耀
良辰聚会主宾欢

双玉初谐琴瑟调
五花新授凤鸾封

松梅高傲坚贞爱
霜雪难欺金玉缘

堂栖彩燕双星耀
岭放红梅万象新

堂前紫燕鸣金暖
窗外红梅斗雪开

堂前奏笛迎宾客
户外吹笙引凤凰

天结良缘绵百世
凤成佳偶肇三多

蓬门且喜来珠履
侣伴从今到白头

庭前日暖青芝秀
户外风和彩凤飞

同跨骏马驰千里
共栽梅花香百年

同谋革命千秋业
共建勤劳百世家

喜结鸳盟永共爱
壮怀鹏志共双飞

喜鹊报喜举家喜
新风更新满门新

绿蚁浮杯邀客醉
蓝田得玉喜婚成

连理枝喜结大地
比翼鸟欢翔长天

喜迎东风双飞燕
心朝旭日并蒂莲

新结同心香未落
长守山盟情永鲜

碰杯邀客开宏量
举箸筵宾表至诚

幸福时代春常在
革命夫妻情谊长

绣阁昔曾传跨凤
德门今喜近乘龙

燕投画阁祥云瑞
莺啭香帘喜气浓

春窗绣出鸳鸯谱
夜月香斟琥珀杯

一对璧人留小影
无双国土缔良缘

三千珠履光门户
一对青年结凤俦

银镜台前人似玉
金莺枕侧语如花

一对红心向四化
两双巧手绘新图

一对鸳鸯成好梦
五更鸾凤换新声

日丽风和桃李笑
珠联璧合凤凰飞

語言的盛宴

一岭桃花红锦绣
万盏银灯引玉人

一世光阴今过半
百年伉俪喜成双

一世良缘同地久
百年佳偶共天长

万里长征欣比翼
百年好合喜同心

映日红莲开并蒂
同心伴侣喜双飞

谊如汩汩长流水
情似苍苍不老松

银汉双星欢七巧
春宵一刻值千金

莺燕双栖芳草地
凤鸾对舞艳阳天

友谊培植常青树
恩爱催开幸福花

鸳鸯相戏水色美
琴瑟偕弹福音多

缘结同心春酒绿
花开并蒂蜡灯红

展翅相期凌云志
引吭高唱海盟诗

紫箫吹月依丹凤
绣幕临风舞彩鸾

紫燕比翼喜结伴
红花并蒂笑联姻

不须玉杵千金聘
已有红绳两头连

紫箫吹月翔丹凤
翠袖临风舞彩鸾

紫燕双飞迎春舞
红花并蒂朝阳开

紫燕双飞珠帘卷
流莺对唱翠幕悬

碧岸雨收莺语暖
蓝田玉暖玉生香

海枯石烂同心永结
地阔天高比翼齐飞

白首齐眉鸳鸯比翼
青阳启瑞桃李同心

红梅吐芳喜成连理
绿柳含笑永结同心

比翼鸟永栖长青树
并蒂花久开勤俭家

春暖花朝彩鸾对舞
风和月丽红杏添妆

春日融融红梅朵朵
花香阵阵彩蝶双双

丹桂香飘姻缘两姓
蟾宫月满喜照东床

风暖丹椒青鸟对舞
日融翠柏宝镜初开

凤凰鸣矣梧桐生矣
钟鼓乐之琴瑟友之

花好月圆姻缘美满
天长地久幸福延绵

花烛光中山盟海誓
青春路上道合志同

槐荫连枝百年启瑞
荷开并蒂五世征祥

嫁女婚男处处从简
移风易俗事事当先

江上渔歌白鸥同舞
舟中春暖紫燕双飞

戒怀鸡鸣明星有灿
祥征凤卜华烛增辉

男欢女爱鸳鸯戏水
情投意合鸾凤朝阳

男男女女恩恩爱爱
对对双双喜喜欢欢

秋水银堂鸳鸯比翼
天风玉宇鸾凤和声

日月知心红花并蒂
春风得意金屋生辉

同心同德革命伴侣
互敬互爱美满夫妻

喜气绕梁梁待春燕
金光满屋屋迎新人

下玉镜台笑谈佳话
种蓝田玉喜缔良缘

箫引凤凰春生斑管
杯斟鹦鹉香溢梅花

新婚新偶新人如意
佳景佳期佳月称心

绣阁灯明鸳鸯并立
妆台烛立翡翠同栖

一杯喜酒迎宾共喜
两颗红心向党更红

银汉双星蓝田合璧
人间巧节天上佳期

莺歌燕舞菊花吐艳
水笑山欢丹桂飘香

又红又专两情鱼水
同心同德百岁鸳鸯

芝秀兰馨荣滋雨露
鸿仪凤彩高焕云霄

自由恋爱双方如意
民主持家百事称心

自愿自由情投意合
相亲相爱花好月圆

爱情并蒂花开开不败
伴侣常偕心乐乐无穷

并蒂花盛开长征路上
比翼鸟双飞四化途中

不愿似鸳鸯嬉戏浅水
有志像海燕搏击长风

红梅有信似心灵美好
白雪无尘如爱情纯真

婚联两姓结百年佳偶
志奋九州当四有新人

交颈鸳鸯并蒂花下立
协翅紫燕连理枝头飞

结婚筵前共饮合欢酒
劳模会上同唱胜利歌

绿叶衬红花花繁叶茂
情歌谱新曲曲美歌甜

贴心伴侣共创千秋业
恩爱夫妻同育一枝花

相亲相爱铁肩担宇宙
同德同心妙手绣江山

新婚筵前共饮交心酒
劳模会上合唱致富歌

新莲沐朝阳并蒂竞绽
乳燕乘东风比翼齐飞

天喜地喜催得红梅放
主欢宾欢迎将新人来

以优异成绩双登红榜
为宏伟目标同献丹心

志同道合革命新伴侣
互敬互爱美满好婚姻

志同道合男女谐静好
花好月圆夫妻恩爱长

节约办婚事亲友皆欢喜
勤俭建家庭夫妻更和睦

联戚攀亲何必门当户对
交结情侣只求道合志同

缕结同心日丽屏间孔雀
莲开并蒂影摇池上鸳鸯

男尊女女尊男男女平等
夫敬妇妇敬夫夫妇相亲

配佳偶两片赤诚行大礼
结良缘百年美满乐长春

同心同德参加四化建设
相亲相爱创造幸福家庭

喜酒喜糖办喜事盈门喜
新郎新娘树新风满屋新

相敬如宾莫道妇随夫唱
情深似海休言女卑男尊

小两口描图绘景心相印
好夫妻播春收秋汗共流

新婚新偶新人人人如意
佳丽佳期佳景景景称心

新社会新人物新婚嘉礼
好政策好光景好合百年

一对青年要为四化添彩
两颗红心誓给祖国增光

终身伴侣何必门当户对
一世姻缘只求道合志同

成才创业志趣相投同地久
报国兴家风华互映共天长

赐福赐祥结成佳偶今如愿
图强图奋珍惜春光大有为

夫妻情长苍松翠柏润春色
征途路远玉树琼姿绽新蕾

好伴侣相爱相让相勉相谅
新青年互敬互信互助互学

鹤舞楼中玉笛琴弦迎淑女
凤翔台上金箫鼓瑟贺新郎

花好月圆岭上梅花双喜字
情深爱永筵前酒醉合欢杯

吉日良辰欣逢盛世迎佳婿
英男淑女喜结新婚共此生

吉日良辰欣相逢佳期迎婿
善男信女喜结缘时尚报春

俭朴联姻幸福花开千朵艳
勤劳致富光荣榜列万家红

举酒贺新婚人共河山并寿
纵情歌盛世春临大地多娇

劳动夫妻革命红花开并蒂
长征伴侣爱情罗带结同心

绿竹红梅梅蕊初开君子伴
仙娥素月月光喜照美人来

鸾凤谐鸣万里云天看比翼
夫妻恩爱百年事业结同心

你敬我爱你我好比鸳鸯鸟
意合情投情意恰似连理枝
日丽风和两朵红花开并蒂
花好月圆一对伴侣结同心

无物可陪三江四水随身带
有言相赠百好一勤致力行

相爱百年嫁女嫁男都可意
只生一个弄璋弄瓦总舒心

相爱相亲家和人寿吉星照
同心同德水秀山青喜事连

相敬如宾好好和和四季乐
钟情似海恩恩爱爱百年长

相敬如嘉宾莫道妇随夫唱
情深若战友休言男尊女卑

银河双星石烂海枯同心结
人间伴侣天高地阔比翼飞

鱼跃鸾飞滚滚春潮催四化
月圆花好溶溶喜气入人家

志同道合同德同心花吐艳
日新月异新人新事桂生香

梅蕊冲寒幸沐春光迎贵客
松针吐翠喜送淑女赴新婚

席上愧无鱼贵客来临弹铗唱
门中能引凤愚男正喜弄箫吹

不愿似鸳鸯卿卿我我戏浅水
有志学海燕朝朝夕夕搏长风

朝阳彩凤喜双飞建千秋伟业
向阳红莲开并蒂树一代新风

今日新婚礼三杯喜酒谢亲友
来年颁奖台两朵红花赞英雄

今日新婚礼一杯香茶酬宾客
来年颁奖台两朵红花赞英雄

男女并肩为锦绣江山添异彩
夫妻携手向伟大祖国献青春

携手结伴侣眼角眉梢添喜色
并肩话长征灯前月下有知音

携手结伴侣眼窝眉梢皆喜色
同心话爱情灯前月下有知音

鸳鸯爱碧水畅游同歌乾坤暖
翡翠喜蓝天高飞共享日月光

自由恋爱两朵红花并蒂开绽
计划生育一代新人茁壮成长

花烛下宾客满堂齐赞简朴办事
洞房中新人一对共商勤俭持家

立新风只生一个是男是女皆好
破旧习有利两家嫁女嫁男都行

婚姻必须自主愿天下有情人终成眷属
爱情岂容买卖让人间相思者早结良缘

一阳初动二姓和谐庆三多具四美五世其昌征凤卜

六礼既成七贤毕集奏八音歌九如十全无缺羡鸾和

谐音联

好读书不好读书;
好读书不好读书。

——此联为明代徐渭所作。上联指年少时好读书却不爱好读书,年老时爱好读书不好读书。

泥肥禾尚瘦;
昼短夜差长。

佛印水边寻蚌吃;
东坡河上带家来。

扬子江头渡杨子;
焦山洞里住椒山。

玉澜堂,玉兰蕾茂方逾栏,欲拦余览;
清宴舫,清艳荷香引轻燕,情湮晴烟。

围棋赌酒,一着一酌;
坐漏读书,五更五经。

李打鲤归岩,李沉鲤又出;
风吹蜂落地,风停蜂再飞。

黄黍地中走黄鼠,鼠拖黍穗;
白杨树下卧白羊,羊啃杨枝。

蚂蚁树下马倚树;
鸡冠花前鸡观花。

老鸦踏断老桠枝，鸦飞枝落；
仙鹤归来仙壑涧，鹤唳涧鸣。

鹰立树梢，月照影斜鹰不斜；
猫伏墙角，风吹毛动猫未动。

鸡站箕沿上，鸡压箕，翻箕扑鸡；
驴系梨树下，驴挨梨，落梨打驴。

鬓上杏花何有幸；
枝头梅子岂无媒。

朝官多戴朝冠；
宫婢常持宫被。

天上星，地下薪，人中心，字义各别；
云间雁，檐前燕，篱边鷃，物类相同。

九曲桥下湖空，空壶下桥取酒；
陶宅院前酣醉，醉汉前院摘桃。

钟鼓楼中，终夜钟声撞不断；
金科场内，今日金榜才题名。

地脉默然生麦叶；
天河何不种荷花。

风送钟声花里过，又响又香；
月映萤灯竹下眠，越凉越亮。

鸡蛋无盐真淡蛋；
猪肠未切好长肠。

同人同过铜驼岭；
今上今开金马关。

——此联为清代楼仲彝对都维明。下联指乾隆开西域一事。

密云不雨，通州无水不通舟；
钜野皆田，即墨有秋皆即麦。

老枣靠道倒；
矮槐捱阶栽。

贾岛醉来非假倒；
刘伶饮酒不留零。

无山得似巫山好；
何水能如河水清。

鸡盗稻子童筒打；
暑鼠凉梁客咳惊。

移椅倚桐同赏月；
点灯登阁各攻书。

嫂扫乱柴呼叔束；
姨移破桶令姑箍。

画上荷花和尚画；
书临汉帖翰林书。

盗者莫来道者来；
闲人免进贤人进。

莲（怜）子心中苦；
梨（离）儿腹内酸。

狗啃河上（和尚）骨；
水流东坡诗（尸）。

孔子生于舟（周）末；
光舞（武）起自汉中。

师姑田上担禾上（和尚）；
美女堂前抱绣裁（秀才）。

因荷而得藕(因何而得偶);
有杏不须梅(有幸不须媒)。

鸡饥吃食,呼童拾石逐饥鸡;
鹤渴抢浆,命仆响枪惊渴鹤。

妈妈骑马,马慢妈妈骂马;
妞妞轰牛,牛拧妞妞扭牛。

姥姥喝酪,酪落姥姥捞酪;
舅舅架鸠,鸠飞舅舅揪鸠。

峰上栽枫,风吹枫动峰不动;
路边宿鹭,露落鹭惊路未惊。

牧童伐木,木打牧童双目木;
梅香烧煤,煤抹梅香两眉煤。

空中一朵白莲花,风捧奉佛一王彝;
峡里几枝黄栗树,月远怨猿一杜黄。

南监北监,久坐方知监似监;
兄长弟长,乍见都说长者长。

指挥烧纸,纸灰飞上指挥头—李东阳;
修撰进馐,馐馔饱充修撰腹—某指挥。
——修撰,官名,当时李东阳任修撰。馐馔,美味饮食。

蒲叶桃叶葡萄叶,草本木本;
梅花桂花玫瑰花,春香秋香。

风吹豆角,豆角与豆角斗角;
水冲石头,石头跟石头实头。

侍郎游市,眼前柿树是谁栽;
和尚过河,手扯荷花何处插。

姑娘栽谷,谷秧掉姑娘脚前;
指挥烧纸,纸灰飞指挥头上。

书童磨墨,墨抹书童一脉墨;
梅香添煤,煤爆梅香两眉煤。

冰冻兵船,兵打冰,冰开兵去;
泥泞尼鞋,尼洗泥,泥尽尼归。

水陆洲,洲停舟,舟行洲不行;
天心阁,阁落鸽,鸽飞阁未飞。

麻姑吃蘑菇,蘑菇鲜,麻姑仙;
童子打桐子,桐子落,童子乐。

红荷花,白荷花,何荷花更好;
紫椹子,青椹子,甚椹子最甜。

丫头吃鸭头,鸭头咸,丫头嫌;
秀才做绣裁,绣裁难,秀才能。

湖水涟漪,满怀情意,怎不生莲;
秋波含笑,一双秀目,何可无眉。
——“莲”谐“怜”,“眉”谐“媒”。

童子执桐木、撞铜钟,同声相应;
妃嫔着绯衣、叩扉户,非礼勿言。

童子打桐子,桐子落,童子乐;
和尚立河上,河上崩,和尚奔。

尼姑沽酒,酒美价廉,尼姑宜沽;
和尚上楼,楼高梯短,和尚何上。

白云峰,峰上枫,风吹枫动峰不动;
青丝路,路边鹭,露打鹭飞路未飞。

有立柜平柜高低柜，爱情才可贵；
无春衣夏衣秋冬衣，姑娘就不依。

洛阳桥，桥上荞，风吹荞动桥不动；
鹦鹉洲，洲下舟，水使舟流洲不流。

二猿断木深山中，小猴子也敢对锯(句)；
一马陷足污泥内，老畜生怎能出题(蹄)。

渔夫余年守腴洲，打鱼不打鱼，连年有余；
书生疏地闯殊途，背书又背书，数载不疏。

和尚法正，提汤上塔，大意失手，汤淌烫塔；
裁缝老徐，与妻下棋，不觉漏眼，妻起弃棋。

树上桐子、树下童子，童子打桐子，桐子落、童子乐；
屋前园外、屋内员外，员外扫园外，园外净、员外静。

红娘子恨杀槟榔，半夏无茴香消息；
白头翁娶得蕲艾，人参有续断姻缘。
此联谐音为：
红娘子恨杀宾郎，半夏无回乡消息。
白头翁娶得新爱，人生有续断姻缘。

生地人参，附子当归熟地；
枣仁南枣，吴萸打马茴香。
此联谐音为：
生地人生，父子当归熟地；
找人难找，毋如打马回乡。

数字联

水冷金寒火神庙大兴土木；
南腔北调中军官什么东西。
——上联合「五行」，下联对「五方」。

万瓦千砖百日造成十字庙；
一舟二橹三人摇过四通桥。

花甲重开外加三七岁月；
古稀双庆内多一个春秋。

一掌擎天五指三长两短；
六合插地七层四面八方。

冰冷酒一点两点三点；
丁香花百头千头万头。

童子看橡一二三四五六七八九十；
先生讲命甲乙丙丁戊己庚辛壬癸。

课演六爻内卦三爻外卦三爻；
棒长八尺随身四尺离身四尺。

尺蛇入谷量量九寸零十分；
七鸭浮江数数三双多一只。

有三分水二分竹添一分明月；
从五步楼十步阁望百步大江。

五百罗汉渡江岸边波心千佛子；
一个美女对月人间天上两婵娟。

(千)是(五百)的二倍；
(两)是(一个)的二倍。

取二川，排八阵，六出七擒，五丈原明灯四十九盏，一心只为酬三愿；

平西蜀，定南蛮，东和北拒，中军帐变卦土木金爻，水面偏能用火攻。

一大乔，二小乔，三寸金莲四寸腰，五匣六盒七彩粉，八分九分十倍娇；

十九月，八分圆，七个进士六个还，五更四鼓三声响，二乔大乔一人占。

十八年前不谋面；

二三更后便知心。

——某新娘巧对新郎。

一面楼台三面柳；

二分池沼八分田。

——郑燮所作对联。

三人三姓三兄弟；

一君一臣一圣人。

——关帝庙通用联。

金炉两耳三只脚；

铁矛四瓣一条心。

——铁矛四瓣，指矛尖、刃、柄挎、柄四部分。

洞门云锁三冬暖；

石室风生九夏寒。

——九夏，指夏季的九十天。

五六月间无暑气；

二三更里有渔歌。

——题湖南长沙水陆洲。

三五人可作千军万马；

六七步能行四海五洲。

——此为戏台联。

一苇渡江，达源溯六祖；

九年面壁，妙理悟三乘。

——六祖，指初祖达摩，二祖慧可，三祖僧璨，四祖道信，五祖弘忍，六祖慧能。三乘，佛教指引导众生解脱的三种方法。

二女二男，合成三个子；

半赊半现，共作百年人。

——林奎五戏贺友五十初度。俗话“一个女婿半个儿”，二女已出嫁，故有上联。下联指五十岁之人，距百岁尚欠一半。

云台二十八将，将将成功；

孙武一十三篇，篇篇破敌。

——出句指汉开国28位得在云台绣像的功臣，对句指《孙子兵法》。

一里书斋，半里烟村半里市；

十年心学，五年炼气五年神。

——程含章所作。

二柳当门，家计逊陶潜之半；

双桃钥户，人谋虑方朔之三。

——陶潜宅边有五柳树，因以为号五柳先生。方朔乃东方朔，传说他曾三次偷西王母之桃。

吏户礼兵刑工，尚书六部；

欧苏曾王韩柳，文字八家。

——八家，指唐宋八大家，即韩（愈）、柳（宗元）、欧（阳修）、苏（洵、轼、辙）、曾（巩）、王（安石）。其中，苏门父子三人。

一生二，二生三，三生万物；

地法天，天法道，道法自然。

——题四川青城山天师洞。

双镜悬台，一女梳妆三对面；

孤灯挂壁，两人作揖四低头。

——联以人影、灯影为趣，进行数学乘法运算。

一百八记钟声，唤起万家春梦；

二十四番风信，吹香七里山塘。

——佛教认为人生烦恼有108种，击钟108下，佛珠108颗……为消除烦恼。二十四番风信，古人认为风应花期而来，小寒至谷雨，8个节气，120天，每5天一候，计24候，每候应一花信。

孤山独庙，一将军单枪匹马；

两河夹岸，二渔叟对钓双钩。

——上联官“一”，用孤、独、一、单、匹，下联官“二”，用两、夹、二、对、双。

武夷曲水三三，信是闽邦襟带；

巫峡奇峰六六，果然蜀国藩城。

——三三，乘而为九，武夷山有九曲。六六，加而为十二，巫山有十二峰。

六旬花甲再周天，世上重逢甲子；

一岁二春双八月，人间两度春秋。

——闰八月即有两度中秋。此年正月“立春”，腊月又逢“立春”。

一品太夫人，备三从四德，五世同堂，恭值二官齐介寿；

六旬都御史，统七宾八师，九畴献寿，欣逢十月好称觞。

——为贺寿巧联，嵌入十个自然数。

二十射策，三十典军，四十暂归田，捧檄为高堂，莫怪北山笑我；

有宅一区，有田数亩，有书五万卷，携琴成旧约，曾从东海移情。

——龚方伯题福州双骖园。

一生惟谨慎，七擒南渡，六出北征，何期五丈崩摧，九代志能遵教受；

十倍荷褒荣，八阵名成，两川福被，所合四方精锐，三分功定属元勋。

——题四川成都武侯祠。

收二州，排八阵，七擒六出，五丈原前点四十九盏明灯，一心只为酬三顾；

抱孤子，出重围，匹马单枪，长坂坡中战数百千员上将，独我犹能保两全。

——诸葛亮与赵云合庙联。

一叶孤舟，坐着两三位骚客，启动四桨五帆，经过六滩七湾，历尽八颠九簸，可叹十分来迟；

十年寒窗，进过九八家书院，抛卸七情六欲，苦读五经四书，考了三番两次，今年一定要中。

——此为一考官出联考一来迟的考生，考生从容对答。

讽喻联

有钱常买醉；

无事惯生风。

——嘲流氓。

只许州官放火；

不准百姓点灯。

——有一州官名田登，忌讳人说灯字，全州人只得把“灯”念为“火”。元宵节放灯，衙门出布告：“本州依例放火三日。”有人以此联讽之。

坐，请坐，请上坐；

茶，泡茶，泡好茶。

——苏轼讽势利者。

一色水天秋，却难洗三字污秽；

双清风月夜，正好分两世精忠。

——杭州西湖岳坟联，“三字污秽”为“莫须有”，“两世精忠”指岳飞、岳云父子。

大老爷过生，金也要，银也要，铜钱也要，红白一把抓，不分南北；

小百姓该死，稻未熟，麦未熟，高粱未熟，青黄两不接，送甚东西。

——讽县太爷。

之字路偏要你走；

洞中怪且奈我何。

——嘲张之洞。

大丞相借花献佛；

小女子为国捐躯。

——清光绪年间，某中丞以增加国库收入为名筹办妓院。有人以此联讽之。“花”，为妓业之称。佛，指慈禧太后(人称“老佛爷”)。

民犹是也，国犹是也，无分南北；

总而言之，统而言之，不是东西。

——讽贿选总统曹锟。

六秀才只通六窍；

万景楼遗臭万年。

——人有七窍，上联隐切“一窍不通”，清末嘉定中学堂有六位不学无术的秀才教师。一日同游万景楼，凑成一副对联“六秀才同游一日，万景楼从此千秋”，贴在楼上。当地名士王畏岩作联讽之。

命即是钱钱是命；

人不害我我害人。

——刘师亮嘲某富翁。

学士家移和尚寺；

尚书妻卧老僧房。

——嘲某尚书占寺营宅。

充无罪之军三百里；

守有夫之寡二十天。

——某生应试自题，嘲旧时科举制度。

王好货，不论金银铜铁；

寅属虎，全需鸡犬牛羊。

——嘲县令王寅。

红白相兼，醉后不知南北；

青黄不接，贫来尽卖东西。

——嘲醉汉喝穷。

发售各项功名，九品起码；

检选道地顶子，五色俱全。

——讽清代纳资捐官的制度。

乌不如鸟，只少胸中一点墨；

军无斗志，都因偏了半边心。

——清代某年乌阁学(内阁学士)、恽大史(翰林)到浙江当正副主考官。某人撰此联讽之。

从明从顺从清，三朝之俊杰；

纵子纵孙纵仆，一代岂凡人。

——讽明末官僚金之俊，字岂凡。顺，李自成称大顺皇帝。

妖道恶僧三令牌，击退风云雷雨；

贪官污吏九叩首，拜出日月星辰。

——嘲祈雨不验。

季子自命为高，与吾意见大相左；

藩侯以身许国，笑他功烈亦何曾。

——拟曾国藩、左宗棠(字季高)龃龉互

嘲联。季子，指苏秦。

贤婿枉顾，路途坎坷，高一步低一步；

泰山错看，世态炎凉，睁只眼闭只眼。

——独眼岳父、跛脚女婿互嘲。

似者像也，像虎像豹像豺狼，不像州主；

慈者爱也，爱金爱银爱钱财，不爱黎民。

——此联横批“不成汤水”。清代邓州(今河南邓州市)知州汤似慈暴虐贪婪。汤50寿辰时，贡生庞振坤写此联讽之。

看不见姑且听之，何须四处钻营，极力排开前面者；

站得高弗能久也，莫仗一时得意，挺前遮住后来人。

——戏台联。又嘲讽了现实生活中的丑恶现象。

南管北关，北管南关，一过手、再过手，受尽四方八面商商贾贾，辛苦东西；

前掌后门，后掌前门，千叩头、万叩头，叫了几声万岁爷爷娘娘，站立左右。

——出句为太监嘲守关吏，对句为守关吏反嘲太监。

见州县则吐气，见道台则低眉，见督抚大人茶话须臾，只解道说几个“是是是”；

有差役为爪牙，有书吏为羽翼，有地方绅豪袖金赠贿，不觉得笑一声“哈哈哈”。

回忆去岁，饥荒五、六、七月间，柴米尽焦枯，贫无一寸铁，赊不得，欠不得，虽有近亲远戚，谁肯雪中送炭；

侥幸今年，科举头、二、三场内，文章皆合适，中了五经魁，名也香，姓也香，不拘张三李四，都来锦上添花。

歇后联

稻草扎秧——父抱子
竹篮提笋——母怀儿

开花芝麻——步步高
出土甘蔗——节节甜

洋人看京戏——傻瞪眼
乞丐唱山歌——穷开心

秀才抹围裙——斯文扫地
屠户戴顶子——杀气冲天

和尚撑船——篙打江心罗汉
佳人汲水——绳牵井底观音

醉汉骑驴——颠头簸脑算酒账
艄公捋橹——打拱作揖讨船钱

马过木桥——蹄打鼓
鸡啄铜盆——嘴敲锣

君子之交淡如——水
醉翁之意不在——酒

未必逢凶化——吉
何曾起死回——生

鸡犬过霜桥——一路竹叶梅花
牛马行雪地——两行蚌壳团鱼

强盗画喜容——贼形难看
阎王出告示——鬼话连篇

碧纱帐内坐佳人——烟笼芍药
清水池中洗和尚——水浸葫芦

老妻画纸为棋局——黑白来分
稚子敲针作钓钩——曲直所在

女娲炼石补穹苍——拨开烟雾
博望乘槎泛河汉——摇动星辰
——博望,汉张骞封博望侯,出使西域。

乌鸦飞入鹭鸶群——雪里送炭
凤凰立在鸳鸯畔——锦上添花
——乌鸦与炭、鹭鸶与雪,凤凰与花、鸳鸯与锦,各相照应。

乌纱帽罩象牙梳——烟笼淡月
红锦袍缠鹤顶带——霞映长虹

东风吹倒玉梅瓶——落花流水
朔雪压翻苍径竹——带叶拖泥

江边骏马过危桥——足下打点
门外蜘蛛结小网——肚里寻思
——"思"与"丝"相关。

杜鹃花里杜鹃啼——有声有色
蝴蝶梦中蝴蝶舞——无影无形

鸡脚猫蹄行雪路——竹叶梅花
蛇驰马迹印沙泥——树根木影
——鸡足三瓣而尖,猫足五瓣而圆,如竹叶梅花。蛇迹弯而细长,马迹圆而清晰,各似根须、树桩。

回文联

豆大为大豆
人小非小人

废物非物废
能人即人能

人过大佛寺
寺佛大过人

郎中王若俨
俨若王中郎

客上天然居
居然天上客

贤出多福地
地福多出贤

僧游云隐寺
寺隐云游僧

人中柳如是
是如柳中人

油灯少灯油
火柴当柴火

水帮船,船帮水
人防虎,虎防人

女爱郎才郎爱女
花添锦上锦添花
——此为贺新婚联。

见山乐山水乐水
似隐非隐仙非仙

斗鸡山上山斗鸡
龙隐岩中岩隐龙

处处飞花飞处处
潺潺碧水碧潺潺

处处红花红处处
重重绿树绿重重

艳艳红花随落雨
雨落随花红艳艳

雾锁山头山锁雾
天连水尾水连天

雪岭吹风吹岭雪
龙潭活水活潭龙

风落梧桐梧落风
珠联璧合璧联珠

静泉山上山泉静
清水塘里塘水清

风送花香红满地
雨滋春树碧连天
——倒读又成一联：

天连碧树春滋雨
地满红香花送风

暮天遥对寒窗雾
雾窗寒对遥天暮

地满红花红满地
天连碧水碧连天

我醉诗词诗醉我
人迷对句对迷人

秀山青雨青山秀
香柏古风古柏香

响水池中池水响
黄金谷里谷金黄

雪映梅花梅映雪
莺宜柳絮柳宜莺

脸映桃红桃映脸
风摇柳绿柳摇风

敬佛敬心心敬佛
焚香焚意意焚香

蝶抱花须花抱蝶
莺藏柳树柳藏莺

燕子飞山，山飞子燕
天洞流泉，泉流洞天

众人舞龙灯龙舞人众
群星伴月夜月伴星群

香山碧云寺云碧山香
黄山落叶松叶落山黄

水水山山处处明明秀秀
秀秀明明处处山山水水

晴晴雨雨时时好好奇奇
奇奇好好时时雨雨晴晴

虎豹关中不是关中虎豹
麒麟阁上皆非阁上麒麟

戏答联

天当棋盘星做子，谁人敢下
地做琵琶路当弦，哪个能弹

千年老树为衣架
万里长江做浴盆

松下围棋松子每随棋子落
柳边垂钓柳丝常伴钓丝悬

水底月如天上月
眼中人是面前人

椒实既熟夹壳长老黑心
梅蕊未开光棍先生白嘴

鲈鱼四鳃独占松江一府
螃蟹八足横行天下九州

竹本无心遇节岂能空过
雪非有意他年又是白来

晚浴池塘涌动一天星斗
早登台阁挽回三代乾坤

水中冻冰冰种雪雪上加霜
空中腾雾雾成云云开见日

前思后想看左传书往右返
坐北朝南吃西瓜皮向东抛

读红楼看宝黛钗调情大观园
看西厢有张孙杜斗法普济寺

碧野田间牛得草
白杨林里马识途

四面灯，单层纸，辉辉煌煌，照遍东南西北。

一年学，八吊钱，辛辛苦苦，历尽春夏秋冬。

洞庭湖，八百里，波滚滚浪涛涛，大宗师从何而来。

巫山峡，十二峰，云霭霭雾腾腾，本主考从天而降。

四水江第一，四时夏第二，老夫居江夏，谁是第一，谁是第二。

三教儒在前，三才人在后，小子本儒人，岂敢在前，岂敢在后。

药店联

一囊春贮
九鼎云英

露根固本
仙草延年

有药皆妙
无丹不灵

精心炮制
热诚经营

但愿人皆健
何妨我独贫

艾早三年蓄
功堪百病除

所言皆药石
立意尽慈悲

药圃无凡草
松窗有秘方

独活灵芝草
当归何首乌

采得三山药
炼成九转丹

夙擅轩岐术
全凭药石灵

良药苦口益病
忠言逆耳利行

尽是回春妙药
只开逐疾良方

具备中西药品
方便远近病人

纵使有钱难买命
须知无药可通神

但愿世间人不病
不愁架上药生尘

世间本乏长生术
海外何求不老丹

深明佐使君臣理
远萃东西南北材

欲向市中求妙药
须知海内有奇方

花放杏林滋气血
药生兰室补肢身

参术功多回造化
葫芦品贵辨君臣

春日带云锄芍药
秋风和露采芙蓉

几粒药丸除病害
一服汤剂解忧愁

本草药名居第一
杏林上品补真元

百草回春争鹤寿
千方着意续松年

选药均须道地品
好生宜体上天心

赋性本平和顺气
济人同上古金丹

扪心无愧真良药
举念不惭是妙方

红芽瑞茁蓝田玉
金线香分紫云英

拂去白云忙采药
引来明月炼金丹

一阵乳香知母到
半窗桂子防风来

五岳三山收仙草
九州四海除病根

药笼久贮长生药
丹鼎唯烧不老丹

道上钩衣苍耳子
风前聒客白头翁

细致虫鱼笺尔雅
广收草木续离骚

丹心医疾疗人苦
妙手除疴去病根

橘井流香三世业
杏林飞雨万家春

爆竹几声来吉利
药汤一剂保平安

灵丹普济传千载
妙药广施乐万人

曾有神农尝百草
便留良药济群生

能通佐使君臣理
还得生枯草木功

采百药医疗百病
集千方广济千家

红花红豆红娘子
白梅白果白头翁

药按韩康无二价
杏栽董奉有千株

——此联为《醒世恒言》神医李八百门联。韩康:东汉霸陵人,在长安卖药三十年,口不二价;董奉:三国吴国人,在庐山为人治病不要钱,只要病家植杏一棵。

海马海龙通大海
红花红藤映山红

琥珀青黛将军府
玉竹重楼国老家

苏子条芩访禅友
杜仲草果宴寿客

独有痴儿渐远志
更无慈母望当归

——此联为清末湖北明医何九香先生,母亲病故后悲思万千,遂自题一门联。以独特的构思,嵌入远志、当归两味中药名,来寄托自已对慈母的哀思和怀念,可谓情真意切。

黄发女配得皂角儿
白头翁生下苍耳子

——此联为明代陈眉公与某显宦属对,禁以鸟入联。宦出上联,陈下上联,宦问为何犯禁,陈答“白头翁药也”。黄发女:植物名,亦指老太婆;白头翁:草名,亦为鸟名。

白头翁独活度残岁
使君子合欢寿延年

女贞子打马过淮山
红娘子相思配宾郎

降香木香香附满店
黄药白药山药齐全

架上丹丸长生妙药
壶中日月不老仙龄

日照杏林千枝竞秀
春来药苑百草争荣

补益先天功参造化
产生吉地气养真元

红娘子牵牛耕熟地
白头翁佛手上常山

丸散丹膏无非良药
君臣佐使悉是妙材

长桑赤松导之内景
身强体健养以太和

延寿百年度修妙药
春光三月喜驻华颜

良药良医世沾幸福
利人利己天赐嘉祥

金石草木性虽殊异
膏丸丹散用有专长

杏林日暖百花争艳
橘井泉香大地回春

誉满杏林寿身寿世
材储药圃医国医民

妙手丹心保康灭病
银针草药救死扶伤

禹甸医林千花竞秀
神州药苑百草吐芳

太白饮千杯千杯不醉
神农尝百草百草皆春

共济同舟只求人少病
相和仁术不虑药生尘

服益寿仙丹健身防病
取深山妙药济世医人

牵牛子耕遍生地熟地
白头翁采尽金花银花

生地变熟地常望合欢
望月乘夜明定来夜交

——此联嵌生地、熟地、合欢、望月砂、夜明砂、夜交藤六味中药。

帝女合欢，水仙含笑
牵牛迎辇，翠雀凌霄

——此联不仅嵌八药名，而且还嵌七夕的典故。

破故纸糊窗，防风不得
黑牵牛过岭，滑石难行

携老喜箱子背母过连桥
扶幼白头翁拾子到常山

银针草药化去千门痛苦
妙手丹心迎来万户健康

东山楂西杞果南桂北味
春茵陈夏枯草秋菊冬花

红娘子上重楼，连翘百步
白头翁坐常山，独活千年

桃仁杏仁柏子仁仁心济世
天仙凤仙威灵仙仙药救人

厚朴待人使君子长存远志
苁蓉处世郁李仁敢不细辛

芝片琼浆药齐道地三千味
松风鹤寿誉满京华五百年

膏可吃药可吃膏药不可吃
脾好医气好医脾气不好医

迎春晖禹甸医林千花竞秀
含朝露神州药苑百草生香

大黄体挂穿山甲，不畏川芎
木贼身批地骨皮，何愁巴戟

南参北芪匣中丸散延年益寿
藏花川贝架上丹膏返老还童

名地产灵芝采入药囊能益寿
群山生瑞草炼经炉火便成丹

踏群山尝百草废寝忘餐钻业务
串万户走千家扶伤救死为人民

集千方值千金保老幼女男康健
采百草除百病使春秋冬夏安宁

熟地迎白头，益母红娘一见喜
淮山送牵牛，国老使君千年健
——此为四川内江市仁和堂联。

苍天本无知，花雨焉能解结习
众生徒多事，药石岂可疗贫穷
——此为湖南衡阳花药寺联。

红娘子生天仙子，一服生化汤
女贞子产刘寄奴，两包指迷散
——此联上下联共嵌六味中药。

史君子知母多病，常愁没药可医
密陀僧大腹游方，不畏常山难过

神州处处有亲人，不论生地熟地
春风来时尽著花，但闻藿香木香

白头翁牵牛过常山，遇滑石跌断牛膝
黄发女炙草堆熟地，失防风烧成草乌

民间疾苦几何饮之食之宜从仙子寻丹诀
世上膏肓万状名也利也何似山头多白云

相许同心三百年济世救人丸散丹膏功独运
为行仁术十万日精研苦究参茸芪桂誉长存

天设奇方，曰雪曰霰曰霜，合来共成三白散
地生良药，名芩名连名柏，煎去都是大黄汤

天王怀至宝，歌三仁，颂四君，献八仙长寿
将军操巴戟，战木贼，擒乌蛇，立十大功劳

白头翁骑海马赴常山挥大戟怒战草蔻百合，不愧将军国老
何首乌驾河豚入大海操仙茅逼杀木贼千年，堪称长卿仙人
——此联上下联共嵌十六味中药。

白头翁持大戟，骑海马，与木贼草寇战百合，旋复回朝，不愧将军国老
红娘子插金簪，戴银花，比牡丹芍药胜五倍，从容出阁，宛如云母天仙
——此联上下联共嵌入十八个药名。

红娘子身披石榴裙，头戴银花，比牡丹芍药胜五倍，从容贯众，到天竺寺降香，跪伏神前，求云

母天仙早遇宾郎

白头翁手持大戟子，脚跨海马，与草寇甘遂战百合，旋复回乡，上金銮殿伏令，拜常山侯，封车前将军立赐合欢

——此联上下联共嵌入二十八个药名。

戏曲联

弦中参妙理
曲里寄幽情

韵出高山流水
调追白雪阳春

此曲只应天上有
斯人莫道世间无
人世难逢开口笑
老夫聊发少年狂

——此联为清代王文治精音律，筑“梦楼”为演奏家乐之所，并题上联。

台前有泪原非我
座上无声已入神

不遇知音众声俱寂
偶然雅集百乐齐鸣

把古往今来重新说起
将悲欢离合再叙从头

一切作如是观，有即非有
众人皆大欢喜，闻所未闻

——此为广东广州福建会馆戏台联。

村号杏花，尚准那牧童横笛
地非幽谷，不许我老子牵牛

曲是曲也，曲尽人情，愈曲愈妙
戏其戏乎，戏推物理，越戏越真

——此为清代傅山题戏台联。

两汉五代六朝十国，古古今今多变局
一末二净三生四旦，重重叠叠上瑶台

——此为程道衡题湖北黄梅孔垅万年台戏台联。

愿听者听，愿看者看，听看自取两便
说好就好，说歹就歹，好歹只演三天

大夏渺遗音，听他秦筑秦筝，今乐何如古乐

天涯联旧侣，为我楚歌楚舞，他乡也似故乡

——此为杨调元题陕西汉中湖广会馆戏台联。

大千秋色在眉头，看遍翠暖珠香，重游瞻部

五万春花如梦里，记得丁歌甲舞，曾睡昆仑

台上莫漫夸，纵做到厚爵高官，得意无非俄顷事

眼前何足算，且看他抛盔卸甲，下场还是普通人

神是人装，鬼是人装，人是人装，七尺躯扮出千般模样

车也走得，马也走得，走也走得，方丈地游遍海角天涯

——此为贵州普定化处戏台联。

满天风景，水陆平分，登楼览云梦潇湘，壮气直通巫峡北

千古英雄，浪沙淘尽，倚剑听铜琶铁板，

高声齐唱大江东

——此为长沙王运常所撰水陆洲戏台联。

未上台,谁是我,既上台,我是谁,谢观众,须知是我原非我

不认真,难做人,太认真,人难做,嘱诸生,牢记做人要像人

——此为刘竹贤题湖北云梦古戏台联。

乱世需才,何不教南霁云、雷万春几位将官,救末劫投胎下界

逢场作戏,切莫演尹子奇、令狐潮一班反贼,令吾神怒发冲冠

——此为清代吴獬题岳阳南岳庙戏台联。

一部廿四史,演成古今传奇、英雄事业、儿女情怀,都付与红牙檀板

百年三万场,乐此春秋佳日、酒坐簪缨、歌筵丝竹,问何如绿野平原

唉!大帝也贪财,傅老儿不过用几文铜钱,便命金童玉女,迎接天宫上去;

呀!阎君真小量,刘安人只馋食两块狗肉,即差牛头马面,拿入地府中来。

——此为清代喻九万题湖北随州古戏台联。

儒为戏,生旦净丑外副末,呼十门脚色,同拜一堂,重道尊师大排场,看破世情都是戏

学而优,五六工尺上四合,添两字凡乙,共成七调,唱余和汝小伎俩,即论文行亦兼优

——此联为严保庸题北京京师戏馆。

戏犹是梦耳!历览邯郸觉梦,蝴蝶幻梦,牡丹艳梦,南柯惊梦,百世即须臾,只是一场春梦

事生于情也!试看忠孝至情,儿女痴情,豪暴恣情,富贵薄情,万端观结局,不外千古人情

——此为江苏吴兴晟舍镇戏台联。

己无本事莫登场,主盟五霸,争兴七雄,汉分三国晋六朝,律以周武商汤,都算喽啰小角色

未有多情不凑巧,金玉双缘,珍珠一塔,镜破重圆钗再会,都是凭空说谎,由他仕女须评量

戏剧本属虚,虚内寻实,实非为实,虚非为虚,虚虚实实,方寸地生杀予夺,荣辱贵贱,做来千秋事业,莫道当局是假

唱弹原为乐,乐中藏忧,忧民之忧,乐民之乐,乐乐忧忧,顷刻间悲欢离合,喜怒哀惧,现出万代人情,须从戏里传真

尧舜生、汤武净;五霸七雄丑末耳,伊尹太公便算一只耍手,其余拜将封候,不过摇旗呐喊称奴婢

四书白、六经引;诸子百家杂说也,杜甫李白会唱几句乱弹,此外咬文嚼字,大都沿街乞食闹莲花

——此为镌刻在圆明园戏台上的楹联,纪昀所作。此联嵌入传统戏中"生,净、旦、末、耍手、摇旗呐喊、称奴婢"和"白、引、杂说、乱弹、闹莲花"等戏曲说唱形式,并与历史人物及文学作品相对应,使人回味无穷。

茶馆联

香分花上露

水汲石中泉

語言的盛宴

煮沸三江水
同斟五岳茶

清泉烹雀舌
活水煮龙团

尘虑一时净
清风两腋生

清音盈客座
和气透茶杯

相如聊解渴
谢朓喜凝眸

日日无空座
时时有好茶

闲情常品茗
豪气快登楼

芳香清意府
碧绿静心源

尝来皆适口
咽去自清心

龙井泉多奇味
武夷茶发异香

识得此中滋味
觅来无上清凉

瓦壶水沸邀清客
茗碗香腾遣睡魔

身健都缘餐肉少
诗清只为饮茶多

熏心只觉浓于酒
入口方知气胜兰

为爱清香频入座
欣同知己细谈心

雨日好留佳客饮
春风时送鸟声来

翠叶烟腾冰碗碧
绿芽光起玉瓯青

松涛烹雪醒诗梦
竹院浮香起雅思

花间渴想相如露
竹下闲参陆羽经

茶亦醉人何必酒
书能香我不须花

只缘碧玉成清趣
好在香茶出雅情

九曲夷山采雀舌
一溪活水煮毛尖

一楼风月宜酣饮
万里溪山可畅怀

玉碗光含仙掌露
金芽香带玉溪云

价实敢夸茶碗大
货真不忌矿泉多

从来名士能评水
自古高僧爱斗茶

松涛烹雪醒诗梦
石鼎餐云荡俗肠

北汲百泉池内水
南收龙井岭头茶

金鼎浪翻螃蟹眼
玉瓯暖刷鹧鸪斑

南峰紫笋来仙品
北苑春芽快客谈

泉烹苦茗能留客
水绕甘棠到惠民

笑斟龙井杯中月
喜喝碧螺盏底春

书香卧榻酣诗梦
雪煮清茶洗俗肠

瑞草抽芽分雀舌
名花采蕊结龙团

滋味美如花上露
清凉净似石中泉

龙井茶香飘宇宙
虎跑泉溢满瀛寰

近水楼台先得月
芳香茶叶最清心

欲把西湖比西子
从来佳茗似佳人

春满壶中留客醉
茶香座上待君来

龙团雀舌茶光艳
虎骨鹿茸酒味香

石鼎煎香俗肠尽洗
松涛烹雪诗梦初灵

山径摘花春初酿酒
竹窗留月夜半评茶

喜报捷音一壶春暖
畅谈国事两腋生风

陆羽谱经卢仝解渴
武夷选品顾渚分香

窗外看山风生七碗
楼头近水春满一壶

水榭风亭挹菰蒲绿
酒杯茗碗浮菡萏香

含英咀华茶经茗赋
春来秋去燕客鸿宾

日酌且斟小憩不妨筹大计
边评边品苦茶偏可化甘津

此地为杜子桥边莲司河下
有时见风来水面月上柳梢

怡庆结怜茶鼎绿分槐里火
春魁及第饼筵红撷杏花村

春满山中采得新芽供客饮
茶销海外赢来蜚誉耀神州

對聯

消扰攘烦七分香茗三分水

享共和福一度春风两度年

野鸟啼风絮语劝君姑且息

山花媚日点头笑客不须忙

半榻梦刚回活火初煎新涧水

一帘春欲暮茶烟细飏落花风

楼上一层看塔院朝暾湖天夜月

客来两地话武林山水泸渎莺花

最宜茶梦同圆海上壶天容小隐

休碍酒家借问座中春色亦常留

山好好水好好开门一笑无烦恼

来匆匆去匆匆饮茶几杯各西东

寰宇庆升平集四海英贤谈心会合

天涯若比邻共一堂茶水聚首因缘

馆内人来从南北东西各抒己见交流信息

座中客无论农工商学自得其乐闲暇清心

偶然乘兴而来只因话梅子阴晴杏花消息

且试放怀凭眺可想见元龙豪概庾亮高风

处处通途，何去何从？求两餐，分清邪正

头头是道，谁宾谁主？吃一碗，各自西东

——此为清代广州近郊三眼桥茶亭联。

南南北北，总须历此关头，且望断铁门限，备夏水冬汤，应接过去现在未来三世诸佛上天下地

东东西西，那许瞒了脚跟，试竖起金刚拳，击晨钟暮鼓，唤醒眼手鼻舌心意六道众生吃饭穿衣

——此为安徽休宁县茶亭联。

两脚不离大道，吃紧关头，须要认清岔路

一亭俯视群山，占高地步，自然赶上前人

——此为贵州省贵阳城图云关茶亭联。

四大皆空，坐片刻无分尔我

两头是路，吃一盏各自东西

——此为浙江吴兴八里店茶亭联。

萍水聚行踪南北东西茶饮一杯分道去

莲峰依美阴晦明风雨亭开四面待人来

——此为澳门莲峰庙茶亭联。

客来能解相如渴

火候闲评坡老诗

——此为民国谭延闿撰长沙“天然居”茶馆。用了司马相如患了消渴症和苏东坡赋诗论煮茶火候两个典故。

杰阁共登临愧无太白仙才斗酒百篇挥速藻

芳踪齐会合安得杜陵广厦金铃十万护残花

平章雪碗冰瓯待招太白楼头明月清风为伴侣

大半烟鬟雾鬓却让樵青林下美人名士共神仙

访胜古西岩看青山揖客红杏招人风暖尘香正好停车谋雅集

沽春小东道喜调水符来卖饧箫唤赏心乐事何妨画壁记清游

藕叶藕花围曲槛想当年苏小也向个中来这绿水光中可余鬓影

香风香雾泊得堤问此日放翁竟归何处去那红楼片里应有诗魂

照相馆

何方能作假
此处最传真

摄将真影去
幻出化身来

悟得幻中幻
现来身外身

现出庐山真面目
留住秋水旧丰神

体态须眉都活泼
心神毫发不参差

若把端身临宝镜
自然真相摄莲池

常留俊美春风面
聊解蒹葭秋水思

雅度翩翩辉玉照
威仪棣棣见佳容

个个镜头凝厚谊
张张笑脸带春风

时光冉冉春长驻
风度翩翩笑永存

显真容惟妙惟肖
观雅态活影活神

瞬间摄取真容貌
转眼勾留好笑颜

认真选择心灵美
如实反映成貌新

须眉男子形依旧
面目庐山影见真

绘色绘香绘声绘影
有水有山有物有人

秦镜高悬须眉毕现
庐山在此面目留真

今日留神取姿随便
他年再看其乐无穷

岁月峥嵘应留纪念
精神焕发莫负春秋

形态仪容飘飘欲活
须眉巾帼色色俱彰

亦庄亦谐传神佳照
惟妙惟肖写真芳容

毫发无遗须眉入画
风姿比玉声价论金

画外得形神惟妙惟肖
镜中留印证即色即空

几幅丰姿证三生面目
一身倩影显百倍精神

常驻青春镜头韶风采
永存神韵相纸现俏容

一艺认真还你本来面目
诸君体谅非吾好作妍媸

彩色调和卷卷图文并茂
心机相印天天技术革新

并蒂合欢二姓联姻笑不住
全家同照一门和睦福无穷

一代风流倩影英姿皆入画
九州芳泽春兰秋菊尽呈姿

何须换骨灵丹但修镜里机关活泼丰神传尺幅
讵有分身奇术不待画中点缀完全面目证三生

家具联

量材使用
备货充盈

劲节思君子
虚心应世人

枝蔓皆成器
方圆却任心

良工造物唯其巧
大匠诲人必以规

范围尽载梓人艺
物用胥归大匠门

梦到邯郸酣更好
制传浒墅妙如何

佳木由来堪作器
良工自古不遗材

参禅更比蒲团好
款客非同草席陈

金碧丹青好颜色
门间陈设闪光辉

雨卷珍珠璇阁晓
风开斑竹画堂春

制仿游仙无须肱曲
型垂矩尺自得身安

点缀新居满堂春色
装成家具一室霞光

刮垢磨光成时代器
疏通致用得哲人风

家具赶时髦龙宫未有
班门成上品我店独存

中西合璧尽除家具旧风貌
金木联盟添来居室好光辉

手巧艺高织出圆篮能汲水
货真价实打开铺面广招财

书画店

书为心画
画乃意书

砚磨雾起
笺染云生

翠枝云布
黄蕊星罗

诗情画意
琴韵书声

山随画活
云以诗留

砚生云海
笔舞龙蛇

画为流美
书以言情

诗情光日月
笔力动乾坤

笔端通造化
意表出云霞

青山收笔底
绿水涌毫端

观画如观景
赏文胜赏花

书法扬道义
翰墨播文明

兰香满素室
月色映书窗

云闲花秀丽
风静竹平安

山光清眼界
书味润心田

丹青工设色
变化妙通神

书画怡且乐
金石寿而康

似玉生无玷
为簪琢不成

吟雪诗情热
画松翠笔娇

沧海驾紫浪
泰岳吐春云

春风寄潇洒
大雅含画容

树密深藏雨
山青半出云

秋风湖水碧
帆影晚山红

笔力千军阵
词源万马兵

雨过琴书润
风来翰墨香

草书何太古
诗兴不无神

香飘风物外
影落月华中

語言的盛宴

铁砚磨古法
长毫写新书

润笔看凤舞
和墨化龙飞

清露洒兰藻
幽香拂袖风

静影灯前落
流云席上看

架上图书润
室内翰墨香

意飘云物外
诗入画图中

推窗观天地
挥毫凌云烟

得山水清气
集风云壮观

千古风流今胜昔
一川水墨永传神

挥毫分外能添彩
阿堵由来待点睛

山峦晴云无墨画
竹敲秋雨有声诗

云淡雨香诗世界
水流花放画根源

不羞老圃秋容淡
犹有寒花晚节香

一气呵成凭运腕
五更梦处顿生花

几树梅花数竿竹
一潭秋水半屏山

一林松月多诗意
万里云烟入画图

日暖岭梅开晓色
风摇山竹动寒声

长天夜散千山月
远水霞收万里云

月朵暮开无艳色
风茎时动有奇香

石含真趣溪水冷
云影澹然秋气清

石径绿时人醉竹
百花红处客寻春

挥毫墨洒千峰雨
嘘气空腾五岳云

白首壮心写大海
青春浩气画高山

笔舞龙飞书壮志
墨落云起赞群英

爱画有情常拜石
学书无日不临池

泼墨为山皆有意
看云出岫本无心

参天有势松方健
肖物能工石亦妍

粉黛染山川秀色
丹青夺造化神工

千峰图画收诗卷
一日文章拜布衣

秋风古道题诗瘦
落日平原似马豪

紫毫写出光明景
白纸画成丰产图

奇书古画不谈价
幽梦清诗信有神

境非真处皆为幻
俗到家时自入神

耀眼宏图山与水
动人春色画中诗

风月有情常似旧
丹青妙处不能传

万方春色情中贮
千顷湖光笔端流

鹏起书林风九万
龙游艺苑字三千

长向秋山寻妙句
又驱春色入毫端

翰墨所收皆气势
丹青难写是精神

点缀云烟千段锦
装潢书画万家春

笔挥山水成春境
墨泼乾坤在画中

吐艳丹青皆有意
流香瀚墨自多情

纸上纵毫万山千水
雪中缀景百态多姿

竹树楼台挥毫即现
烟云丘壑着纸而成

铁画银钩刚柔互济
通神穷态粉墨一新

水上纵毫范宽山石
雪中缀景摩诘芭蕉

柳色供诗莺声送酒
山光如画花气侵衣

金石其心芝兰其室
仁义为友道德为师

草帖新书词林欣赏
兰亭妙本学海珍藏

彩笔传情传振兴宿愿
丹霞绘意绘改革新图

泼墨挥毫诗情画意来天地
扬鞭跃马伟业丰功壮古今

文具书店

薛家新制巧
蔡氏旧名高

墨花飞紫露
笔阵起雄风

六文开玉篆
八体耀银书

壶中凝蜡汁
石上印鸿文

藏古今学术
聚天地精华

中原新气象
上国大文章

书林含馥郁
艺海贮英华

图书腾凤彩
声价重鸡林

广搜中外名篇
嘉惠四方学子

供应纸张笔墨
货销城市乡村

以六书传四海
愿一刻值千金

事业于今同刻鹄
文心自古皆雕龙

玉露磨来浓雾起
银笺染处淡云生

天涯雁寄回文锦
水国鱼传尺素书

奇香细洒金壶汁
新谱盛传银盏烟

几番磨琢方成器
十载耕耘自见功

壮志漫夸班固远
选材应法卫夫人

匣藏铁砚青云敛
墨洒金壶紫汁凝

秋声露绕千章锦
春晓云流五色笺

鹅黄鸭绿鸡冠紫
鹭白鸦青鹤顶红

笔架山高虹气现
砚池水满墨花香

紫玉池中含雨露
白银笺上走龙蛇

碧露濡毫铜雀古
紫泥赐篆玉龙新

落纸烟云皆学问
挥毫锦绣尽文章

拔毛首选管城子
拜石曾封即墨侯

质分蕉叶和烟断
洁比梅花带雪磨

远求海内珍藏本
快读人间未见书

传播四海新文化
推广九州有用书

列圣精华宵射斗
诸儒冠盖画盈门

万口流传新教育
千秋根柢大文章

锦绣成文原非我有
琳琅满目唯待人求

大块文章百城富有
名山事业千古长留

玉检金泥山通宛委
琼编秘笈地接琅环

二曜齐光三辰并丽
酉山启秘乙览呈奇

典籍石渠词章艺圃
缥缃锦篆卷轴金题

有迹可寻模传墨本
无体不备意在笔先

以纯为体以静为用
如玉之坚如砥之平

薄纸千张请伸妙手
彩毫一管精绘花容

薛涛新裁光迷五色
剡溪美制艳夺三春

妙手生花文章增色
粉金溢彩匀碧扬芬

珍共图书争辉东壁
林成翰墨游艺西园

爪影留鸿得天然趣
脂香凝蜡具人造功

潭近百花自多佳制
楼夸五凤好助添修

放眼橱窗尽是文房四宝
兴怀风雅广交学海众儒

墨块磨开可调数千壮马
笔尖挥动能麾百万雄兵

丝绵麻店

白疑叠雪
朱若含春

轻裘被服
罗绮生香

淡深随意著
深浅入时新

驭来非朽索
挽去有新缰

纬经新组织
文采自风流

此中皆锦绣
以外少文章

布衣衣大雅
舒服服高才

锦绣凭裁剪
云霞任卷舒

冷暖随人意
缠绵动客心

夙裕经纶志
争看锦绣才

纬经新组织
文采自风流

此中皆绵绣
以外少文章

布衣衣大雅
舒服服高才

锦绣凭裁剪
云霞凭卷舒

云锦天仙织
霓裳巧妇裁

机逐回文巧
花依锦字明

织来机杼巧
编出羽毛丰

七襄昭物采
五色焕文章

云织天孙锦
霓裁月姊裳

聚来千亩雪
纺出万机云

织成云霞锦
绣出草木花

辛勤弹一曲
温暖送千家

关弓传绝技
飞絮咏新诗

聚来千亩雪
化做万家春

欲知世上丝纶美
且看庭前锦绣鲜

万国山川藏彩线
四时花鸟贮金针

三尺冰弦弹夜月
一天飞絮舞春风

不待才媛吟柳絮
何愁孝子着芦花

轧轧机声听巷里
花花世界说人间

新花雪白晴能舞
古调琴声静可弹

绿文赤字皆可咏
淡妆浓抹总相宜

語言的盛宴

一纬须为仙女恤
半生常与布衣交

但向此中工布置
须知世界有炎凉

经纶有绪原同帛
衣被群生总赖棉

愿为群众经纶业
特著顾客衣被功

但使精粗分物理
不从冷暖作人情

紫白红黄皆悦目
麻棉毛葛总因时

风吐丝纶成五彩
龙蟠锦绣灿千花

裁剪合身夸巧匠
衣裳得体赞时装

云锦七襄供组织
华绸五色焕文章

欲知世上经纶美
且看柜前锦绣鲜

锦绣回文机上织
丹青尺幅袖中藏

不惜春光明锦绣
曾从晓日焕丝纶

珊瑚架映鲛绡艳
翡翠橱开锦绣斑

运筹欲展经纶业
组织还成锦绣文

志在经纶承少伯
情耽湖海效元龙

南国云丝辉黼黻
中天蜀锦焕文章

锦绣乾坤真事业
经纶山海大文章

何必章身夸锦绣
只须用意费缠绵

于今已掌丝纶美
他日还看黼黻奇

衣被苍生亦称安燠
堆来白雪即是温和

浓比堆云洁疑叠雪
暖增挟纩寒解衣芦

花样翻新服装重任
霓裳绚彩时代精神

纬地经天丝纶事业
五光十色黼黻文章

茧织细纹别成佳制
丝抽余绪饶有古风

组织经纶生财有道
纷披锦绣为彰于天

美富文章云蒸霞蔚
经纶事业锦簇花团

暑往寒来功能适好
棉温葛软表里成宜

蜀锦吴绫改良产品
云罗霞绮表异天章

雾谷云巢文君意趣
月华日彩织女心梭

掌握千丝织就中天美锦
胸罗万象绣成上苑奇葩

洗洗染染，胜似西施浣纱
缝缝织织，赛过晴雯补裘

还君白璧无瑕，华衮初回新气象
洗汝红尘万斛，威仪重整汉衣冠

钟表店联

可取以准
勿失其时

随时而动
不叩自鸣

与时间赛跑
催志士立功

分阴宜爱惜
刻漏逊精奇

一刻休贻岁月
十分珍重年华

暮鼓令人深省
好书使我开怀

万千星斗心胸里
十二时辰手腕间

刻刻催人资惊醒
声声呼汝惜光阴

二十四时凭我报
万千百事任君行

千秋伟业千秋福
一寸光阴一寸金

定一十二时标准
作三百六日循环

夺秒争分创大业
同心协力绘宏图

制法巧于记里鼓
定时妙胜报更筹

功迈周官挈壶氏
制逾汉室浑天仪

正秒分不误时刻
争朝夕慎惜春光

刻刻催人勤发奋
声声叹道昨非今

钟表名牌销四海
店堂顾客遍三江

刻刻催人资醒悟
声声呼汝惜春光

处处凭伊明秒刻
声声劝汝惜光阴

人生只论时分秒
历史才分日月年

能于细处求精确
惯与时间较短长

功替铜壶有条不紊
声催玉漏勿失其时

人当珍重年年日日
表亦爱惜秒秒分分

按部就班有条不紊
从晨而暮无懈可攻

掌握璇玑胸罗星斗
权衡日月烛照乾坤

喜事业兴隆于民得利
看秒分准确为国惜时

滴滴声声莫把光阴虚度
圈圈转转并非岁月重回

好钟表刻刻催人资警醒
精技艺时时助汝惜光阴

抓紧时间为祖国增加财富
练好本领给人民谋取幸福

要爱惜一分钱给国家增加积累
不放过半秒钟为建设贡献力量

钟声长鸣友朋当珍重年年月月
表摆不懈同志应爱惜秒秒分分

夺秒争分须知创业艰难时不我待
同心协力莫道攀登非易事在人为

理发铺联

当头事业
到顶功夫

红心暖客
巧手回春

照人须照己
修面亦修身

手中施巧技
头上逞奇能

但教身入座
免使发冲冠

迎辛勤战友
送飒爽英姿

虽云毫末技艺
却是顶上功夫

进去乌头学子
出来白面书生

要问手中技术
请看头上功夫

来如翼德再现
去若公瑾重生

提起刀人人没法
拉下水个个低头

不教白发催人老
更喜春风吹面生

到来尽是弹冠客
此去应无搔首人

云鬓理就通身俏
华发妆成满面春

压花卷浪随人意
齐额披肩任客挑

善心不欲佳人老
巧手能教颜面新

烫发推头除旧貌
吹风修面换新容

修就一番新气象
剪除千缕旧东西

修边幅顿添瑞色
整华容骤起春风

莫让时间催鬓发
立教春色上眉头

去垢涤污新面目
整容净发识英雄

每求新面从头起
长喜春风顶上来

磨砺以须工夫纯熟
及锋而试手段精良

刮剃剪推包君满意
烫吹洗理令汝称心

整修仪容行年似少
洗吹蓬发面目一新

技术革新头头是道
容光焕发面面皆春

顶上圆光尽生美泽
眉间英气更露清扬

往来进出因我生色
剪洗烫吹为君美容

细理乌丝容光增几许
巧梳青鬓春色丽无边

椅随人转容新兼貌美
镜对目张笑逐并颜开

闪电卷乌云眉清目秀
银剪断黑发齿白唇红

迎进蓬头垢面弹冠客
送回黑发红颜爽首人

毫末技艺虽然不足为奇
顶上功夫却能成人之美

顶上春光凭君从头开拓
高超技术看我信手拈来

暮暮朝朝洗洗梳梳剃剃
停停歇歇光光挖挖敲敲

顺理成章堆云卷雾皆如意
得心应手截短留长悉合时

美女俊男过门不入憾中憾
云鬓花髻妙手梳成奇里奇

理面美容男子汉轩昂仪表
烫头添艳女儿家飒爽英姿

聚首一堂杨柳东风初识面
垂丝万缕杏花春雨喜弹冠

巧手创发型区别男女老幼
笑脸迎顾客不分远近亲疏

技艺高超发型美观女男喜
店风文雅态度热情老少欢

磨砺以须,问天下头颅几许
及锋而试,看老夫手段如何

大名鼎鼎上等功夫海角天涯歌盛誉
美貌堂堂发端技巧厅间室外拂春风

挥舞双拳,打遍天下英雄,莫敢回手
运动寸铁,削平宇内豪杰,谁不低头

酒楼饭店联

人我皆醉
天地一沤
——此联为上海望平街一酒肆名酒沤所悬之联。

色曾招雪妒
味自胜羹香

一枕黄粱熟
三餐白粲香

牛羊夸茁壮
鸡鸭善烹调

寻常无异味
鲜洁即家珍

抽丝皆就绪
努力劝加餐

捧杯消倦意
把酒振精神

闻名心也醉
品味梦犹香

人游千里外
兴在一杯中

清凉宜夏日
美味引巴风

共对一樽酒
相看万里人

莫言身是寄
能使客如归

鸡鸣声早早
马去意迟迟

进门都是客
到店即为家

未晚先投宿
鸡鸣早看天

日中行路苦
月下宿宾欢

店中称适意
房内可安身

居安来客喜
喜客来安居

座上客常满
樽中酒不空

店好千家颂
坛开十里香

斟盏邻家醉
开坛隔壁香

世间无此酒
天下有名楼

一醉千愁解
三杯万事和

酒里乾坤大
壶中日月长

举杯歌盛世
对酒庆丰年

带经锄绿野
流露酿黄花

绮阁云霞满
清樽日月长

光浮兰叶翠
色借郁金黄

杏林帘影远
梨酿酒香浓

闻香宜下马
愿醉且登楼

兰香陈绮席
菊醴溢芳樽

海上生明月
天边作酒星

野茶攒地出
村酒透瓶香

举杯邀皓月
和曲舞春风

酒香留客住
诗好带风吟

中山千日醉
明月一樽欢

举杯中皓月
尝世上珍馐

诗甘称弟子
酒不让先生

黄酒童鸡风味
白发老妪生涯

其味非羊能易
此间有鸡更佳

——此联为田汉题长沙李合盛牛肉店。且“红烧牛肉”与“麻辣子鸡”为该店名菜。

铁汉三杯软脚
金刚一盏摇头

安石东山丝竹
乐天江上琵琶

入座三杯醉者也
出门一拱歪之乎

李白借问谁家好
刘伶还言此处佳

酌来竹叶凝杯绿
饮罢桃花上脸红

花映玉壶红影荡
月窥银瓮紫光浮

瓶中色映葡萄紫
瓮里香浮竹叶青

陈年美酒迎风醉
精制珍馐到口香

喜待东西南北客
献出兄弟姐妹情

男子须顶天立地
古人懔后乐先忧

浮生若寄谁非梦
到此能安即是家

浩歌不觉乾坤小
酣饮方知日月长
——此联为香港小陶芳酒楼所悬之联。

春夏秋冬一岁川流不息
东西南北四方宾至如归

交易小心，须知良莠难辨
酒莫过量，谨防乐极生悲

福聚香楼邀朋会饮倾美酒
功成名手劝友加餐品酥禽

今饪古烹拈来五味调奇味
中肴西馔群集一家创大家

个个随心饥有佳肴馋有酒
口口适意冷添汽水热添茶

乡味殊佳莫恋江东饱莼菜
人间何世偶从海上得桃源

饮酒读离骚，也算屠门大嚼
和羹调鼎鼐，不如左手持螯
——此联为田汉题长沙和祥餐馆客座。

画本妙天然，此楼真高百尺
人生行乐耳，有酒更进一杯
——此联为长沙鱼塘街天乐居联

济公捧坛喝，一曲酣眠卧佛寺
李白邀月饮，三杯醉倒酒仙桥

大包易卖，大钱难捞，针鼻削铁，只向微中取利

同父来少，同子来多，檐前滴水，几曾见过倒流

——此联为广州大同酒家的嵌字联。

半盏、半瓯、半醉、半醒、偷得半日清闲，也算人间半乐

仙侣、仙朋、仙肴、仙酒、招来仙姬共饮，胜似天上仙家

农林牧渔联

田园常有乐
鱼鸟亦相亲

日丽山河秀
风和草木荣

发家勤为本
致富俭当头

土能生百福
地可纳千祥

喜百行兴旺
庆五谷丰登

一畦春韭绿
十里稻花香

日月开新纪
田园入画图

祖国春光好
农村气象新

荒岭成林海
沙滩变绿洲

江山千古秀
花木四时春

林深惊鸟兽
果熟醉山人

竹松添翠色
桃李绽新蕾

竹影有新意
松风含古姿

柳笛穿林过
山歌带月行

红日辉林海
春光焕鸟音

春拂柳丝翠
秋染枫叶红

丹桂香千里
松柏绿万年

茶园香屋后
柳浪泛门前

匠心随所种
著手便成春

大地春光好
牧区气象新

好果连千树
香甜送万家

草茂牛羊壮
山幽树木多

草细牛羊壮
料精猪马肥

唱晚耽清兴
临波寄渺怀

摇橹时弄月
挂帆自生风

明月双溪水
轻波一钓船

碧海澄朝曙
白帆望暮烟

渔歌随浪涌
海货与山齐

撒出千张网
收回万担鱼

渔歌移远浦
牧笛弄斜阳

红旗飘海上
渔歌庆丰年

一帆云作伴
千里月相随

春潮新涨碧
银网广织歌

高枕随流水
轻帆任远风

鱼香飘万里
日影映千帆

人欢马叫丰收岁
狮舞龙腾改革春

晴窗透日桑榆影
晚露湿秋黍禾香

缫成白雪桑重绿
割尽黄云稻正青

一年生计勤商酌
无限春光任剪裁

国泰民安知礼乐
年丰物阜庆康宁

马壮人强康乐日
仓流囤满裕丰年

东风化雨山山翠
政策归心处处春

勤俭人家先致富
向阳花木早逢春

脱贫致富小康日
足食丰衣大有年

汗洒田园五谷秀
锄描大地万家春

春动生机龙起蛰
物宜时令鸟催耕

五谷丰登农家乐
四季增收岁月甜

多种经营多献宝
广开门路广来财

茧花结出丰收果
汗水汇成幸福泉

地开美景春光好
人庆丰收喜气多

碧浪千层春雨足
清风十里稻花香

地旺人勤山献宝
春浓日暖国增辉

迎三春描山绣水
建四化富国兴邦

春风得意花千里
秋月扬辉桂一枝

花影不离身左右
鸟声只在耳东西

春林明媚李桃绽
芳圃清幽莺燕飞

爱竹不锄挡路笋
惜花常护入帘枝

松青柏翠山山美
柳绿梅红户户春

万壑松涛山雨过
千山花色水风生

竹林葱郁千嶂翠
树海苍茫万顷涛

绿屏碧嶂遮风砾
林海雪原育栋梁

十年树木千秋业
一望江山万里春

绿满林区山滴翠
春回茶场路飘香

千条杨柳随风绿
万里山河映日红

鸟欲娱人娇舌啭
花如爱客笑颜开

秃岭荒山成昔日
青峰绿海看今朝

护林须晓造林苦
伐树当思种树难

千林鸟唱山增韵
四野花开果溢香

万木欣春随水绿
百花争艳向阳红

高岭苍茫低岭翠
幼林明媚母林幽

林高草茂牛羊壮
水秀山青稻麦丰

风吹杨柳千山绿
雨润杏桃万里红

植树为求千代福
护林因葆万山春

造林直上千重岭
筑坝横拦万顷波

万木争荣五岭碧
千帆竞发一江春

劲竹在前方见节
腊梅去后尚留香

青山不老山犹秀
碧水长流水愈娇

草绿花红锦绣地
粮丰林茂喜欢村

柳绿梨黄千载福
桃红松翠万年春

东风送暖千山绿
旭日生辉万壑春

土岭荒山披绿甲
草原大泽献奇珍

松色巧开千岭绿
梅香普送万家春

百鸟齐鸣迎旭日
千林披翠舞东风

青山不语花常笑
绿水无音鸟作歌

祖国有山皆绿化
林区无处不清风

千峰苍翠吐春意
万亩碧波浴早晖

一片晓烟杨柳绿
满园春色杏桃红

百花园里珍禽舞
万木林中好鸟鸣

自闭桃源称太古
欲栽佳木柱长天

牛马猪羊六畜旺
鱼虾莲藕一池香

牛壮猪肥六畜旺
粮丰林茂四时兴

人欢马叫升平世
燕语莺鸣锦绣春

草地春来千里绿
帐篷喜到一家欢

水绿山青光景好
花香草茂马牛肥

牛羊肥壮猪盈圈
鸡鸭成群鱼满塘

数声牧笛飘牛背
几朵鞭花响马头

春归北国醒芳草
冬去牧区红百花

多少经营凭草海
无穷生意在桑麻

粮果遍山千里秀
豆瓜满架一堂香

牧牛曲里风光美
花草丛中春意浓

帐前雪酿丰收酒
马上鞭催锦绣春

几树斜阳晴晒网
一篷凉月夜吹箫

枫叶荻花凭管领
江天水国托生涯

桃花流水春罗鳜
枫叶空江晚卖鲈

缆系碧芦云绕去
捭穿红蓼月归来

万里烟霞凭啸傲
半江云水作生涯

五岭山歌传喜讯
三江渔唱起春潮

白帆摇出东方日
银网收回南海潮

金山银海迎朝日
牧笛渔舟唱晚风

潮汛朝争歌满海
归帆夕映喜盈舱

寒江打网随流水
曲渚回舟带夕阳

碧海金波朝旭日
春风银网耀朱鳞

熙春鱼港千帆集
出海云涛万网张

海上渔歌随浪涌
岸边欢笑逐风飞

万顷烟波天接海
千舱欢笑喜迎春

帆舞东风征大海
门临旭日乐渔家

出海千船迎日出
归程万篓顺风归

乘风破浪扬帆去
金甲银鳞满艇归

一海浪涛一海笑
满船歌曲满船鱼

港外群帆迎旭日
船中笑脸伴春风

渔唱晓迎红日出
风帆暮载锦鳞归

千只轻艇迎风去
万担鲜鱼上网来

春风习习渔家乐
秋水粼粼夹岸欢

碧波浩渺千帆舞
紫气光华万象新

双桨荡开波面镜
一篙撑破水中天

喜捉肥鱼张大网
欢迎海浪唱新歌

海腾渔唱飘霞彩
天挂夕阳耀锦鳞

白巩春暖兴渔业
碧海波平唱福音

雨顺风调人出海
帆轻云淡船归家

堤外波光千里碧
船中春色万斤银

鱼香醉倒千重浪
螺号唤醒万户春

白云春暖千家乐
珠海波平万舶来

語言的盛宴

潮来海角千帆动
春到渔船万尾鲜

春风晓月随流水
小曲轻舟载锦鳞

万国嘉宾舟载宝
三山奇景海连云

汪洋大海鱼群广
浪静风平水产丰

水笑山欢百业兴旺
地灵人杰五谷丰登

鸟语花香人勤春早
风和日丽民乐年丰

花果飘香桑麻挺秀
牛羊肥壮稻菽丰盈

耕雨锄云迎来幸福
栽花种树装点春光

千里松涛无山不绿
万顷麦浪有地皆黄

水秀山青阳春有脚
年丰人寿幸福无边

绿染千畴挥锄夺宝
春临大地洒汗成金

林木成荫无山不绿
沟渠结网有水皆清

植树造林包装大地
栽花种柳点缀山河

绿满林区千山滴翠
春临茶场万里飘香

植柏植松无山不绿
栽杨栽柳有岭皆春

藕白梨黄桔红茶绿
鲈鲜鲤嫩鸭壮鸡肥

屋角宅旁瓜黄菜绿
池边河畔鸭大鹅肥

你富我富千家都富
山新水新万象更新

马壮牛肥鸭鸡成伍
麻青桑绿谷麦盈仓

花果飘香桑麻挺秀
牛羊肥壮稻麦丰登

四季赶花花香千里
三春酿酒酒醉万家

牧副农林行行兴旺
春秋冬夏季季丰收

草绿山青阳春有脚
羊肥马壮幸福无边

乘东风划破千寻浪
操船舵满载万担鱼

海笑人欢九州永泰
盐丰鱼跃四海长春

操舵扬帆渔歌飘海
乘风破浪锦鳞满舱

日丽风和山河添秀色
地灵人杰田野沐春风

稻麦丰登喜迎大有日
畜禽兴旺好过太平年

异草奇花添几分春色
桩头盆景夺一代天工

装点江山林教千壑绿
造福后代水理万泉清

映日红梅香飘致富路
摇风疏柳绿染小康家

植树造林青山长不老
种草栽花赤县永留芳

多种经营开辟生财道
百行企业打开致富门

牧笛悠悠塞上牛羊走
鞭花朵朵草原骏马驰

银燕穿云巧裁三春美景
金鸡报晓喜获五谷丰登

松柏拂春风山河弃旧貌
杨柳迎丽日田园着新装

闹春耕十分汗水十分获
抢农时一寸光阴一寸金

政策落实人人笑逐颜开
分配兑现个个心情舒畅

铁臂银锄装点河山似锦
和风丽日沐浴大地皆春

东西南北中处处传捷报
农林牧副渔行行宣佳音

重重叠叠山曲曲环环路
高高下下树叮叮当当泉

鱼跃鸢飞滚滚春潮催四化
月圆花好融融喜气遍九州

精耕细作夺取丰收干劲大
奋发有为振兴中华贡献多

阳雀声中春风染绿岸上柳
责任田里热汗浇开稻菽花

喜村寨五谷丰登粮山棉海
看城乡一派兴旺车水马龙

海倒山移春野无边翻稻浪
渠成水到乡村遍地荡银波

四季香飘姹紫嫣红春不老
九州绿化茂林修竹草常青

喜江南柏翠松青风光正好
望塞北梅红竹绿气象更新

翠柏苍松装成祖国千年秀
朝霞夕照染就江山万代红

举目看山山山葱葱山山宝
低头见水水水清清水水银

门对青山兔嬉羊欢歌碧毯
窗含绿水鱼追鸭唱舞银波

圈养猪羊栅喂鸡畜禽兴旺
池留鱼虾塘育藕养殖丰登

花果艳今朝常赖春光和煦
幸福长来日皆凭国策英明

香风甘露美乾坤甜甜事业
曼舞轻歌庆世界好好生活

种草种花勤引芳菲来大地
利民利己巧将翠绿洒人间

战天斗地千顷戈壁成林海
移土造河万里荒漠茂禾稼

科学种田山川喜披一片锦
多方致富财源茂盛四时乐

山水田林综合治理生财广
农渔牧副多种经营来富多

柳拂春风马蹄得意奔新路
云开丽日鹊舌顺心报好音

渔手捕鱼五湖水族皆听命
船艇出航四海龙王助顺风

渔汛兴隆乐朝四海抛鱼网
锦鳞生色喜看五湖载富年

同字异音联

调琴调新调，调调调来调调新；
种花种好种，种种种成种种香。

——此联为双音联，上联调字中一、二、六读调整的调；三、四、五、七、八读音调的调。下联种字一、二、六种读种花的种；剩下的读花种的种。

盛盛盛盛盛盛盛；
行行行行行行行。

——此联为浙江绍兴一副戏台联，上联二、四、七的盛读盛开的盛，一、三、五、六读盛饭的盛；下联的二四七的行读行走的行，一、三、五、六读银行的行。

海水朝朝朝朝朝朝朝朝落；
浮云长长长长长长长长消。

——上联读为：海水朝潮朝朝潮，朝潮朝落。下联读为：浮云长涨长长涨，长涨长消。

乐乐乐乐乐乐乐；
朝朝朝朝朝朝朝。

——此联为故宫太和殿联。上联读为：乐曰，乐曰，乐乐曰。下联读为：召朝，召朝，召召朝。

朝云朝朝朝朝朝朝朝退；
长水长长长长长长长流。

——此联为四川朝云庙联。上联读为：朝云潮，朝朝潮，朝潮朝退。下联读为：长水涨，长长涨，长涨长流。

上联：长长长长长长长；
下联：长长长长长长长。
横披：长长长长。

——此联上联读为：长涨长涨长长涨；下联读为：涨长涨长涨涨长。横批读为：涨长长涨。

见见见见见见见；
齐齐齐齐齐齐齐。

——上联读为：见现见现见见现；下联读为：齐斋齐斋齐齐斋。

见见见见见见神主；
朝朝朝朝朝朝圣驾。

——上联读为：见现见现见现神主；下联读为：召朝召朝召朝圣驾。

拆字同形联

马伫塞下雄关，望天山，怀张骞；
车过临河易水，入秦川，思荆轲。

——上联中“马伫塞下”指把“塞”字下面的“土”换成“马”字，则成了“骞”字。下联“车过临河易水”指“轲”字。

六木森森，桃梅松柏杨柳；
四山出出，泰华嵩岳昆仑。

稟棘为薪，截断劈开捆成四束；
闾门起屋，移多补少盖作两间。

戊戌同体，腹中止欠一点；
己巳连踪，足下何不双挑。

思恩两颗心，因田加税；
河池一边水，也可免粮。

——广西有二县名思恩和河池，一次一布政使召见两县令，要求加收赋税，两县令皆以当地穷困要求免税，布政使便出上联。上联嵌“思恩”县名，且拆得十分巧妙。不料河池县令以河池应口对出下联，且联义相对，可谓捷才。布政使无奈，只好免去赋税。

夫子天尊大士，头上不同；
宫妃宦者官人，腰间各别。

錢有二戈，伤坏多少人品；
穷之一穴，埋没若许英雄。

东庙阙，西庙房，东西两庙，门户相当，方敢对坐；

南京河，北京城，南北二京，水土合流，可成霸业。

鸿为江边鸟；
蚕是天下虫。

或在園中，拖出老袁还我國；
余行道上，不堪回首望前途。

立足宜防岩下石；
安身须避利旁刀。

鸟入風中，衔去虫而作鳯；
马来芦畔，吃尽草以为驴。

冯二马，驯三马，冯驯五马诸侯；
伊有人，尹无人，伊尹一人冢宰。

巫山夹巫峡；
春草化春花。

四口兴工造器成，口多工少；
二人抬木归来晚，人短木长。

——此联为吴文泰和丁逊学所对。一次丁逊学家里作家具，命两位家人出去买木材，两人很晚才回来，又请了四个木匠做活，吴文泰于是以木匠做活出了上联，丁以家人买木对出下联。上联拆“噐”字为“四口兴工”，下联拆“來”字为二人夹木。新联拆“靁”字为“三田落雨”。

冻雨洒窗，东两点西三点；
切瓜分客，七大刀八大刀。

半夜生孩，亥子二时难定；
百年匹配，已酉两日相当。

天寒地冻，水无一点不成冰；
国乱民忧，王不出头谁作主。

三个土头考老者；
五家王子弄琵琶。

王老者一身土气；
朱先生半截牛形。

琴瑟琵琶八大王，一般面孔；
魑魅魍魉四小鬼，各自肚肠。

骑奇马，张长弓，琴瑟琵琶八大王，王王在上，单戈成战；
伪为人，袭龙衣，魑魅魍魉四小鬼，鬼鬼犯边，合手即拿。

星为夜象，乃日下而生；
花本木形，何草头而化。

十口心思，思国思君思社稷；
八目尚赏，赏风赏月赏秋香。

寸土为寺，寺旁言诗，诗曰：明月送僧归古寺；
双木成林，林下示禁，禁云：斧斤以时入山林。

口在天下，口在天上，志在吞吴；
人处王顶，人处王旁，意图全任。

卜官是人，人仕君王得全任，幸矣；
欲界无心，心生是非则悱悲，痛哉。

梧桐枝横杨柳树；
汾河浪激泗洲滩。

寂寞寒窗空守寡；
宽容富室实安宁。

冢宰宿寒家，穷窗寂寞；
客官寓宦宫，富室宽容。

宦宫寄宿穷家，寒窗寂寞；
冢宰安宁富宅，宇宙宽宏。

泪递湘江流满海；
嗟叹嚎啕哽咽喉。

荷花茎藕莲蓬苦；
芙蓉芍药蕊芬芳。

远近送迎通达道；.
逢邀进退遂逍遥。

涉浅渠清流，荡深潭激浪，漫游潺洙濠濮涧；
构桀楼棋榭，架槛桥朱栏，采集松柏栋梁材。

芽萌花草芬芳蕊；
水泻浪涛活泼河。

竹寺等僧归，双手拜四维羅汉；
木门闲客至，两山出大小尖峰。
——上联拆“等”为竹寺；“拜”为双手；“羅”为四维；四维：东西南北。下联拆“闲”为木门；“出”为两山；“尖”为大小。

长巾帐内少女妙，立女为妾；
寸十寺前古木枯，此木是柴。

人曾是僧，人弗能成佛；
女卑为婢，女又可称奴。

奴手为拏，此后莫拏奴手；
人言是信，从今勿信人言。

一史不通难做吏；
二人相聚总由天。

二山出守，应求何以应其求；

千里重来，公使尽由公所使。

——此联为某生对陈应求联。

凿地为池，去土欲求水也；

从玙出屿，得玉便离山与。

——此联为金文征对其老师。

两束棘针，小大尖儿无数；

三车轰布，不正歪者极多。

——此联为明代洪武四年(1371)进士林大同所对。林大同少年聪颖，能诗通对。一天，他随老师外出郊游，路上遇一位挑篱棘的人。老师便出此上联。出句意为：朿、棘，不捆为棘，捆而成束；林大同见有一辆载满布，便对出下联"歪"指车上装的布匹不整齐。

劈棘砍棗为柴，横两朿，直两朿；

从价聚众扮戏，假三人，真三人。

不正之风上下卡；

非车之辈彳亍行。

心上有心，心下有心，心上下起浮，忐忑不平；

丘左逢水，丘右逢水，水左右飘荡，乒乓不绝。

上钩为老，下钩为考，老考童生，童生老考；

二人成天，一人成大，天大人情，人情天大。

——此联为某老童生巧对主考联。

十口为古，白水为泉，进古泉连饮十口白水；

千里为重，丘山为岳，登重岳一览千里丘山。

进古泉，喝十口白水；

越重岚，取千里山风。

四口同圖，内口皆归外口管；

五人共傘，小人全仗大人遮。

——此联为明代杨溥年幼时为其老父减免劳役时和县令所对。

二公并轿撑双傘，大小十人；

一家造册分两圖，内外八口。

——此联为明代长沙府尹答对吴江县令。

千里为重，重山重水重庆府；

一人为大，大邦大国大明君。

——此联为重庆书生答对朱元璋。

枇杷树下弹枇杷；

舴艋舟旁跳蚱蜢。

筵上枇杷，本是无声之乐；

草间蚱蜢，还同不系之舟。

——此联由前联衍变而成。难在枇杷、琵琶：同旁、同音、同形。

乔女自然娇，深恶胭脂胶肖脸；

止戈才是武，何带铜钱铸镖锋。

信是人言，敬欲取信于人，必也言而有信；

烟乃火因，常见抽烟起火，应该因此戒烟。

——此联为于万杰对彭更。

倪人皃十口心思；

妙少女八目尚赏。

妙人儿倪家少女；

犟小子孙门强牛。

語言的盛宴

歪头山山头不正；
犟小子子小牛强。

日在东，月在西，天上生成明字；
子居右，女居左，世间配定好人。

女好子好女子同好；
日明月明日月共明。

日月为明合昼夜；
女生合姓别阴阳。

张长弓，骑奇马，单戈作战；
嫁家女，孕乃子，生男为甥。

踏破磊桥三块石；
剪开出字两重山。

——此联为清代李调元为一学员所对，其一时没对上，回家后夫人知道后，于是替他对出此联。谁知第二天拿给学员时，学员说此联绝非大人所对。李调元大惊，问何故。学员说：“这剪字为女子所用，如大人所对，当用劈或者砍。”李调元为之语塞。

拆破磊文三石独；
分开出字两山单。

——此联中石独、山单均为花名。

牛不出头，辜负牧童寻到午；
鬼能踢斗，显达才子占高魁。

因火为烟，若不撇开终是苦；
舛木为桀，全无人道也称王。

——此联为清代禁烟衙门之联，妙在上联的“若”不“撇”开终是“苦”。

欠食饮泉，白水何堪足饱；
无才抚墨，黑土岂能充饥。

——此联为抗战时期蒋介石政权层层克扣教育经费，加上通货膨胀，教职员工苦不堪言，某大学教师愤题。

两江呆人障；
三省钓鱼行。

——此联嘲两江总督张居正的。其总督府前有匾“两江保障”三省钓衡”两块牌匾。

日落香残，除却凡心一点；
炉熄火尽，务把意马牢栓。

——此联上联“日落香残”为“禾”字；“除却凡心一点”为“几”字；合则为“秃”字。下联是拆“驴”字。

因火成烟夕夕多；
此木为柴山山出。

里中田上土何下；
岩畔石低山自高。

——此联为许思温答客人。

屑小欺大乃谓尖；
愚犬称王便是狂。

忠因多口成为患；
非若有心反变悲。

二人土上坐；
一月日边明。

一明分日月；
五岳各丘山。

日月同明天不黑；
山丘共岳地非低。

闲看门中月；
思耕心上田。
——此联“闲”字的繁体为‘閒’。

女氏配婚终有日；
山田教崽始开心。

女未成婚仍是妹；
父多弃子决非爹。

子女好大人可倚；
马大可骑人更便。

墙上挂珠帘，你说是王家帘，朱家帘；
半夜生孩儿，我管他子时乎，亥时乎。

能者多劳，恐断四条腿骨；
下流无耻，难保一个头颅。
——此联为嘲熊、卞两县令而作。

学正不正，诸生皆以为歪；
相公言公，百姓自然无讼。
——此联为某学正与某官互嘲联。

李家十八子；
奏事二三人。
——此联为李东阳答对某学士联。“奏”字拆的妙。

洪洞县，共同三条水；
岢岚城，可风两重山。

上四心，下四心，寧德四心不一；
外十口，内十口，古田户口何多。
——此联中宁德、古田皆福建地名。

四维为羅，东西南北之人也；
三王曰汪，禹汤文武之后欤。
——此联为黄道让对汪知府客人罗某。禹、汤、文、武为夏商周三代王，故曰三王。

马宾王，骆宾王，马骆各宾王；
龙主考，龚主考，龙龚共主考。
——此联为清代赵礼甫出联给叶廷琯所对。上联马宾王指唐代大臣马周，字宾王。骆宾王指唐代文学家骆宾王。叶一时无以对。道光三十年(1850)，云贵两地乡试，云南主考叫龚宝连，贵州主考叫龙元禧，叶方以此事对出下联。

尊姓本为牛，个中人许多勾搭；
大名原是草，门内汉不算东西。
——此联嘲知县朱蘭。

李宋二先生，木头木脑；
龚庞两小子，龙首龙脚。

尤郎中直脚便为犬；
史先生脱口不成人。
——此联为尤、史二友互戏联。

吕先生品箫，须添一口；
谢状元射策，何吝片言。
——此联为谢一夔、吕原趣对。

细雨沉沉，两沈钻头不出；
狂风阵阵，二陈伸脚匆开。
——此联为陈、沈二书生避雨戏对。

谢昆城抽身便讨；
吴玉伦倒口便吞。
——此联为考生讽考官谢昆城、吴玉伦。

女姚虽好，只如半朵桃花；
人言为信，莫费一番言说。

——此联为姚月华答对杨达。

僧去曾留，将人丢尽；
因祟作祟，引鬼进门。
——此联为嘲曾国藩办天津教案而作。

丑足半垂，知伊少人；
甲身不全，见君无口。
——此联为苏颋嘲尹某，全篇隐“尹”字。

一目不明，开口便成两片；
廿头割断，此身应受八刀；
——此联为嘲梁鼎芬而作。

闯贼无门，匹马横行天下；
元凶有耳，一兀直捣中原。
——此联为嘲马士英、阮大铖而作。

少目岂能识文字；
欠金切莫问科名。
——此联为嘲吴省钦典试江西。

本非正人，装作雷公模样，却少三分面目；
惯开私卯，会打银子主意，绝无一点良心。
——此联为嘲李儒卿。

陈亚有心终是恶；
蔡襄无口便成衰。
——此联为宋代蔡襄、陈亚互谑而作。

马承学，学乘马，汲汲而来；
钱同爱，爱铜钱，孜孜为利。
——吴地有个人叫马承学，很喜欢骑马奔驰。他的朋友钱同爱便出个对句与他开玩笑说：“马承学，学乘马，汲汲而来。”马承学应道：“钱同爱，爱铜钱，孜孜为利。”对完后补充说：“这只是为了对仗工稳，并不敢讥笑老兄。”

贾席珍失却宝贝珍珠，方为西席；
陈家颜割落耳朵颜面，才是东家。
——此联为塾师贾席珍与东家陈家颜戏对。

王大夫昆季筑墙，一土蔽三人之体；
潘先生父子沐发，番水灌两牛之头。
——此联为某姓王的医生和弟弟修墙，邻居潘先生出上联讽指，王大夫回以下联。

四维羅，马各骆，羅上骆下羅骑骆；
言者诸，豕者猪，诸前猪后诸牵猪。
——此联为罗姓和诸姓互讽。

乌不如鸟，胸中只少半点墨；
军无斗志，身边常倚一支枪。

王子身边，无有一点不似玉；
黾翁头上，再加半夕即成龟。
——此联为《聊斋志异》绿云代王勉（字黾斋）对桓文若。

龟为首，豕为身，不可与共；
龙其头，鱼其腹，难以偕行。
——此联嘲教员龚象衡。

白旗丁偏心真可怕；
青瞎子无目不成睛。
——此联嘲长白、青麟两督学。

鲁学童腰去四点，曾门弟子；
史大人头加一画，吏部天官。
——此联为鲁姓考生答对史姓考官。

語言的盛宴

头同六畜，身类夜叉，像此等无义怪物，老子定要拦腰一杠；

右边杉立，左如木偶，似这样不肖弃材，樵夫何妨劈面三刀。

——此联嘲监学王文彬。头同六畜指“王”如六畜里的“牛”，身类夜叉“文”和“叉”相类，下联拆‘彬’字。

阿兄门外邀双月；

小妹窗前捉半风。

——此联为苏东坡、苏小妹互戏联。上联指苏轼出门邀朋，下联指小妹临窗抓虱。

车乔二幕客，各乘半轿而走；

卢马两书生，共引一驴而行。

八人共拥炉中火；

十口同耕郭外田。

——此联为朱奎对父亲联。

有水有米又有田；

添人添口更添丁。

——此联为贺潘、何两家通婚。

有木便是桥，无木也是乔，去木添个女，添女便为娇，阿娇休避我，我最爱阿娇；

有米便是粮，无米也是良，去米添个女，添女便成娘，老娘虽爱子，子不敬老娘。

——此联少女骂轻薄少年。

品泉茶三口白水；

竺仙庵二个山人。

二人合口为吞，口藏天下；

又女变心成怒，心恨奴孤。

锄麑触槐，甘作木边之鬼；

豫让吞炭，终为山下之灰。

——锄麑：战国时晋国大力士。晋君派他前往刺杀名臣赵盾，他见赵盾天未亮就整理好衣冠准备上朝，忠国之心可见；便说杀赵盾则不仁，不杀则不忠，故撞槐树而死。豫让是春秋末期晋卿智瑶的家臣，是中国古代著名的“士为知己者死”的刺客。此联不仅拆字还蕴含典故。

锯是金居，解开两片木公松；

泉乃白水，冲破一团麻石磨。

点将台前，王不出头谁做主；

比武场上，力若少点定挨刀。

叠字复字联

端阳才过，又遇九月九之重阳；

元夕未临，莫望七月七之巧夕。

倩人抓背，上些上些再上些，真痛痒全凭自己；

对客猜拳，着了着了又着了，好消息总在他家。

天近山头行到山腰天更远；

月浮水面捞到水底月还沉。

绿绿红红处处莺莺燕燕；

花花草草年年暮暮朝朝。

——杭州西湖联

看山山已峻；

望水水乃清。

风竹绿竹，风翻绿竹竹翻风；

雪里白梅，雪映白梅梅映雪。

风扇扇风，风出扇，扇动风生；
水车车水，水随车，车停水止。

重重喜事，重重喜，喜年年获风收；
盈盈笑语，盈盈笑，笑频频传报捷。

佛脚清泉飘，飘飘飘，飘下两条玉带；
源头活水冒，冒冒冒，冒出一串珍珠。

风风雨雨，暖暖寒寒，处处寻寻觅觅；
莺莺燕燕，花花叶叶，卿卿暮暮朝朝。
——苏州网丝园联

扒扒扒，扒扒扒，扒扒扒，扒到龙门三级浪；
唱唱唱，唱唱唱，唱唱唱，唱出仙姬七姐歌。

读书好耕田好学好便好；
创业难守业难知难不难。

分水桥边分水吃分分分开；
看花亭下看花回看看看到。

烟水亭吸水烟烟从水起；
风浪井搏浪风风自浪兴。

山美水美春光美宏图更美，
人新事新时代新传业愈新。

不生事不怕事自然无事；
能爱人能恶人方是正人。

进进出出笑颜开人人满意；
挑挑拣拣花色美件件称心。

相公公相子；
人主主人翁。

——此联出自宋代洪迈的《容斋随笔》卷六的《天生对偶》里。

上文章下文章，文章桥上晒文章；
东黄昏西黄昏，黄昏时候渡黄昏。
——此联为明代汤显祖的四个弟子和当地知县所对。

月圆月缺，月缺月圆，年年岁岁，暮暮朝朝，黑夜尽头方见日；
花开花落，花落花开，夏夏秋秋，暑暑凉凉，严冬过后始逢春。
——此联为清代李调元和其夫人所对。

船载石头，石重船轻，轻载重；
杖量地面，地长杖短，短量长。
——此联为董玘答对御史。

人轻担重轻担重；
步短路长短量长。

白鸟忘饥，任林间云去云来，云来云去；
青山无语，看世上花开花落，花落花开。

翘首望仙踪，白也仙、林也仙、苏也仙、我今买醉湖山里，非仙也仙；
及时行乐地，春亦乐、夏亦乐、秋亦乐、冬来寻雪风雪中，不乐亦乐。
——此联为西湖“仙乐处酒家”联。上联句句切“仙”，白、林、苏分别指李白、林逋、苏轼，下联句句切“乐”。

指数函数，对数函数，三角函数，数数含辛茹苦；
平行直线，交叉直线，异面直线，线线意切情真。

一盏清茶，解解解元之渴；
五言绝诗，施施施主之才。

一路塘塘塘有水；
百家姓姓姓无名。

一盏灯，四个字，酒酒酒酒；
三更鼓，两面锣，汤汤汤汤。

天上月圆，人间月半，月月月圆逢月半；
今年年底，明年年初，年年年底接年初。

新月如弓，残月如弓，上弦弓，下弦弓；
朝霞似锦，晚霞似锦，东川锦，西川锦。

方若棋盘，圆若棋子，动若棋生，静若棋死；
方若行义，圆若用智，动若聘才，静若得意。

遇丧事，行婚礼，哭乎笑乎，细思想，哭笑不得；
辞灵柩，入洞房，进耶退耶，再斟酌，进退两难。

今日过断桥，断桥何日断；
明朝奔明月，明月几时明？

白丁不识一丁；
黄甲曾位三甲。

善画者画意不画样；
能解者解义不解文。

无锡锡山山无锡；
平湖湖水水平湖。

常德德山山有德；
长沙沙水水无沙。

水中有月原无月；
世间无神却有神。

月月月明，八月月明明分外；
山山山秀，巫山山秀秀非常。

书生书生问先生，先生先生；
驼子驼子观对子，对子对子。

木匠做枷枷木匠；
书生写状状书生。

木匠做枷枷木匠，斩；
翰林监斩斩翰林，绝。

表弟非表兄表子；
丈人是丈母丈夫。

湖北卑卑职；
江南大大人。

父冢宰，子冢宰，秉一代之铨衡；
兄司徒，弟司徒，总两京之会计。

父戊子，子戊子，父子戊子；
师司徒，徒司徒，师徒司徒。

开关早，关关迟，放过客过关；
出对易，对对难，请先生先对。
未老思阁老；
无才做秀才。

复生不复生矣；
有为安有为哉。
——此联为清代康有为纪念谭嗣同（字

复生）而作。

江东之过江东，得见江东父老；
鬼谷子隐鬼谷，遂成鬼谷先生。

余见心乐余心乐；
史载可法史可法。
——此联为近代国学大师余心乐幼时对塾师的联。

艾自修，自修不自修，白面书生背虎榜；
张居正，居正不居正，黑心宰相卧龙床。

孔夫子，关夫子，两位夫子，圣德威灵同传万世；
著春秋，看春秋，一部春秋，庙堂香火永续千年。
——此联为徐渭题浙江富阳二圣祠。

青灯观青史，仗青龙偃月，隐微处不愧青天；
赤面映赤心，跨赤兔追风，驰骋间难忘赤帝。

关公骑马过赤壁，红！红！红！
孝子放羊上雪山，白！白！白！

兄玄德，弟翼德，释孟德，斩庞德，千秋至德无双；
生蒲州，事豫州，守徐州，战荆州，万古神州有赫。
——此联为湖南湘阴龙潭寺内关帝庙楹联。

连滩滩水水连滩；
夹谷谷泉泉夹谷。

听雨，雨住，住听雨楼也住听雨声，声滴滴，听，听，听；
观潮，潮来，来观潮亭上来观潮浪，浪滔滔，观，观，观。
——此联为杭州观潮亭联。

振作那有闲时，少时、壮时、老年时，时时须努力；
成名原非易事，家事、国事、天下事，事事要关心。
——此联题福建永定湖坑洪川振成楼。

风声、雨声、读书声，声声入耳；
家事、国事、天下事，事事关心。
——此联为明代顾炎武所做。

世间谤我、欺我、辱我、笑我、轻我、贱我、恶我、骗我，遇此则应如何避之；
只是忍他、让他、由他、避他、耐他、敬他、礼他、躲他，再过几年你且看他。

事祖事父，祖事祖事父，父事祖事父；
有子有孙，子有子有孙，孙有子有孙。

内无相，外无将，不得已玉帛相将，将来怎样；
天难度，地难量，这才是帝王度量，量也无妨。

金水河边金线柳，金线柳穿金鱼口；
玉兰杆外玉簪花，玉簪花插玉人头。
——此联为明代胡子祺和解缙所对。

公一豌婆一豌，姑姑嫂嫂合一豌；
新三年旧三年，补补衲衲又三年。

大鱼吃小鱼，小鱼吃虾，虾吃水，水落石出；
溪水归河水，河水归江，江归海，海阔天空。

烟青鸡铁嘴铁冠铁脚；
雪白马银鬃银尾银蹄。

鸡鸣山上，鸡鸣寺里鸡鸣；
龙化湖中，龙化庙边龙化。

轮渡渡车车渡渡；
桐油油桌桌油油。

黄花岗，岗花黄，黄照碧血，血染黄花留芳阁；
绿水河，河水绿，绿印白塔，塔映绿水存真容。
——此联为广州黄花岗联。

金男大，金女大，男大当婚，女大当嫁，齐大非偶；
市一小，市二小，一小在南，二小在北，两小无猜。

弓长张张弓张弓手张弓射箭，箭箭皆中；
木子李李木李木匠李木雕弓，弓弓难开。

年难过，年难过，年年难过；
事必成，事必成，事事必成。
——此联为1921年冬，陈毅同志在法国因为闹学被法国政府遣送回国，过春节时给自己家里写了这副对联。

一心守道道无穷，穷中有乐；
万事随缘缘有份，份外无求。

知足知不足；
有为有弗为。
——此联为谢銮恩撰。该联挂于冰心故居。

看我非我，我看我，我亦非我；
装谁像谁，谁装谁，谁就像谁。
——这是京剧表演艺术家梅兰芳生前非常喜欢的一副对联。

果有因，因有果，有果有因，种甚因结甚果；
心即佛，佛即心，即心即佛，欲求佛先求心。
——山西隰县凤凰山千佛庵联。

根根柱柱抽抽扔扔手手人民币；
丝丝缕缕吸吸吐吐口口尼古丁。

望江楼，望江流，望江楼上望江流，江楼千古，江流千古；
印月井，印月影，印月井里印月影，月井万年，月影万年。
——此联中望江楼乃成都一景。原对印月井即薛涛井，因井边有题“古印月明”四字，故称印月井。

客上天然居，居然天上客；
僧游云隐寺，寺隐云游僧。

人过大佛寺，寺佛大过人；
贤出多福地，地福多出贤。

郎中王若俨，俨若王中郎；
人中柳如是，是如柳中人。

人归夜半夜归人；
蝶醉花间花醉蝶。

雨滋春树碧连天；
天连碧树春滋雨。

水连天天连水；
楼望海海望楼。

語言的盛宴

——此联为海南海口望海大酒楼联。

酒客酒楼同醉酒；
诗人诗社齐吟诗。

曲溪曲曲龙戏水；
陇埔陇陇凤簪花。

松叶竹叶叶叶翠；
秋声雁声声声寒。

龙怒卷风风卷浪；
月光射水水射天。

风声水声虫声鸟声梵呗声，总合三百六十天击钟声，无声不寂；
月色山色草色树色云霞色，更兼四万八千六峰峦色，有色皆空。
——此联为浙江天台山中方广寺联。

花花叶叶，翠翠红红，惟司香尉着意扶持，不教雨雨风风，清清冷冷；
蝶蝶鹣鹣，生生世世，愿有情人都成眷属，长此朝朝暮暮，喜喜欢欢。

山羊上山，山碰山羊足，咩咩咩；
水牛下水，水淹水牛角，哞哞哞。

狗牙蒜上狗压蒜；
鸡冠花下鸡观花。

佳山佳水佳风佳月，千秋佳境；
痴声痴色痴梦痴心，几辈痴情。

普天同庆，庆得自然，庆庆庆，当庆庆，当庆当庆当当庆；
举国若狂，狂到极点，狂狂狂，懂狂狂，懂狂懂狂懂懂狂。

即色即空，即心即佛；
亦诗亦酒，亦儒亦仙。

信耶梦耶，传非真耶；
秦欤汉欤，将近代欤。
——浙江宁波都神殿戏台。

谜语

谜　语

字谜

十字尾巴弯弯(七)
此谜无人猜中(仲)
一减一不是零(三)
一加一不等于二(王)
心有余而力不足(忍)
一口咬断牛尾巴(告)
柴米油盐都不是(罪)
莫等日落近黄昏(暮)
涓涓细流润心田(沁)
点滴积累可成金(全)
心中着急边上走(趋)
春雨潇潇报平安(泰)
爱友别离又相聚(受)
太阳照耀北京城(景)
听,其中有声音(嘶)
两晚只唱一句戏(够)
风吹草低见牛羊(蓄)
一撇画了三寸长(寿)
还不走,车来了(连)
一只羊,没脊梁(兰)
一半停,一半转(传)
人才出,骏马飞(俊)
十一口,福长久(吉)
五张嘴,一条心(悟)
见水大,见火干(共)
不是病,也是病(痱)
加上草,可以吃(茄)
分一半,吃一半(召)
加一半,减一半(喊)
记一半,忘一半(忌)
好果果,包衣中(裹)
左十八,右十八(林)
多一撇,难找寻(去)
称霸四方,结局可悲(噩)
又在左边,又在右边(双)
除去一半,合上一半(队)
拆左补右,其余不留(扑)
夺去一半,留下一半(奋)
束住中间,吹散两边(嗽)
只要有心,便能知道(采)
一贯用心,习以为常(惯)
读时是一,用时是二(乙)
出工出力,做出成绩(功)
两点一直,一直两点(慎)
山上山下,绿草如画(茁)
目前不多,切莫浪费(省)
一个口字,四个十字(井)
夺去一半,还剩一半(过)
人人离座,座上无人(庄)
一点点大,却是领导(头)
外面四角,里面十角(园)
昨晚今晚,明晚后晚(罗)
点火能除草,滴水能润苗(尧)
要是一离开,火就烧起来(灭)
繁星一二点,相继入川中(州)
笔直一座桥,上立牛一条(生)
像手不是手,胳膊往外扭(毛)
人钻钱眼里,势必犯法纪(囚)
投石穿个洞,灌水浪涛涌(皮)
说出圆又圆,写出是九点(丸)
人站大树旁,正好歇歇凉(休)
远看像头牛,近看牛没头(午)

一字十一画，全是点撇捺（淡）

四口边连边，两日肩并肩（田）

江边一只鸟，大得不得了（鸿）

三人同日见，百花齐争艳（春）

工人团结紧，干劲冲破天（夫）

挖掉高山头，填出一块田（画）

两月在一块，别作朋字猜（用）

羊儿甩尾巴，目字藏底下（着）

大口加小口，不作回字猜（固）

一物有千口，你有我也有（舌）

加上一横不好，加上一倍不少（夕）

左边有撇是庄稼，右边没撇照万家（柏）

左边千字少一横，右边一万多一点（仿）

自己多心又发火，刚一发火火气无（熄）

地上没有天上有，水中没有火中有（人）

一条马路在中间，六条小巷分两边（非）

你说这羊妙不妙，没有尾巴没有角（王）

三面有墙一边空，一个小孩坐当中（匹）

远看田头长青草，近看才知不是草（苗）

两个上字肩并肩，一正一反底相连（业）

有人说多子为好，有人说少生为妙（女）

大的大来小的小，小的反比大的高（尖）

一边能跳，一边能跑，
一边咬肉，一边吃草。（骚）

有女就好，有口就闹，
有手照写，有水还燥。（少）

左边是绿，右边是红，
右边怕水，左边怕虫。（秋）

一个姑娘，一个老汉，
两个一起，给哥做伴。（嫂）

不开不关，又开又关，
开就全开，关却半关。（并）

巧了不空，空了不巧，
既空又巧，办法真好。（窍）

田字出头，左边水流，
有它菜香，没它发愁。（油）

一边长草，一边长毛，
看看像路，走走像桥。（坡）

嘴比嘴大，嘴比嘴小，
嘴被嘴吃，嘴把嘴咬。（回）

右边管说，左边管听，
左右相逢，吵嚷不停。（聒）

鱼头鱼身，尾巴一根，
背上有壳，四脚会伸。（龟）

生在下头，死在上头，
卡在中间，正在两头。（一）

半截在地，半截在云，
半截在秋，半截在春。（臻）

一人身细长，弯弓腰中藏，
一女左边站，长相似亲娘。（姨）

远看是个字，近看不是字，
字上添两点，其实也是字。（学）

一字真奇怪，头上用草盖，
九粒小豆子，三根豆芽菜。（蕊）

头尾都是一，身腰也是一，
看来全是一，其实不是一。（三）

有水船可行，有人受欺凌，
有文脑子好，有心悔恨成。（每）

有日常没云，有水总不浑，
有人就美丽，有目看得清。（青）

小屋四四方，不见门和窗，
有人犯了法，把他往里装。（囚）

有耳能听见，有口能请教，
有手能摸摸，有心就闷恼。（门）

石头已烧焦，海里可不少，
平时看不见，能让船折腰。（礁）

上边住大哥，下边住小弟，
中间老二住，三人在一起。（奈）

有水能淘沙，有犬羊害怕，
有米做食品，有女是妈妈。（良）

一只古怪狗，长着两张口，
不知为什么，满脸泪水流。（哭）

左边不出头，右边不出头，
不是不出头，就是不出头。（林）

前没有后有，左没有右有，
家没有国有，弟没有兄有。（口）

一条大扁鱼，生性爱淘气，
不在水中游，钻进沙子底。（鲨）

有草就生芽，有口咿呀呀，
鸟来呱呱叫，吃饭要用它。（牙）

二小力无边，头顶两重山，
看来了不起，没人会喜欢。（祟）

一字七横六直，世上少有人识；
有人去问刘备，刘备去问孟德。（曹）

左边时弯时圆，右边不停眨眼，
两边合在一起，气味有点讨厌。（腥）

一边有力能干，一边有口能言，
两边互相结合，工作干劲倍添。（加）

去掉左边是树，去掉右边是树，
去掉中间是树，去掉两边是树。（彬）

有车可以代步，有木可以过河，
有人不在国内，有草可做馍馍。（乔）

山洞里安烟囱，烟囱上有窟窿，
有了它亮堂堂，没有它闷得慌。（窗）

分开来是只手，合起来不是手，
你说它不是手，它偏偏不离手。（提）

有心糊涂混乱，有耳却听不见，
有竹编成筐子，有水将败兵残。（贵）

去掉上头变大，去掉下头像羊，
两头都不去掉，我说这才漂亮。（美）

中间十粒金豆，精心排成一溜，
前边三个彩球，后边三条彩绸。（澎）

语言的盛宴

上边常在水里，下边常在天上，
上边滋味鲜美，下边光芒万丈。（鲁）

有人不见你我，有水能养鱼虾，
有土能种粮棉，有马能奔天下。（也）

日常生活两件宝，穿得暖来吃得饱，
若将它俩放一起，只觉多来不觉少。（裕）

太阳月亮一齐现，千万别当明字看，
苦思苦想能猜中，不怕味道似黄连。（胆）

三人同日去旅游，不在冬夏不在秋，
看罢秦初晋末景，桃李争艳方回头。（春）

人人都有八和乂，有它才有一个家，
有人把它称为爹，有人把它称为爸。（父）

一根柱子三道梁，山中无虎猴逞强，
不是李赵不是张，全球都有它模样。（王）

边走边干为哪般，只因害怕误时间，
人生苦短向它学，争分夺秒莫等闲。（赶）

宝盖下面必有虫，原料采自百花丛，
香甜可口人人爱，滋补身体谢工蜂。（蜜）

王司徒走去说亲，吕布将高兴十分，
貂蝉女横目一笑，董卓相怀恨在心。（德）

有间房子不寻常，建在一条小溪旁，
门外下着倾盆雨，门内晒着小太阳。（涧）

半边生鳞不生角，半边生角不生鳞，
半边离水活不了，半边落水难活命。（鲜）

有口能说出长短，有日能看出早晚，
有土能居住和尚，有树能建设家园。（寸）

古月照水水长流，水伴古月度春秋，
留得水光映古月，碧波深处好泛舟。（乂）

有金能镇万吨船，有狗老鼠命难全，
有手能画图无数，有目打靶能领先。（苗）

一棵树来不算高，两只鸟儿站树梢，
树下有位姑娘坐，一只手还扶着腰。（搂）

白蛇盗草草青青，水漫金山淹恶僧，
十八年前塔前坐，一品状元救母亲。（藻）

一个人儿真淘气，头朝下来练倒立，
远看好像男儿郎，细瞧才知是女的。（丫）

闯进马却又去也，望花间红日西沉，
灯闪闪人儿不见，闷郁郁少个知心。（门）

弟弟没有哥哥有，方方没有圆圆有，
叔叔没有姑姑有，你们没有咱们有。（口）

年纪轻轻正十八，祖国建设作用大，
兄弟两个团结紧，荒山葱茏都绿化。（木）

树丛中有花草无，群众中有干部无，
两个中有江浙无，满族中有汉族无。（从）

一只鸟儿没有眼，穿着一身黑衣衫，
聚众刮风有一套，孝敬父母美名传。（乌）

碰上太阳无黑暗，长了耳朵没晴天，
生来作战无不克，白天不见晚上见。
（月）

有一有二又有三，中间一笔连成串，
笔画虽少分量重，农家粮棉堆成山。
（丰）

左右两弯夹一钩，大江大河任我游，
四面八方全走遍，人人和我交朋友。
（水）

看时圆圆写时方，冬天短来夏天长，
别看千金无处买，到处都有没法藏。
（日）

嘴里撑个十字架，龟鱼去头砍尾巴，
两座横山紧相连，好栽瓜果种庄稼。
（田）

走之当车了字坐，行遍天下知广阔，
来到东北求安宁，从此与宁并排坐。
（辽）

山上还有一座山，寻它你就到外边，
朝外走去莫回还，记住两山上下连。
（出）

一半功劳一半过，功大过大难评说，
正说反说说不清，旁敲侧击有着落。
（边）

两个人儿坐扁担，似花如草长一团，
两个人儿坐小船，又如水草漂水面。
（丛）

两只小船一路行，一支单桨两片分，
船头没有握篙手，船尾哪有把舵公。
（册）

一点为领横作肩，再写四画身上穿，
保暖御寒讲文明，代代更新式样鲜。
（衣）

一个小儿本领强，头上横放一根棒，
棒上斜放两把刀，中间再立一根棒。
（光）

一女坐在宝盖下，风吹雨打都不怕，
太平无事过日子，稳稳当当心放下。
（安）

四四方方一座城，城墙一层又一层，
城内空空无一物，城外更无一个人。
（回）

门上忘把一点留，两人一个出了头，
本是动物身上长，逢年过节竞相购。
（肉）

一儿一女一般高，兄妹和气不摔跤，
妹妹天天在炕头，哥哥天天睡炕梢。
（好）

金属排名它为丁，入木三分有本领，
受到打击钻墙里，家中缺少可不行。
（钉）

一边低来一边高，一边实来一边虚，
一边地下生万物，一边天上随风飘。
（坛）

十个兄弟力量大，刀山火海都不怕，
越是艰险越向前，知难而进全靠它。
（克）

口字下面有木头，木头上面有一口，
就是木头巧指人，这人张口像木头。
（呆）

大鸟飞来把山抱，小山遮去鸟儿脚，
此山原在水中立，浪打潮涌不动摇。
（岛）

上一口说是在中，下一口也说在中，
上下两口一接通，人人都说不是中。
（串）

一个字简简单单，第一与二紧相连，
你若实在猜不着，千万别往外边看。
（里）

八个人儿一张口，粮食当中它常有，
大家动手开荒山，争取年年大丰收。
（谷）

今字下面有个口，吞在口中永不丢，
常说不吐也不咽，好似噙着一块肉。
（含）

古代遗址四方方，千年不动好稳当，
像它一样筑方城，坚如磐石把敌防。
（固）

右边有月可定时，左边有木可对弈，
下面有土根底牢，上面有竹盛东西。
（其）

月儿弯弯挂天边，一条长巾遮不严，
本是人体一器官，吐故纳新它包揽。
（肺）

谁说一个口太小，上边一点别忘了，
国家用它做首都，人人都想把它瞧。
（京）

到处宽广它独占，经商卖货很方便，
城市里面处处有，天天跟它能见面。
（店）

一木巨大腹内空，式样不同都有用，
家家户户离不了，更新换代靠木工。
（柜）

田上一个倒八字，田下不多正好十，
十八加田是多少，孤身一个无伴侣。
（单）

田下有木不是树，不用煮烤也能熟，
春来花开不见它，秋临花落挂满树。
（果）

兄弟两个结成双，一个瘦来一个胖，
胖的光卖嘴皮子，瘦的献出热和光。
（昌）

田上有草不是草，农民汗水把它浇，
能结瓜果能打粮，精心培育莫荒芜了。
（苗）

地平线上草儿盖，日头就在下边埋，
一旦有心便珍爱，光阴一去不回来。
（昔）

口儿认可把它说，当做呼讲不会错，
手儿发冷怎么办，哈口气来图暖和。
（呵）

弟兄二人同胞生，十分土地两人争，
分来分去分不平，只好一起慢慢等。
（待）

衣服当中有个洞，人人见了心沉重，
面部表情很严肃，个个沉默没笑容。

（哀）

加根木头挂葡萄，加根木头挂豆角，
盖房先把它搭起，人体无它身自倒。
（架）

生日点亮一盏灯，不在人间在天空，
白天休想看见它，晚上对你眨眼睛。
（星）

前门后门都有狗，里边言论无自由，
它似古代一班房，九画描在纸上头。
（狱）

上下总共三十日，扁日写在正中央，
虽说它是无名辈，绿遍天涯与海角。
（草）

桥下好像一只羊，仔细看看少根肠，
田中站在桥中央，不辨东西北方向。
（南）

沿河栽树一排排，株株绽出嫩芽来，
水中陆地真不小，分布全球七大块。
（洲）

上边四口紧相连，下边三口缺一边，
上边可以种庄稼，下边夜晚挂在天。
（胃）

五个兄弟去砍柴，只有老大没回来，
木水火土眨眨眼，老大名字请你猜。
（钦）

四四方方一座城，里面住着十万兵，
另有八万去打仗，还有两万守着城。
（界）

有只小船装满米，粒粒有主没法递，
不知该往哪里送，好似笼在大雾里。
（迷）

一个小孩本姓王，总把狗儿带身旁，
闲着没事坐船游，荒废多少好时光。
（逛）

两辆车子真奇怪，一辆坐来一辆拽，
头上盖着蓬蓬草，卧在泥中不出来。
（莲）

一个口袋真奇怪，装个大字出不来，
压在心上甩不掉，得到好处莫忘怀。
（恩）

一根木头报吉祥，小红灯笼挂上方，
掰开个个都能吃，皮儿还能进药房。
（桔）

两根木头靠井边，不是浇水把地灌，
若要问它干什么，播种之前将地翻。
（耕）

工作平凡却用心，只怕出错慌了神，
说来还是太胆小，风吹草动它丢魂。
（恐）

双眼好似两张口，下边卧着一只狗，
不知何人造此字，年年月月泪水流。
（哭）

田下土来土上田，还有一土靠边站，
上下左右都是土，藏在土里看不见。
（埋）

四面八方不透风，一人被困在当中，
其余三面都无事，只有一面用火攻。
（烟）

一只禾木莫小瞧，只只禾木知多少，
从小到大滚雪球，由少成多要记牢。
（积）

一点一横往下扭，田间牧场处处有，
或勤或懒或可爱，生来跟人是朋友。
（畜）

两人长着一耳朵，身高入云有气魄，
寻它就得往上看，弯腰低头看不着。
（耸）

左边看它是古人，右边看它是古文，
若要抽掉中间看，不成文字成文人。
（做）

四方城里长禾苗，城头长的全是草，
东西不大好的少，若用眼看不好找。
（菌）

淘字缺水盖把草，离开水边架上找，
一旦进了吐鲁番，跟着葡字到处跑。
（萄）

住在树上害怕摇，主字中间加一道，
从此这里变市场，八方来客往此跑。
（集）

一棵大树真特别，结了两个大耳朵，
肚里装着甜蜜汁，身上包着坚硬壳。
（椰）

两个文王并排坐，其实文字只一个，
要问这是什么字，动物园里有人说。
（斑）

林中有鸟四时飞，二月桃花满树枝，
小小梅花争春早，一见告示都不许。
（禁）

一家有人共四口，精心喂养一只狗，
走开两口就得哭，只好也来把狗守。
（器）

地名谜

背景分明——北京
银河渡口——天津
空中摆渡——杭州
风平浪静——宁波
不冷不热的地方——温州
一望无际——广州
海中绿洲——青岛
相差无几——大同
烽火堡——烟台
拆信——开封
太平洋——静海
霞映卢沟——红桥
江畔饮罢又打酒——汉沽
翘首京华——望都
日上三竿——高阳
落花流水——香河
开门视之——张家口
翼王故里——石家庄
水陆要塞——山海关
固若金汤——保定
有道明君——赞皇
辣椒市场——辛集
子敬无恙——肃宁
漫江碧透——清河
空中城郭——高邑

語言的盛宴

精神不死——灵寿
谁知盘中餐——辛集
入春才七日——曲周
直在其中矣——曲周
及时雨宋江——泊头
曲终人不见——乐亭
冰河解冻——开封
见面不见发——包头
压发帽——包头
四季花开——长春
闰三月——长春
大家都笑你——齐齐哈尔
说大话的嘴——海口
夸夸其谈——海口
船出长江口——上海
东、西、北三面堵塞——南通
久雨初晴——贵阳
天无三日晴——贵阳
夏天穿棉袄——武汉
喝不起稀饭——贵州
急来抱佛脚——临安
隆冬穿背心——邯郸
欧洲无战争——西宁
两个胖子——合肥
刚建成的村庄——新乡
千里戈壁——长沙
金银铜铁——无锡
双喜临门——重庆
觉醒了的土地——苏州
漂亮的长河——丽江
空中霸王——高雄
初次见面——新会
空中码头——连云港
一路平安——旅顺
蓝色之洋——青海
碧波万顷——青海
井水醉人——酒泉
圆规画蛋——太原

日近黄昏——洛阳
八月飘香香满园——桂林
永久太平——长安
兵强马壮——武昌
春城无处不飞花——锦州
滚滚江水——热河
北风吹——云南
航空信——高邮
飞流直下三千尺——银川
鸟歇彩云间——栖霞
长昼——衡阳
牵羊上法庭——沈阳
全部融解——通化
大河解冻——江苏
菩萨心肠——怀柔
军事讲座——宣武
推迟典礼——延庆
上苑望月——圆明园
桂林风光——石景山
万般皆下品——崇文
掌声经久不息——延庆
反对使用武力——崇文
游遍三山五岳——八达岭
眼前疑是宝岛——观象台
我家就在岸上住——房山
夜半无人私语时——密云
有奔头喜从中来——大兴
人心都是肉长的——怀柔
十扣柴扉九不开——居庸关
古月离江西——湖南
乌云压松花——黑龙江
富从勤俭来——福建
三千里外长安——辽宁
个个当家做主——广东
广求郎中觅土方——廊坊
原来却在两水间——涞源
我见其辙乱旗靡——张北
一书白马解危难——文安

桃花片片逐水流——香河
心愿独处两耳清——邯郸
黄河远上白云间——天津
广阔国境皆安定——辽宁
九曲黄河涌金沙——浙江
一颗红星头上戴——安徽
岁末不见主人归——山东
古来背水有一拼——湖北
回首犹见康有为——海南
凤凰台上凤凰游——云南
春临池畔梅先开——青海
不教胡马度阴山——宁夏
一汪曲水绕铜雀——台湾
远山入口水道曲——台湾
千人空巷祈雨日——香港

成语谜

昔（措手不及）
面（合二为一）
斤（独具匠心）
闪（孤家寡人）
半（本末倒置）
吝（出口成章）
旦（天下无双）
业（一举两得）
吴（天各一方）
骅（走马观花）
者（有目共睹）
阁（各得其所）
筋（骨肉相连）
星（草间求活）
妙（一字千金）
龙（充耳不闻）
怵（心中有数）
会（借刀杀人）
旧（日长一线）
皿（一针见血）
吃（降格以求）
灰（混淆黑白）
急（争先恐后）
证（不负前言）
则（旁若无人）
原（开源节流）
火（灭顶之灾）
诧（一家之言）
昕（半新半旧）
皂（说三道四）
哲（曲不离口）
凌云（欺人之谈）
介绍（不识时务）
循环（周而复始）
绝对（终成眷属）
化装（改头换面）
咄咄（格格不入）
字幕（片面之词）
统称（总而言之）
白头（有言在先）
奇迹（独到之处）
读错（一念之差）
重阳（一日千里）
闲步（行若无事）
咏雪（冷言冷语）
看中（不相上下）
大米（诸如此类）
露宿（铺天盖地）
口谕（不言而喻）
超额（迎头赶上）
瑞云（言归于好）
溺婴（出生入死）
鸡雏（左右为难）
碳素（黑白分明）
富余（无穷无尽）
本人（融为一体）
自负（成事不足，败事有余）

微瑕（略见一斑）
职称（权衡轻重）
目疾（先睹为快）
霸道（欺人之谈）
病愈（患得患失）
爱抚（手下留情）
思凡（望尘莫及）
观光（一览无余）
焚稿（跃然纸上）
陈真（言过其实）
暗码（一筹莫展）
酒令（字斟句酌）
气化（怒火中烧）
孤单（独一无二）
哑语（翻手为云）
相反（一板一眼）
仙游（神不守舍）
切脉（扣人心弦）
陈皮（言外之意）
筛子（漏洞百出）
号角（向隅而泣）
哀乐（悲喜交集）
壮丽（成人之美）
快门（一拍即合）
伴奏（助人为乐）
拍照（相机行事）
影子（上行下效）
吃苦（食不甘味）
洞察（一孔之见）
路碑（文以载道）
冬至（来日方长）
会谈（不由分说）
智取（愚不可及）
天平（等量齐观）
蟠桃宴（聚精会神）
循环论（自圆其说）
笑话集（乐在其中）
钻空子（乘虚而入）

六六六（交头接耳）
大合唱（异口同声）
太平间（在所难免）
落花生（归根结底）
蛤蟆功（一鼓作气）
鹦鹉学舌（人云亦云）
纸老虎（外强中干）
雨夹雪（落花流水）
笑死人（乐极生悲）
光荣榜（一表人才）
听笑话（闻过则喜）
听得见（以耳代目）
九十九（百无一是）
贫困户（间不容发）
哈哈镜（相映成趣）
拉胡琴（左右开弓）
探照灯（光芒万丈）
常言道（喋喋不休）
九十分（得寸进尺）
碰头会（面面俱到）
观察家（门户之见）
外行话（在所不辞）
水帘洞（口若悬河）
个体户（自成一家）
货郎担（步步为营）
祝酒词（字斟句酌）
飞行员（有机可乘）
玩魔方（拨乱反正）
绿林军（草木皆兵）
一元论（头头是道）
热身战（不寒而栗）
何谓信（简而言之）
叠罗汉（后来居上）
总策划（老谋深算）
倒车镜（回光返照）
品学兼优（两全其美）
只取玖名（不可收拾）
开源节流（原形毕露）

包办婚姻　（不由自主）
红颜永驻　（面不改色）
言之无物　（徒有其表）
大夫制谜　（三人成虎）
户口普查　（无所不至）
说东道西　（言之有物）
有病求医　（别来无恙）
静脉注射　（一针见血）
纺织专家　（满腹经纶）
越做越快　（积劳成疾）
牛羊成群　（羞与为伍）
体验规则　（以身试法）
电锯伐树　（当机立断）
立钻打孔　（急转直下）
自传连载　（年年有余）
集体朗诵　（众口一词）
著作等身　（文如其人）
银河大厦　（空中楼阁）
魏武挥鞭　（操之过急）
量体裁衣　（以身作则）
亘古一人　（盖世无双）
鹊巢鸦占　（化为乌有）
逆水划船　（力争上游）
大雪纷飞　（天花乱坠）
春蚕吐丝　（作茧自缚）
单人说书　（一表斯文）
火箭上天　（不翼而飞）
立等图章　（刻不容缓）
盲人摸象　（不识大体）
祖孙回家　（返老还童）
全面承包　（其貌不扬）
首相退位　（一面之词）
故事新编　（古为今用）
东施效颦　（相形见绌）
零存整取　（积少成多）
数以十计　（三三两两）
寅吃卯粮　（弱肉强食）
驳回上诉　（不可告人）

双方会谈　（口口声声）
十拿九稳　（一无可取）
邯郸学步　（行之有效）
天壤之别　（青黄不接）
已故门生　（亡命之徒）
骄者必败　（人满为患）
代写春联　（与人作对）
大唐西游记　（一本正经）
十年磨一剑　（唯利是图）
桃李满天下　（花花世界）
万户捣衣声　（打成一片）
太空服停产　（天衣无缝）
夜半起狂飙　（风行一时）
君家住何处　（不知所云）
童年历险记　（少见多怪）
影迷座谈会　（只言片语）
十五的月亮　（正大光明）
险处无须看　（望而生畏）
图穷匕首见　（包藏祸心）
凄凄别离情　（不欢而散）
天涯若比邻　（说长道短）
没钱买鞋穿　（金无足赤）
我本谪仙人　（自命不凡）
门阔好迎客　（宽以待人）
无声的战斗　（格杀勿论）
板门店谈判　（美不胜收）
妙手偶得之　（不劳而获）
烟花凌空时　（天真烂漫）
输了没人看　（不负众望）
断桥会许仙　（绝处逢生）
万事不求人　（好自为之）
废除终身制　（不可一世）
武则天登基　（后来居上）
正好六十秒　（恰如其分）
富从俭中来　（发人深省）
望断南飞雁　（目中无人）
从实际出发　（不虚此行）
兰死不改香　（千古留芳）

鞋帽鉴定会　（评头品足）
严禁逼供　（不打自招）
归来每日斜　（回光返照）
电子计算机　（心中有数）
别解方程谜　（不折不扣）
魔术师的手　（弄虚作假）
春光无限好　（曲尽其妙）
任意四边形　（不拘一格）
空对空导弹　（见机行事）
认输吃罚酒　（心服口服）
汽车反射镜　（瞻前顾后）
曲终青衫湿　（乐极生悲）
白云无尽时　（长篇大论）
觉今是而昨非　（恍然大悟）
女娲炼石为何　（先天不足）
父亲的座右铭　（严于律己）
摄影作品落选　（相形见绌）
承蒙一路照顾　（得道多助）
且听下回分解　（书不尽意）
出无车，食无鱼　（我行我素）
剪不断，理还乱　（难解难分）
向前走，莫停留　（令行禁止）
一抹斜红不肯无　（莫须有）
一曲唱罢已泪垂　（乐极生悲）
一言九鼎千秋意　（语重心长）
一川洪波残照里　（江河日下）
一钩新月伴孤主　（曲高和寡）
落花时节又逢君　（屡见不鲜）
清歌一曲月如霜　（有声有色）
满船空载月明归　（回光返照）
柔橹不施停却棹　（放任自流）
黄河之水天上来　（源远流长）
酒兴诗兴情亦浓　（春风得意）
眼前有景道不得　（目瞪口呆）
零丁洋里叹零丁　（文山会海）
专访仲尼子孙家　（无孔不入）
问君能有几多愁　（对答如流）
各人心痛各人知　（患难与共）
千门万户曈曈日　（无所不晓）
天下寒士俱欢颜　（各得其所）
淡妆浓抹总相宜　（两全其美）
三军摆成长蛇阵　（一字之师）
轻舟已过万重山　（一帆风顺）
小朋友讲悄悄话　（人微言轻）
标点符号的位置　（字里行间）
纸上得来终觉浅　（轻描淡写）
古来青史谁不见　（历历在目）
是进亦忧退亦忧　（乐在其中）
上穷碧落下黄泉　（无所不至）
身遭大祸变痴呆　（难得糊涂）
零落成泥碾作尘　（一败涂地）
身在曹营心在汉　（关怀备至）
孤卒逼宫定胜局　（残兵败将）
却嫌脂粉污颜色　（没精打彩）
周郎坐看烧赤壁　（隔岸观火）
二月作诗诗有情　（春风得意）
挥毫引来蜂蝶狂　（妙笔生花）
唯我独品一枝春　（孤芳自赏）
封神榜上定有名　（一表非凡）
江州司马青衫湿　（一衣带水）
春色满园关不住　（花枝招展）
发展我海上资源　（洋为中用）
相逢何必曾相识　（一见如故）
画幅长留天地间　（永垂不朽）
此曲只应天上有　（不同凡响）
有缘千里来相会　（不近人情）
评弹一曲动京华　（南腔北调）
坏事全与己无关　（好自为之）
欲将心事付瑶琴　（手下留情）
佳期又误明月时　（大喜过望）
鬓上银霜对镜愁　（顾影自怜）
一封书到便兴师　（信而有征）

語言的盛宴

动物谜

清晨起来刚出屋，男女老少都叫姑，
又送饭来又端水，吃完耙地不读书。
鸡

一朵芙蓉顶上栽，战衣不用剪刀裁，
虽然不是英雄汉，叫得千门万户开。
公鸡

绫罗绸缎身上穿，头插鲜花摆翩翩，
站在墙头一声唤，满天星星全下班。
公鸡

一物不大两头翘，只有肚子没有腰，
半升粗糠半升米，换来一斗白元宵。
母鸡

尖嘴巴儿黄毛衣，爱吃小虫和小米，
浑身上下毛绒绒，说起话来唧唧唧。
小鸡

大蒲扇脚板，小木瓢嘴唇，
赛跑不上数，游泳是能人。
鸭子

长着扁嘴巴，脚丫不分叉，
走路左右摆，游泳是专家。
鸭子

小巧玲珑一条船，来来往往在江边，
风吹雨打都不怕，只见划桨不挂帆。
鸭子

头顶大栗子，身穿白戎装，
白毛浮绿水，红掌拨清波。
鹅

一只顺风船，白篷红船头，
划起两支桨，湖上四处游。
鹅

两腿短短脖子长，穿了一身白衣裳，
头上有个红疙瘩，游水本领高又强。
鹅

全身都是宝，爱吃百样草，
吃饱就睡觉，走路哼哼叫。
猪

耳朵大，脚儿小，身体肥胖爱睡觉，
浑身上下都有用，粮食增产不可少。
猪

东边来个黑大汉，头上插着两蒲扇，
走一步来扇一扇，吃饱就睡数它懒。
猪

休说平生无所用，一日三餐要人供，
待到脑满肠肥时，雪白身躯任享用。
猪

任劳又任怨，田里活猛干，
生产万吨粮，只把草当饭。
牛

头上戴双尖帽子，身上穿黄色袍子，
说话时带着鼻音，干活时勤勤恳恳。
牛

哞哞哞哞田里叫，犁铧前边拉绳套，
埋头苦干不怕累，人人见了都夸耀。
牛

小小年纪，却有胡子一把，
不论见谁，总是大喊妈妈。

羊

长着两只角，反穿大皮袄，
吃的绿草草，拉的黑枣枣。
羊

不是老人生胡子，不是药铺造丸子，
四季身穿皮袍子，脚上又穿皮鞋子。
羊

坐也是立，立也是立，
行也是立，卧也是立。
马

能拉善跑快如飞，冲锋陷阵听指挥，
若是主人迷了路，它能驮你把家回。
马

脚穿铁鞋呱嗒嗒，生来喜欢人骑它，
劳动一天不叫累，站着睡觉不躺下。
马

长长尾巴鬃毛飘，四蹄如风善奔跑，
不吃鱼肉嚼草料，为人服务常辛劳。
马

个儿不高耳朵长，四蹄圆圆有力量，
能骑能驮能拉车，像马和马不一样。
驴

一物生来力量强，又有爹来又有娘，
有爹不跟爹一姓，有娘不跟娘一样。
骡子

毛光鬃齐长得胖，拉车驮运上战场，
一生不育儿和女，不像爹来不像娘。
骡子

名字叫小花，喜欢摇尾巴，
夜晚睡门口，小偷最怕它。
狗

汪汪汪汪院里叫，张牙舞爪好凶暴，
它的鼻子能认人，动静再小听得到。
狗

走起路来落梅花，从早到晚守着家，
看见生人汪汪叫，看见主人摆尾巴。
狗

喵喵喵喵屋里叫，青天白日睡懒觉，
晚上眼睛明又亮，跑到粮仓去放哨。
猫

似虎非虎恶又善，爱憎分明两样面，
日日夜夜不辞劳，誓与主人肃群奸。
猫

青天白日睡大觉，夜晚一宿去放哨，
两眼一瞪喵喵叫，老鼠听了心就跳。
猫

耳朵大来眼睛小，走起路来蹦又跳，
一个嘴巴分三瓣，爱吃白菜和青草。
兔子

春夏秋冬穿皮袄，浑身像个棉花包，
又会跑来又会跳，爱吃萝卜和青草。
兔子

尖长耳朵短尾巴，羊儿粪来老鼠牙，
青青野草最爱吃，每胎儿女过半打。
兔子

天空捍卫小飞军，井然排列人字形，
冬天朝南春回北，规规矩矩纪律明。

大雁

栖息沼泽和田头，随着季节南北走，
队列排成人字形，纪律自觉能遵守。
大雁

住在水塘和田边，随着季节把家迁，
队伍排成人字形，纪律严明在云间。
大雁

一身毛，尾巴翘，
不会走，只会跳。
麻雀

白天在树上啼叫，黑夜在屋檐破庙，
说它是鸟不叫鸟，只会跳来不会跑。
麻雀

麻花衣服小小脚，房下树上做窝窝，
偷吃粮食是缺点，好在见虫它就啄。
麻雀

身穿黑缎袍，尾巴像剪刀，
冬天向南去，春天回来早。
燕子

小小姑娘黑又黑，秋天走了春天回，
带着一把小剪刀，半天空里飞呀飞。
燕子

有位小姐黑又黑，来时天公放春雷，
故居就在屋檐下，为增春色满天飞。
燕子

山乡行医四处走，见了病人就下口，
饱餐一顿百病消，医患之间交朋友。
啄木鸟

鸟儿鸟儿嘴巴长，黑色尾巴花衣裳，
敲得树干当当当，好像医生治病忙。
啄木鸟

一物生来本领高，尖嘴能给树开刀，
专捉害虫吃个饱，保护山林有功劳。
啄木鸟

红冠黑嘴白衣裳，双腿细瘦走路晃，
漫步水中捕鱼虾，凌空展翅能飞翔。
鹤

鸟儿当中数它小，针尖小嘴吃蜜巧，
身子只有蜂儿大，飞翔本领赛大鸟。
蜂鸟

背面灰色尾有斑，不会做窝会偷懒，
把蛋生在邻居家，请它孵育自已玩。
杜鹃

洗海水澡捉鱼虾，大海就是它的家，
风里浪里捉迷藏，飞来飞去叫哇哇。
海鸥

一身白衣多健美，大海上面四处飞，
喜欢和船来结伴，主要食物是鱼类。
海鸥

蓝色海面做游戏，成群结伴喜集体，
捉鱼吃虫小黑爪，白色羽毛一身披。
海鸥

头戴花冠嘴儿尖，身穿锦衣镶花边，
客人一到它得意，展开锦尾真美丽。
孔雀

有种雀儿真美丽，尾巴长长拖到地，
收起像把花扫帚，张开像件花羽衣。

孔雀

说它像鸡不是鸡，尾巴长长拖到地，
张开尾羽像把扇，花花绿绿真美丽。
孔雀

白衣先生好神气，长长细腿水边立，
直嘴尖尖捉鱼虾，闲时拍翅身飞起。
鹭鸶

身穿黑白长风衣，似鹤非鹤昂然立，
别看老在河边等，叼得鱼儿能充饥。
鹭鸶

为建新房衔泥草，不觉累来反觉好，
飞到东来飞到西，站在枝头把喜报。
喜鹊

背黑肚白尾巴长，银白项圈围脖上，
谁家有了大喜事，它就飞来报吉祥。
喜鹊

头戴红缨帽，身穿绿战袍，
说话音清脆，时时呱呱叫。
鹦鹉

绿衣褂儿红嘴巴，不动脑筋会讲话，
教它说啥就说啥，不怕别人笑话它。
鹦鹉

长着翅膀难飞起，非洲沙漠把身栖，
速度快得真出奇，鸟类赛跑它第一。
鸵鸟

腿儿长长背儿驼，长着翅膀不过河，
风吹草动胆子小，脑袋钻进沙窝窝。
鸵鸟

黑夜林中小哨兵，眼睛很像两盏灯，
瞧瞧西来望望东，抓住盗贼不留情。
猫头鹰

说是鸟儿脸像猫，说是猫却飞得高，
白天睡觉夜里忙，捕捉田鼠有功劳。
猫头鹰

山林里面一老翁，头上白毛蓬松松，
飞来飞去不怕累，爱吃果实和小虫。
白头翁

颜色有白又有灰，经过驯养很聪明，
可以当做联络员，翻山越岭把信送。
鸽子

息战宁人终乏力，言必称孤未做王，
和平梦托青天际，聊赖谷米度余生。
鸽子

春到它来临，催唤播种人，
秋后它返回，遍传丰收音。
布谷鸟

身穿黄色羽毛衫，绿树丛中常栖身，
只因歌儿唱得好，博得许多赞扬声。
黄莺

羽毛特异胜诸禽，出口堪听好声音，
只因别具有特色，博得许多赞扬声。
黄莺

驰名中外一歌手，音韵婉转会多变，
能学多种鸟儿叫，北疆内蒙是家园。
百灵鸟

亲人盼我快些醒，仇人怕我睡不熟，
百兽尊我为大王，好汉怕我一声吼。

狮子

脑袋大来胡子稀，蓬着头发不梳理，
又凶猛来又暴躁，大声吼叫发脾气。
狮子

老家遥远在非洲，力大气壮赛过牛，
张开大嘴一声吼，吓得百兽都发抖。
狮子

身穿皮袍黄又黄，呼啸一声百兽慌，
虽然没率兵和将，威风凛凛山大王。
虎

身穿皮袄黄又黄，深山老林把身藏，
呼啸一声惊天地，百兽之中称大王。
虎

一身金钱袍，猫脸性残暴，
爬树且游水，嗜肉不食草。
豹

想扮老虎比虎小，身上点点黄花袍，
没有虎威也凶猛，山林里面厉声嚎。
豹

生来粗壮，长成狗样，
满身肥肉，人人怕它。
熊

生来粗笨黑又大，长个狗样爱玩耍，
吃得浑身肥又壮，家家户户不喂它。
熊

不是狐狸不是狗，平生最爱吃鲜肉，
前面架着快铡刀，后面拖把大扫帚。
狼

一物像狗又像狐，灰黄衣服尾巴粗，
会在路上把人咬，也到村里叼羊猪。
狼

脸上长钩子，头边绑扇子，
四根粗柱子，一条小辫子。
大象

四条大腿粗又圆，两把长刀硬又尖，
全身披挂银盔甲，后面甩根细皮鞭。
大象

坐也是卧，立也是卧，
行也是卧，卧也是卧。
蛇

尖嘴尖耳尖下巴，细腿细脚细小腰，
生性狡猾多猜疑，尾后拖着一撮毛。
狐狸

模样像狼脸儿长，三角耳朵毛儿黄，
昼伏夜出捕肉吃，毛皮好做女士装。
狐狸

此物生得怪，肚下长口袋，
宝宝袋中养，跳起来真快。
袋鼠

身上有个皮口袋，不装米也不装麦，
装着它的小乖乖，还有妈妈许多爱。
袋鼠

说它是马生得巧，穿的衣服净条条，
把它送进动物园，大人小孩都爱瞧。
斑马

家住丛林草原里，身穿一件条纹衣，
脾气温和心眼好，细听动静耳特灵。

斑马

说它像啥它都像，说它不像也不像，
牛马驴鹿成一体，人人戏称四不像。
麋鹿

颈像骆驼尾像驴，鹿的角儿牛的蹄，
模样怪怪性子好，温顺善良讨人喜。
麋鹿

脑袋小来颈儿长，脖子一抬头过梁，
没有声带不说话，身上穿件花衣裳。
长颈鹿

个儿高高腿儿长，脖子伸到树顶上，
又和气来又善良，发现野兽忙躲藏。
长颈鹿

头长两棵树，身开白梅花，
性情最温顺，跑路赛过马。
梅花鹿

头上长着树丫丫，身上开满白梅花，
不淘气也不打架，跑起路来赛过马。
梅花鹿

脊背突起似山峰，沙漠之舟能载重，
风沙干旱何所惧，戈壁滩上一英雄。
骆驼

身上驮着两座山，不怕风沙不怕干，
远望好像笔架架，近看满身都是毡。
骆驼

一物像人又像狗，爬杆上树是能手，
擅长模仿人动作，家里没有山里有。
猴

长得像人有长尾，调皮捣蛋特馋嘴，
抓起桃儿大口吃，走走爬爬林间睡。
猴

一条牛儿真厉害，猛兽见它也避开，
它的皮厚毛稀少，长出角来当药材。
犀牛

厚皮独角模样怪，名字叫牛让你猜，
力大无穷好厉害，猛兽见了忙逃开。
犀牛

面貌动作全像人，就是不穿衣和裙，
深山老林去采果，山洞里边来安身。
猩猩

身体好像毛栗子，爬着走路像兔子，
不论晴天或雨天，总穿蓑衣过日子。
刺猬

浑身是刺不捣蛋，为民除害才吃饭，
豺狼虎豹它不怕，狐狸经常把它骗。
刺猬

黑毛亮来白毛白，身体胖胖惹人爱，
攀得高来爬得快，竹叶野果当饭菜。
熊猫

叫它猫儿不抓鼠，待在深山吃翠竹，
样子可笑人人爱，还会登台演节目。
熊猫

大尾巴儿尖下颌，蹦蹦跳跳来采果，
夏天树上乘风凉，冬天钻进洞里躲。
松鼠

尾巴像只降落伞，整天爱往松树窜，
贪吃松果和松子，家住松树洞里面。

松鼠

身子细长尾巴大，沟内洞里它安家，
金黄皮毛好珍贵，爱吃毒蛇和鸡鸭。
黄鼠狼

不带糕也不带糖，小鸡家里拜年忙，
爪子尖尖尾巴长，肚里有副坏心肠。
黄鼠狼

两弯新月长头上，常常喜欢水中躺，
身体庞大毛灰黑，劳动是个好干将。
水牛

两把镰刀尖对尖，两把蒲扇插两边，
四把铁锤前后打，一把扫帚扫两边。
水牛

身穿礼服小绅士，蹲在水里捕鱼儿，
若是游泳兴致起，敢将礼服当泳衣。
企鹅

燕尾礼服身上穿，走路晃悠不雅观，
翅膀小小飞不高，喜欢钻进冰冰泡。
企鹅

小耳小眼小嘴巴，偷吃粮食偷吃瓜，
又传病毒又破坏，人人见了都喊打。
老鼠

嘴巴尖尖尾巴长，它到南园去偷粮，
家里抛下儿和女，不知回乡不回乡。
老鼠

非禽非兽小眼窝，自小掌握超声波，
旋转追逐样样会，捕捉蚊虫很利索。
蝙蝠

说奇怪也真奇怪，老鼠长出翅膀来，
天黑以后出洞来，捕捉蚊虫飞得快。
蝙蝠

坐也是行，立也是行，
行也是行，卧也是行。
鱼

有头没有颈，身上冷冰冰，
有翅不能飞，无脚也能行。
鱼

两眼外凸大嘴巴，有个尾巴比身大，
青草假山来相伴，绽放朵朵大红花。
金鱼

身披鳞甲着彩装，不做羹来不做汤，
四海虽大它不去，半缸清水度时光。
金鱼

捕捉家畜肥其身，热带河域逞凶横，
貌似慈悲假流泪，韩公对之有雄文。
鳄鱼

活像水中烂木头，一双小眼狠狠瞅，
龇牙咧嘴拖长尾，伤人伤畜结冤仇。
鳄鱼

叫鱼不是鱼，终生海里居，
远看像喷泉，近看似岛屿。
鲸

一条大船不靠岸，海里沉浮随心愿，
不烧煤来不用油，烟筒冒水不冒烟。
鲸

远瞧犹如一座岛，总有水柱向上喷，
模样像鱼不是鱼，哺乳幼儿有一招。

鲸

头插雉尾毛，身穿铁青袍，
走进汤家庄，改换大红袍。
虾

白袍小将使长枪，银盔银甲闪银光，
大江大海全闯过，清水塘里把命丧。
虾

一座城门两面开，中间现出美人来，
越是有人往里瞧，美人越是不理睬。
蚌

两块瓦片盖间房，一个胖子住中央，
水里生来水里长，就怕抓它到岸上。
蚌

穿件硬壳袍，缩头又缩脑，
水面四脚划，岸上慢慢跑。
乌龟

弹簧脖子铁板腰，陆上爬来水里漂，
仰面朝天跌一跤，这一辈子难翻身。
乌龟

头小颈长四脚短，硬壳壳里把身安，
别看胆小又怕事，要论寿命大无边。
乌龟

皮黑肉儿白，肚里墨样黑，
从不偷东西，硬说它是贼。
乌贼

是贼从来不偷盗，海洋里面任逍遥，
打仗常放烟幕弹，为的乘机好逃跑。
乌贼

身穿紫花白战袍，海里放烟只一招，
每遇敌人来袭击，急放墨汁当法宝。
乌贼

身穿珍贵软皮袄，嘴尖尾长形似猫，
陆上水下显身手，大步流星飞快跑。
水獭

南海来个软大姐，没有骨头也没血，
拖着长长白纱裙，爱吃小鱼和虾类。
海蜇

水里倒扣一个碗，碗下没有放托盘，
八只长手捉鱼虾，自己也被人来抓。
海蜇

身上长满黑疙瘩，海底石缝是家乡，
遇敌巧施分身术，隔日长出新内脏。
海参

海里有根小黄瓜，会捉食物不开花，
保护自身有绝招，终究被人送进锅。
海参

一朵葵花真奇怪，海水里面开起来，
颜色美丽并不乖，小鱼小虾是它菜。
海葵

八只脚，抬面鼓，两把剪刀鼓前舞，
生来横行又霸道，嘴里常把泡沫吐。
螃蟹

从头到脚硬盔甲，走起路来横着摇，
张牙舞爪八只脚，两把利剪真吓人。
螃蟹

生的是一碗，煮熟是一碗，
不吃是一碗，吃了是一碗。

田螺

弯弯曲曲一座楼，姑娘梳的盘龙头，
只因思想太封建，人前从来不露头。
田螺

小时着黑衣，大时穿绿袍，
水里过日子，岸上来睡觉。
青蛙

身穿绿花袄，爱唱又爱跳，
住在水晶宫，陆地把食找。
青蛙

身披花棉袄，唱歌呱呱叫，
田里捉害虫，丰收立功劳。
青蛙

堆堆句号水中漂，长了几天成逗号，
逗号水中再长大，又会游泳又会跳。
蝌蚪

身体像个小圆点，摇着一根黑尾巴，
从小就会吃孑孓，长大变成吃虫蛙。
蝌蚪

五彩星星落水底，样子老是有心计，
悄悄潜伏沙面上，　有机会搞袭击。
海星

形似枫叶颜色红，犹如贝雕一颗星，
海中游戏翩翩舞，化灰入药能治病。
海星

是豹不在山间跑，一身油亮灰黄毛，
不怕冰天雪地冷，常在海里洗凉澡。
海豹

性子像鸭水里游，样子像鸟天上飞，
游玩休息成双对，夫妻恩爱永不离。
鸳鸯

身体肥来头儿大，脸儿长方宽嘴巴，
名字叫马却没毛，常在水中度生涯。
河马

小时灰黑像蚂蚁，日夜劳作不休息，
脱掉黑衫换白衫，吐出长丝可做衣。
蚕

年幼浑身长黑毛，长大个个披绿袍，
到老周身裹白皮，死后落个赤条条。
蚕

唱歌不用嘴，声音真清脆，
嘴尖像根锥，专吸树枝水。
蝉

盗名扮成歌唱家，半句歌词唱一夏，
无知却装万事通，高立枝头把口夸。
蝉

夏天一到它就闹，躲在树上唱高调，
其实什么都不懂，偏要自吹说知道。
蝉

绿娘娘却黑心肠，深秋怀孕缺食粮，
饿得头小脖子长，吃掉丈夫保儿郎。
螳螂

扁脑袋来长脖子，披着一身绿袍子，
两手举着大刀子，全心全意捉虫子。
螳螂

头插两根野鸡毛，身穿一件青绿袍，
手里拿着两把刀，小虫见了拼命逃。

螳螂

长相俊俏，爱舞爱跳，
飞舞花丛，快乐逍遥。
蝴蝶

头上长着两根毛，身上穿着彩花袍，
不会唱歌不会叫，跳起舞来它最好。
蝴蝶

身穿花衣爱打扮，一对翅膀亮闪闪，
不会唱歌爱跳舞，花丛里面跳得欢。
蝴蝶

歼击机有四个膀，起飞不用螺旋桨，
击落飞贼上百架，没听一声机枪响。
蜻蜓

有的红绿有的青，细身纱翅能飞行，
捕捉小虫真灵敏，晴天飞来雨天停。
蜻蜓

小小飞艇大眼睛，两对翅膀大又明，
飞东飞西忙不停，消灭害虫有本领。
蜻蜓

家族庞大数成千，家住蜜县格子间，
花果园里去上班，造出产品比糖甜。
蜜蜂

团结劳动是能手，家家住着小门楼，
个个开着糖坊铺，日日夜夜忙不休。
蜜蜂

把房搬到芬芳寨，肢不沾地忙在外，
勤劳人人皆夸奖，嘴甜个个都喜爱。
蜜蜂

一个小虫虽不大，飞去飞来吃天下，
长脚驴脸麻布褂，横行霸道害庄稼。
蝗虫

心狠手辣名声臭，生下专吃妈妈肉，
谁若不慎上了钩，这个罪可不好受。
蝎子

爱穿黑绿八卦装，身上扛着一杆枪，
大人小孩都怕我，皇上见了也心慌。
蝎子

一个姑娘本领多，天天在家织网罗，
织成网罗无事做，专网蚊虫捉飞贼。
蜘蛛

八角亭子细栏杆，造成一座巧机关，
有谁从我这里过，要留性命难上难。
蜘蛛

小黑姑娘居中间，风儿吹来荡秋千，
雨天编网像八卦，逮住虫儿吃一天。
蜘蛛

一位姑娘正弹琴，王孙公子来听音，
门外听得琴声美，打开园门来抢亲。
蟋蟀

两根天线如丝飘，悄悄伸出小地道，
地道里面嘀嘀响，不知是谁发电报。
蟋蟀

只会爬来不会跑，泥土为家不计较，
犁地松土本领高，钻出地面没有脚。
蚯蚓

两头尖尖不见口，耳目手脚都没有，
整天工作在土里，遇到下雨才露头。
蚯蚓

古怪古怪真古怪，骨头长在皮肉外，
步履艰难走不快，没长腿儿上墙来。
蜗牛

琉璃瓦房弯门楼，里面拴头无毛牛，
虽说长角又吃草，犁地拉车犯了愁。
蜗牛

家住深山黄泥洞，口抹胭脂一点红，
良民百姓都怕我，皇帝见我叫阿公。
蜈蚣

节节身体长又扁，多脚整齐排两边，
第一对脚呈钩状，杀死小虫成百千。
蜈蚣

爬墙上壁是英雄，身体扁平善捉虫，
尾巴断了能再生，中医称它是守宫。
壁虎

一头小牛有翅膀，两根辫子长又长，
危害果木罪恶大，人们称它锯树郎。
天牛

远看好像芝麻粒，近看好像小黑驴，
白天干活不怕累，晚上睡在洞洞里。
蚂蚁

又上树来又爬墙，觅来食物洞里藏，
春夏秋天忙又忙，一到冬天把福享。
蚂蚁

生在水乡不见妈，长大飞入千万家，
笤帚巴掌都来打，就是不能用枪杀。
蚊子

家住水乡背风坡，口含毒针唱山歌，
谁要同它做邻居，睡眠少来疾病多。
蚊子

唱着小曲进绣房，红罗帐里会鸳鸯，
一杯美酒未下肚，啪啪两声见阎王。
蚊子

有只虫儿真奇怪，一盏灯笼随身带，
黑夜点灯满天飞，绿光闪闪真可爱。
萤火虫

小小飞虫尾巴明，夜黑闪闪像盏灯，
古代有人曾借用，刻苦读书当明灯。
萤火虫

身体半球形，背上七颗星，
棉花喜爱它，捕虫最著名。
七星瓢虫

大姐长得真漂亮，身穿橘红花衣裳。
七颗黑星上面镶，爱吃蚜虫饱肚肠。
七星瓢虫

植物谜

一物生得真奇怪，腰里长出胡子来，
拔掉胡子剥开看，露出牙齿一排排。
玉米

一个小孩真俊俏，衣服穿了七八套，
头上戴着红缨帽，怀里藏着珍珠宝。
玉米

脱去黄金袍，露出白玉体，
身子比豆小，名字有三尺。
大米

白白胖胖小娃娃，两头尖尖肚子大，
农民把它种出来，天天你都吃着它。
大米

两头尖尖白如银，世上无我难做人，
如果有人猜着我，要算世上聪明人。
大米

有个矮将军，身上挂满刀，
刀鞘外长毛，里面藏宝宝。
大豆

金枝金叶结金荚，金黄果实真不少，
到了时候不收获，三三两两全蹦跑。
大豆

青枝绿叶长得高，砍了压在水里泡，
剥皮晒干供人用，留下骨头当柴烧。
麻

身穿绿衣头顶花，姐妹多了闹出嫁，
一嫁嫁到水府庙，丢了衣衫挨了打。
麻

麻布衣裳白夹里，大红衬衫裹身体，
白白胖胖一身油，建设国家出力气。
花生

木制结构麻面墙，两间小屋不朝阳，
东屋住的莺莺姐，西屋住的小红娘。
花生

身子细来个儿高，头上戴顶大圆帽，
从早到晚东西转，到老没劲弯下腰。
向日葵

长得像竹不是竹，周身有节不太粗，
不是紫来就是绿，只吃生来不吃熟。
甘蔗

身体有节像根竹，剥去青皮见白肉，
刀劈斧剁去两头，只吃生来不吃熟。
甘蔗

皮儿薄，壳儿脆，四姐妹，隔墙睡，
从小到大背靠背，裹着一层疙瘩被。
篦麻

叶儿能喂蚕宝宝，子儿可以把油榨，
河边路边到处长，浑身是宝用处大。
蓖麻

生在山里，死在锅里，
藏在瓶里，活在杯里。
茶叶

生在青山叶儿多，离了家乡纸包裹，
宾朋来了开水冲，口口声声都喝我。
茶叶

把把绿伞土里插，条条紫藤地上爬，
地上长叶不开花，地下结串大甜瓜。
红薯

紫红线儿埋山洼，光长叶来不开花，
到了秋后连根挖，带出一堆胖娃娃。
红薯

青枝绿叶颗颗桃，外面骨头里面毛，
待到一天桃子老，里面骨头外面毛。
棉花

小树结桃多又大，桃儿张口开白花，
结的子儿能榨油，摘下花儿能纺纱。
棉花

小时青，老来黄，金色屋里小姑藏。
谷子

三月出门九月归，低头哈腰吃尽亏，
回家扒皮汤锅煮，你说可悲不可悲。
谷子

形如珍珠性耐寒，大雪覆盖最喜欢，
春暖花开似绿毡，南风吹来金灿灿。
小麦

身穿绿衣水里闹，又点头来又弯腰，
金风吹来翻金浪，农民乐得磨镰刀。
水稻

水里生来水里长，小时绿来老时黄，
脱下外罩金黄甲，颗颗珍珠放光芒。
水稻

春穿绿衣秋黄袍，头儿弯弯垂珠宝，
从幼到老难离水，不洗澡来只泡脚。
水稻

有个小孩不太高，浑身上下挂荷包，
荷包里面包黄金，要收金子使劲敲。
大豆

叶子圆圆个儿小，全身长满小镰刀，
刀子里面结果果，果果可做美佳肴。
大豆

紫红茎儿开白花，三伏它才找婆家，
孩子全都是黑人，里面却是白花花。
荞麦

藤长长来叶杈杈，生来爱在地上爬，
开花从来不结果，地下长满红疙瘩。
红薯

一物生来真奇怪，它是世上一道菜，
娘死以后它才生，它死以后娘还在。
木耳

未曾生崽娘先死，娘死几年崽才生，
细雨飘飘来养我，不知哪日报娘恩。
木耳

秆儿长长叶儿圆，开的花儿紫又蓝，
又作牧草又作肥，一年能割两三回。
苜蓿

小时是个层层子，大时是个蓬蓬子，
开出朵朵玉兰花，结出颗颗拧拧子。
苜蓿

一根绿葱直到梢，开出花来节节高，
人人说它有福气，老来还挨棒头敲。
芝麻

青竹竿儿青绿瓦，一节一节开小花，
秋天吐子千万粒，子粒虽小香万家。
芝麻

白胖娃娃地下藏，深山老林是故乡，
越大越老越宝贵，滋补身体保健康。
人参

出水芙蓉甫卸妆，绿衣素裹满池塘，
青房暗结一窝蜂，脸面似啼开时笑。
莲蓬

身子长，个不大，遍体长着小疙瘩，
有人见了皱眉头，有人见了乐开花。
苦瓜

身材瘦瘦个儿高，叶儿细细披绿袍，
别看样子像青蒿，香气扑鼻味儿好。

芹菜

一顶小伞，落在林中，
一旦撑开，再难收拢。
蘑菇

脸圆像苹果，甜酸营养多，
既能做菜吃，又可当水果。
西红柿

生根不落地，有夜不开花，
市场有得卖，园里不种它。
豆芽

紫色树，开紫花，紫花落了结紫瓜，
紫瓜又像紫色瓶，紫色瓶里包芝麻。
茄子

红口袋，绿口袋，有人怕，有人爱；
爱它是样好小菜，怕它吃到嘴里眼泪来。
辣椒

红公鸡，绿公鸡，身子钻在泥底下。
你要捉住它，揪住尾巴用力拔。
胡萝卜

红灯笼，绿宝盖，
十人见了九人爱。
柿子

青藤挂满棚，结果像青龙，
嫩时当菜吃，老了也有用。
丝瓜

头戴节节帽，身穿节节衣，
年年二三月，出土赴宴席。
竹笋

红漆桶，地下埋，绿的叶子顶上栽，
切开红漆桶，清甜可口好小菜。
红萝卜

不长枝来不生杈，叶子顶上开白花，
脑袋睡在地底下，胡子长了一大把。
葱

不是葱来不是蒜，一层一层裹紫缎，
说它是葱比葱短，说它是蒜不分瓣。
洋葱

兄弟七八个，围着柱子坐，
到老来分家，衣服都扯破。
蒜

少年长绿头，中年变红头，
老来大张口，口里噙黑豆。
花椒

青青蛇儿满地爬，蛇儿遍身开白花，
瓜儿长长茸毛生，老君装药要用它。
葫芦

身体白又胖，常在泥里藏，
浑身是蜂窝，生熟都能尝。
藕

一个黄妈妈，一生手段辣，
愈老愈厉害，小孩最怕它。
姜
瘦长的身材，翠绿的皮肤，
全身是疙瘩，丑了自己美了别人。
小黄瓜

头戴黄花爬上架，身材苗条头朝下，
生来刺多不许摸，人接车送才出嫁。
黄瓜

一条青龙爬上架，盏盏灯笼架上挂，
小灯中灯变大灯，有绿有红多变化。
南瓜

性喜坡上满地爬，浑身长毛白又白，
养的娃娃胖又胖，个个滚圆水桶大。
冬瓜

青叶生棚架，小龙下面挂，
小时味道鲜，老来把锅刷。
丝瓜

立秋出门进小雪，转眼过了三个月，
走时黑瘦衣服单，回来白胖剥衣服。
白菜

一种青菜顶呱呱，味道鲜美世人夸，
别的青菜收一次，它却能割好几茬。
韭菜

冬长幼苗夏成熟，滔滔海水是沃土，
根浮水面随浪晃，身潜水中漫起舞。
海带

只只黑蝴蝶，落在木头上，
有耳听不见，人来也不飞。
木耳

藤儿短来苗不高，只有条条是佳肴，
紫绿颜色全都有，节节分段锅里炒。
长豆角

一物生来色彩异，紫叶紫茎又紫皮，
就是将它过火海，留下紫水不变色。
苋菜

初春碧野盖青纱，满眼珊瑚映彩霞，
饮露肌肤含雪蕊，鲜肥嫩白益千家。
椰菜

原本个子有高低，硬说长得一样齐，
当初冷落荒野中，如今受宠菜园里。
荠菜

青青藤儿长得高，全副武装挂马刀，
给人贡献不算啥，保人健康立功劳。
芸豆

小小红坛子，装满红饺子，
吃掉红饺子，吐出白珠子。
橘子

许多兄弟一个娘，人人穿着黄衣裳，
个个身子弯又弯，都有一副软心肠。
香蕉

弯弯像月亮，身子像黄瓜，
弟兄排成行，个个甜又香。
香蕉

像球一样圆，像血一样红，
像珠一样亮，像蜜一样甜。
樱桃

青树结青瓜，青瓜包棉花，
棉花包梳子，梳子包豆芽。
柚子

青枝绿叶开红花，我家园里也有它，
张开黄嘴露红牙，生出许多小娃娃。
石榴

红关公把守大营，白刘备稳坐中军，
剩下一个黑张飞，中军帐内酒不醒。
荔枝

红袍子疙疙瘩瘩，白身子细嫩光滑，
鲜模样叫人爱怜，谁知它是黑心娃。
荔枝

花开白如雪，结果像金瓜，
清凉甜又蜜，人人爱吃它。
梨

胖娃娃，没手脚，红尖的嘴一身毛，
背上浅浅一道沟，肚里红红好味道。
桃

身上一层毛，皮是青衣裳，
剥开它的皮，专吃它的肉。
猕猴桃

矮树枝头它系铃，绿叶丛中它挂红，
秋来不怕西风冷，又串乡来又进城。
苹果

转眼秋风起，桃李枝头空，
唯有它耐久，满树红彤彤。
山楂

冬天土里睡，夏天满架爬，
门帘高高挂，珍珠诱人摘。
葡萄

长绳子来绿叶子，攀攀附附上屋子，
木架子来空架子，滴里嘟噜挂珠子。
葡萄

味道是酸甜，多吃没好处，
麦熟它也熟，果核送药铺。
杏

海南岛上是我家，经受风吹和雨打，
四季棉衣不离身，肚里有肉又有茶。
椰子

身穿绿衣裳，肚里水汪汪，
生的儿子多，个个黑脸膛。
西瓜

青青藤儿满地爬，结出果子圆又大，
绿皮红心黑娃娃，解渴消暑甜又沙。
西瓜

小时青涩老来红，成熟时节招顽童，
手舞竹竿打下地，吃完两手红彤彤。
桑葚

像枣不是枣，立夏把它找，
满身都是疮，糖分可不少。
桑葚

褐色盒儿扁又圆，四面无缝封得严，
打开木盒看一看，黄蜡丸儿在里面。
栗子

一层刺来一层膜，四面无缝封得严，
里面长着黄金肉，中间隔着牛皮壳。
栗子

壳儿硬，壳儿脆，四个姐妹隔墙睡，
从小到大背靠背，盖得一床疙瘩被。
核桃

模样很像老人脸，皱纹道道挺难看，
好吃没人能咬动，打破脑袋肉才见。
核桃

生在树上是青的，落到地上是黄的，
不用刀削是圆的，不加蜜糖是甜的。
桂圆

一个娃娃穿红衣，爱串门子去洗澡，
洗完掉了一身肉，只剩骨头门外抛。
枣

一身青青，两头尖尖，
尝尝滋味，先苦后甜。
橄榄

一颗玛瑙圆溜溜，满身长着疙瘩球，
不能用来只能吃，一口咬得血直流。
杨梅

一只小船两头翘，整天整夜水里漂，
若是被人拦住了，把它齐腰砍一刀。
菱角

头上戴顶破凉帽，身上穿件绿夹袄，
腰里挂个大元宝，脚上踏只破薄包。
菱角

一团幽香口难言，色如丹桂味如莲，
真身已归西天去，十指尖尖在人间。
佛手

一个小姑娘，生在水中央，
身穿粉红衫，坐在绿船上。
荷花

四季常青绿，只是花开难，
摊开一只手，尖针已扎满。
仙人掌

两叶花四朵，颜色白又黄，
一年开一次，八月放异香。
桂花

格高风清压群芳，红妆素裹飘清香，
愿伴松竹为好友，不与百花争短长。
梅花

粉妆玉琢新世界，傲霜斗雪花自开，
岁寒为报春来早，姐妹亲朋喜开怀。
梅花

说它是棵苗，为啥有知觉，
轻轻一碰它，低头叶合了。
含羞草

白天一到芬芳断，夜晚香味飘散远，
飞虫闻味来传粉，秘密皆在花瓣间。
夜来香

陶令最怜伊，山径细栽培，
群芳冷落后，独自殿东篱。
菊花

状如蘑菇一珍宝，当年白蛇将它盗，
其实是味好草药，滋补健身价值高。
灵芝

园林三月风兼雨，桃李飘零扫地空，
唯有此花偏耐久，绿枝又放数枝红。
山茶花

东风融雪水明沙，烂漫芳菲满天涯，
艳丽茂美枝强劲，路上行人不忆家。
桃花

得天独厚艳而香，国色天香美名扬，
不爱攀附献媚色，何惧飘落到他乡。
牡丹

小小花儿爬篱笆，张开嘴巴不说话，
红紫白蓝样样有，个个都像小喇叭。
牵牛花

空心苗，叶儿长，挺直腰杆一两丈，
老时头发白苍苍，光长穗子不打粮。
芦荟

扎根不与菊为双，娇艳瑰丽放异香，
唤作拒霜不相称，看来却是最宜霜。
芙蓉

花开六瓣瓣，似火红艳艳，
蹲坐莲花台，年年亮新颜。
山丹丹花

一只公鸡，不吃不啼，
只有脑袋，没有身体。
鸡冠花

小小伞兵随风飞，飞到东来飞到西，
降落路边田野里，安家落户扎根基。
蒲公英

远看像把小绿伞，近看像个大绿盘，
水珠掉进绿盘里，好像珍珠滚滚圆。
荷花

绿色珠子颗颗圆，枝头树尾万万千，
最初觉得丁丁苦，后来觉得蜜蜜甜。
牛柑果

身着绿衣裳，口含珍珠囊，
隐身深山处，时时传幽香。
兰花

花中君子艳而香，空谷佳人美名扬，
风姿脱俗堪为佩，纵使无人亦自芳。
兰花

青枝绿叶开白花，秋来黄果枝头挂，
庭院窗前栽一盆，只供观果不观花。
金橘

一位姑娘本姓菖，一住住在河边上，
若要姑娘来进房，要等五月初头上。
菖蒲

一棵小树刺满身，体态好像巴掌伸，
原本住在沙窝里，如今盆栽四季青。
仙人掌

青枝绿叶一树红，小姐看见喜心中，
双手摘下上绣楼，细线捆绑到天明。
凤仙花

绿茎绿叶开白花，花朵芬芳且又大，
若要问我真姓名，正宫娘娘是我妈。
栀子花

后长叶子先开花，花儿好似金喇叭，
喇叭吹来嘀嘀答，吹得冰雪全融化。
迎春花

花儿白来结鳞球，十个将军剥不休，
剥了九十九层壳，不曾剥到一块肉。
百合花

皮肉粗糙手拿针，悬崖绝壁扎下根，
一年四季永常青，昂首挺立斗风云。
针松

青丝头发粗布衣，艰苦奋斗劣地居，
傲立山头迎风笑，坚韧不拔名不虚。
松树

高山峻岭把营扎，餐冰饮雪度生涯，
终年身穿黄金甲，杀退漫天风与沙。
松树

叶儿茂盛价值大，养蚕更是需要它，
本来栽有千万棵，偏说两棵冤枉大。
桑树

江南水乡是它家，姑娘唱歌在树下，
栽下一片千万棵，养蚕更是需要它。
桑树

卵形叶子干儿高，秋天结果香满园，
黄皮黑子味道香，吃在嘴里水汪汪。
梨树

卵形叶子干儿高，秋天献出身上宝，
结出许多金葫芦，细嫩白肉味道好。
梨树

一个婆婆园中站，身上挂满小鸡蛋，
又有红来又有绿，既好吃来又好看。
枣树

稀奇稀奇真稀奇，树根下面长胡须，
冬天落叶春发芽，全身辫子长又细。
柳树

天南地北都能住，春风给我把辫梳，
溪畔湖旁搭凉棚，能撒雪花当空舞。
柳树

头大脚小身婆娑，城市绿化常用它，
本来祖国到处有，硬说它是外国货。
杨树

一种植物生得巧，不是豆类也结荚，
果实制药可止血，花儿可做黄染料。
槐树

树大如伞叶层层，一生可活几千年，
人们用它做橱箱，香气扑鼻质地坚。
樟树

干高杈多叶如爪，一到深秋穿红袄，
球状果实刺儿多，驱风祛湿有疗效。
枫树

样子看来很高大，果儿屁股穿铁甲，
树干用来做家具，果实可做豆腐花。
楮树

铁骨先生道德高，钟离祖师把扇摇，
洞宾背剑来相杀，脱了红袍有紫袍。
棕树

叶子细小干儿瘦，结的果子如葡萄，
它的用处非常大，种子皮根都入药。
楝树

叶儿长长牙齿多，树儿杈杈结刺果，
皮儿青青果肉褐，剥到中间是黄色。
板栗树

说是茶树不产茶，青青叶儿开白花，
圆圆果子人来采，榨出油来喜开怀。
油茶树

一个老汉高又高，身上挂着万把刀，
样子像刀不能砍，洗衣赛过好肥皂。
皂角树

小枝粗壮叶子大，三年可长一丈八，
优秀干部焦裕禄，生前十分喜欢它。
泡桐树

干短杈多叶子大，绿色灯笼树上挂，
要是用它把油榨，家具船舱寿命延。
油桐树

号称山大王，树干冲天长，
叶儿尖似针，造屋好做梁。
杉树

铜盆粗棵树，芝麻大点叶，
任凭山岩坚，千年见苍翠。
柏树

人体器官谜

一个葫芦七个洞，洞洞都有好作用，
一个听来一个看，一个嗅来一吃饭。
头

一座高山七眼井，七眼井来暗相通，
五个有水两个干，所有井口不朝天。
头

家住高楼体难量，有事它来做主张，
下命令来要执行，有情况来要呈报。
脑

高高山上一堆麻，月月割来月月长，
年复一年常整理，多变少来黑变白。
头发

高高山上一片草，个挨个来密麻麻，
一年四季不断割，割完一茬长一茬。
头发

小小玻璃小小窗，小小书童坐书房，
四面八方都看到，累了它就会闭上。
眼睛

浅浅池塘左右开，池中人影两面排，
纵使有时天晴日，凭空也会涨水来。
眼睛

两间小屋左右分，要到天黑才关门，
小屋能把万物收，一粒沙子它不容。
眼睛

圆溜溜来水汪汪，两个兄弟隔堵墙，
白天忙忙又碌碌，夜里都住茅草房。
眼睛

高高山上种韭菜，一左一右整两排，
年年它都长不大，只能摸到看不到。
眉毛

一个烟筒两个洞，两洞从不向天空，
有时一阵雨蒙蒙，有时一阵烟雾浓。
鼻子

头大尾尖一座山，两个地洞穿山间，
冷风热风来回刮，级别总是一样大。
鼻子

出生同一天，住在两山边，
说话听得见，相互难见面。
耳朵

兄弟二人分两家，一左一右无牵挂，
虽说无怨也无仇，就是老死不相见。
耳朵

东一片，西一片，到死都不会相见。
耳朵

红门楼，白院墙，里面住着小红娘，
红娘聪明又能干，又会说来又会唱。
嘴

一座红楼白院墙，里面有个红姑娘，
说学逗唱它都会，一日三餐不能忘。
嘴

兄弟三十不嫌多，先生弟弟后生哥，
平时弟弟出来管，遇到难事叫大哥。
牙齿

一物生得鲜，四面不见天，
常年不下雨，光湿不会干。
舌头

不圆也不方，藏在口中央，
席上千般味，总让它先尝。
舌头

无底洞里一座桥，一头着地一头摇，
百样东西桥上过，一过桥头无处捞。
舌头

一棵小树五个杈，不长叶子不开花，
会写会算会画画，创造世界全靠它。
手

摇钱树有两个杈，双双对对吐金芽，
摇摇它来树开花，柴米油盐全靠它。
手

五个兄弟，住在一起，
名字不同，高矮不齐。
手指

一对孩子并排走，脊背朝前肚朝后，
头上顶着擎天柱，齐心合力抬高楼。
小腿

十个小和尚，分居在两房，
白天同走路，夜里同卧床。
脚

当院一朵花，根儿往上扎，
一天浇三遍，到死不见它。
心脏

一个皮口袋，能装饭和菜，
一天装三次，乱装容易坏。
胃

两片叶儿胸中挂，循环空气作用大，
根在上，叶在下，不结果来不开花。
肺

两堵红墙合一块，有时上下可分开，
合时一片静悄悄，墙开声音传出来。
嘴唇

红墙两头窄，拦腰从中分，
一张一合时，有声传出来。
嘴唇

人人有个大石桥，送进食物知多少，
顺利通过人顺畅，留下东西受不了。
咽喉

自然现象谜

说它多大有多大，日月星辰全容纳，
无人知它始和终，也没左右和上下。
宇宙

世间万物它最大，无人见到它全貌，
驾上飞船去巡逻，飞上十万八千年。
宇宙

生在宇宙亿万年，太阳系里一成员，
自转一周是一天，绕日一周是一年。
地球

一个球儿圆溜溜，背着高山和河流，
一个球儿转悠悠，种着庄稼盖着楼。

語言的盛宴

地球

东一半来西一半，中间有线看不见.
两头冷来中间热，一天一夜转一圈。
地球

一个球儿圆又大，能看能摸不能打，
两头寒冷中间热，谁也不能离开它。
地球

有个圆球真好看，不用发动自己转，
白昼黑夜连轴转，累得中热两头冰。
地球

一个圆圆蓝布棚，不遮风雨不挡风，
白天看它还挺好，夜里一看净窟窿。
天空

白天是云的花园，夜晚是星的大院，
鸟儿在自由飞翔，人却在下面来往。
天空

一只球，热烘烘，
落在西，出在东。
太阳

天上有盏灯，闪闪放光明，
地球没有它，万物难得生。
太阳

东方有个美红娘，忙忙碌碌过西厢，
睡到早晨五更起，红娘跳出粉红墙。
太阳

大圆球儿天上挂，它的本领可真大，
白天人人看得见，夜里户户不见它。
太阳

一个圆球天上挂，光芒照遍全天下，
冬季短来夏季长，庄稼没它不生长。
太阳

晨出东海夜归山，千年万年来回转，
地球围它天天转，万物靠它长和生。
太阳

疑是瑶台镜，飞在青云端，
白兔捣药成，问言与谁餐。
月亮

有时落在山腰，有时挂在树梢，
有时像个圆盘，有时像把镰刀。
月亮

有时弯弯像只船，有时圆圆像个盘，
圆圆盘变弯弯船，弯弯船变圆圆盘。
月亮

初一难见面，十五大团圆，
入夜来相见，破晓藏云间。
月亮

星夜挂着一张弓，世间没人拉得动，
上弦下弦有规律，待到盈时已月中。
月亮

蓝蓝天上有只船，船上没桨也没帆，
每日悠悠银河漂，到了十五变圆盘。
月亮

弯弯梳子明又亮，高高挂在天边上，
一月要变几个样，十五变成圆脸庞。
月亮

不是娥眉不是弓，谁将镰刀挂空中，
又像玉环之一半，半沉沧海半空中。
月牙

借助太阳才发光，围绕地球日夜忙，
若是地球遮阳光，娃娃指天问爹娘。
月食

乍看白茫茫，细看一条江，
没有鱼儿游，不见船来往。
银河

横空一条江，入夜白茫茫，
喜鹊不搭桥，织女望牛郎。
银河

不行船只却叫河，没有滴水闪银波，
河身长长连广宇，嵌满星斗亿万颗。
银河

一条大河长又宽，夜来有水白天干，
说它遥远能看见，走到河边得万年。
银河

明光似带呈天河，河中无鱼也无船，
晴空夜晚鹊搭桥，牛郎织女隔河望。
银河

美丽眼睛千千万，全都长在碧蓝天，
白天老是睡大觉，晚上经常出来玩。
星星

千盏灯，万盏灯，盏盏灯儿天上明，
要想取个灯儿来，驾着白云上天宫。
星星

青石板儿板石青，青石板上挂银钉，
若问银钉有多少，天下无人数得清。
星星

一点一点亮晶晶，越是黑来越是明，
手指把它数一数，密密麻麻数不清。
星星

一株枣树夜里繁，结满东西南北天，
赶到日出抬头看，落得一个都不见。
星星

一物真稀奇，挤在群星里，
一道亮光闪，眨眼落下地。
流星

天黑黑来黑黑天，空中划过一条线，
亮闪闪来闪闪亮，眨眼工夫就不见。
流星

像把扫帚空倒挂，拖着一条光尾巴，
远离太阳隐真相，靠近太阳变幻它。
彗星

有颗星星不寻常，长长尾巴发着光，
好像一把大扫帚，辛辛苦苦扫天郎。
彗星

千颗星来万颗星，满天星星数它明，
有它给你指方向，夜里航行不用灯。
北极星

天上一把斗，星宿里边有，
宗师它为尊，文才它为首。
北斗星

不速之客天外游，忽然来到大气层，
遗落残体几小块，它和太阳是同宗。
陨石

水冲不走，火烧不掉，
吃了不饱，人人需要。
空气

说个宝，道个宝，万物生存离不了，
在你身边看不见，越往高处它越少。
空气

摸不着，看不见，没颜色，没味道，
生命世界当个宝，一时一刻少不了。
空气

人人和它打交道，一时一刻离不了，
问它长相和面貌，看不见来摸不着。
空气

花儿见它弯弯腰，树儿见它把头摇，
水儿见它皱眉头，云儿见它躲开了。
风

大树遇它把头摇，青草遇它直弯腰，
海水遇它波涛滚，云彩遇它拔腿跑。
风

看不见来摸不着，四面八方到处跑，
跑过江河水起波，穿过森林树呼啸。
风

有声无声把名留，它发脾气人发愁，
阎王神仙管不着，海角天涯任意游。
风

抓不住它的身子，看不见它的样子，
力小时摇动树枝，力大时推倒房子。
风

一根竿儿细又细，上接天来下接地，
剪刀剪它它不断，大风一吹拦腰断。
雨

千条线，万条线，数不清，剪不断，
落在田里秧苗绿，落在江河看不见。
雨

太阳招我到天上，风伯送我飘四方，
待到想娘眼垂泪，方才放我回故乡。
雨

云里打鼓天放炮，千万条线落在田，
禾苗喝饱变绿了，青蛙池边呱呱叫。
雨

看起来顶天立地，哭起来有诉有泣，
摸起来又软又细，落地上一滩水渍。
雨

江淮地区有一怪，梅子黄时它就来，
来了赖着不肯走，几乎年年造成害。
梅雨

鼓声突起，响彻天地，
滚过长空，跑了万里。
雷

天上有面鼓，藏在云深处，
响时先冒火，声音震山谷。
雷

乌云里面把身藏，不知它是啥模样，
它的脾气特别暴，生起气来隆隆叫。
雷

一面大鼓真正妙，地上没有天上吊，
春冬两季它不来，夏秋来了就放炮。
雷

云中好似战鼓擂，不见鼓手不见槌，
夏日鼓声如炮响，寒冬反倒声全没。
雷

豪光突起，瞬息千里，
一鸣惊人，带来风雨。
闪电

一个老焊工，上班在云中，
巧手舞金龙，天下有名声。
闪电

一物生来真奇妙，白光道道空中跑，
寒冬时节无处寻，夏天雨季常见到。
闪电

一道银光一条线，划过长空似利剑，
霎时跑了千万里，眨下眼睛看不见。
闪电

它和雷公是伙伴，出现总在响雷前，
银光一闪惊天地，霎时飞奔到天边。
闪电

大小豆粒从天撒，人畜庄稼都怕它，
干尽坏事伤天理，掌握科技征服它。
冰雹

北风结成疙瘩，乌云深处为家，
出门敲锣打鼓，狠心毁坏庄稼。
冰雹

赤橙黄绿青蓝紫，七色拱桥挂天边，
桥上不见人来去，只见鸟叫太阳西。
彩虹

天上有座七彩桥，雨过天晴人人瞧，
没等车马到跟前，怎么忽然不见了。
彩虹

赤橙黄绿青蓝紫，犹如彩练当空舞，
夏日雨后常常见，太阳在西它在东。
彩虹

一座大桥架长空，瑰丽七色在当中，
不见人马桥上过，原来此桥行不通。
彩虹

弯弯一座彩色桥，高高挂在半天腰，
黄红七色摆得巧，过了片刻不见了。
彩虹

静如磐石动如马，厚如棉堆薄如纱，
聚散无常多变化，欲晴欲雨总有它。
云

忽然不见忽然有，像虎像龙又像狗，
太阳出来它不怕，大风一刮它就走。
云

身体多轻柔，逍遥漫天游，
风来它就躲，雨来它带头。
云

像是烟来没有火，说是雨来又不落，
有时能遮半边天，有时只见一朵朵。
云

天冷它出来，白毛到处盖，
不怕风来吹，最怕太阳晒。
霜

像糖又像盐，密密盖山川，
来时在半夜，去时日出山。
霜

是谁撒了一片白，不是盐又不是糖，
绿草见它变枯黄，树叶见它离了娘。
霜

像云不是云，像烟不是烟，
风吹轻轻飘，日晒慢慢散。
雾

远看一大片，走近摸不着，
远看像白纱，走近没有它。
雾

又像轻纱又像烟，飘飘荡荡在身边，
谁也别想抓住它，太阳出来就不见。
雾

满天满地似白烟，不熏不呛性子绵，
风儿吹来轻轻飘，太阳一晒就不见。
雾

是花不是花，催开万朵花，
像面不是面，丰收来年见。
雪

像糖它不甜，像盐它不咸，
冬天飞满天，夏天看不见。
雪

说它是花无人栽，六个花瓣空中开，
北风送它下地来，漫山遍野一片白。
雪

此花自古无人栽，一夜北风遍地开，
看看无枝又无叶，不知如何长出来。
雪

一种鲜花真奇怪，到了冬天开起来，
年年不留花种子，岁岁花开飘世界。
雪

春风不吹北风吹，一夜梨花万朵开，
太阳一照花就谢，不待蜜蜂采花来。
雪

一个宝宝白胖胖，生来就怕太阳光，
坐在风里不怕冷，一见太阳汗直淌。
雪人

一个胖娃白生生，坐在雪地不吭声，
不怕冻来不怕冷，只怕红红太阳升。
雪人

又白又嫩胖宝宝，端端正正坐得好，
太阳刚刚一露脸，宝宝变小不见了。
雪人

山上有株草，珍珠结不少，
我去没拿来，你去也白跑。
露珠

小珍珠，真可爱，只能看，不能采，
清晨结在绿草丛，太阳一出无影踪。
露珠

青枝绿叶千万朵，上面挂的白银果，
过路大嫂莫撞它，太阳出来它会躲。
露珠

小圆球儿水上滚，半边浮来半边沉，
看它模样挺可爱，要想抓住不可能。
水泡

小球球，圆滚滚，半个浮，半个沉，
看它样子怪好玩，要想抓它挺困难。
水泡

小气球，圆滚滚，半个浮，半个沉，
一小碗，两小碗，丢在河里翻翻转。
水泡

银色带子，有短有长，
脚在海里，头在山上。

江河

一条带子长又长，弯弯曲曲闪银光，
一头扔在大海里，一头搭在高山上。
江河

一株大树长又弯，头搭东海尾连山，
枝杈多来叶子少，倒在地上永不平。
江河

绕高山，过平原，要去海里把家安，
脸上笑起酒窝窝，一路歌儿唱得欢。
江河

弯弯曲曲地上爬，没路我就勤拍打，
遇石我就绕过它，经年累月移走它。
江河

白龙长长没长眼，穿过深山跨草原，
由高往低不停步，昼夜奔跑从不闲。
江河

无风像面镜子，落雨满脸麻子，
天热怀抱鸭子，天冷盖上盖子。
湖泊

胸怀真宽大，江河容得下，
朝涨暮就落，风起掀浪花。
海洋

要问胸怀有多大，千江万河容得下，
一旦水面风暴起，掀起千层雪浪花。
海洋

地球水族它称冠，阳光折射呈绿蓝，
根据颜色判深浅，喝口尝尝却是咸。
海洋

好似蓝缎天地宽，容得鱼虾游得欢，
一旦恼火发雷霆，怀中万物易遭难。
海洋

无风不开花，有风才开花，
刚开又落花，落了再开花。
浪花

箭射没有洞，刀砍不留痕，
雨来成碎锦，风起现花纹。
水

一物明透亮，能瘦也能胖，
不洗还干净，越洗它越脏。
水

不洗倒干净，洗洗不干净，
不洗有人吃，洗洗没人吃。
水

散步在小溪，睡觉在池塘，
奔跑在江河，歌舞在海洋。
水

看上去亮晶晶，摸上去冷冰冰，
走上去滑溜溜，碰上火水淋淋。
冰

生来自光光，像个玻璃样，
越冷越实在，热了泪汪汪。
冰

这种东西真奇怪，天生就怕太阳晒，
太阳不晒硬邦邦，太阳一晒泪出来。
冰

热天看不见，冬天才出现，
倒挂玉筷子，生根在屋檐。

冰溜

寒长热不长，要长根朝上，
似筷一排排，捏在手冰凉。
冰溜

一块明镜真叫大，挂在农村高山洼，
棉山粮海镜中照，映出张张丰收画。
水库

防病不用吃药丸，保健不用进医院，
硫磺暖水有特效，气候变温它不变。
温泉

无锅无火无人烧，终年暖水不断流，
寒来暑往它不变，祛病保健喜延年。
温泉

不依寒暑来变迁，游人见了笑开颜，
硫磺暖水涌不尽，引来众人洗开怀。
温泉

火山爆发和地震，却是我的导火索，
风暴也能激怒我，山川大地全淹没。
海啸

山里姑娘爱唱歌，蹦蹦跳跳下山坡，
踏遍人间不平路，化作滔滔万里波。
山泉

一片白花花，水帘山前挂，
犹如倾盆雨，风景美如画。
瀑布

悬崖挂块大白帘，千万只手抓不住，
远听千军万马吼，近看银泉飞下谷。
瀑布

水帘挂在悬崖前，隆隆作响生云烟，
千万双手抓不住，疑是银河落九天。
瀑布

彩色锦缎挂天边，夕阳映照更好看，
姑娘见了空欢喜，不能剪来做衣衫。
彩霞

一棵大树半天高，不怕斧头不怕刀，
也没枝来也没叶，不能砍来做柴烧。
烟

一棵大树高又高，不怕雷来不怕火，
只怕风来折断腰。
烟

红彤彤，热烘烘，横冲直撞要逞凶，
无嘴能吃天下物，只怕雨水不怕风。
火

红红黄黄一枝花，家家户户不离它，
温顺可爱让人亲，狂暴怒放让人怕。
火

地光闪来大地动，鸡鸭飞来猫狗闹，
房屋倒塌地裂缝，哗哗啦啦轰隆隆。
地震

深山冷坳有伏兵，兵马来时闹盈盈，
兵马喊叫它也叫，兵马止时它无声。
回声

你若声大它声大，你若声小它就哑，
同你腔调一个样，找遍四周不见它。
回声

看不见也摸不着，跑得快却没有脚，
一去永远不回头，胜似黄金莫错过。

光阴

没有腿脚快步走，无人能够把它留，
没有手臂本事大，能让青丝变白发。
光阴

远望好像绿海洋，风儿吹过起波浪，
这里没有鱼和虾，牛羊成群马儿壮。
草原

亮处伴你走，沉默不开口，
你停它也停，你走它也走。
影子

人人有个好朋友，乌黑身体乌黑头，
灯前月下陪着你，却是哑巴不开口。
影子

千里随身不恋家，不贪酒饭不贪茶，
水火刀兵都不怕，日落西山不见它。
影子

你不走来它不动，时刻与你相陪同，
掉进水里淹不死，摔在地上它不痛。
人影

有个朋友伴你走，或前或后或左右，
见光它就自动来，黑暗降临便分手。
人影

重重叠叠上瑶台，神仙玉帚扫不开，
刚被太阳收拾去，却教明月送将来。
花影

清清楚楚一幅画，有树有草也有花，
别处花草梢在上，此处花草梢朝下。
倒影

说它恶龙比龙凶，摇头摆尾力无穷，
暴雨响雷随它来，毁房倒屋罪过重。
龙卷风

有城不能去旅游，有楼不能进去住，
幻景海面半空中，七色折光变魔术。
海市蜃楼

天上有对亲兄弟，云里游玩不分离，
哥哥大声一呼喊，弟弟金光照大地。
雷、闪电

哥哥把灯照，弟弟把鼓敲，
带灯的走得忙，带鼓的跟着跑。
闪电、雷

日头西山落，放出白鸡婆，
鸡婆带窝崽，过山过水又过海。
月亮、星星

夫妻二人两相排，夫进房中妻出来，
不图代代生贵子，只图世世挂招牌。
太阳、月亮

一个青包袱，包两个饼子，
一个是冷的，一个是热的。
天、月、日

赶羊群，吊银线，彩色桥梁空中悬。
云、雨、虹

敲金鼓，放焰火，满园礼花千万朵。
雷、闪电、星

庙前一道光，庙后咚咚鼓，
树上鹦鹉叫，浜里鲤鱼跳。
闪电、雷、风、雨

大哥天上叫，二哥把灯照，
三哥流眼泪，四哥到处跑。
雷、闪电、雨、水

系天绳子，铺地银子，
挂檐柱子，洒花珠子。
雨、雪、冰溜、露

青石板，白铜钉，
打花鼓，放流星。
天、星、雷、闪电

起时波浪绿，开处鸟啼红，
天寒棉盖地，云净镜磨天。
风、花、雪、月

厚玻璃，大无边，白光起，扬响鞭，
亮芝麻，万万千，细麻绳，直通天。
天、闪电、雷、星、雨

农业用具谜

木头身上铁脚板，带它下地把活干。
干活还得人扶着，翻得土地松又软。
犁

手臂长长腿儿弯，弯弯腿上挂银盘，
此物本领真不小，能把地皮给翻转。
犁

弯弯树来弯弯材，弯弯树上挂银牌，
别看它的身材小，能把地皮翻过来。
犁

一根小木棒，安个弯月亮。
秋天收庄稼，请它来帮忙。
锄头

歪脖子，宽嘴巴，跟着人走头朝下，
野草见它就害怕，农民伯伯要用它。
锄头

腿长脖弯嘴儿扁，在家常常站墙边，
出门摔个嘴啃泥，除草松土它领先。
锄头

头大身长脖子细，它到田家去学艺，
杀了曹操一家人，单单留下苗广义。
锄头

一排牙齿生得齐，腰身细长头挨地，
专给田地来梳理，越梳土壤越松细软。
耙

一个怪物满身牙，不吃饭来不喝茶，
工人双手把它造，农民拉它满地爬。
耙

木头身子长又长，钢铁脑袋扁又方，
开河渠来挖池塘，样样靠它来帮忙。
铁锹

身弯嘴快尾巴翘，夏吃麦子秋吃稻，
农闲时节没啥吃，吃完青草吃枯草。
镰刀

一物足有半人高，又爱风凉又要娇，
妈妈双手抱在怀，又点头来又哈腰。
簸箕

圆圆一座竹丝城，城里兵马闹盈盈，
脱甲将军许它走，穿甲将军逃不成。
筛子

一座石山挺好看，成天有人围它转，
明明种的是粮米，偏偏收的是白面。

碾子

两个石轮一个转，驴拉马拽累身汗，
从早一直拉到晚，看看还在原地转。
石磨

奇怪奇怪真奇怪，肠子长在肚皮外，
肚子底下三条腿，长个尾巴又歪歪。
辘轳

看起来四四方方，用起来又拖又绑，
最喜欢海底漫游，吊起来眼泪汪汪。
鱼网

满身眼睛望四方，下河游水张翅膀，
有人将它拖上岸，哭得眼泪满地淌。
鱼网

一物长得好奇怪，牙齿长在肚子内，
老农经常把它喂，光吃草来不吃菜。
铡刀

此物骨节多，天旱才下河，
手摇或脚踩，它都会唱歌。
水车

新打舟船到河心，讨得甘露救万民，
跑来跑去在原地，头上累得汗淋淋。
水车

说是牛，不是牛，不吃草，光喝油，
工人叔叔送它来，支援农业大丰收。
拖拉机

不吃粮食不吃草，天天忙在地里跑，
用它运输和收割，农民都说它能干。
拖拉机

牛儿从来不吃草，成天野地加油跑，
不用缰绳不用套，干起活来快又好。
拖拉机

一物生来牙齿多，爱在水田唱山歌，
脚步平稳照直走，脚下银波变绿波。
插秧机

不用梭子不用纱，不在工厂不在家，
农民用它织绿毯，装点土地绿如画。
插秧机

一物响隆隆，满天飞彩虹，
珍珠地上撒，晒场显神通。
扬场机

长身圆胸膛，嘴在水里张，
尾巴甩渠旁，旱涝都能防。
抽水机

一口肥猪力气大，铁腿铁脚铁脑瓜，
不吃菜来不吃粮，开路造田它最棒。
推土机

远看云雾一团团，近看田野雨帘帘
有雾但见日当空，下雨不闻惊雷声
喷灌机

生活用品谜

脑袋尖尖身子长，眼睛长在屁股上，
别看模样不顺眼，它会做鞋缝衣裳。
针

头儿尖尖细长身，尾巴上面拴根线，
专拣大道路边走，一步一步牵着线。
针

铁打心肠一枝花，我是主人好管家，
主人一来我开心，不是主人不理他。
锁

浑身全是用铁打，主人不在我管家，
知心人来我开口，不对心者莫理他。
锁

一只眼睛几个牙，一头小来一头大，
晓得将军心中事，出门身上不离它。
钥匙

头上戴顶花花帽，坐在桌头微微笑，
看我读书千般苦，常常做伴到鸡叫。
台灯

头戴玻璃平顶帽，长圆身体披长袍，
夜里睁开一只眼，专往黑暗地方瞄。
手电筒

大头细身白又亮，眼睛长在头顶上，
你一摸它肚脐子，睁眼专往暗处望。
手电筒

纸竹姻缘密如胶，闹起风波气不消，
桃花开时来相会，菊花开时面不朝。
扇子

打开半个小月亮，收起一根小棍棒，
来时荷花正飘香，去时菊花已开放。
折扇

一物生得好稀奇，翅膀长在脑袋里，
看见它在用力飞，其实寸步也难移。
电扇

一个东西生得巧，坐的地方比人高，
晚上肚里空洞洞，白天装满一肚毛。
帽子

只有腿来无胳膊，只有脊梁无脑壳，
爱摆架子盘腿坐，横跨鼻梁钩耳朵。
眼镜

大腿直来小腿弯，常到眼前来上班，
下班钻进保险箱，主人走哪带身边。
眼镜

环绕玉柱一条龙，冰天雪地不怕风，
冬天到来人人爱，春暖花开影无踪。
围巾

一件东西三个口，不论贫富家家有，
有它虽然不算富，无它不敢出门口。
裤子

左右两只整一双，对对双双走四方，
高山平原任它走，五湖四海它全逛。
鞋

两只小船没有篷，十名客人坐当中，
白天载客来回忙，晚上靠岸船里空。
鞋

不论姐俩是哥俩，脸庞身体全不差，
对面打量难分辨，一个说唱一个哑。
镜子

小花布儿四方方，整整齐齐兜里装，
要讲卫生爱清洁，天天都得带身上。
手帕

一次吃饱总不饥，二人相思我心知，
夜夜尽听悄悄话，人前从不惹是非。
枕头

生就风流美貌样，却难尽舍是糟糠，
暗把首领来依恋，终日卧榻空断肠。
枕头

四四方方罗纱城，夜晚关门不点灯，
飞贼在外乱嚷嚷，主人安心起鼾声。
蚊帐

两个小伙一般高，同吃同住同劳动，
一日三餐抢先尝，爱吃饭菜不喝汤。
筷子

兄弟二人一般高，但凭娇腕只手移，
遍尝五谷与佳肴，总为别人口中食。
筷子

弟兄四人地上立，一人有病三人愁，
多少医生看不好，只用一块小砖头。
桌子

背上还有一个背，腿边还有四条腿，
走路睡觉用不着，写字画画要它陪。
椅子

不是糕点不是糖，洁白芬芳味清凉，
不能吃来不能喝，每天都要尝一尝。
牙膏

细杆杆儿五寸长，一头有毛一头光，
每天早晚洗个澡，人人用它保口腔。
牙刷

四四方方一块糕，不能吃来不能咬，
洗澡浑身冒白泡，越洗身体越变小。
肥皂

不长藤来不结瓜，下起雨来才开花，
花儿开到头顶上，人到哪里它到哪。
雨伞

长长脖子小小口，端端庄庄坐高楼，
数它爱美好打扮，红红绿绿常满头。
花瓶

小小圆形运动场，三个选手比赛忙，
跑的路程分长短，最后成绩一个样。
钟表

一家三代环城赛，赛跑规则颇奇怪，
虽然速度不一样，谁也不比谁的快。
钟表

身子弯弯像月牙，没有嘴巴光长牙，
你要问它有啥用，天天清早头上爬。
梳子

腿儿弯弯嘴尖长，眼睛长在喉咙旁，
不吃饭菜不喝汤，专吃布匹和纸张。
剪刀

嘴巴尖尖没舌头，眼睛长在喉咙口，
一边咬来一边吐，常常按着尺子走。
剪刀

小小东西有奇能，细长身体圆头顶，
沙墙上边擦一下，能使人间放光明。
火柴

一个军营百个兵，列好队伍等命令，
一旦需要就出发，牺牲自己换光明。
火柴

红姑娘来白姑娘，辫子梳在头顶上，
生来立志驱黑暗，舍己为人心欢畅。
蜡烛

語言的盛宴

像是蟠龙不是龙，朱砂一点染头红，
云雾缭绕驱飞虎，夜夜为咱除害虫。
盘香

一个坛子两个口，大口喝水小口流，
小口像只尖嘴猴，见了客人忙点头。
茶壶

嘴尖肚大个不高，放在火上受煎熬，
量小不能容万物，二三寸水起波涛。
水壶

圆圆身子莲蓬头，有人带它上花楼，
花儿见它笑开颜，它见花儿泪水流。
喷壶

一个小孩肚子大，鼻子长在嘴巴下，
肚里吞得二斗米，蹲在墙边不说话。
坛子

自小生来出身高，如今落魄多操劳，
酸甜苦辣都尝遍，任人摆布一旁抛。
抹布

空着肚子逛菜场，鸡鸭鱼肉满肚装，
也尝萝卜和青菜，就是不肯喝口汤。
菜篮

高粱梢梢满身扎，个儿不高脚丫长，
屋里屋外天天扫，讲究卫生人人夸。
扫帚

厨房有个小娃娃，长着一把硬头发，
不长舌头不长嘴，舔了碗盘舔锅巴。
炊帚

丁零零来丁零零，又会说话又会听，
一只耳朵一张嘴，没有鼻子没眼睛。
电话

一幢漂亮小楼房，有墙有门没有窗，
墙外热得汗直淌，墙里个个都冻僵。
电冰箱

一个箱子肚里凉，食物药品它储藏，
保证不坏不变质，使用起来真便当。
电冰箱

有只浴缸不一般，里面湿来外面干，
洗的人儿靠边站，缸里衣服一大篮。
洗衣机

四方屋子一扇窗，里面亮堂有灯光，
唱歌演戏放电影，还有老师把课上。
电视机

有样东西真奇怪，它把灰尘当饭菜，
环境卫生它保护，清洁工人都喜爱。
吸尘器

一个长嘴老公公，喊出声来哄哄哄，
肚里装着一团火，嘴里吐出一股风。
吹风机

长方桌上两圆盘，接上一个大铁罐，
一拧开关燃起火，做饭既快又方便。
煤气灶

远看像把白银伞，伞心朝上亮闪闪，
仰头望着太阳笑，能烧水来能做饭。
太阳灶

一物生来真稀奇，身儿弯弯靠墙壁，
你若戴帽它脱帽，你若穿衣它脱衣。
衣帽钩

双脚一踏嗒嗒响，皮带一转针儿忙，
不吃米来不吃糠，穿针引线做衣裳。
缝纫机

小小物体脾气躁，动它尾巴脑袋翘，
牙齿咬得吱吱响，火星点点头上烧。
打火机

闲时瘦来忙时胖，肚量大却尽喝汤，
三伏酷暑闲得慌，数九寒天忙又忙。
热水袋

又圆又扁肚里空，有面镜子在当中，
老少用它要低头，摸脸搓手又鞠躬。
洗脸盆

桥上有水桥下空，一轮明月在当中，
文武百官把头低，皇帝老子也鞠躬。
脸盆架

一物一头两个尾，一捏尾巴就张嘴，
两排利齿横着长，专吃毛发不喝水。
推子

一只箱子靠着墙，不放衣服不放粮，
数九寒天送温暖，三伏酷暑送清凉。
空调

有面没有口，有脚没有手，
虽有四只脚，自己不会走。
桌子

白嫩小宝宝，洗澡吹泡泡
洗洗身体小，再洗不见了。
香皂

圆筒白糨糊，早晚用一用，
兄弟三十二，都说有好处。
牙膏

上不怕水，下不怕火，
家家厨房，都有一个。
锅

屋子方方，有门没窗，
屋外暖和，屋里冰霜。
冰箱

独木造高楼，没瓦没砖头，
人在楼下走，水在楼上流。
雨伞

颜色白如雪，人人家中有
一日洗三遍，夜晚柜中歇。
碗

白白一片似雪花，落入水里都不见。
盐

一根小棍儿，顶个圆粒儿，
小孩儿玩它，容易出事儿。
火柴

小房子里，住满弟弟，
擦破头皮，立刻火起。
火柴

一个小碗尾巴长，能盛饭菜能盛汤。
盛上又倒了，倒了再盛上。
勺子

我的身体细又长，头长白毛身上光。
从来就爱讲卫生，天天嘴里走两趟。
牙刷

一个小儿郎，每天站桌上。
肚里滚滚热，肚皮冰冰凉。

謎語

一个大耳朵，穿件花衣裳。
暖水瓶

大碗长着俩耳朵，比碗盛得多得多，
不怕水，不怕火，爱在炉台上面坐。
锅

身细头尖鼻子大，一根线儿拴住它，
帮助妈妈缝衣裳，帮助姐姐来绣花。
针

溜溜圆，光闪闪，三根针，会动弹，
银针长短各不一，嘀答嘀答转圈圈。
钟表

弟弟长，哥哥短，两人赛跑大家看，
弟弟跑了十二圈，哥哥一圈才跑完。
钟表

小小木房站路旁，两边开着活门窗。
要使街道干干净，果皮纸屑往里装。
垃圾箱

红公鸡，起得早，起来不会喔喔叫，
屋里走一遭，尘土都跑掉。
掸子

浑身是毛一条腿，土怕它来它怕水。
掸子

千只脚，万只脚，站不住，靠墙角。
扫帚

平又平，亮又亮，平平亮亮桌上放。
它会告诉你，脸上脏不脏。
镜子

明明亮亮，又平又光，
谁来看它，跟谁一样。
镜子

一间小木房，没门光有窗，
只要窗户亮，又说又笑把歌唱。
收音机

丁零零，丁零零，一头说话一头听。
俩人不见面，说话听得清。
电话

一匹马儿真正好，没有尾巴没有脚，
不喝水来不吃草，骑上它就满街跑。
自行车

一根圆棒细又长，水银蒸气肚里藏，
一通电源忙眨眼，顿时生辉屋里亮。
日光灯

有风不动无风动，不动无风动有风，
待到梧桐落叶时，主人送我入冷宫。
扇子

一物生来身份贵，人人尊它居首位，
莫当它是真天子，它比天子高一辈。
帽子

环绕玉柱一条龙，冰天雪地不怕风，
冬天到来人人爱，春暖花开影无踪。
围巾

不怕雪来不怕风，用手摸它软松松，
冬天见它满街走，夏天请它入冷宫。
棉衣

两只小船一般高，船底有厚又有薄，
晚上停泊床头港，白天载人到处跑。
鞋

十指尖尖肚里空,有皮无骨爱过冬,
不怕严寒不怕风,寒冬腊月逞英雄。
手套

一只小船尾巴翘,船头常湿船尾燥,
五湖四海它常走,南北口味都尝到。
汤匙

两个小孩一般高,走起路来不让道,
你打我来我打你,你动刀来我动刀。
剪刀

身穿红裤红衣裳,满腹文章直肚肠,
只因害了相思病,流出相思泪成行。
蜡烛

四四方方一只箱,衣服脏了往里装,
等你取出再一看,干干净净多漂亮。
洗衣机

一物生来尺把长,里头热来外头凉,
为了寒风吹不透,里外打了三层墙。
暖水瓶

文化用品谜

少年发白,老年发青,
有事握紧,无事放松。
毛笔

头来扬州,身来株洲,
乌江饮水,白山摇头。
毛笔

低头赶路,摸黑走道,
留下脚印,千年不掉。
毛笔

物件不大,尖嘴朝下,
能说会道,脱帽讲话。
笔

摘掉帽盔,白发下垂,
近朱者赤,近墨者黑。
毛笔

一物不太大,走路头朝下,
不吃人间粮,能说人间话。
笔

一个矮矮人,穿的短短裙,
走的弯弯路,说的是中文。
毛笔

一位毛员外,喝水不吃菜,
话传千里远,不出大门外。
毛笔

一物本领大,能替你说话,
说话就行走,行走就说话。
毛笔

毛孩不算大,没嘴会说话,
虽说不读书,文章传天下。
毛笔

头上长撮毛,身段也苗条,
啥字都会写,不信你来瞧。
毛笔

年轻少白头,老来抹黑油,
出门先脱帽,走道老摇头。
毛笔

身直嘴巴尖,知书好旅游,
乌江里喝水,雪原上摇头。

毛笔

戴帽子睡觉，脱帽子做工，
壮时行弯路，老时闲家中。
毛笔

生在鸟兽之下，死于亭亭树下，
专喝乌江之水，会讲南北方话。
毛笔

身为植物所生，头为动物所长，
不是人工造就，哪有古今文章？
毛笔

峨眉山上修身，黑龙江中洗头，
文化界里工作，知识分子来求。
毛笔

一个长长人儿，戴顶圆圆帽儿，
长个毛毛嘴儿，专走弯弯道儿。
毛笔

办事毛毛草草，走路扭扭捏捏，
腹内空空荡荡，头发缕缕丝丝。
毛笔

一根竹竿直又直，竹竿头上顶撮毛，
无事穿甲睡在桌，有事纸上走一遭。
毛笔

一个秀才头发长，上工先去黑泥塘，
干起活来头朝下，千言万语留纸上。
毛笔

四四方方一块田，一块黑石在田边，
尖嘴乌鸦来喝水，一飞飞到白沙滩。
毛笔

此物原是山中生，瘦长身材腹中空，
头上长出毛一撮，鬓发越白越年轻。
毛笔

竹家娘子细高挑，脚跟生来就长毛，
做起事来脱衣裳，走起路来先扭腰。
毛笔

硬舌头，尖尖嘴，
不吃饭，光喝水。
钢笔

本身是哑巴，著书又说话，
休息先戴帽，说话口水下。
钢笔

说话先脱帽，嘴儿钢铁造，
若说流利话，墨水要喝饱。
钢笔

铁嘴巴儿溜溜尖，光喝水来不吃饭，
案上躺来纸上转，不声不响把话传。
钢笔

长长舌头尖尖嘴，说话往外流口水，
脱掉帽子才走路，戴上帽子要歇腿。
钢笔

有个娃娃几寸高，只爱喝水不吃糕，
来来回回纸上走，戴上帽子就睡觉。
钢笔

舌头大，肚子大，乌江里边伸嘴巴，
到哪你都带着它，不摘帽子不讲话。
钢笔

不会说话有尖嘴，雪地走路没有腿，
每迈一步留脚印，肚子饿了光喝水。

钢笔

身体细又长，一根直肠肠，
写字做算术，绘画写文章。
铅笔

身长七寸，心肠直硬，
助人学习，不怕牺牲。
铅笔

平头尖尖脚，越长个越小，
一旦不走道，拿刀来修脚。
铅笔

有心没有肺，能说没有声，
说出来的话，人人能听清。
铅笔

高个越长越矮，尖脚越走越平，
花衣越穿越短，体重越老越轻。
铅笔

小小身体瘦又长，五彩衣裳直心肠，
嘴巴尖尖会说话，只见短来不见长。
铅笔

小小年龄意志坚，攻关先把头削尖，
会写长征千秋史，能画锦绣好河山。
铅笔

不管天气冷和热，木头衣服身上裹，
心儿细来身子长，削尖脑袋才工作。
铅笔

小小房屋是它家，又能写来又能擦，
写字画画样样行，学生天天背着它。
铅笔

花衣花袄刀削坏，一颗黑心露在外，
青天白日说黑话，历历在目没法赖。
铅笔

细细身子瘦又长，花花衣服黑肚肠，
靠着嘴尖会说话，越说越要脱衣裳。
铅笔

要它做事先剃头，头不剃好就发愁，
直肠总要真心露，白天却把黑话留。
铅笔

兄弟十二个，同住一个屋，
脸色有差别，能绘好山河。
彩色蜡笔

小小孩儿真漂亮，五颜六色身细长，
山水花鸟它能绘，美化生活本领强。
彩色蜡笔

十二个娃住一家，各有各的花衣裳，
红黄蓝绿样样有，交个朋友是画家。
彩色蜡笔

一人三颗心，说话三个样，
它若一哑巴，赶紧换心脏。
油笔

白袍小将，专走黑道，
它一出门，雪花就飘。
粉笔

身穿白色衣，走在黑泥地，
教育下一代，粉身都愿意。
粉笔

一个白袍公公，学习文化有功，
不怕粉身碎骨，为了教育儿童。
粉笔

一物果断干脆，专和黑板作对，
宣传知识文化，不惜牺牲自己。
粉笔

一位先生穿白衣，很会宣传讲道理，
帮助大家学文化，甘愿牺牲它自己。
粉笔

身子不高三寸长，穿着一身白衣裳，
不断变小化粉末，传授知识和思想。
粉笔

体质坚硬又清白，文化阵地常往来，
为给人们传知识，甘愿消磨自身材。
粉笔

白袍小将走黑道，大庭广众去说教，
雪花落完天放晴，它才回屋去睡觉。
粉笔

出身徽州，行遍九州，
未曾做事，先自摇头。
墨

无事横起，有事立起，
上抓肩头，下磨脚底。
墨
黑人闯黑海，步步把水踩，
生来就不高，越长个越矮。
墨

一个小黑人，跳进洗澡盆，
转圈磨脚底，长人变矮人。
墨

长条扁身囫囵用，糊糊涂涂弄一通，
若要此事得明白，问过毛头小叔公。
墨

肚里生怕没有它，脸上却怕抹上它，
跟着笔儿走天下，专到纸上去安家。
墨

小小身体不算长，黑皮黑肉黑衣裳，
跳进黑海游几圈，黑海里边翻浊浪。
墨

白面书生脸皮厚，能书能画能诗歌，
害怕风吹纸折磨，更怕燃烧一把火。
纸

文房四宝数它白，又写又画能承载，
单身时候一指破，成摞可载万山河。
纸

柴麻树木是前身，进入工厂变模样，
出来以后净又白，任人描画无怨言。
纸

一个小石潭，满是烂泥巴，
飞来白天鹅，变成黑乌鸦。
砚

池塘四角方，有水池中放，
黑人去溜冰，满地黑泥汤。
砚

一亩方田，半亩积水，
乌鸦飞来，润一润嘴。
砚

身自端方，体自坚硬，
虽不能言，有言必应。
砚

有骨不长皮，有石不见山，
白龙来戏水，黑龙卧一边。

砚

四四方方一口堰，有时干来有时淹，
淹了黑龙来洗脚，白鹤跟着来洗脸。
砚

四四方方一块田，一汪清水在田边，
乌鸦喝水去池中，喜鹊擦嘴在田间。
砚

方池之内有圆塘，塘内有水清又凉，
忽然黑牛来洗澡，眨眼青波变黑浆。
砚

先生面前有亩田，年年大水浸田边，
白颈老鸹来饮水，乌云盖过白云天。
砚

层层宝库打开来，整整齐齐一排排，
古今中外悠悠事，历史长河滚滚来。
书

千层宝库翻开来，漆黑纵横一排排，
历代史实它记载，知识没它传不开。
书

有位好朋友，天天各家走，
事事告诉你，就是不开口。
报纸

有个好朋友，天天上门来，
畅谈天下事，从不开口言。
报纸

有个朋友天天来，知识渊博消息快，
古今中外它都晓，文盲与它谈不来。
报纸

有口封住不说话，无脚能将五洲跨，
能把主人心里话，桩桩件件都记下。
信

有口不说一句话，无脚能走千里路，
它把人家心中事，桩桩件件说清楚。
信

没腿却能跑千里，专替主人传消息，
主人怕我泄秘密，给我嘴上贴封皮。
信

四四方方一只袋，酸甜苦辣藏在内，
有人见它咧嘴笑，有人见它掉眼泪。
信

千言万语肚里装，结伴成群去远方，
天涯海角寻亲友，不见本人不开腔。
信

书底厚实，识字最多，
你不问它，从来不说。
字典

有位学问家，博学人人夸，
你要学文化，可去请教它。
字典

老师不说话，肚里学问大，
有事不明白，就去请教它。
字典

虽没读过书，可识不少字，
无论谁求教，它都全告知。
字典

一位老师不开口，肚里学问样样有，
谁要有事请教它，还得自己去动手。

字典

哑巴先生学问大，来人求教不说话。
它把钥匙交给你，门牌号码自己查。
字典

长长方方一本书，知识丰富啥都知，
你有什么不知道，快快向它去请教。
词典

小画片儿镶花边，五颜六色真鲜艳，
没有翅膀飞万里，世界各地都走遍。
邮票

一张小画不算大，四周全是小齿牙，
天南海北传音信，没脚也能走天下。
邮票

像糖不是糖，有圆也有方，
帮你改错字，自己不怕脏。
橡皮

我有一个好朋友，身体扁扁没有手，
我做功课有错误，帮我指出尽摇头。
橡皮

体形有圆有方，皮肤有白有黄，
发现哪里有错，马上请它帮忙。
橡皮

成天咬文嚼字，专与错误作对，
虽说越长越矮，工作从不松劲。
橡皮

两兄弟，手拉手，
一个转，一个走。
圆规

腿长身小，生两尖脚，
一只会转，一只会跑。
圆规

兄弟两人肩并肩，走起路来真新鲜，
一个原地不动摇，一个总是画圈圈。
圆规

一脚勤来一脚懒，一脚钢来一脚铅，
钢脚原地先站稳，铅脚围它转圈圈。
圆规

扁圆脑袋细长身，看图看画最认真，
牢牢盯住不移动，只见脑袋不见身。
图钉

娃娃常把胭脂擦，擦了胭脂去印花，
办事它能代表你，一有大事就请它。
图章

一物生来真稀奇，逢到休息穿红衣，
每天都要脱一件，脱到年底剩张皮。
日历

三百多张一本书，没处借来没处租，
看了一张撕一张，临到撕完杀肥猪。
日历

先生端坐桌上边，敢教日月换新天，
要问知识有多少，读书三百六十篇。
台历

有山不长树，有水无浪花，
有城又有乡，不见有人家。
地图

能装千山万水，胸怀五洲四海，
载着世界名城，浑身绚丽多彩。
地图

说大包括天下，说小只有手大，
看看有山有水，摸摸平平塌塌。
地图

高山不见一寸土，平地不见半亩田，
五湖四海没有水，世界各国在眼前。
地图

有城没有街和房，有山没有峰和岗，
有河无水也无鱼，有路不见车来往。
地图

高山没有一分田，天涯海角在眼前，
凭你生得飞毛腿，人生百岁难走遍。
地图

四四方方一块田，里面果子有千万，
要想算笔清楚账，人要聪明眼要尖。
算盘

长方院子一墙隔，上下分开两群鹅，
多的不过五个整，少的一个顶五个。
算盘

体育用品谜

球儿满场飞，只用脚来踢。
挨手就犯规，头打算合理。
足球

一个秃脑瓜，许踢不许抓，
射进门里去，拍手笑哈哈。
足球

圆滚滚来滚滚圆，生来爱在地上转，
遭脚踢来被头顶，不进大门债难还。
足球

圆圆皮囊满肚气，任你顶来任你踢，
谁要跟它交朋友，锻炼身体大有益。
足球

说也怪，听也怪，把客挡在大门外，
千方百计来争夺，争来又不往回带。
足球

浑身是胆，又硬又软，
天天装筐，总装不满。
篮球

样子圆圆像西瓜，落在地上跳几下，
运动场上人人看，抢到手又扔掉它。
篮球

一个西瓜皮儿黄，肚内空空没有瓤，
你争我抢人人爱，抢来就打不能尝。
篮球

十个强人两个筐，人人奔跑运瓜忙，
明知筐儿没有底，偏要把瓜往里装。
篮球

两只小篮高高挂，用来往里装西瓜，
一共装了千万次，一个西瓜没装下。
篮球

一个西瓜圆又圆，不能吃来只能玩，
它一着地哨子响，哨子不响尽管传。
排球

小小瓜儿乐趣多，手指弹它把网过，
弹过网去人高兴，不过网儿心不乐。
排球

一个圆瓜两面推，推来推去几回合，
推给对方好高兴，推不过去好伤悲。
排球

如碧似玉白元宵，身体轻盈好蹦高，
买来不吃成天打，皮儿打破顺手抛。
乒乓球

平台当中一网拦，一只白猴来回蹿，
台前台后都跑遍，不知挨了多少板。
乒乓球

圆圆光光小娃娃，白色身子常挨打，
只要你敢飞过来，一板就能打垮。
乒乓球

一只鸟，长白毛，
打不死，网不着。
羽毛球

一只玲珑鸟，会飞不会叫，
打它来回飞，不打往下掉。
羽毛球

一物生来真轻巧，身长羽毛不是鸟，
没有翅膀空中飞，没脚落地难起跳。
羽毛球

一球不打气，咋拍不离地，
气得将它抛，越扔越来劲。
铅球

一个黑小伙，生来最沉着，
说它是个球，从不蹦跳挪。
铅球

小小一个黑娃娃，它的身子金属打，
有人说它也是球，可是从来不蹦跶。
铅球

圆头圆脑小东西，铁心铁肉铁脸皮，
叫球没人去争抢，出手让它去啃泥。
铅球

像块糕点，又圆又扁，
谁都不吃，将它抛远。
铁饼

圆圆一块饼，不烙也不蒸，
做时挺费劲，买回往外扔。
铁饼

有个圆盘并不大，任何东西难装下，
两面肚皮往外凸，旋转能把百米跨。
铁饼

嘴儿尖尖个儿高，经常活动在操场，
说它是枪无枪膛，发射出去能飞翔。
标枪

身长嘴尖说是枪，可是枪里没子弹，
用足力气向前跑，画条弧线扎地上。
标枪

一对娃娃钢铁打，两头如锤腰一把，
你若天天与它玩，保你双臂力气大。
哑铃

一物生来两条腿，独木桥儿从脚起，
表面看来像道门，人在桥上要把戏。
单杠

操场上面有个架，一根铁棍横着跨，
不晾衣服不晒被，锻炼身体去找它。
单杠

四条腿儿瘦又瘦，两条脊背朝着天，
专有健儿强身体，天天翻来又翻去。
双杠

平地一座独木桥，稳稳当当不动摇，
不见桥下流过水，只见桥上人蹦跳。
平衡木

运动场上有座桥，桥面窄窄木一条，
有个姑娘桥上过，身体轻盈像小鸟。
平衡木

远看像只马，近看不动弹，
谁要去骑它，要把身子翻。
鞍马

不喝水，不吃草，
骑上它，摇啊摇。
木马

是马不吃草，有腿不走道，
天天在操场，人人把它跳。
跳马

一匹马儿好，生来不会跑，
你若骑上它，只能前后摇。
木马

两直一横，好像空门，
此门禁走，空跃过腾。
跳高

一座独桥平地架，桥下无水只有沙，
禁止兵马桥面过，可让人们横桥跨。
跳高

不乘火箭，飞在半空，
不是风吹，落入水中。
跳水

不乘飞机，不坐电梯，
凌空飞下，浪花四起。
跳水

没脚没手偏会跳，非禽非兽却有毛，
孩子看见拿在手，一脚踢它三尺高。
毽子

看羽毛生得有限，身上有两个铜钱，
你叫我跳上跳下，我叫你跑后跑前。
毽子

支支利箭正离弦，撒下珍珠向天边，
划破明鉴三千尺，破镜重圆一瞬间。
汽艇

一座小桥真少有，不架河上平地修，
上桥一级一级爬，下桥坐着往下滑。
滑梯

一匹马儿两人骑，这边高来那边低，
马儿蹦跳不前进，蹦来蹦去在原地。
跷跷板

木墩上面架长板，忽忽悠悠像条船，
两人船头船尾坐，一高一低玩得欢。
跷跷板

大圈圈儿滚滚圆，肚皮大大浮水面，
虚心鼓气善游泳，水中有它很保险。
救生圈

一个轮胎漂水面，红白颜色两相间，
锻炼身体学游泳，它是你的好伙伴。
救生圈

排排仙鹤天际来，腾云驾雾放异彩，
风驰电掣追日月，惊得万朵银花开。
滑雪板

两国交战，马壮兵强
马不食草，兵不食粮
象棋

小小一战场，双方调兵忙，
斗智比战术，看谁先擒王。
象棋

会吃没有嘴，会跑没有腿，
过河没有水，双方来对垒。
象棋

元帅城中坐，兵马把河过，
炮轰将军府，宰相被擒获。
象棋

有马不拉车，有车不拖炮，
兵将全步行，大炮隔山吊。
象棋

有马将不骑，有车兵不坐，
来到河沿上，全靠自己过。
象棋

沿河摆战场，兵多将又广，
元帅城里坐，城外严布防。
象棋

将士不出城，河边扎大营，
车马空来往，小兵却步行。
象棋

两国交战兵马强，兵马强来不吃粮，
双方各有胜与败，瞬间又会上战场。
象棋

整整齐齐一方阵，内藏兵马外藏人，
不使刀枪不使剑，阵中打死阵中人。
象棋

三十二路兵和马，对峙两岸夺天下，
绞尽脑汁巧进攻，明枪暗箭来厮杀。
象棋

十九乘十九，黑白成对手，
有眼看不见，无眼难活久。
围棋

除非雷不动，官兵都冲锋，
不怕剩一卒，夺旗才算胜。
军棋

四四方方一座城，驻着红黑两国兵，
司令率部打冲锋，战旗插在大本营。
军棋

語言的盛宴

歇后语

歇后语

四大名著

如来佛捉孙猴子——易如反掌

王母娘娘开蟠桃宴——聚精会神

唐僧取经天竺国——到了正经地方

唐僧上西天——一心取经

唐僧念紧箍咒——就此一招

唐僧赶走孙行者——没咒可念

唐僧碰见白骨精——敌友不分

孙悟空的脸——一说变就变

孙悟空的帽子——一道箍儿

孙悟空七十二变——神通广大

孙悟空大闹天宫——慌了神

孙悟空翻筋斗——十万八千里

孙悟空守桃园——自食其果

孙悟空进了八卦炉——炼结实了

孙悟空听见紧箍咒——头痛

孙悟空的金箍棒——随心如意

孙悟空的毫毛——个个是猴

孙悟空的帽子——没有宽松的一天

孙悟空赴蟠桃会——不请自来

孙悟空封了个弼马温——不管官大官小

孙悟空钻进铁扇公主肚里——心腹之患

孙悟空遇唐僧——有理说不清

孙悟空碰着如来佛——无法

孙悟空戴上紧箍儿——有法无用

孙悟空翻跟头——跳不出如来佛的手掌心

孙猴子变小庙——一眼就被看穿了

孙猴子穿汗衣——半截不像人

孙猴子捧烫瓦罐——团团转

猪八戒驾云——大显身手

猪八戒讲演——大嘴说大话

猪八戒当代表——没有猴的事

孙悟空啃地梨——什么仙人吃什么果

猪八戒掉到泔水桶里——大吃大喝

猪八戒下凡——不像人模样

猪八戒不成仙——坏事坏在嘴上了

猪八戒吃西瓜——心里想不着大家

猪八戒进了女儿国——看花了眼

猪八戒招亲——黑灯黑火

猪八戒调戏白骨精——自上圈套

猪八戒败阵——倒打一耙

猪八戒初进高家庄——假装好汉

猪八戒吃猪肝——自残骨肉

猪八戒丢了钉耙——凭什么保师父

猪八戒进汤锅——活要命

猪八戒进屠场——自己贡献自己

猪八戒买猪肝——难得心肠

猪八戒耍大刀——不顺手

猪八戒耍钉耙——有两下子

猪八戒耍把戏——就是一耙子

猪八戒结亲——一个高兴一个哭

猪八戒看唱本——假斯文

猪八戒照镜子——里外不是人

猪八戒带腰刀——邋遢兵一个

猪八戒嫁妹子——看我就行了

猪八戒擦粉——遮不了丑

白骨精给唐僧送饭——假心假意

白骨精骗唐僧——一计不成又生一计

白骨精骗孙悟空——哄不住

白骨精扮新娘——妖里妖气

语言的盛宴

白骨精翻跟头——鬼把戏

白骨精变美女——人面鬼心

白骨精说人话——妖言惑众

白骨精遇上了孙悟空——原形毕露

猪八戒见高小姐——改头换面

猪八戒见了白骨精——垂涎三尺

猪八戒拉着西施拜天地——压根不配

猪八戒招亲——凡心不死

猪八戒进了女儿国——不想走了

猪八戒戴花——自以为美

猴子爬竹竿——上蹿下跳

八戒保媒把把成功——珠联璧合(猪连必合)

唐僧看书——一本正经

唐三藏念紧箍咒——痛苦在后(猴)头

猪八戒的后脊梁——无能之辈(悟能之背)

如来观音——假夫妇

孙大圣拔猴毛——看我七十二变

牛魔王和小白龙拍大头贴——正宗的牛头马面

哮天犬过了独木桥就不会叫了——过目(木)不忘(汪)

猪八戒背媳妇——舍得花力气

猪八戒吃黄连——苦了大嘴的

猪八戒充英雄——只是嘴皮子吹得欢

猪八戒掉进万花筒——丑态百出

猪八戒发脾气——又丑又恶

猪八戒拱帘子——嘴先进

猪八戒卖凉粉——样数不多,滋味不少

猪八戒三十六变——没有一副好嘴脸

猪八戒西天取经——三心二意

猪八戒想娶媳妇——一相情愿

孙悟空的眼睛——火眼金睛

唐僧上西天——取经

猪八戒做梦娶媳妇——净想好事

猪八戒吃人参果——全不知滋味

唐三藏的徒弟——一个比一个强

猴子爬山崖——有能耐

猴子爬树——拿手好戏

猴子长角——出洋相

猴子耍大刀——胡侃(砍)

猴子吃辣椒——红了眼

猴子坐轿——不识抬举

猴子扫地——只顾眼前

猴子唱大戏——胡闹台

猴子捞月亮——空忙一场

猴子放爆竹——自放自惊

毛猴子说话——不知轻重

猴儿背着手走——装人样

牛魔王的扇子——越扇火越大

牛魔王请客——净是妖精

二郎神的法术——变化多端

二郎神的哮天犬——恶狗一条

二郎神斗孙悟空——以变应变

诸葛亮摆八卦阵——内有奇门

诸葛亮的锦囊——用不完的计

诸葛亮离开七星坛——溜之大吉

诸葛亮下东吴——心里有数

诸葛亮用兵——虚虚实实;出奇制胜

诸葛亮饮酒抚琴——故弄玄虚

诸葛亮招亲——才重于貌

诸葛亮吊孝——装模作样

诸葛亮斩马谡——违心办事

诸葛亮借东风——神机妙算

诸葛亮借荆州——有借无还

诸葛亮做丞相——鞠躬尽瘁,死而后已

诸葛亮隆中对策——先声夺人

诸葛亮戴相帽——大事已然

诸葛亮丢了荷包——没有计了

诸葛亮皱眉头——计上心来

黄汉升的箭——百发百中

孔明七擒孟获——欲擒故纵

孔明大摆空城计——化险为夷

孔明哭周瑜——假动情

孔明借东风——巧用天时

孔明挥泪斩马谡——明正军纪
黄忠叫阵——不服老
黄忠交朋友——人老心不老
曹植做诗——七步成章
曹操打徐州——报仇心切
曹操杀杨修——嫉妒之心
曹操下宛城——大败而逃
曹操用人——唯才是举
曹操吃鸡肋——食之无味,弃之可惜
曹操败走华容道——不出所料
曹操派蒋干——用人不当
曹操遇蒋干——倒霉
曹操遇马超——割须弃袍
借东风杀曹操——间接害人
徐庶进曹营——一言不发
周瑜打瞌睡——梦想荆州
周瑜打黄盖——一个愿打,一个愿挨
周瑜谋荆州——赔了夫人又折兵
关云长战秦琼——乱了朝代
关云长卖豆腐——人硬货软
关云长放屁——不知脸红
关云长面前舞大刀——献丑
关公流鼻血——红上加红
关公耍大刀——红脸上场
关老爷看春秋——一目了然
关帝庙里求子——跨错了门
关帝庙里找美髯公——保险你不扑空
关羽失荆州——骄兵必败
关羽放曹操——念旧情
关羽降曹操——身在曹营心在汉
关云长守嫂嫂——情意为重
关云长刮骨疗毒——全无痛苦之色
关云长单刀赴会——有胆有魄
关公斗李逵——大刀阔斧
关公进曹营——单刀直入
关公舞大刀——拿手好戏
张飞卖肉——光说不割
张飞卖刺猬——人强货扎手
张飞上阵——横冲直撞
张飞讨债——声势大
张飞战关公——忘了旧情
张飞穿针——大眼瞪小眼
张飞绣花——粗人有股细劲
张飞骑白马——黑白分明
张飞的胡子——满脸
张飞使计谋——粗中有细
张飞睡觉——口眼不闭
张飞翻脸——吹胡子瞪眼
张飞卖猪肉——干的老一行
张飞夜战马超——不分胜负
张飞撤退长坂坡——过河拆桥
张飞喝断当阳桥——嗓门儿大
猛张飞智取瓦口隘——粗中有细
司马昭之心——路人皆知
司马懿父子行军——你要进,我要退
司马懿破八阵图——不懂装懂
司马懿看书——往后瞧
刘备三上卧龙岗——就请你这个诸葛亮
刘备对孔明——言听计从
刘备招亲——弄假成真
刘备的江山——哭出来的
刘备的兄弟——红黑都是对的
刘备取成都——不得已
刘备编草鞋——本行
刘备摔阿斗——收买人心
刘备遇孔明——如鱼得水
刘备请诸葛亮——求贤心切
刘皇叔哭荆州——拿眼泪哄人
看“三国”掉眼泪——替古人担忧
吕布对马超——不相上下
吕布戏貂蝉——上了别人的当
吕蒙正打斋——饭后鸣钟
吕蒙正栽跟头——穷疯了
陈宫捉放曹——忠义感人心
吃曹操的饭,干刘备的事——人在心不

在

后主降魏——不知羞耻

刘禅乐不思蜀——忘了本

杨修被曹操杀害——聪明反被聪明误

阿斗的江山——不牢靠

张松阅书——一目十行

张松背书——过目成诵

庞统做知县——大材小用

赵云大战长坂坡——大显神威

赵云送刘备过江东——依计而行

赵云打仗——常胜

鲁肃服孔明——五体投地

董卓进京——不怀好意

蒋干盗书——只顾欢喜，忘了中计

蒋干访周瑜——窥察动静

蒋干过江——上不完的当

鲁肃上了孔明的船——任人摆布

温酒斩华雄——又快又好

驽马恋栈豆——必不能用

东吴杀人——移祸于曹

东吴招亲——吃亏只有一回

大观园里哭贾母——各有各的伤心处

林黛玉看《西厢记》——入神

林黛玉进贾府——谨小慎微

林黛玉葬花——自叹命薄

贾宝玉的通灵玉——命根子

贾宝玉看《西厢记》——戏中有戏

贾宝玉游魂——误入迷津

贾宝玉娶亲——有人欢喜有人愁

贾宝玉的丫鬟——喜(袭)人

王熙凤害死尤二姐——心狠手辣

刘姥姥出大观园——满载而归

贾宝玉住在小西屋——到哪儿说哪儿

王熙凤的为人——两面三刀

林黛玉的身子——弱不禁风

贾府的大观园——外强中干

贾宝玉出家——看破红尘

刘姥姥进大观园——少见多怪

王熙凤衣锦还乡——另有缘故

贾家四春——原应叹息(元迎探惜)

刘姥姥坐席——出洋相

贾家姑娘嫁贾家——假(贾)门假事(贾氏)

贾府门前的狮子——实(石)心眼儿

武大郎的包子——七大八小

武大郎的身子——不够尺寸

武大郎的扁担——不长不短

武大郎上墙头——上不去下不来

武大郎开店——不容大块头

武大郎坐天下——没人敢保

武大郎招亲——凶多吉少

武大郎捉奸——有心无力

武大郎卖豆腐——人松货软

武大郎卖炊饼——晚出早归

武大郎贩甲鱼——什么人卖什么货

武大郎服毒——吃也死，不吃也死

武大郎放风筝——出手不高

武松看鸭子——英雄无用武之地

武大郎卖饼——一套一套的

潘金莲的竹竿子——惹祸的根苗

潘金莲熬药——暗地里放毒

潘金莲给武松敬酒——不怀好意

武松打虎——一举成名

武松打店——一家人不识一家人

武松闹十字坡——英雄不打不相识

武松路过十字坡——进了黑店

林冲上梁山——官逼民反

林冲棒打洪教头——专看你的破绽下手

杨志卖刀——无人识货

李逵打宋江——过后赔不是

李逵捉鱼——一条不得

李逵遇虎——斩尽杀绝

李逵遇着张飞——你痛快我干脆

水泊梁山的兄弟——越打越亲热；不打不相识

景阳岗武松遇大虫——不是虎死，就是人伤

黑旋风李逵——有勇无谋

宋江下梁山——及时雨来了

林冲买宝刀——哪知是计

林冲误入白虎堂——有口难辩

林教头发配沧州——一路风险

林冲到了野猪林——绝处逢生

鲁智深醉打山门——个个都怕

鲁智深倒拔垂杨柳——好大的力气

鲁智深大闹野猪林——够义气

李逵的板斧——逢人就砍

李逵升堂判案——乱打一通

李逵断案——强者有理

李逵开铁匠铺——人强货硬

李逵卖煤炭——黑上加黑

假李逵碰到真李逵——冤家路窄

李逵上阵——身先士卒

史进认师父——甘拜下风

孙二娘开店——谋财害命

时迁偷鸡——不打自招

鲁提辖拳打镇关西——抱打不平

梁山的军师——无用（吴用）

武大郎攀杠子——够不着

潘金莲不在家——没人伺候武大郎

武大郎玩夜猫子——啥人玩啥鸟

李鬼的板斧——冒牌

杨志卖刀——英雄末路

鲁达出家——花和尚

卢俊义上梁山——不请自来

王婆照应武大郎——不是好事

石秀三进祝家庄——走了不少盘陀路

数字一二

正月十五打牙祭——一年一回

正月十五贴门神——误了半月

正月十五贴春联——误了时辰

正月里生，腊月里死——两头儿忙

正月里看大戏——凑凑热闹

正月初二拜丈母——正是时候

正想睡觉遇枕头——正合心意

一百里走了九十九——差一礼（里）

一百斤棉花一张弓——慢慢谈（弹）

一百个蛤蟆拉辆车——只见头动，不见车动

一根香敬两尊佛——左也不是、右也不是

一根筷子拣花生米——一一挑拨

一根竹子搭轿——一难过

一斗芝麻掉一粒——有你不多，没你不少

一群骆驼跳舞——没一个有人样的

一群麻雀吃食——唧唧喳喳

一群哑巴在一起——指手画脚

一个萝卜三个坑——留有余地

一个碟子摔九块——四分五裂

一个枣核也舍不得丢——抠得要命

一个师父一路拳——各有各的打法

一个跳蚤蹦起来——不知去向

一个人吹号又打鼓——自吹自擂

一个人拜把子——你算老几

一个人打官司——全是理

一个媳妇几个婆——不知该听谁的

一个水洞里的泥鳅——都够滑的

一个坑里的蛤蟆——跟着哇哇

一个槽里养两头猪——抢食吃

一个核桃砸两半——图个仁

一个葫芦两个瓢——各舀各的

一个染缸里的布——同样的货色

一个指头和面——青岛（轻捣）

一个吹笛，一个按眼——俩不顶一

一口吹灭火焰山——口气不小

一口吞下热红薯——难咽

一口吃个牛排——贪多嚼不烂

一口吞下布鞋面——心里有底

一口咬断铁钉子——好硬的嘴

一口一个饺子——囫囵吞

一只鸡娃两只鹰——给了你他（它）就不高兴

一颗心掰成八瓣儿——操碎了心

一棵蔫倒的葱——扶不起来

一园萝卜——个个是头

一锅稀米汤——全靠熬

一锅浑汤面——糊涂到一块了

一锤子砸了锅——捅个大娄(漏)子

一锥子扎在身上——心惊肉跳

一锥子扎不出血——死肉一块

一锥子扎到底——死心眼

一盆火抱在怀里——热乎

一脚踢出屁来——巧极了

一肚子花花肠子——找不到心

一丈二尺的扁担——摸不着头尾

一丈二加八尺——仰仗(两丈)

一碗里的面——何止一条

一碗酱油一碗醋——斤对斤,两对两

一排爆竹——连骗(片)带诈(炸)

一个萝卜一个坑——一个顶一个

一个月穿三十双鞋——日日换新

一个将军一个令——到底听谁的

一个"掠"字分两半——半推半就

一部二十四史——从何说起

一口吃个旋风——好大的口气

一根筷子吃面条——独挑儿

一根蚊香两头点——两头成灰

一分钱的份子——少礼

一天下了三场雨——少情(晴)

一斤酒瓶装十两——正好

一双筷子夹骨头——三条光棍

一双脚踏两只船——三心二意

一支筷子吃豆腐——全盘弄坏

一头撞到南墙上——弯都不拐

一头栽到黄河里——死也洗不清

一碗水泼在地——收拾不起来

一口想吃个胖子——难办

一连三座菩萨堂——妙(庙)妙(庙)妙(庙)

一脚踢翻煤油炉——散伙(火)

一脚踩死个麒麟——不知贵贱

一脚踩翻醋瓶子——酸味都来

一篮茄子一篮豇豆——两难(篮)

一点水滴在香头上——碰巧了

一朵鲜花插在牛粪上——真可惜

一把抓了个星星——手伸到天上去了

一支筷子夹菜——不容易上手

一只手举重——拿不起来

一只皮鞋一只拖鞋——成不了双

一个凳子两人坐——将就将就

一团乱麻——毫无头绪

一兵换双士——划得来

一千里走了一百里——远着呢

一手交钱,一手交货——谁也不欠谁的

一路绿灯——畅通无阻

一条扁担挑泰山——担当不起

一条藤上结的瓜——苦都苦,甜都甜

一壶醋的赏钱——小恩小惠

两个人奏笙——你吹我捧

两个人捉蛐蛐——你听听,我听听

两个人盖一床被——顾了这头顾不了那头

两个山字摞起来——请出

两个乞丐拜堂——穷配

两个风筝一起飞——胡搅蛮缠

两个羊羔打架——对头了

两个秀才当文书——字字推敲

两个和尚吵架——都抓不到辫子

两个哑巴打架——是非难断

两个哑巴亲嘴——好得没话说

两个哑巴睡一床——无话可说

两个肩膀扛张嘴——不愁吃

两个铜板做明镜——明见(鉴)是钱

两个指头卜卦——拿不稳
两个醉汉睡觉——东倒西歪
两个瞎子作揖——谁见到了
两只公鸡打架——谁也不让
两只公鸡打鸣——你叫一声，我叫一声
两只手拿三个大钱——一是一，二是二
两只麻雀打架——只为一粒米
两手架鼓——等着挨敲
两耳塞豆——懵然无知
两狗打架——你咬我，我咬你
两亲家打架——为儿女的事
两勤加一懒——一不做，二不休
二齿钩子挠痒——是把硬手
两分钱开当铺——周转不开
二流子打鼓——吊儿郎当
二郎神放屁——神气
二郎神的笛子——神吹
二尺长的吹火筒——只有一个心眼
两分钱的醋——又酸又贱
二不愣当家——出不了好主意
二两棉花——谈（弹）不上
二两铁打大刀——不够料
二十一天孵不出鸡——坏蛋
二踢脚——两想（响）
二百加五十——二百五
二加三减五——等于零
二郎神的法术——变化多端
二万五千里长征——任重道远
三个钱买猪头——就是一张嘴
三个臭皮匠——赛过诸葛亮
三伏天穿皮袄——不是时候
三伏天的爆竹——一碰就炸
三九天穿裙子——美丽动（冻）人
三年不漱口——一张臭嘴
三亲六故，四朋八友——一拉一帮
三月里扇扇子——满面春风
三角砖头——摆不平
三两银子放贷——稀（息）少
三毛的头发——屈指可数
三更已过——晚了
三伏天的电扇——忙得团团转
三伏天喝冰水——正中下怀
三伏天喝凉茶——正是时候
三岁的娃娃——贵在纯真
三天不睡觉——没精打采
三个菩萨两炷香——没你的份
三个钱买头毛驴——自骑自夸
三九天吃冰棍——寒了心
三九天喝凉水——从里凉到外
三九天喝姜汤——热心肠
三九天送扇子——不领情
三九天穿单褂——抖起来了
三九天谈心——冷言冷语
三条腿的蛤蟆——难找
三间房子不开门——怪物（屋）
三九天的叫花子——又冷又饿
三九天的豆腐干——冷冰冰，硬邦邦
三天打鱼，两天晒网——磨洋工
三下五除二——干脆利落
三个厨子杀六只鸡——手忙脚乱
三条腿的毛驴——跑不了
三张纸画个鼻子——面子大
三亩棉花三亩稻——晴也好，雨也好
三分面粉七分水——十分糊涂
三分钱买烧饼还看厚簿——小气得很
三尺长的梯子——答（搭）不上言（檐）
三月里的菜薹——早起了心
三根屎棍撑个瘦肩膀——摆臭架子
三分钱买个鸭头——嘴贱
四川的蚊子——吃客
四月的麦子——半青半白
四月的青蛙——叫一阵子
四方木头——踢一踢，动一动
四方棒槌——死笨
四老爷的褂子——有谱儿
四棱子鸡蛋——少找

四大金刚腾云——悬空八只脚
四个兽医抬只羊——没治
四个鼻孔烂了仨——留下一个出气
四字加马字——随你骂
四股叉子扎脚跟——不知哪股出的事
四海龙王动刀兵——里里外外都是水
四大金刚扫地——有劳大驾
四两豆腐半斤盐——贤(咸)惠(烩)
五尺深的浑水坑子——看不透
五月天喝凉茶——美透了
五彩公鸡拉屎——滑稽事(花鸡屎)
五更天下海——赶潮流
五个指头——一把手
五月的石榴——越开越火红
五花大肉——肥瘦都有
五经六经——各熟一经
五个指头进盐罐——一小撮
五月龙船逆水去——个个都要争上游
五月初六卖菖蒲——过时货
五句话分两次讲——三言二语
五更天赶路——越走越亮
六月天——说变就变
六月里的日头——毒极了
六月里的火炉——谁来管你
六月里的火腿——走油了
六月里的剩包子——外面光滑里面臭
六月里的冬瓜——越大越不值钱
六月里的芥菜——假有心
六月里的包谷粑——黄的
六月里的狗——不惜皮毛
六月里的荷花——众人看
六月里的扇子——借不得
六月里的梨疙瘩——有点酸
六月里的蛤蜊——死不开口
六月里的蛤蟆——大嘴张着
六月里的粪——沤到劲了
六月里的粪缸——越掏越臭
六月里的雷阵雨——来得猛,去得快

六月间的庙堂——鸦雀无声
六月的债——还得快
六月的斑鸠——不知春秋
六点钟——顶天立地
六月的火炉——谁凑合你
六月里吃生姜——伏辣(服啦)
六月里戴手套——保守(手)
六月里穿皮袄——反常
六指儿搔痒——多这一道子
六十岁尿床——老毛病
六个指头划拳——出了新花招
六月里借扇子——等着吧
六月间的庙堂——鸦雀无声
六十岁学吹鼓手——赶时髦
六十岁搽粉——盖不住老粗
六个指头打耳光——加倍奉还
六个指头抓脑门——眼前尽是岔儿
六个指头攥拳头——有一个算一个
六月天下大雨——就那么一阵儿
六月天长疥疮——热闹
六月天烧炉子——可热乎了
六月里下雪——怪事一桩
六月里冻死胡羊——说来话长
六月里响雷——不稀奇
六月里贴对子——还差半年
六月里贴吊钱——已经晚了半年了
六月里穿毛衣——热心
六月里做棉衣——早做准备
六月里烤火炉——在奇不在暖
六月里戴皮帽——乱套
六月间抓汤圆——有点烫手
六粒色子掷五点——出色
七寸脚装三寸鞋——硬装
七仙女做梦——天晓得
七仙女走娘家——云里来,雾里去
七个和尚一把伞——遮盖不了
七尺汉子六尺门——不得不低头
七仙女嫁董永——采取主动

七八月的南瓜——皮老心不老

七石缸里捞芝麻——费工夫

八里庄的萝卜——心里美

八虎闯幽州——死的死，丢的丢

八匹马拉不开——难解难分

八月十五捉兔子——有你过节，无你也过节

八月十五看龙灯——迟了大半年

八月里的黄瓜棚——空架子

八月的柿子——越老越红

八月的天气——一会儿晴，一会儿雨

八字写一撇——少一画

八十老太学吹打——上气不接下气

八十老翁吹喇叭——有气无力

八十岁的阿婆——老掉牙了

八仙过海不用船——自有法度（渡）

八旬奶奶三岁孙——老的老，小的小

八千岁留胡子——大主意个人拿

八仙桌缺只脚——摆不平

八个麻雀抬轿——担当不起

八十岁跳舞——老天真

八个钱算命——哪能包你一世

八仙过海——各显神通

九毛加一毛——时髦（十毛）

九牛爬坡——个个出力

九牛一毛——微不足道

九霄云外——天外有天

九斤重的公鸡——官冠高势大

十五的月亮——圆圆满满

十五个婆娘吵架——七嘴八舌

十五条大汉睡地板——横七竖八

十五尊神像摆两层——七高八低

十五枚铜钱撇地上——七零八落

十只鸭头做一盆——多嘴多舌

十八庙地里一棵谷——独根苗

十字坡的男人——怕老婆

十冬腊月的萝卜——动（冻）了

十二月种麦子——外行

十二月的蛤蟆——开不得口

十五个吊桶打水——七上八下

十五只小船出海——七颠八倒

十五个聋子问路——七喊八叫

十两的纹银——定（锭）

十月里的鸡冠花——老来红

十月间的桑叶——没人睬（采）

十月丝瓜——满肚私（丝）

十二月的蛇——打一下，动一下

十个指头按跳蚤——一个捉不着

十个铜钱掉了一个——久闻（九文）

十字路口迷了道——不分东西

十字加两点——斗起来了

百家姓里的老四——说的是理（李）

百里长的公路不用拐弯——太直了

百米短跑——有始有终

百年的瓜子千年的树——根深蒂固

百岁老人过生日——难得有一回

百万雄狮过大江——势不可当

百丈高竿挂红灯——外面看见里面红

百灵鸟碰到鹦鹉——会唱的遇上会说的

百家姓不念第一个字——开口就是钱

百家姓上少了第二姓——缺钱

千年的大树——根深叶茂

千年的野猪——老虎食

千年松树，六月芭蕉——粗枝大叶

千眼佛——瞒不过

千个师父千个法——各有门道

千斤顶伸头——压上劲了

千年铁树开了花——枯木逢春

千里马拉犁杖——大材小用

千里送鹅毛——礼轻情意重

千层底做腮帮子——厚脸皮

千锤打锣——一锤定音

动物百科

猫披老虎皮——抖威风

猫肚子放虎胆——凶不起来

猫守鼠洞——不动声色

猫被老虎撵上树——多亏留一手

猫戏老鼠——哄着玩

猫嘴里的老鼠——跑不了

猫爪伸到鱼缸里——想捞一把

猫抓老鼠——祖传手艺

猫捉老鼠狗看门——各守本分

猫捉老鼠——靠自己的本事

猫儿念经——假充善人

猫嘴里的老鼠——剩不下啥

猫头鹰抓耗子——干好事,落骂名

猫头鹰唱歌——瞎叫唤

狗熊变黑瞎子——骗(变)自己

狗熊爬树——上劲

狗熊戴手表——假装体面

狗熊穿衣服——装人样

狗熊掰包谷——掰一个丢一个

狗熊捉麻雀——瞎扑打

狗熊拜年——不敢受这个礼

飞来燕子想吃当地鹌鹑——没那么便宜

飞蛾扑火——惹火烧身

飞蛾撵蜘蛛——自投罗网

小虫儿撞上蜘蛛网——弹不得

小虫儿吃桑叶——一星半点

小鹞子拿刺猬——错睁了眼

马蜂没嘴——屁股伤人

马蜂丢翅膀——没了绝招

马蜂蜇知了——哑了

马蜂蜇秃子——没遮没盖的

马蜂窝做蒲墩——一屁股窟窿

乌鸦头上插鸡毛——假装凤凰

乌鸦叮蚌壳——脱不了身

乌鸦吃柿子——拣软的

乌鸦当向导——跟着扑死尸

乌鸦钻灶堂——黑上加黑

乌鸦笑猪黑——自己不觉得

乌鸦唱画眉调——听起来总是不对劲

乌鸦落在黑猪上——一模一样

蚂蚁背田螺——假充大头鬼

蚂蚁嘴碾盘——嘴上的劲

蚂蚁爬扫帚——条条是路

蚂蚁关在鸟笼里——门道很多

蚂蚁尿书本——识(湿)字不多

蚂蚁搬磨盘——枉费心机

蚂蚁脖子戳一刀——不是出血的筒子

蚂蚁拖耗子——心有余而力不足

蚂蚁搬家——大家动口

蚂蚁背螳螂——肩负重任

蚂蚁头上砍一刀——没血肉

蚂蚁吃萤火虫——亮在肚里

蚂蚁戴谷壳——好大的脸皮

蚂蚁搬泰山——下了狠心

蚂蚁扛大树——不自量力

蚂蚁头上戴斗笠——乱扣帽子

蚂蚁碰上鸡——活该

蚂蚱驮砖头——吃不住劲

蚂蚱斗公鸡——自不量力

蚂蚱打喷嚏——满口青草气

蚂蚱上豆架——小东西借大架子吓人

蚂蝗的身子——软骨头

蚂蝗见血——盯(叮)住不放

蚂蚁挡道儿——颠不翻车

蚂蚁搬家——不是风,就是雨

蚂蚁看天——不知高低

蚂蚁爬树——路子多

蚂蚁喝水——点滴就够了

蚂蚁下塘——不知深浅

蚂蚁进牢房——自有出路

乌龟上岸遇鼋子——缩头缩脑

乌龟打架——看看谁硬
乌龟吃煤炭——黑心王八
乌龟进砂锅——丢盔卸甲
乌龟壳上贴广告——牌子硬
乌龟找甲鱼——本是一路货
乌龟抬轿子——硬扛
乌龟爬旗杆——想高升
乌龟爬门槛——迟早要栽跟头
乌龟垫床脚——硬撑
乌龟和鳖混一起——分不清
乌龟笑鳖爬——彼此彼此
乌龟跌下水——正合意
乌龟遭牛踩一脚——痛在心头
乌龟撵兔子——越撵越远
王八打把势——翻了
王八打官司——场场输
王八扛叉——自觉有光
王八出水——要露一鼻子
王八吃西瓜——连滚带爬
王八吃柳条——嘴能编
王八吃秤砣——铁了心
王八驮石碑——本分
王八有肉——在肚里
王八变黄鳝——解甲归田
王八拉车——有前劲,没后劲
王八拉碌碡——滚的滚,爬的爬
王八垫脚——死挨
王八看绿豆——对了眼
王八钻水缸——没一个回来
王八掉灰堆——憋气又窝火
王八敬神——假装正经
王八碰桥桩——暗憋气
甲鱼吃甲鱼——六亲不认
甲鱼掉进粪坑里——越陷越深
甲鱼翻筋斗——四脚朝天
公鸡下蛋——天下奇闻
公鸡长牙咬狐狸——成精作怪
公鸡尾巴——翘得老高

鸭子上架——逼出来的
鸭子上墙——一股冲劲儿
鸭子下冻田——难插嘴
鸭子下蛋——呱呱叫
鸭子不吃瘪壳——想必肚里有货
鸭子不尿尿——自有出路
鸭子吃小鱼——眼朝天
鸭子吃砻糠——空欢喜
鸭子吃螺蛳——啰里啰唆
鸭子走路——左右摇摆
鸭子吵架——闹翻天
鸭子改鸡——光磨嘴不行
鸭子进秧田——心里有数
鸭子浮水——上面静,下面动
鸭吞筷子——转不过弯
鸭背泼水——光了
鸭群里闯进一只鹅——就你脖子长
蚊子叮石臼——动也不动
蚊子叮鸡蛋——无孔不入
蚊子叮铁牛——无处下嘴
蚊子叮菩萨——认错了人
蚊子叮象鼻子——碰到大头了
蚊子咬秤砣——嘴硬
蚊子挨人打——全怪那张嘴
黄鼠狼下耗子——一代不如一代
黄鼠狼上鸡窝——有空就钻
黄鼠狼给鸡拜年——没安好心
黄鼠狼叼鸡——一有去无回
黄鼠狼吃鸡毛——能填肚子就行
黄鼠狼进鸡笼——大祸临头
黄鼠狼变猫——变也变不高
黄鼠狼单咬病鸭子——倒霉越加倒霉
黄鼠狼拖着鸡毛掸——空欢喜
黄鼠狼看鸡——越看越喜
黄鼠狼和鸡结老表——不是好亲
黄鼠狼戏小牛——大的没有小的凶
黄鼠狼站在鸡棚上——不偷也是偷
黄鼠狼钻灶头——爪不干净

语言的盛宴

黄鼠狼钻水沟——各走各的路

黄鼠狼偷牛——眼大肚子小

蜗牛走路——慢腾腾

蜗牛赴宴会——不速之客

蜗牛耕地——白受苦

蜗牛爬在荆刺上——又慢又费力

蜗牛盖房子——自己顾自己

蝎子驮蜈蚣——上下都是毒

蝎子爬在嘴上——说不得,动不得

蝎子钻进砒霜粉——浑身都是毒

蝎子钻进墙缝里——暗中也伤人

螃蟹吃高粱——顺着秆子往上爬

螃蟹过河——七手八脚

螃蟹拉车——不走正路

螃蟹爬竹竿——过节儿见

螃蟹爬鱼篓——进得来,出不去

螃蟹断爪——横行不了

螃蟹娶亲——净是王八

螃蟹煮了一大锅——净骨头没肉

苍蝇嘴巴狗鼻子——真灵

苍蝇的翅膀——扇不起多少风浪

苍蝇找屎壳郎做亲——臭味相投

苍蝇害眼疾——早晚要碰壁

苍蝇的世界观——哪里臭往哪里钻

苍蝇飞进花园里——装疯(蜂)

苍蝇飞进牛眼里——找累(泪)吃

苍蝇给牛抓痒——无济于事

苍蝇掉在酱盆里——糊里糊涂

苍蝇碰上蜘蛛网——有去无回

狐狸吃刺猬——下不了口

狐狸打马蜂——不懂得死活

狐狸吵架——一派胡(狐)言

狐狸想天鹅——不得到口

骆驼戴风镜——傻(沙)了眼

骆驼跳舞——不像样子

骆驼看天——眼高

骆驼的脖子仙鹤的腿——各有所长

骆驼的头——仰着面

骆驼进鸡窝——没门

骆驼生驴——怪胎

历史故事

传说中的八仙——各有千秋

张果老骑驴——倒着走

铁拐李背何仙姑——将就

拉着何仙姑叫舅妈——五百年前是一家

韩湘子吹笛——不同凡响

韩湘子拉着铁拐李——一个会吹,一个会捧

韩湘子的花篮——要啥有啥

狗咬吕洞宾——不识好人心

吕洞宾推掌——出手不凡

何仙姑回娘家——云里来,雾里去

韩湘子出家——一去不回头

铁拐李上西天——一跑一踮

铁拐李的葫芦——不知卖的啥药

铁拐李葫芦里的药——医不好自己的病

白娘子喝了雄黄酒——现了原形

白娘子被压在雷锋塔下——总有人搭救

玉皇拜财神——有钱大三级

玉皇爷卖谷子——天仓满了

张天师叫门——拿鬼

张天师叫鬼欺——有法用不上

张天师失了五雷印——没法了

张天师忘了咒——符也不灵了

张天师被鬼迷——明白人也有糊涂时

张天师捉妖——拿手好戏

张天师挨娘打——有法不敢使

张天师家闹鬼——谁也不信

张天师得了哑病——没咒念

张天师设祭坛——呼风唤雨

姜子牙算卦——好准

姜太公钓鱼——愿者上钩
姜太公封神——自己没有份儿
姜太公在此——百无禁忌
姜子牙下山——九死一生
姜子牙开饭馆——卖不出去自己吃
姜子牙开算命铺——买卖兴隆
姜子牙娶媳妇——老来喜
姜子牙担着笊篱进城——没人买你的货
姜太公说相声——神聊
姜太公做买卖——样样赔本
雷公打芝麻——专拣小的欺
雷公打豆腐——专拣软的欺
雷公和土地婆亲嘴——差得太远
雷公进庙堂——万念俱灰
雷公喝了酒——胡劈乱打
雷公劈蚂蚁——以大欺小
妲已的子孙赴宴——醉得露了尾巴
比干丞相——没心
申公豹——人前一面，人后一面
申公豹的嘴——搬弄是非
申公豹的脑袋——反着看
周文王请姜太公——净找明白人
郑人买履——生搬硬套
郑国人留盒不留珠——不识贵贱
郑庄公修地道——不到黄泉不见母
孟良杀焦赞——自家人害自家人
亡羊补牢——为时不晚
卫懿公养仙鹤——忘了国家大事
齐桓公进迷谷——靠老马识途
齐威王猜谜语——一鸣惊人
愚公的住处——开门见山
窦尔敦盗御马——艺高人胆大
窦尔敦的骡子——得物就走
魏国公请客——一点一点的
襄王会女神——还在梦中
剖腹藏珠——爱财不爱命
娄阿鼠问卦——做贼心虚
娄阿鼠当县令——不是个好官
曹司番归案——休想
曹刿论战——一鼓作气
掩耳盗铃——自欺欺人
殷浩罢官——咄咄怪事
惊弓之鸟——心有余悸
梁红玉击鼓——贤内助
凿壁偷光夜读书——一孔之见
公子重耳拾破烂——饱不忘饥
孔夫子出门——三思而后行
王伦当寨主——容不得人
五佐断臂——留一手
王莽使令——一天三改
王强挨砖——自己寻来的苦
井底之蛙——没见过大世面
中山狼出了书袋——凶相毕露
毛遂自荐——人里有人
周幽王点烽火台——千金一笑
项羽过江东——败了
项庄舞剑——意在沛公
南郭先生吹竽——不会装会
南辕北辙——越走越远
城门失火——殃及池鱼
韩信用兵——多多益善
韩信背水之战——以弱胜强
楚河汉界——一清二楚
楚霸王举鼎——力大无穷
楚霸王自刎乌江——无颜见江东父老
楚霸王被困垓下——四面楚歌
霸王别姬——无可奈何
霸王项羽——不可一世
霸王请客——去也得去，不去也得去
虞姬娘娘舞剑——强颜欢笑
萧太后摆宴席——好吃难消化
萧何月下追韩信——爱才
萧何追韩信——连夜赶
樊梨花刀劈丑鬼——斩杨凡
樊梨花救援北平关——不记前怨

程咬金坐瓦岗寨——土皇帝

程咬金上阵——三斧开路

程咬金上殿——来不参,去不辞

程咬金的斧头——头三下子厉害

程咬金拜大旗——运气发旺

程咬金做皇帝——贼腔

程婴告密搜赵武——舍儿救孤

焦赞与杨排风比武——处处挨打

崔莺莺患病——心病还得心药医

崔莺莺送郎——依依不舍

张生碰到崔莺莺——一见钟情

灵隐寺壁上题诗——抛砖引玉

赵匡胤穿龙袍——改朝换代了

赵匡胤下棋——独一无二;卖了华山

赵匡胤押江山——大赌

赵匡胤爬城墙——四门无路

杨五郎削发——半路出家

杨六郎赦了杨宗保——儿媳妇吓的

杨业的儿子——七狼八虎

杨家将上阵——全家出动

杨家的将——娃娃老婆满门上

杨宗保招亲——打出来的

杨业数儿子——越数越少

穆桂英破天门阵——阵阵不离她

穆桂英破洪洲——马到成功

穆桂英遇上杨宗保——明里对仗暗里爱

天门阵前的穆桂英——二十四五正当年

秦桧杀岳飞——罪名莫须有

秦桧奏本——进谗言

岳飞手下的张保——马前卒

王宝钏爱上叫化子——有远见

牛郎约织女——后会有期

牛郎配织女——天生的一对

卞和献宝——给错了人

玉皇大帝上战场——大动干戈

东郭先生救狼——善恶不辨

卢生做梦——一枕黄粱

叶公好龙——口是心非

包公断案——铁面无私

包公斩包勉——正人先正己

包老爷办案——明察秋毫

包老爷审堂——阴阳分明

包老爷的衙门——好进难说

汉光武起兵——捉奸

半路杀出个程咬金——突如其来

司马相如遇文君—— 一见钟情

老包断案——脸黑心不黑

老寇准背靴子——明察暗访

伍子胥过昭关—— 一宿白了头发

伍子胥的白头发——全是愁的

乔太守乱点鸳鸯谱——弄假成真

刘海拉着孟姜女——有哭有笑

祁黄羊举贤——大公无私

许仙碰着白娘子——天降良缘

孙武用兵——以一当十

孙武教女兵——十拿九稳

孙膑走路——快不了

孙膑吃屎——假装疯魔

红娘行好反遭打——错在糊涂的老夫人

红娘挨打——成全好事

如来佛打喷嚏——非同小可

严嵩做寿——照单全收

花果山的美猴王——个小本领强

杜十娘的百宝箱——全部家当都在里头

李世民登基——顺应民心

李鬼劫路——欺世盗名

李林甫表面说好话,背后下毒手——口蜜腹剑

吴刚砍桂树——没完没了

佘太君挂帅——马到成功

宋襄公用兵的教训——对敌人不能讲仁慈

阿庆嫂倒茶——滴水不漏
张顺浪中斗李逵——以长攻短
张良的玉箫——吹动军心
张僧繇写真——画龙点睛
宋士杰告状——层层向上
范进中举——喜疯了
杯水车薪——无济于事
画饼充饥——自己哄自己
画蛇添足——多此一举
败军之将——不可言勇
罗汉菩萨——个个都是笑脸
罗成的回马枪——往后看
受禅台上司马炎废魏王——袭用老谱
周仓斗李逵——大刀阔斧
周坚死替赵朔——贱人为了贵人
赵五娘上京——穷话万千
赵五娘写家书——难字当头
赵高指鹿为马——逼人亮相
荆轲刺秦王——服斩不服输
临渴掘井——来不及了
哪吒出世——怪胎
顺手牵羊——将计就计
宣统坐江山——只有三年
秦惠王乘败进兵—— 一举两得
袁世凯做皇帝——短命
耿宏山敲钟——又响了
晋文公退避三舍——为了向楚王表示好意
晋国借路攻虢国——唇亡齿寒
晋襄公放败将——纵虎归山
柴大官人的护身符——誓书铁券
徐策跑城——头昏眼花
狸猫换太子——以假充真
狼吃东郭先生——恩将仇报
釜底抽薪——亡在片刻
郭子仪做寿——全家都上
高俅做太尉——玩来的官
李莲英杖责宫禁——自残同类
慈禧太后听政——专出鬼点子

生活百态

书店失火——自然(字燃)
巧她爹打巧她娘——巧极(急)了
七月十五吃月饼——赶先(鲜)
三毛加七毛——时髦(十毛)
卖砖头砌砖窑——专(砖)款专(砖)用
一百个人当家——谁说了算
大街得信小巷传——道听途说
水龙头不关——放任自流
讨饭的搬家——光棍一条
初一吃十五的饭——前吃后亏空
画笔敲鼓——有声有色
钥匙挂在眉梢上——开开眼界
铁将军把门——家中无人
瞌睡遇到枕头——凑巧
东家的老寡妇,西家的老绝户——孤的孤,苦的苦
肥皂泡——起得快,灭得快
一天下了三场雨——少情(晴)
丈夫扇扇子——凄(妻)凉
中秋节的月亮——原谅(圆亮)
风吹马尾——乱思(丝)
出门没车——不(步)行
保温瓶的塞子——赌(堵)气
城门上放炮——想(响)得高
砍柴人下山——两头担心(薪)
皇帝拍桌子——盛(圣)怒
笛子配铜锣——想(响)不到一块儿
腊月的萝卜——动(冻)了心
一块腊肉藏在饭碗里——有人情也显不出来
一朝被蛇咬,十年怕井绳——心有余悸
下雪天过独木桥——提心吊胆
五更天唱曲子——高兴得太早了

双脚踏双船——犹豫不决

木炭搭桥——难过

半天云中扭秧歌——空喜欢

头上点灯——自以为高明

讨饭的捡到黄金——喜出望外

对着舞台搞对象——一相情愿

尼姑嫁人——回心转意

夏天发抖——不寒而栗

雷公进庙堂——万念俱灰

暗室里穿针——难过

井底的邮包——深信

云雾里的爱情——迟早要散

唐僧的肚皮——慈悲为怀

满口黄连——说不完的苦

新修的马路——没辙

一天三刮络腮胡——他(它)不叫我露脸,我不叫他(它)露头

枣核儿钉在墙上——大小是个角(橛)

离娘的娃娃见了娘——喜笑颜开

跑掉一只鞋——举足轻重

小子打老子——岂有此理(礼)

火药碰到火柴头——好大的火气

赤眼看见火石头——怒火冲天

心里头长草——慌(荒)啦

过河打摆渡——好心没好报

秀才遇到兵——有理说不清

被面补袜子——人材小用

鸡窝里的蚂蚱——心惊肉跳

过小年买糖瓜——急躁(祭灶)

火烧额头——迫在眉睫

小腿肚上捆瓶子——有比较(脚)高的水平(瓶)

鲁班的锯子——不错(锉)

和尚出门——突(秃)出

哑巴进佛堂——说不出的妙(庙)

被面蒙桌子——作为(桌围)很大

菩萨跌进蒸笼里——真(蒸)神

菠菜煮豆腐——清清(青青)白白

鼻孔里的汗毛——了(燎)不起

牙刷脱毛——有板有眼

云彩里招手——高招

孔夫子唱戏——出口成章

闺女吹灯——秀气

脚踏梯子——步步高升

绿绸缎上绣牡丹——锦上添花

八月十五的月亮——正大光明

刚出笼的年糕——炙手可热

砌墙的砖头——后来居上

黑夜里的萤火虫——亮晶晶

有尺水行尺船——量力而行

耗子拉木锨——大头在后头

寡妇门前是非多——少站

大车拉煎饼——贪(摊)多了

大风刮羊圈——飞扬(羊)跋扈(户)

绣花针再磨——真奸(针尖)

鼻子上挂钉锤——可耻(磕齿)

豁牙子靠墙——卑鄙(背壁)无耻(齿)

一分钱买个死王八——贵贱不是玩意

马桶倒进臭水沟——同流合污

红眼老鼠出油盆——吃里爬外

花子喂牲口——不是好料

妖魔对鬼怪——一对儿坏

饭店门前卖大饼——成不了大气候

娃娃鱼爬上树——左看右看不是人

剖开墨鱼肚——一副黑心肠

梅香照镜子——一副奴才相

割下鼻子换面吃——不要脸

鼻头上搽白粉——一副奸相

王七的弟弟——王八

孔夫子的砚台——心太黑

扒了皮的癞蛤蟆——活着讨厌,死了还吓人

石菩萨的眼睛——有眼无珠

过街的老鼠——人人喊打

肉锅里的元宵——浑蛋一个

杀猪凳上的肥猪——活不久了

坟地里的夜猫子——不是只好鸟

绣花枕——草包

黄鼠狼的脊梁——软骨头

大海里的水——到哪哪嫌(咸)

小碟打醋——傻(洒)了

孔夫子的褡裢——书呆(袋)子

盲人戴眼镜——假装不忙(盲)

背着八面找九面——没见过大世（十）面

起重机吊鸡毛——小题(提)大做

玻璃瓶上安蜡扦儿——又奸(尖)又滑

一条道走到黑——死心眼

七斤面粉调三斤糨糊——糊里糊涂

上天摘星星——异想天开

上天绣花——想得倒美

山中无老虎——猴子称大王

中秋夜里打灯笼——多此一举

长虫过篱笆——有空隙就钻

木匠戴木枷——自作自受

瓦罐里冒烟——土里土气

见了骆驼言马肿背——少见多怪

月亮底下看影子——夜郎自大

火盆子栽牡丹——不知死活

出东门,往西拐——糊涂东西

头顶上长眼睛——目中无人

打肿脸充胖子——死要脸面

石狮子得病——不可救药

电线杆上挂衣服——好大的架子

老鼠眼看天——小瞧

吃麻油唱曲子——油腔滑调

关节炎遇上了连阴天——老毛病又犯了

关上门踩高跷——只知道自己高

买帽子当鞋穿——不对头

判官娶媳妇——鬼打扮

到了黄山想峨眉——这山望着那山高

肥皂刻手戳——不是那块材料

洗脸盆里洗澡——水平太低

洋鬼子看京戏——傻瞪眼

套马杆探月亮——痴心妄想

梦里娶媳妇——净想好事

掉下树叶怕打了脑壳——胆小鬼

眼睛生在头顶上——目空一切

做贼不用化装——贼眉贼眼

麻秆抵门——经不起推敲

瞎子点灯——白费蜡

瞎子照镜子——看不到自己啥样子

躺在百家姓上打滚儿——不知姓什么好

懒驴子上磨——屎尿多

一张竹席子——全是缺点

上等牙刷——一毛不拔

木头鸡儿——呆头呆脑

风车的脑袋——哪的风硬就顺着哪风转

石打的眼睛——有眼无光

失舵的小船——随波逐流

老虎皮,兔子胆——色厉内荏

机车头上的灯——只照别人不照自己

枣木疙瘩——不开窍

泡软了的豆子——不干脆

洋灰脑袋——死不开窍

破鞋——提不起来

钱串子脑袋——见窟窿就钻

聋子耳朵——摆设

银样蜡枪头——中看不中用

媒人的口——无量的斗

鸳鸯的脖子——空架一张嘴

马谡用兵——言过其实

大风吹倒梧桐树——自有旁人说短长

上山打柴,过河脱鞋——到哪说哪话

口传家书——言而无信

叫林黛玉抡板斧——强人所难

百灵鸟碰到鹦鹉——会唱的遇上会说

的

冰糖煮黄连——同甘共苦

米锅刚开抽柴火——关键时刻不讲合作

观音菩萨坐小轿——靠众人抬举

吹了灯瞪眼睛——出了气又不得罪人

我向东你向西——分道扬镳

我解缆绳你推船——做个顺水人情

筛子做门扇——难遮众人眼

蒜薹炒豌豆——光棍遇到滚子客

跟着巫婆跳大神——跟着啥人学啥人

滚水煮饺子——你不靠我，我不靠你

熨斗烫衣服——伏伏贴贴

摔破的瓷盘子——对不到一块儿

晴带雨伞，饱带干粮——有备无患

熟透的莲藕——心眼儿多

木匠的刨子——抱(刨)打不平

马拉独轮车——说翻就翻

生姜脱不了辣气——本性难改

过河拆桥——不留后路

敢在太岁头上动土——胆子不小

舅舅打外甥——理直气壮

一二五——丢三落四

天文台上的望远镜——好高骛远

肉案上的买卖——斤斤计较

脱了绳的猴子——无拘无束

下雨不打伞——轮(淋)到你啦

万岁爷卖包子——御驾亲征(蒸)

茶壶里煮饺子——肚里有，嘴上道(倒)不出来

喝盐水聊天——净讲闲(咸)话

腊月里生孩子——动(冻)手动(冻)脚

一百个人骂架——多嘴多舌

大海当中打落剑——唠叨(捞刀)

王婆卖瓜——自卖自夸

出门坐飞机——远走高飞

司号兼打鼓——自吹自擂

打半边鼓——旁敲侧击

机关枪打炮弹——口径不对

关云长做木匠——大刀阔斧

羊羔吃奶——跪下

坛子里捉乌龟——手到擒来

乱弹琴——没谱

抱着灵牌说鬼话——好说不好听

耗子滑冰——溜之大吉

啄木鸟啄树——全凭嘴硬

腊月二十三送灶君——只能说好，不能说坏

旗杆尖上拿大顶——艺高人胆大

嘴唇上贴膏药——免开尊口

三片子嘴——能说会道

八十岁公公耍猴子——老把戏

八十岁婆婆穿袜子——老套

绵羊走到狼群里——不敢抬头

下锅的面条——硬不起来了

生鸡蛋画花儿——假充成熟

丝瓜筋打老婆——装腔作势

印堂上画只眼——冒充二郎神

吃着菠萝问酸甜——明知故问

扯起眉毛哄眼睛——自己骗自己

糟鼻子不吃酒——徒有其表

戏台上的朋友——假仁假义

站在黄鹤楼上看翻船——见死不救

手长六指头——节外生枝

平地里起坟堆——无中生有

山腰里遭雨——上下为难

马高镫短——上下为难

太师椅着火——坐也难来站也难

老太太住高楼——上下两难

烫手的粥盆——扔了心疼，不扔手疼

耳朵里塞牛毛——装聋卖作哑

光吃饺子不拜年——装傻

荷塘里着火——偶然(藕燃)

皇帝的妈妈——太厚(后)

一只色子掷七点——出乎意料

打开棺材治好病——起死回生

强盗发善心——真难得

高粱秆上结茄子——不可思议

楼上摆盆景——无地自容

大肚婆娘走钢丝——铤(挺)而(儿)走险

弓起腰杆淋大雨——背时(湿)

船头上跑马——走投(头)无路

大风里点灯——没指望

紧着裤子数日月——日子难过

王麻子哭哥——凶(兄)啊

老牛拉车——灾祸(载货)

屋漏又逢连夜雨——祸不单行

泥菩萨洗脸——失(湿)面子

泥菩萨过河——自身难保

泥菩萨摔跤——散架了

称谓世俗

儿子不养娘——白疼他一场

大姑娘上楼梯——一步一个台阶

大姑娘吃饭——小口小口地来

大姑娘坐花轿——第一遭;头一回

大姑娘送郎——老走在前面

大姑娘看戏——抿嘴儿笑

大姑娘看嫁妆——有主的人了

大姑娘临上轿子穿耳朵眼儿——来不及了

大姑娘要饭——扯不开脸

大姑娘不要婆家——假话

大姑娘绣花——九曲十八弯

大姑娘梳辫子——越长越好

大姑娘做媒——有嘴说别人,没嘴说自己

大胖子跳井——下不去

大胖子穿小褂——不合身儿

大胖子跳皮筋——软功夫

小尼姑看嫁妆——今世无份

小老婆上吊——吓唬大的

小秃头上绕辫子——空缠

小秃头跟着月亮走——谁也不沾谁的光

小炉匠补锅——凑合

小炉匠打铡刀——干大活

小炉匠揽大缸——必有金刚钻

小姑娘生气——翻白眼儿

小孩儿吃泡泡糖——吞吞吐吐

小孩儿吃糖包子——烫到后颈窝

小孩儿抽水烟——连吃带喝

小孩儿卖糖——全进了自己肚子

小孩见了娘——没事哭一场

小孩吃甘蔗——尝到甜头

小孩吃辣椒——上当一回

小孩过年——全不操心

小孩吹喇叭——口气不大

小孩抠竹笋——拔尖

小孩放焰火——天花乱坠

小孩放鞭炮——又喜又怕

小孩耍菜刀——不是玩(意)艺

小孩看杂技——又爱又怕

小孩装老虎——吓不了人

小孩唱歌——没谱

小孩啃甘蔗——啃一节,看一节

小娃儿看见糖罗汉——哭也要吃,笑也要吃

小脚女人上楼梯——步步难

小脚女人走路——东摇西摆

小脚女人追兔子——越撵越没影儿

小脚女人踢皮球——尖端

小媳妇回娘家——不离包袱

小媳妇纳鞋底——越小心越乱针

小媳妇做事——小心翼翼

小媳妇拿钥匙——当家不做主

小寡妇上坟——哭也活不了呀

女儿哭妈——真心实意

女儿穿娘的鞋——老样子

女驸马进洞房——一个忧一个喜

夫妻俩打铁——对手
夫妻俩打架——关着门干
夫妻俩吵架——没事儿
夫妻俩唱小调——一唱一和
夫妻俩演戏——夫唱妇随
孔夫子门前卖文章——自不量力
孔夫子讲学——之乎者也
孔夫子唱戏——出口成章
孔夫子穿西装——不中不西
孔夫子挂腰刀——不文不武
孔夫子教《三字经》——大材小用
王大郎玩野猫——人各爱一物
王母娘娘吃蒿菜饭——想野味
王母娘娘坐月子——养起神来了
王母娘娘害喜病——怀鬼胎
王母娘娘戴花——老妖艳儿
王婆画眉——东一扫，西一扫
王婆烧香——一道烟儿
王婆卖了磨——没的推了
王麻子种牛痘——后悔晚矣
王瞎子看告示——装模作样
王瞎子算命——直说莫怪
王寡妇当家——又没人，又没钱
王羲之写字——横竖都好
木匠打人——一斧头
木匠手里借斧头——砸人饭碗
木匠拉大锯——有来有去；你来我往
木匠进山林——净是材料
木匠忘了墨斗子——没线了
木匠摇墨斗——连轴转
瓦匠干活——拖泥带水
瓦匠砌墙——两面三刀
叫花子娶媳妇——一对穷
叫花子骑烂马——零碎多
叫花子照镜子——不知丑
叫花子摆堂会——穷欢乐
叫花子碰上要饭的——穷对穷
叫花子想公主——一相情愿
叫花子篮里抢冷饭——不近人情
叫花子谈嫁妆——穷人说大话
叫花子坐金銮殿——一步登天
叫花子不留隔夜食——一顿光
叫花子出殡——穷到头了
叫花子打死狗——有祸也不凶
叫花子打狗——边走边打
叫花子打算盘——穷打算
叫花子死了大张嘴——穷唠叨没完
叫花子丢了棍——狗来欺
叫花子夸祖业——自己没出息
叫花子吃三鲜——奇遇
叫花子吃死蟹——只只好
叫花子吃豆腐——一穷二白
叫花子住万寿宫——户大家虚
叫花子打更——一夜无人
叫花子走五更——穷忙
叫花子走清明——两头忙
叫花子扭秧歌——穷开心
叫花子担醋担担——卖穷酸
叫花子抽疯——穷哆嗦
叫花子拉二胡——穷扯
叫花子拉痢疾——贫病交迫
叫花子拾元宝——喜从天降
叫花子洗澡——穷泡
叫花子拉肚子——入不敷出
叫花子炒三鲜——要一样没一样
叫花子金榜题名——总算有了出头之日
叫花子看滑稽戏——穷开心
叫花子留分头——不够格
叫花子赶街——分文没有
叫花子做皇帝——不知怎样好
叫花子唱山歌——穷开心
叫花子要黄连——自讨苦吃
叫花子掉进醋坛子——穷酸
叫花子嫁闺女——不讲陪奁只讲吃
奶娃娃张嘴——要吃的

奶妈抱孩子——人家的

石匠打铁——不会看火候

老儿子娶媳妇——大事完毕

老子偷猪儿偷牛——一辈强一辈

老太太翻跟头——难翻

老太太吃山芋——闷了口

老太太吃豆腐——正好;不必担心

老太太吃炒蚕豆——咬牙切齿

老太太吃柿子——拣着软的拿

老太太吃海蜇——搬嘴弄舌

老太太吃黄连——苦口婆心

老太太过年——一年不如一年

老太太买鱼——挑挑拣拣

老太太坐牛车——稳当

老太太纺线——慢慢拉

老太婆念佛——啰唆

老太太穿针——离得远

老太太得孙子——大喜

老太太烧香—— 一点儿诚心

老太太啃骨头——光舔点儿味

老太太做媒人——说破嘴

老太太搬家——什么都拿

老太爷看告示——一篇大道理

老公公背儿媳过河——吃力不讨好

老寿星拉车——全仗脑袋

老寿星返童——面目全非

老寿星唱歌——净是老调

爷爷孙子拜年——高矮不齐

爷爷坟头哭妈——找错了地方

爷俩看马打架——大惊小怪

爷俩赶鸡——对哄

爷俩赶集——一大一小

观音菩萨骑马——云都驾完了

孙子穿爷爷皮袄——充老相

寿星老儿寻短见——活得不耐烦了

寿星老儿放屁——老气

寿星老儿唱小曲——老调

寿星老儿翻跟头——老得发昏

寿星老儿跳舞——老天真

寿星老儿插草标——卖老

寿星老儿遇上五道神——你不说我长，我不说你短

姑娘看中意中郎——暗送秋波

姐俩生孩子——对添

姐俩捕蚂蚱——对捂

姐俩守寡——你知道我,我知道你

姐俩害相思——得的是一样儿的病

姐夫教小舅子——实心实意

姐姐做鞋——妹妹有样

姐姐穿的妹妹的鞋——一模一样

驾驶员罢工——想不开

胖子进冰窖——满凉

胖子乘车——碍着两边人

胖子坐车——挤得下不来

胖婆娘骑瘦驴——牵肥搭瘦

贼走关门——晚了一步

贼被狗咬——说不出口

贼喊捉贼——倒打一耙

贼娃子打官司——堂堂输

铁匠当军师——就知道打

铁匠考徒弟——会打不会打

铁匠死了不闭眼——欠锤

铁匠没样——边打边相

铁匠被锁——自食其果

铁匠绣花——软硬功夫都有

铁匠做官——打上场

铁匠铺卖豆腐——软硬一起来

强盗打官司——场场输

强盗发善心——真难得

强盗杀死赵公——谋财害命

强盗拍照——贼相

强盗敲门——来者不善

强盗碰到贼爷爷——黑吃黑

媒婆子肿嘴——有口难言

媒婆夸闺女——天花乱坠

媒婆婆迷了路——没说的了

新女婿吃饺子——不知什么馅
新兵上阵——头一回
阎王爷的计——鬼主意
阎王爷的女儿——鬼才要呢
阎王爷的爷爷——老鬼
阎王爷的奏折——鬼话连篇
阎王爷的扇子——扇阴风
新郎倌戴孝——悲喜交集
新娘子织布——手忙脚乱
新娘子咬生馒头——人生面不熟
新娘子拜堂——不见脸
新媳妇坐花轿——任人摆布
新媳妇穿坎肩——多了这一套子
新媳妇进门——一分人带来三分喜气
新媳妇哭公公——说不出个好处来
新媳妇煮饭——三日见高低
和孙猴子比翻跟斗——差着十万八千里
叫你上坡,你偏下河——有意捣乱
叫牛坐板凳——办不到

事物现象

灯草打围墙—— 一点没事
灯草搓绳——紧不起来
灯草搭浮桥——走不得
灯草拐杖——做不得主(柱)
灯芯草挑刺——太软
灯笼赶集——白瞪眼
灯尽油干——玩儿完
灯盏里洗澡——不晓得大小
灯芯草做琴弦——不值一谈(弹)
灯草栏杆——靠不住
灯盏无油——火烧芯(心)
笛子配铜锣——想(响)不到一块
笛子独奏——自吹
电饭锅煮饭——不要火
电视上的画面——说变就变
电话拜年——两头方便
电风扇的脑袋——专吹凉风
电线杆子挂暖壶——水平(瓶)高
碟子里面扎猛子——不知深浅
碟子里的豆芽菜——开不了花,结不了果
碟子装水——太浅
独木桥上踩车——别拐弯
独木桥上钉木板——故意让人过不去
独木桥上睡觉——翻不了身
断了线的风筝——不会自己飞回来
断了腿的青蛙——跑不了
断了腿的蛤蟆——跳不了多高
断了腿的螃蟹——横行不了几时啦
钝刀切肉——不快
钝刀子杀猪——全靠手劲
钝刀子切豆腐——凑合使用
肥皂泡——吹不得
肥皂沫当镜子——成了泡影
飞机上吹喇叭——空想(响)
飞机上放鞭炮——想(响)得怪高
飞机上晒衣服——高高挂起
飞机上拉肚子——一泻千里
飞机上抬头望——天外有天
飞毛腿讲话——快人快语
飞机上扔钱——空头(投)支(纸)票
飞机上生孩子——高产
飞机上作报告——空话连篇
高粱撒在麦子里——杂种
高粱秆子挑水——担当不起
高粱秆结茄子——不可思议
高粱地里栽葱——矮一截子
高粱秆上挂个破气球——垂头丧气
高粱地里打伞——难撑
高粱撒在麦地里——秋后见高低
高粱秆上点火—— 一顺杆(秆)儿往上爬

高音喇叭掉井里——哇啦不上来了

棺材里伸手——死要钱

棺材里的臭虫——咬死人

棺材里放屁——臭死人

棺材铺掌柜的——想卖不敢说

棺材铺的生意——赚死人的钱

棺材铺的买卖——死活都要钱

锅台上的油渣——练(炼)出来的

锅台上种地——没几分

锅台上种瓜——不发芽

锅里扔石头——砸啦

锅里的油条——受煎熬

锅里的鸡——难飞

锅里的炸油条——翻来覆去

锅里的鱼——别想跳了

锅盖上的米粒——熬出来的

谷地里的高粱——冒尖儿

瓜子待客——有仁有义

瓜地里挑瓜——挑得眼花

给狗喂骨头——给他(它)点儿小恩小惠

古董当破烂卖——不识货

古董店开张——毫无新意

古人的字画——身价百倍

挂历上的花瓶——中看不中用

挂历上的人——有口难言

挂历上的鸟雀——不会唱

挂羊头卖狗肉——有名无实

观音庙烧香去——求人不如求神

观音庙许愿——真心实意

观音庙里没观音——走了神

乐队演出——各吹各的号

棺材里洗脸——死要面子

黄连木做笛子——苦中作乐

黄连树上结梨——甜果都从苦根来

黄连拌苦胆——苦到家了

黄连锅里煮人参——从苦水中熬过来的

黄豆碰上热锅——欢蹦乱跳

荷叶上的水珠——滚来滚去

荷叶上的露珠——不长久

荷叶上放秤砣——承受不了

胡萝卜打鼓——越敲越短

胡萝卜拴牛——跟着跑

胡椒拌黄瓜——又辣又脆

湖边的垂柳——随风摆

花瓶里的鲜花——一天不如一天

花瓶里的花——没有结果

花盆里栽松——不成材

花鞋踩在牛粪上——底子臭

花旦唱戏——有板有眼

花旦念道白——句句好听

花果山的猴子——与世无争

花脸戴花——笑死大家

华佗摇头——没救了

怀里抱冰——寒透心了

怀里揣马勺——盛(成)心

荒野的墓地——死气沉沉

荒野的磷火——自然而然(燃)

荒山里的破庙——冷冷清清

黄盖找打——心甘情愿

黄河的水——不清不白

黄果树瀑布——冲劲大

黄连锅里煮人参——从苦水中熬过来的

黄连树上结苦瓜——一串串儿苦

黄连水做饭——口口苦

黄连甘草挑一担——一头苦来一头甜

黄连拌成醋——又苦又酸

黄连刻娃娃——苦孩子

金刚钻钻瓷器——一个硬似一个

金刚钻儿包饺子——钻心痛

金刚钻锔大锅——没有钻不透的

金刚化佛——更神气

金簪落海——无出头之日

金鱼缸里放泥鳅——看你怎么要滑头

酒盅里拌黄瓜——施展不开

机器人看戏——无动于衷

机器人讲情话——有口无心

机器人打拳——全是硬功夫

机器人打铁——硬对硬

嚼过的甘蔗——不甜

嚼过的馍馍——没味道

饺子皮太薄——难免要露馅

脚板上扎刺——存心不让走

脚底板上绑大锣——走到哪里响到哪里

脚底下长疮，头顶冒脓——坏透了

脚底踩擀面杖——站不稳

酒精点火——当然(燃)

酒鬼划拳——输得起

酒渣倒地——一团糟

酒肉朋友——臭味相投

韭菜煎蛋——家常便饭

葵花子里拌盐水——唠闲(捞咸)嗑

筷子顶豆腐——树(竖)不起来

筐里选瓜——越选越差

筷子搭桥——路不宽

快刀砍骨头——干干脆脆

快刀切豆腐——不费劲；两面光；两不沾

快刀斩乱麻——一刀两断

筷子夹骨头——三条光棍

柳树开花——不结果

轮胎上的气门芯——里外受气

烂木头做大梁——不好用

烂泥里打桩子——越打越下

烂泥土下窑——烧不成个东西

烂泥菩萨——全靠金贴

烂肉喂苍蝇——投其所好

烂网打鱼——一无所获

烂鱼开了膛——一付坏心肠

烂膏药贴在好肉上——自找麻烦

锣鼓对着街上敲——叫人听的

木板钉钉——说一句是一句

木匠拉大锯——有来有去

木匠刨木料——有尺寸

木棉开花——朵朵红

木棉开花——红极一时

木偶人——没心肝

木偶打架——身不由己

木偶演悲剧——有声无泪

木偶送礼——小恩小惠

木框里的算盘珠子——任人摆弄

木匠钉钉子——硬往里挤

木偶表演——随着人家的措头转

木偶进棺材——死不瞑目

木偶吊孝——无动于衷

木鱼改梆子——还是挨打的货

木头敲鼓——普(扑)通

木橛钉上墙——大小算个角(橛)儿

棉花耳朵——经不起吹

棉花换核桃——吃硬不吃软

棉花里藏针——柔中有刚

棉花堆失火——没救

棉花堆里找跳蚤——没着落

棉花地里种芝麻——一举两得

棉花耳朵——根子软

麻布袋做龙袍——不是这块料

麻布下水——拧不干

麻绳上安灯泡——搞错了线路

麻绳拴豆腐——提不起

麻绳穿绣花针——通不过

麻袋里装猪——不知黑白

麻袋片上绣花——一代(袋)不如一代(袋)

麻袋绣花——底子不好

麻油煎豆腐——下了大本钱

棉花塞住了鼻子——憋得难受

棉花槌打鼓——没音

棉纱线牵毛驴——不牢靠

棉裤没有腿——凉了半截

棉袄改皮袄——越变越好

麻雀虽小——五脏俱全

麻雀跟着蝙蝠飞——白熬夜
麻绳蘸水——紧上加紧
麻秆打老虎——不痛不痒
米筛挡阳光——遮不住
米筛里睡觉——浑身是眼
米筛装水——漏洞多
脑袋系在裤袋上——不要命
脑袋进了拍卖行——要钱不要命
脑袋上顶锅巴——犯(饭)人
脑袋上刷糨糊——糊涂到顶
后脑勺子长疙瘩——看不见自己的缺点
脑门上长瘤——额外负担
脑门上开口——对天讲话
脑壳上顶门板——好大的牌子
脑壳上穿袜子——不是角(脚)
脑壳上顶娃娃——抬举人
脑壳上安电扇——出风头
南天门上唱戏——没声没影
南天门上种南瓜——难（南）上加难（南）
南天门的旗杆——光棍一条
拳头打跳蚤——吃亏的是自己
拳头上跑马——能人儿
棋盘上的士和象——不离将
棋盘中的子儿——捻一下,动一步
棋盘里的老将——出不了格
沙滩上的鱼——干蹦干跳
沙滩上拣小米——不够工夫钱
沙滩上的黄鳝——寿命不长
沙土井——掏不深
沙漠里踩高跷——不是路
沙漠里撵小偷——跟踪追击
沙子筑坝——一冲便垮
沙瓤西瓜吃到嘴——甜到心上
沙坝上写字——要不得就抹
沙滩上行船——进退两难
沙漠里的水——点滴都可贵
沙滩上走路—— 一步一个脚印
沙滩上盖房——根基不牢
扫帚的脾气——向外不向里
扫帚头上戴帽——不算人
扫把写字——大话(画)
扫把星——败事种
扫把赶客——不留情面
树上的松鼠——上蹿上跳
树上搭梯摘月亮——够不着
树上的乌鸦,圈里的猪——一色货
树倒猢狲散——各奔前程
树倒了——没印(荫)
树林里放风筝——缠住了
树林里耍大刀——拉不开场子
林荫里拉弓——暗箭伤人

树桩上的鸟儿——迟早要飞
树林里砍柴——大刀阔斧
树林里生火——就地取材(柴)
坛子里掷色子——没跑
坛子里点灯——照里不照外
坛子里喂猪——一个一个地来
坛子里养王八——包活不包长
坛子里养兔子——越养越小
坛子里抓辣豆瓣——辣手
坛子里种豆子——扎不下根
坛子里捉乌龟——手到擒来
电线杆当筷子——没法下嘴
电线上的风筝——缠上了
电线杆子剔牙——太粗

美味佳肴

炒了一盘麻雀脑袋——多嘴多舌
炒下水——热心肠
韭菜烧肉——一拌就熟
咸菜煮豆腐——不必多言(盐)

咸菜缸里养白螺——难养活

咸鱼落塘——不知死活

咸肉里加酱油——多此一举

萝卜干炖豆腐——没点血色

萝卜上供——哄神

萝卜掉进腌菜坛——泡着吧

腊月里的萝卜——动(冻)了心

木耳豆腐一锅煮——黑白分明

米饭煮成粥——糊涂

米店卖盐——多管闲(咸)事

米汤盆里洗脸——糊涂脑袋

密封罐头——无缝可钻

密封的饮料——滴水不漏

面团滚芝麻——多少沾(粘)一点

面汤里煮皮球——说你浑蛋还有一肚子气

面汤里煮灯泡——说你浑蛋还有一肚子邪火

泥蒸的馒头——土腥味

南瓜苗掐尖——出岔了

南瓜蔓上结芝麻——越小越香

南瓜叶揩屁股——两面不讨好

南瓜命——越老越甜

南瓜菜就窝头——两受屈

青菜煮豆腐——没什么油水

清蒸鸭子——浑身稀烂嘴巴硬

肉烂在汤里——谁也不吃亏

肉墩了——油透了

肉骨头下锅——肯(啃)定

肉骨头擂大鼓——有点五荤六素

肉锅里煮元宵——浑蛋

热锅里的螃蟹——爪子紧挠

热锅炒辣椒——够戗(呛)

醋泡的蘑菇——坏不了

霜打的黄瓜——皱皱巴巴的

霜打茄子——蔫了

熟透了的瓜——不用摘

新上市的黄瓜——带刺

烧焦了的米饭——凑合着吃

烧饼铺里的耗子——次(吃)货

蒜地捣葱——离不了辣味

蒜头疙瘩戴冷帽——装大头鬼

收了白菜种韭菜——清(青)白传家

水萝卜敲铜锣——节节短

水豆腐进灰堆——无法收拾

屋檐下的大葱——根枯叶烂心不死

温水烩饼子——皮热心凉

温水煮板栗——半生不熟

文火爆牛肉——慢工夫

温汤里煮鳖——不死不活

窝窝头没眼儿——找着挨抠

小葱拌豆腐——一清(青)二白

小米充黄豆——个头就不中

新疆的哈密瓜——甜甜蜜蜜

杏熬窝瓜——一色货

腌萝卜拌黄瓜——都闲(咸)着

有窝头还要馒头——好了还要更好

炸油饼的卖冰棍——冷热结合

粘牙的烧饼——面生

包子未动口——不知啥馅

甘蔗水加蜜糖——甜上加甜

甘蔗地里栽葱——比人家矮一截

火炖蹄髈——慢慢来

口吃青果——先苦后甜

口吃黄连——苦在心头

口吃蜜糖　心里甜

大热天捧着个烂西瓜——想扔又舍不得

大热天吃生姜——好辣

大热天吃炒豆——干脆

大虾炒鸡爪——蜷着腿,弓着腰

大虾掉进油锅里——弄了个大红脸

土豆下山——滚蛋

冬天吃葡萄——寒酸

冬天进了豆腐房——好大的气

冬天做凉粉——不看天时

冬瓜肚里生蛆——心肠坏
冬瓜爬在葫芦上——胡搅蛮缠
冬瓜藤牵牛棚——纠缠不清
白糖拌苦瓜——有苦有甜
白糖拌蜜糖——甜上加甜
芝麻说成绿豆大——谁信
芝麻掉进杏筐里——不显眼
芝麻落在针眼里——巧透
灰堆里烧山药蛋——都是些灰疙瘩
肉包子打狗——有去无回
冰糖煮黄连——同甘共苦
蔫蔫萝卜——辣煞人
箩底的橙子——越挑越差
熟透的桑葚——红得发紫
霜打的荞麦——垂了头
霜打的豆荚——难见天日
糯米团团——黏黏糊糊
蒸笼里的馒头——自高自大
塌了架的黄瓜——没长头了
高山毛栗子——带刺儿
高山大麦——无瓤
臭豆腐——闻着不香吃着香
胭脂萝卜——红皮白心
饺子铺——无日不包
放了多年的腊肉——干巴无味
放了葱的油合子——越嚼越有味
抱在怀里的西瓜——十拿九稳
雨后的春笋——一日三蹿
雨后的蒜薹——全冒出来了
杂烩汤里的豆腐——白搭
山核桃——隔着一格儿
山崖上的野葡萄——一提一大串
慢火煮肉——别性急
辣子一行茄一行——井然有序
辣子拌老姜——辣对辣
葫芦里卖药——不知底细
葫芦里装水——为的是嘴
葫芦里装上糯米饭——进去容易出来难
葫芦架子一齐数——分不清,理不明
葫芦落水——吞吞吐吐
葫芦锯了把儿——没嘴儿
葫芦瓢捞饺子——滴水不漏
葫芦蔓缠上了南瓜藤——难解难分
葱儿苗开花——不见花
葱炒藕——空空洞洞
清水下白菜——一清二白
清水下面条——看你怎么吃
清水烧豆腐——淡而无味
清水里头煮萝卜——淡而无味
麻油拌小菜——人人都喜爱
猪血煮豆腐——黑白分明
莲藕吹风——半通不通
莲藕炒粉条——无孔不入
秦椒就酒—— 一口顶两口
蚕豆开花——黑了心
油炸麻花——干脆;扭来扭去
油条泡在热汤里——浑身软
炝面馒头送闺女——实心实意
包谷面打糨糊——不黏
包谷面包饺子——捏不严
茄子开黄花——变种
茄子上面结苦瓜——杂种
茄子炒胡瓜——不分青红皂白
八月的柿子——越老越红
白菜叶子炒大葱——亲（青）上加亲（青）
白菜熬豆腐——谁也不沾谁的光
白水煮冬瓜——没啥滋味
冰糖作药引——苦中有甜
炒了的虾仁——红透了
大麦芽做饴糖——好料子
大虾米炒鸡爪——抽筋带弯腰
豆腐堆里一块铁——算他(它)最硬
豆腐打地基——根基太软
豆腐垫鞋底——踏就烂

豆腐身子——不禁摔打

豆腐干煎腊肉——有言(盐)在先

豆腐板上下象棋——无路可走

豆腐佬摔担子——倾家荡产

豆腐场里的石磨——道道多

豆腐炒韭菜——一清二白

豆腐渣子上船——不是货

豆芽炒鸡毛——乱七八糟

肥鸡炖汤——油水多

过冬的大葱——叶烂皮干心不死

过了春的大白菜——不吃香了

韭菜炖汤——满锅漂

韭菜命——割不绝

韭菜割头——不死心

韭菜包子——从里往外臭

韭菜炖蛋——冒充(葱)

韭菜下锅——一唠(捞)就熟

空心萝卜——中看不中用

绿皮萝卜——心里美

绿皮南瓜——嫩着哩

馒头里包豆渣——人家不夸自己夸

咸菜煮豆腐——有言(盐)在先

咸菜缸里的石头——一言（盐）难尽(进)

咸鱼下水——活不了

俗语谚语

俗语谚语

经验教训

多个朋友多条路,少个仇人少堵墙。
多一事不如少一事。
疑人不用,用人不疑。
一朝天子一朝臣。
乌云遮不住太阳。
无风不起浪。
无官一身轻。
无巧不成书。
有两下子。
没喝过墨水。
严师出高徒。
桃李满天下。
照方子抓药。
习惯成自然。
牛崽不识虎。
发现新大陆。
打破闷葫芦。
里面有文章。
刨树要寻根。
依葫芦画瓢。
人生地不熟。
解剖麻雀儿。
事无三不成。
废铁炼成钢。
无谎不成媒。
更上一层楼。
鲤鱼跳龙门。
两眼一抹黑。
一艺顶三工。
知进不知退。
不幸而言中。
后脑勺长眼。
慧眼识英雄。
人多出韩信。
事后诸葛亮。
众人是圣人。
喝了迷魂汤。
三砖打不透。
吊肉跌死猫。
记吃不记打。
经验大似学问。
掉在糨糊盆里。
有志不在年高。
多吃几年咸盐。
不知天高地厚。
有眼不识泰山。
远观不如近睹。
一动不如一静。
上一个新台阶。
一步一个台阶。
心记不如笔记。
饿狗不怕木棍。
左撇子改不了。
野马上了笼头。
真理越辩越明。
作福不如避罪。
外明不知里暗。
拜师不如访友。
百思不得其解。
百闻不如一见。
百无一用是书生。
打破沙锅问到底。

不动笔墨不读书。
八十岁学吹鼓手。
好花也得要水浇。
小孩子一般见识。
少吃咸鱼少口干。
栽个跟头抓把泥。
咬人的狗不露齿。
上炕瞒不了锅台。
人过三十不学艺。
乌金更比黄金贵。
瞅准兔子再放枪。
兵家儿早识刀枪。
踩着别人脚印走。
摔了跟头学了乖。
蛇钻窟窿蛇知道。
画鬼容易画人难。
有钱不置半年闲。
一个猴一个拴法。
傻子过年看隔壁。
耗子才知耗子路。
千金难买回头看。
人贵有自知之明。
身在羊群不识羊。
身入宝山不识宝。
神仙下凡问土地。
墨是可以磨浓的。
饶人三分不为痴。
浪子回头金不换。
远说不如样子比。
不受磨难不成佛。
大路不走草成窝。
老天不负苦心人。
有心采花无心戴。
知道锅是铁铸的。
缸里点灯里头亮。
提了头就知道尾。
自家有病自家知。
兔子逃跑不回头。

窗户纸一捅就破。
一碗凉水看到底。
马儿抓鬃牛牵鼻。
正面文章反面看。
捉到强盗连夜解。
好了伤疤忘了疼。
吕端大事不糊涂。
鞭子打的是快牛。
聪明反被聪明误。
牛皮灯笼肚里亮。
粪桶也有两个耳朵。
纸扎的老虎看得穿。
不识字也看看招牌。
染缸里拿不出白布。
记性好不如烂笔头。
葫芦里卖的什么药。
吃别人嚼过的馍不香。
把心肝五脏都掏尽了。
不知道哪块云彩有雨。
看不起的木匠修高楼。
上知天文,下知地理。
看不见自已的后脑勺。
老虎还有打盹的时候。
群众的眼睛是雪亮的。
跑得了猪,跑不了圈。
比棒槌上多两个耳朵。
十八般武艺样样精通。
牛毛细雨,点点入土。
见兔放鹰,遇獐发箭。
万全之策,非一善之长。
太伶俐聪明,怕活不长。
眼不瞎也能算到这一卦。
小鸡吃食还得扒拉扒拉。
骑马一世,驴背上失脚。
杀过三只羊就成了屠夫。
物以稀为贵。
习惯成自然。
淹死会水的,打死犟嘴的。

和气生财。

红花需要绿叶扶持。

先小人，后君子。

明枪易躲，暗箭难防。

后悔药没处买。

江山易改，禀性难移。

家丑不可外扬。

家和万事兴。

家家有本难念的经。

当家才知柴米贵，养儿方知父母恩。

不怕不识货，只怕货比货。

伴君如伴虎。

饱汉子不知饿汉子饥。

不听老人言，吃亏在眼前。

吃饭防噎，走路防跌。

害人之心不可有，防人之心不可无。

法不责众。

成者王侯败者寇。

打是痛，骂是爱。

画龙画虎难画骨，知人知面不知心。

恭敬不如从命。

看菜吃饭，量体裁衣。

好汉不吃眼前亏。

久病成良医。

酒后吐真言。

名师出高徒。

萝卜青菜，各有所爱。

亲兄弟，明算账。

善有善报，恶有恶报；不是不报，时辰未到。

善者不来，来者不善。

妻贤夫祸少。

千金难买老来瘦。

枪打出头鸟。

强龙不压地头蛇。

强扭的瓜不甜。

久病床前无孝子。

一朝被蛇咬，十年怕井绳。

说出去的话，泼出去的水。

清官难断家务事。

情人眼里出西施。

士为知己者死，女为悦己者容。

有借有还，再借不难。

有理走遍天下，无理寸步难行。

自古红颜多薄命。

师父领进门，修行在个人。

时势造英雄。

识时务者为俊杰。

年纪不饶人。

男儿有泪不轻弹。

众人拾柴火焰高。

人非草木，谁能无情。

人非圣贤，孰能无过。

人逢喜事精神爽。

人言可畏。

入乡随俗。

人不可貌相，海水不可斗量。

秀才遇见兵，有理讲不清。

瑞雪兆丰年。

山不转水转。

听话听音，锣鼓听声。

知子莫若父。

重赏之下，必有勇夫。

英雄无用武之地。

有其父必有其子。

冤家路窄。

冤家宜解不宜结。

冤有头，债有主。

远亲不如近邻。

知足常乐，能忍自安。

人善被人欺，马善被人骑。

鼓不打不响，话不说不明。

留得青山在，不怕没柴烧。

苍蝇不叮没缝的蛋。

丑媳妇总得见公婆。

狗改不了吃屎。

不知道马王爷有第三只眼。
人家吃的盐比你吃的米多。
撂猪不撂狗，撂大不撂小。
有牛不会用，有福不会享。
井里蛤蟆没见过多大的天。
要紧的是千万不要回头看。
后长的胡子比先长的眉毛长。
老鼠出洞前，也要掐算掐算。
三个秀才讲书，三个屠夫讲猪。
对着先生讲书，对着屠夫讲猪。
水泡柳，旱白杨，榆树栽到山崖上。

生活哲理

物极必反。
若要人不知，除非己莫为。
言多必失。
有志者事竟成。
现在人栽树，来日树养人。
牙不剔不稀，耳不掏不聋。
人不在大小，马不在高低。
为人不见面，见面去一半。
拿鱼先拿头，刨树要刨根。
没菜莫请客，没粪莫种麦。
人在屋檐下，不得不低头。
人穷怕来客，人富怕来贼。
无云不下雨，无水难行船。
不种今年竹，哪有来年笋。
鼻塞不闻香，眼痛不受光。
有理三扁担，无理扁担三。
只要功夫深，铁杵磨成针。
真金不怕火炼。
身正不怕影子斜。
煮熟的鸭子飞了
一路哭不如一家哭。
快刀不削自己的柄。
来得早不如来得巧。
宰相的家人七品官。
去年的皇历翻不得。
包子有肉不在褶上。
十个指头不一般齐。
偷来的锣鼓打不得。
马尾巴只扇马屁股。
人怕出名猪怕壮。
人无完人，金无足赤。
逆水行舟，不进则退。
山峰不会倒塌，江水不会倒流。
话怕当面对质，事怕追根究底。
莫用竹竿量天，莫用皮尺测海。
好女不在打扮，好马不在加鞭。
好茶不怕细品，好事不怕细论。
云走了天还在，水走了河还在。
茄子不开虚花，君子不说假话。
烂泥糊不成墙，朽木当不了梁。
无针不能引线，无水不能行船。
不要赶鸭上架，不要赶鸡下湖。
兜里装不得针，纸里包不住火。
穷人不攀高亲，落雨不爬高坡。
鸡毛不宜试火，远水难解近渴。
不用霹雳手段，显不出菩萨心肠。
无风不会起尘埃，无故不会起事端。
树大成荫鸟来宿，虚怀若谷人来聚。
没有土打不成墙，没有苗长不出粮。
要吃鲜鱼先结网，要吃白米先插秧。
要想吃鱼勤下水，要想吃米勤下田。
没有不冒烟的火，没有无缺点的人。
望梅止渴渴难止，画饼充饥人更饥。
葫芦无水莫说凉，锅里无饭休说香。
一壶难装两样酒，一树难开两样花。
刀不会永远锋利，人不会永远年轻。
渴时滴水如甘露，药到真方病即除。
太阳虽暖不当衣，画饼虽圆不充饥。
无饵不能钓住鱼，无米不能引来鸡。
壶里没酒难留客，池里无水难养鱼。
入门休问荣枯事，观看容颜便知情。

积善三年人不知，作恶一时传千里。

借衣打扮不好看，讨食充饥没味道。

云彩经不住风吹，朝露经不住日晒。

天上星多月不明，地上人多心不平。

牡丹虽俏难当饭，茅草虽丑能盖房。

好话说尽不充饥，墙上画马不能骑。

没有无刺的玫瑰，没有易学的手艺。

云遮不黑天边月，风吹不落满天星。

有一利必有一弊。

世上无难事，只怕有心人。

胜败乃兵家常事。

自酿苦酒自己喝。

穷人的孩子早当家。

勤能补拙，俭可养廉。

卤水点豆腐，一物降一物。

没有不散的筵席。

没有不透风的墙。

强中自有强中手。

上梁不正下梁歪。

吃人家的嘴软，拿人家的手短。

不管白猫黑猫，抓住老鼠就是好猫。

打狗看主人。

不是东风压倒了西风，就是西风压倒了东风。

车到山前必有路，船到桥头自然直。

耳听是虚，眼见为实。

吃得苦中苦，方为人上人。

聪明反被聪明误。

隔行如隔山。

大河有水小河满。

没有规矩不成方圆。

磨刀不误砍柴工。

前人栽树，后人乘凉。

前事不忘，后事之师。

玩火者必自焚。

花无常开，人无常好。

兵马未动，粮草先行。

机不可失，时不再来。

当局者迷，旁观者清。

饿死事小，失节事大。

甘瓜苦蒂，物不全美。

逆风点火，引火烧身。

不听指点，多绕弯弯。

小时偷针，大时偷金。

苦酒难喝，寡妇难当。

人各有志，物各有主。

人同此心，心同此理。

言之无文，行而不远。

道理不明，怒死旁人。

杀人可恕，情理难容。

没有高山，不显平地。

吃一堑，长一智。

绳锯木断，水滴石穿。

要想过河，要先搭桥。

物有本末，事有终始。

风无常顺，兵无常胜。

海深有底，洋阔有边。

观音菩萨，年年十八。

一日纵敌，万世之患。

千锤打锣，一锤定音。

大事化小，小事化了。

编筐编篓，重在收口。

瓜熟蒂落，水到渠成。

既食君禄，当尽君事。

旧的不去，新的不来。

聪明一世，糊涂一时。

小怨不赦，大怨必生。

器满则溢，人满则丧。

欲得亨通，日日做工。

近朱者赤，近墨者黑。

百日不休，万里易到。

风势不顺，不能张帆。

不怕山高，就怕脚软。

不到西天，取不到真经。

先发制人，后发制于人。

众星朗朗，不如孤月独明。

語言的盛宴

扬汤止沸，不如釜底抽薪。
不怕西天远，就怕日子延。
逢桥须下马，有路莫登舟。
急吃易烫嘴，急行易跌跤。
靠人终是假，跌倒自己爬。
文官动动嘴，武官跑断腿。
捉蛇蛇咬人，摸鳖鳖咬手。
好酒说不酸，酸酒说不甜。
只见鸡喝水，不见鸡撒尿。
无风树不动，要动就有风。
千羊在望，不如一兔在手。
老天爷饿不死瞎眼的雀儿。
湿柴不起火，石人不点头。
羊喂一把草，猪喂一盆食。
兔要吃就跳，猪要吃就叫。
一个槽道拴不下两头叫驴。
鱼儿上不了树，鸡毛飞不上天。
鸡是阳间一道菜，杀了也别怪。
工夫不到事不成，火候不到饭不熟。
人是衣服马是鞍，天时人事两相扶。
水有源头树有根，好坏结果都有因。
守着大河有水喝，守着青山有柴烧。
什么葫芦什么瓢，什么根儿什么苗。
鸡不吃食不下蛋，事不动手不成功。
想吃甜糖要种蔗，想穿绸缎要种桑。
酒虽养性还乱性，水能载舟亦覆舟。
平路也会跌死马，浅水也会淹死人。
蜜蜂不恋凋落花，野兽不入焦土林。
求人须求大丈夫，济人须济急难时。

为人处世

钻牛角尖。
能忍者自安。
心静自然凉。
敢怒不敢言。
十叫九不应。
一问三不知。
嘴上贴封条。
开口见喉咙。
竹筒倒豆子。
报喜不报忧。
猫多不捉鼠。
人嘴快如风。
狮子大开口。
推磨绕圈子。
贵人多忘事。
一碗水端平。
风马牛不相及。
万事不求人。
乱点鸳鸯谱。
上不得台面。
无马狗拉犁。
艺多不压身。
吃软不吃硬。
好肉里挑刺。
亏众不亏一。
门缝里看人。
见人不睁眼。
戏台里喝彩。
装大瓣儿蒜。
得理不饶人。
破罐子破摔。
三天两头歇。
比人矮半截。
让一不让二。
担迟不担错。
对事不对人。
军中无戏言。
拉车不松套。
快刀斩乱麻。
来回踢皮球。
听风就是雨。
务名不务实。
三步并作两步。

跳窝鸡不下蛋。
做官把印丢了。
铁板上钉钉子。
扔到咸菜缸里。
得意不可再往。
夹着尾巴做人。
不分青红皂白。
推倒油瓶不扶。
好男不和女斗。
躺在功劳簿上。
一棵树上吊死。
云端里看厮杀。
死驴不怕狼嘴。
值几个钱一斤。
拿客气当福气。
阴一句阳一句。
看人下菜碟儿。
合穿一条裤子。
当祖宗供起来。
恭敬不如从命。
好花等它自谢。
鸡蛋里挑骨头。
一山比一山高。
稀泥抹不上墙。
吃不了兜着走。
使出浑身解数。
不知者不为罪。
蝗虫吃过了界。
天机不可泄露。
得着风便扯篷。
轻伤不下火线。
求人不如求己。
跟着指挥棒转。
一百个不同意。
糊涂事糊涂了。
如坠五里雾中。
忘到九宵云外。
三字经满天飞。
撂在脖子后头。
骂人不带脏字。
舌头不听使唤。
说一句是一句。
把嘴巴缝起来。
几十年如一日。
吹牛不打草稿。
牛头不对马嘴。
前言不搭后语。
一句话三个谎。
把稻草说成金条。
卷起毛边说光边。
小孩嘴里无假话。
睁着眼睛说瞎话。
神龙见首不见尾。
自己堵自己的嘴。
看见狼,才圈羊。
四季豆油盐不进。
吐口唾沫一个钉。
君子动口不动手。
站着说话不腰疼。
一而再,再而三。
三句话不离本行。
路上行人口似碑。
卖瓜的不说瓜苦。
三天三夜说不完。
鸭子死了嘴还硬。
硬着头皮顶下去。
单刃斧子两面砍。
东扯葫芦西扯瓢。
狗舔磨盘绕圈转。
红口白牙跑舌头。
没油没盐没滋味。
木匠斧子一面砍。
哪个人前不说人。
舌头底下压死人。
嘴上缺个把门的。
抛到东洋大海里。

語言的盛宴

伸手不打笑脸人。
事无不可对人言。
不吃凉粉让开座。
蚂蚱掉腿照样蹦。
一个萝卜一个坑。
打猎的人有鸟吃。
面朝黄土背朝天。
卖什么吆喝什么。
卖油娘子水梳头。
三句话不离本行。
当家三年狗也嫌。
新官上任三把火。
不犯王法不怕官。
一个将军一个令。
买卖不成仁义在。
拿着金碗要饭吃。
寅时吃了卯时粮。
好汉做事好汉当。
虾子也有三道浪。
一个蛤蟆四两力。
有酒胆，无饭力。
英雄不怕出身低。
成大事不记小仇。
拿得起，放得下。
谁的孩子谁抱走。
一人做事一人当。
自己的梦自己圆。
好汉不提当年勇。
关起门来做皇帝。
眼睛长在额头上。
越磕头，越挨踢。
骨头没有四两重。
钱孔看人人自小。
鲁班门前弄大斧。
圣人面前卖字画。
只拉弓，不放箭。
说你胖，你就喘。
大人不记小人过。
好马不吃回头草。
横挑鼻子竖挑眼。
米不够，水来凑。
干一行，爱一行。
胸膛不挺背会驼。
摇头不算点头算。
坐大船，划懒桨。
雷声大，雨点小。
只打雷，不下雨。
又做巫婆又做鬼。
越说脚小越扶墙。
一条道儿跑到黑。
怕跌跤，先躺着。
过一天，算一天。
一身不入是非门。
坐在家里等屋压。
退后一步自然宽。
一分忍耐十分福。
核桃枣子一齐数。
长草短草一把薅。
八辈子也改不了。
给个棒槌认作针。
开弓没有回头箭。
有钱不买张口货。
小车不倒只管推。
眉毛胡子一把抓。
想起一出是一出。
牛事不发马事发。
人不要脸鬼都怕。
拒人于千里之外。
天王老子也不行。
让开大路走两厢。
话到嘴边留半句。
男儿膝下有黄金。
强盗收心好做人。
唯大英雄能本色。
不蒸包子争(蒸)口气。
好儿女志在四方。

狗肚子里一条肠。
知人隐私者不祥。
人凭志气虎凭威。
死猪不怕开水烫。
青蛙要命蛇要饱。
鸡一嘴，鸭一嘴。
人心不足蛇吞象。
鸡蛋里头挑骨头。
王八咬人不撒嘴。
阎王不嫌小鬼瘦。
兔子耳朵南北听。
饿狗离不开茅房。
猪见糠，喜洋洋。
开口猫儿闭口虎。
宰相肚里能撑船。
狗摇尾巴献殷勤。
公众堂屋无人扫。
牛皮饭碗打不烂。
十个便宜九个爱。
鸡蛋过手轻三分。
做了皇帝想成仙。
慈悲面孔蝎子心。
打着红旗反红旗。
兔子急了也咬人。
老牛老马护三家。
毒蛇口中吐莲花。
咬人的狗不露齿。
披着人皮的畜生。
野猫过路留身臊。
一肚子花花肠子。
一窝狐狸不嫌臊。
死要面子活受罪。
一样米养百样人。
猴子跟着人行事。
大树死了也站着。
胆大能有将军做。
泰山压顶不弯腰。
是金子总会放光。
不敢说半个不字。
不敢越雷池一步。
跟人走，变只狗。
胆小落个怕死鬼。
耳朵是棉花做的。
王八脖子缩回去。
鱼见鹭鸶骨头软。
没心没肺直肠子。
皇帝不急太监急。
狗咬尿泡空欢喜。
好花自有人来采。
老子英雄儿好汉。
八匹马拉不回头。
不到黄河心不死。
不见棺材不落泪。
不是好吃的果子。
不是块好捏的糕。
不撞南墙不回头。
老虎屁股摸不得。
面不改色心不跳。
猴子屁股坐不住。
拿着鸡毛当令箭。
懒花猫吃死耗子。
懒驴上磨屎尿多。
操心不怕白了头。
巧者多劳拙者闲。
三更打火五更鸡。
半夜就等公鸡叫。
打架忘了伸拳头。
不为五斗米折腰。
打一巴掌揉三揉。
饿死不吃瞪眼食。
是猴子总要钻圈。
狗戴帽子装好人。
三过家门而不入。
咸吃萝卜淡操心。
鸡食盆里鸭插嘴。
眼如鼠，心如虎。

走煞金刚坐煞佛。
按下葫芦起了瓢。
背着牛头不认账。
一个烂桃坏一筐。
一花引来万花开。
身上有屎狗跟踪。
霸王弓,越拉越硬。
拿土地爷不当神仙。
哭闹的孩子多给糖。
笑掉了大牙没人补。
一百八十度大转弯。
手插鱼篮避不得腥。
自己酿的酒自己喝。
少这盘狗肉也成席。
狗嘴里吐不出象牙。
屋顶上掀瓦要落地。
一锥子扎不出血来。
倒贴三百钱也不干。
从胳肢窝里掏出来的。
有马不骑,有车不坐。
说大话不怕闪了舌头。
若要公道,打个颠倒。
媳妇多了,婆婆做饭。
跟在人家屁股后头转。
左耳朵进,右耳朵出。
船不到岸,决不松桨。
自己捧起菩萨自己拜。
踩着别人肩膀往上爬。
一时猫脸,一时狗脸。
一只病鸡带坏一笼。
盆儿罐儿都有耳朵。
喘气的工夫都没有。
汗珠子落地摔八瓣。
猛火烤不出好烧饼。
心急吃不了热豆腐。
牛嘴里的草扯不出。
走三家不如坐一家。
癞蛤蟆想吃天鹅肉。
狗肉包子上不得席。
粪堆上长出灵芝草。
一根汗毛都不肯拔。
好姑娘不愁没婆家。
急惊风遇见慢郎中。
受得富贵耐得贫贱。
不知道怕字怎么写。
小卒子过河不回头。
油锅里的钱都敢抓。
君子不夺人之所好。
良心长在胳肢窝里。
一把年纪活到狗身上。
公字里头有半个私字。
黑眼珠见不得白银子。
树叶落下来怕打破头。
不齿于人类的狗屎堆。
三棍子打不出个屁来。
在背后用手指头戳打。
披着马列主义的外衣。
是个明星,当不得月。
大树一倒,猢狲乱跑。
嘴甜如蜜,心毒似蛇。
一园瓜,就一个熟的。
吃饭像猪,生气像虎。
当一天和尚撞一天钟。
有添柴的,有撤火的。
胳膊断了往袖子里藏。
文不能文,武不能武。
嘴上无毛,办事不牢。
自己看卷子,自己中状元。
活蛇没人打,死蛇有人拿。
你立你的功,我撞我的钟。
死牛有人宰,活牛无人牵。
虎前不磕头,虎后才作揖。
一匹马不走,十匹马等着。
逼债像只虎,借债像只鼠。
打牛千鞭,不舍粟米一粒。
人只有闲坏的没有干坏的。

鸡梦见小米，猫梦见老鼠。

三军可夺帅，匹夫不可夺志。

自己打嘴巴，给别人听响儿。

带着花岗岩的脑袋去见上帝。

刚放下打狗棍，就骂讨饭的。

学好千日不足，学歹一日有余。

拍马不嫌粪臭，添肥不嫌油腻。

又想南京买马，又想北京买车。

软的怕硬的，硬的怕不要命的。

见兔子就放枪，见老虎就烧香。

前门不进尼姑，后门不进和尚。

大开庙门不烧香，事到临头许猪羊。

一辈子不剃头，也不过是个连毛僧。

遇着绵羊是好汉，遇着好汉是绵羊。

听说鸡卖好价钱，连夜磨得鸭嘴尖。

藏在水底下的龙，躲在云后面的风。

嗑瓜子嗑出个臭虫来，什么仁儿都有。

好起来是观音菩萨，不好起来是牛头夜叉。

自己是一朵花，别人是豆腐渣。

光说过五关斩六将，不说走麦城。

言之有物，言之有理，言之有度。

八点上班九点到，九点半再睡一觉。

一杯茶，一根烟，一张报纸看半天。

前怕狼，后畏虎，睡在被窝怕老鼠。

软的欺，硬的怕，见了老虎就跪下。

买老马，置破鞍，凑合一天是一天。

叫你捉鸡偏捉鹅，叫你上坡偏下河。

百姓面前是狮子，长官面前是哈巴狗。

不打勤的，不打懒的，就打不长眼的。

老鸹落在猪背上，看见猪黑看不见自己黑。

社会百态

钱迷住了心窍。

贪便宜买老牛。

狗肉不上正席。

一个雷天下响。

吃烙饼嫌牙疼。

叉手不离方寸。

吃虱子留后腿。

刀子嘴豆腐心。

没事人一大堆。

吃饱了混天黑。

对着镜子作揖。

春风不入驴耳。

门后边耍大刀。

守着一板三眼。

太岁头上动土。

打肿脸充胖子。

害死人看出殡。

披着羊皮的狼。

吃人不吐骨头。

君子成人之美。

钱穿在肋骨上。

忠孝不能两全。

铁怕落炉，人怕落套。

打虎不成，反被虎伤。

刀不离手，弓不离身。

吃饭防噎，走路防跌。

水泼不进，针插不入。

来者不善，善者不来。

关门养虎，虎大伤人。

打蛇不死，后患无穷。

失之毫厘，谬以千里。

防在前头，少吃苦头。

兼听则明，偏听则暗。

前车之覆，后车之鉴。

大处着眼，小处着手。

不可不信，不可全信。

眼观六路，耳听八方。

当局者迷，旁观者清。

三步一岗，五步一哨。

事不三思，终有后悔。

眼大漏神，刷锅漏盆。
一手交钱，一手交货。
外盗易阻，家贼难防。
虎不离山，兵不离阵。
慎之于始，则无败事。
蝼孔崩城，蚁穴溃堤。
战而无备，必有大患。
凡预则立，不预则废。
常备不懈，有备无患。
兵贵神速，人贵思索。
知己知彼，百战不殆。
哀兵必胜，骄兵必败。
得荣思辱，居安思危。
施人勿念，受施勿忘。
处世为人，信义为本。
一言既出，驷马难追。
行善在心，办事在慎。
人靠心好，树靠根牢。
精诚所至，金石为开。
慈不掌兵，义不掌财。
入乡问俗，入门问讳。
莫憎人富，莫厌人穷。
宁可做过，不可错过。
四面点火，八方冒烟。
打人一拳，防人一脚。
有冤报冤，有仇报仇。
三天打鱼，两天晒网。
睁一只眼，闭一只眼。
桑木扁担，宁折不弯。
人无刚骨，安身不牢。
一头放水，一头放火。
贪得小利，失了大节。
官前少跑，马后少绕。
无私者公，无我者明。
要求太平，处事公平。
宁为玉碎，不为瓦全。
得民者昌，失民者亡。
横草不动，竖草不拿。
无功受禄，寝食不安。
寸心不昧，万法皆明。
礼下与人，必有所求。
爱民以德，齐民以礼。
得不足喜，失不足忧。
见怪不怪，其怪自败。
见强不怕，遇弱不欺。
宁吃明亏，不上暗当。
金不怕火，钢不怕锤。
不磨不炼，不成好汉。
不是鱼死，就是网破。
逢恶不怕，逢善不欺。
帮人帮到底，送佛送到西。
打人不打脸，吃饭不夺碗。
行路常开口，天下随便走。
斗米买枚针，试试你个心。
吃亏不算傻，让人不算歹。
礼多人不怪，话多人不爱。
欺硬不欺软，怕理不怕刀。
若要人敬我，我必先敬人。
口是伤人斧，舌是割肉刀。
你敬我一尺，我敬你一丈。
和事不丧理，让人不为低。
以诚感人者，人亦诚而应。
在家不理人，在外无人理。
虎死不改形，狼死不改性。
宁可千日备，不可一日松。
人无害虎心，虎有伤人意。
枪不可离身，马不能离鞍。
事前没计划，临时没办法。
前门拒了虎，后门可进狼。
下错一着棋，满盘皆是输。
盲人骑瞎马，夜半临深池。
不打落水狗，提防咬一口。
隔墙须有耳，窗外岂无人。
一次说了谎，到老人不信。
瓜田不纳履，李下不整冠。
谨防怒时性，慢发喜中言。

一日动干戈，十年不太平。
宁伤十君子，别伤一小人。
小事须细心，大事要谨慎。
出门看天色，进门看脸色。
不信直中直，须防仁不仁。
刀伤药虽好，不破手为高。
不怕贼来偷，只怕贼惦记。
宁走十步远，不走一步险。
打不掉蜂窝，反被咬了手。
一朝被蛇咬，十年怕井绳。
住在狼窝边，小心不为过。
常在河边走，哪有不湿鞋。
患生于所忽，祸发于细微。
平地跌死马，浅水淹死人。
宁让亲人嗔，不让敌人亲。
不怕人欺负，就怕不丈夫。
知理不骂人，骂人不知理。
道高龙虎伏，德重鬼神钦。
宁当饿死鬼，不吃瞪眼食。
落在鬼手里，不怕见阎王。
败子若收心，犹如鬼变人。
冻死迎风站，饿死不弯腰。
宁可站着死，不愿跪着生。
撑死胆大的，饿死胆小的。
宁叫人打死，不叫人吓死。
立着也是死，跪着也是死。
心去意难留，留着结冤仇。
性急嫌路远，心闲路自平。
休争三寸气，白了少年头。
修身如执玉，积德如遗金。
家贫出孝子，国乱显忠臣。
贪是诸恶源，诚是万善本。
贪得一时嘴，受了一身累。
是病不背医，是官不违民。
慷慨捐生易，从容就死难。
说话要诚实，办事要公道。
两脚站得牢，不怕大风摇。
君子坦荡荡，小人长戚戚。
士气不可辱，民意不可侮。
休别有鱼处，莫恋浅滩头。
行为不正经，舌头短三分。
官以民为本，民以食为天。
守法朝朝乐，违法日日愁。
常怀克己心，谨守法度门。
以小人之心，度君子之腹。
今天栽下树，明天要果子。
不怕闹得欢，就怕拉清单。
庙小妖风大，池浅王八多。
骗子有屏风，屠夫有帮手。
强盗满街走，无赃不定罪。
相打无好手，相骂无好口。
明知不是伴，事急且相随。
长他人志气，灭自己威风。
量小非君子，无毒不丈夫。
任凭风浪起，稳坐钓鱼台。
小事不愿管，大事管不了。
兰生幽谷，不以无人而不芳。
伸头是一刀，缩头也是一刀。
不以一言举人，不以一言废人。
聪者听于无声，明者见于无形。
老虎吃人易躲，人要吃人难防。
心急等不得人，性急钓不得鱼。
运筹帷幄之中，决胜千里之外。
过河要知渡口，捕鱼要知鱼情。
小心天下去得，鲁莽寸步难行。
小心百事可做，大意万事吃亏。
忽视卫生得病，忽视敌人丧命。
狼走千里吃人，狗走千里吃屎。
戏法人人会变，各有巧妙不同。
胆大骑龙骑虎，胆小骑猫屁股。
好汉死在战场，懒汉死在炕上。
鱼儿不怕深水，勇士不怕顽敌。
山鹰不怕强豹，猎人不怕猛虎。
敢在虎背备鞍，敢用绳子套豹。
宁可上前一尺，不可退后一寸。
德胜才为君子，才胜德为小人。

以其人之道，还治其人之身。
头雁顶不住风，群雁翅膀松。
忍得一时之气，免得百日之忧。
宁撞金钟一下，不打铙钹三千。
心正不怕人说，脚稳不怕路滑。
下不得无情手，解不得眼前危。
良臣择主而事，良禽择木而栖。
拳头上立得人，胳膊上走得马。
明人不用多言，好马只须扬鞭。
宁吃鲜桃一口，不吃烂杏一筐。
不怕夜猫子叫，就怕夜猫子笑。
廉者常乐无求，贪者虚度不足。
温柔天下去得，刚强寸步难行。
君子当权积福，小人仗势欺人。
不贪意外之财，勿饮过量之酒。
有理走遍天下，无理寸步难行。
一马不备双鞍，忠臣不事二主。
致富不忘勤俭，为官切记廉洁。
宁求死以成仁，毋求生以害义。
刀对刀，枪对枪，针尖对麦芒。
进了庙门会烧香，见了婆婆会叫娘。
但将冷眼观螃蟹，看你横行到几时。
多栽花，少栽刺，留着人情好办事。
富贵者送人以财，仁人者送人以言。
做事必须踏实地，为人切莫务虚名。
蛤蟆蜗牛屎壳郎，各人觉得各人强。
今生已受前生福，再结来生不了缘。
举手不打无娘子，开口不骂赔礼人。
两利相权取其重，两害相权取其轻。
见人先说三句话，不可抛尽一片心。
先天下之忧而忧，后天下之乐而乐。
过桥莫丢手中棍，过路莫忘修路人。
凉风吹得身心爽，恶语伤人伤难愈。
恩不可忘得太净，仇不可记得太深。
有酒大家喝才香，有话当面说才亲。
不要看脚怎么样，要看走路正不正。
货有高低三等价，客无远近一般春。
有仇不报非君子，忘恩负义是小人。
猛虎不在堂边卧，困龙也有上天时。
廉官不酌贪泉水，志士不受嗟来食。
要为众人做好事，莫为金钱误此身。
吃蜜不忘黄连苦，富时别忘穷时难。
在家莫做贪酒人，出外莫做贪财人。
有钱须念无钱苦，得意还防失意时。
百心不能得一人，一心可以得百人。
要想不做谄媚人，先要去掉贪婪心。
和气好比修条路，伤人等于筑堵墙。
麦场要修在高处，胸怀要放得宽广。
脚不要踏两只船，心不要向着两面。
一人不说两人话，人前不讨两面光。
老鹰不抓树下鸡，好男不恋邻里妻。
有话不在肚里藏，有智要在脑里装。
心正意诚思虑除，顺理修身去烦恼。
需求无愧于天地，要留好样与儿孙。
鞋小了脚要受苦，心窄了人要受罪。
准备玉龙擒彩凤，安排金锁困蛟龙。
大虫口中夺脆骨，骊龙颔下取明珠。
大风吹倒梧桐树，哪怕旁人说短长。
敌人本性若能改，箩筐也能扣住海。
夜夜防贼不受害，天天防虫不受灾。
家里篱笆打得紧，外头野狗钻不进。
洪水未到先筑坝，豺狼未来先磨刀。
路逢侠客须呈剑，不是才人莫献诗。
会钓鱼的看水流，会打猎的选地形。
不卷裤角不过河，不摸底细不开腔。
不怕虎狼当面坐，只怕人前两面刀。
不怕虎生三只眼，只怕人有麻痹心。
不怕明处枪和棍，只怕阴阳两面刀。
不怕头子打得恶，就怕东家来一脚。
大国有征伐之兵，小国有预备之固。
胆欲大而心欲细，志欲圆而行欲方。
船到江心牢把棹，箭安弦上慢张弓。
不要见风就是雨，大事小事自做主。
打仗先要摸敌情，伏虎先要知虎性。
分明指出平川路，莫把忠言当恶言。
花枝叶下犹藏刺，人心怎保不怀毒。

酒杯虽小淹死人，筷子不粗打断腰。

人见利而不见害，鱼见食而不见钩。

营生道路有千余，若无算计也徒劳。

走平地，防摔跤；顺水船，防暗礁。

不怕虎生三只眼，只怕人怀两样心。

一失足成千古恨，再回头是百年身。

千言能惹塌天祸，话不三思休启口。

你走你的阳关道，我过我的独木桥。

小雨下久会成灾，防微杜渐祸不来。

小洞能沉万吨船，小隙能透刺骨风。

胆小没得将军做，怕死不得做王侯。

敢把老虎当马骑，敢把豺狼当狗牵。

君不正不能正臣，己不正不能正人。

严霜单打独根草，大水尽淹独木桥。

黄金丢失易找回，名誉丧失难挽回。

树大招风风撼树，人图虚名名丧人。

靠亲戚，望知己，不如自己立志气。

君子宁可杀身成仁，不为求生而害人。

伐倒的檀香不记怨，反把馨香留斧头。

吃饭时别看他人嘴，走路时别看他人腿。

孔雀是森林的装饰，客人是家中的宝贝。

老吾老以及人之老，幼吾幼以及人之幼。

大将军用谋不在勇，贤臣折节不轻骄。

把敌人引进厅堂，等于把毒蛇放在胸膛。

数字描述

一不做，二不休。

一失足成千古恨。

一动不如一静。

一物降一物。

一波未平，一波又起。

一蟹不如一蟹。

一着不慎，满盘皆输。

一棍子打死。

一个鼻孔出气。

一方水土养一方人。

一服毒药，一服解药。

一缸酿不出两样酒，一树开不出两样花。

一个钉子一个眼，一个萝卜一个坑。

一行服一行，糯米服砂糖。

一棵树的果子有酸甜，十个指头有长短。

一口吃不成胖子。

一脉不和，周身不适。

一千个嘴把势，不如一个真把势。

一锹挖不成井，一笔画不成龙。

一窍通，百窍通。

一日春风吹不尽三冬严寒。

一身做不得两件事，一时丢不得两条心。

一石激起千层浪。

一时难治百样病，一日难结三尺冰。

一手捉不住两条鱼，一眼看不清两行字。

一熟三分巧。

一条泥鳅掀不起大浪。

一为万之本，万事由一起。

一叶落而知天下秋。

一叶障目，不见泰山。

一朝天子一朝臣。

一夫当关，万夫莫开。

一个槽里拴不住俩叫驴。

一个好舵手，能使八面风。

一将功成万骨枯。

一人得道，鸡犬升天。

一山不容二虎。

一荣俱荣，一损俱损。

一窝老鼠不嫌灰。

一言兴邦，一言丧邦。

一个猪娃不吃糠，两个猪娃吃得香。

一招鲜，吃遍天。

一家人不说两家话。

一日之计在于晨，一年之计在于春。

一丝一粟，来之不易。

一夜不宿，十夜不足。

一天省一把，十天买匹马。

一寸光阴一寸金，寸金难买寸光阴。

一瓶水不满，半瓶水晃荡。

一巧胜百力。

一人做事一人当。

一是误，二是故。

一日读书一日功，一日不读十日空。

一时劝人以口，百世劝人以书。

一棒一条痕，一掴一掌印。

一步跟不上，步步都紧张。

一步一个脚印。

一步走错，步步走错。

一斗米养个恩人，一石米养个仇人。

一个巴掌拍不响。

一个将军一个令，一个和尚一套经。

一个篱笆三个桩，一个好汉三个帮。

一个巧鞋匠，没有好鞋样；两个巧鞋匠，大家有商量。

一个人浑身是铁也打不了几颗钉。

一根稻草抛不过墙，一根木头竖不起梁。

一家盖不起龙王庙，万人造起洛阳桥。

一句话，百步音。

一客不烦二主。

一人摊重，十人摊轻。

一文钱难倒英雄汉。

一心不能二用。

一样的米面，各人的手段。

一争两丑，一让两有。

一山有四季，十里不同天。

一木不成林，一花不成春。

一个香炉一个磬，一个活人一个性。

一手遮不了天

一分行情一分货。

一人做事一人当。

一人之下，万人之上。

一手交钱，一手交货。

一问三不知。

一传十，十传百。

一回生，二回熟。

一个和尚挑水吃，两个和尚抬水吃，三个和尚没水吃。

一个鼻孔出气。

一只碗不响，两只碗叮当。

一家人不说两家话。

一人不敌二人智。

一儿一女一枝花。

一口吞了二十五只老鼠，百爪挠心。

一个人吃饱全家不饿。

一个人挡不住老虎，五个人能打死老虎。

一个天上，一个地下。

一个牛头向东，一个马面向西。

一个冬瓜不上粉，两个冬瓜不挂霜。

一个老鼠坏了一锅汤。

一个庙里的和尚。

一个是半斤，一个就是八两。

一个婆姨一面锣，两个婆姨一台戏。

一个锅里搅马勺。

一个富贵心，两只体面眼。

一个模子铸的。

一个霹雷天下响。

一女不吃两家茶。

一子受皇恩，全家食天禄。

一艺顶三工。

一支竹竿打翻一船人。

一支针没有两头利。

一不沾亲，二不带故。

一犬吠形，百犬吠声。

一日不见，如隔三秋。

一日为师,终身为父。

一日叫娘,终身是母。

一日纵敌,万世之患。

一日卖得三个假,三日卖不得一个真。

一日官司十日打。

一日相思十二时。

一手托两家。

一分钱一分货。

一分醉酒,十分醉德。

一本通书看到老。

一打三分低。

一只耳朵进,一只耳朵出。

一生一死,乃见交情。

一鸟入林,百鸟压音。

一头撞到南墙。

一岁主,百岁奴。

一年土,二年洋,三年不认爹和娘。

一年长工,二年家公,三年太公。

一价不成两物在。

一朵鲜花插在牛粪上。

一问三不知。

一字入公门,九牛拔不出。

一字值千金。

一块石头落了地。

一把钥匙开一把锁。

一把鼻涕一把眼泪。

一报还一报。

一步一个脚印儿。

一步近,两步远。

一步挪不了四指。

一时比不得一时。

一时猫脸,一时狗脸。

一身伴影,四海无家。

一佛出世,二佛升天。

一条胡同走到底。

一条绳上拴着的蚂蚱,飞不了你也跑不了它。

一饮一啄,莫非前定。

一言抄百语。

一言惊醒梦中人。

一亩园,十亩田。

一床被不盖两样的人。

一担河泥一担金,一担垃圾一担银。

一国不容二主。

一季种谷,三季收金。

一命二运三风水。

一念吃白斋,九牛拉不转。

一夜夫妻百日恩。

一法通,百法通。

一是一,二是二。

一竿子插到底。

一子下地,万子归仓。

一举手,一投足。

一样东西百样做。

一根汗毛都不肯拔。

一根肠子通到底。

一根藤上结的瓜。

一顿不饱十顿饥。

一笔写不出俩主儿来。

一笔写不出俩江字来。

一家犯法,十家连坐。

一家有事,四邻不安。

一家饱暖千家怨。

一畦萝卜一畦菜,自己养的自己爱。

一朝权在手,便把令来行。

一棵树上吊死。

一碗水端平。

一锥子扎不出血。

一鞭一条痕。

二十五里骂知县。

二虎相争,必有一伤。

二一添作五。

不管三七二十一。

三下五除二。

不怕一万,就怕万一。

东一榔头,西一棒槌。

冬练三九，夏练三伏。

此地无银三百两。

台上一分钟，台下十年功。

牵一发而动全身。

新官上任三把火。

活到老，学到老。

千里相送，终有一别。

闻君一席话，胜读十年书。

三百六十行，行行出状元。

三寸不烂之舌。

三句话不离本行。

三十年河东，三十年河西。

三天打鱼，两天晒网。

三个蛮人抬不过一个“理”字。

三军可夺帅，匹夫不可夺志。

三思有益，一忍为高。

三分靠教，七分靠学。

三人行，必有我师。

三寸舌能害七尺身。

三年识马性，五年懂人心。

三人误大事，六耳不通谋。

三人一条心，黄土变成金。

三年易考文武举，十年难考田秀才。

三分吃药，七分调养。

三一三十一。

三十六计，走为上策。

三十亩地一头牛，妻儿团圆热炕头。

三九天掉进冰窟窿。

三个一群，两个一伙。

三个饱，一个倒。

三个鼻窟窿眼儿，多出这口气。

三天不打，就要上房揭瓦。

三天两头揭不开锅。

三日不弹，手生荆棘。

三日肩膀，两日腿。

三斤半鸭子二斤半嘴。

三分匠人，七分主人。

三分相貌，七分打扮。

三分像人，七分像鬼。

三月里的桃花，红不了多久。

三岁看大，七岁看老。

三年不上门，当亲也不亲。

三年清知府，十万雪花银。

三伏天刮西北风。

三伏天，猴儿脸。

三军易得，一将难求。

三更不改名，四更不改姓。

三更灯火五更鸡。

三步并做两步。

三条腿的蛤蟆不好找，两条腿的人到处都是。

三姑六婆，嫌少争多。

三春不赶一秋忙。

三砖打不透。

三钱银子买个老驴，自夸骑得。

三拳不及四手，四手不及人众。

三教原来是一家。

三棍子打不出个屁来。

三魂飘荡，七魄飞扬。

六月里下雪。

六神不定，非灾即病。

六十年的运气轮流转。

七十二行，庄稼为强。

七十三，八十四，阎王不叫自己去。

七九河开，八九雁来。

七老八十。

七岁八岁讨狗嫌。

七年男女不同席。

八九不离十。

八个金刚抬不动个“礼”字。

八字没有一撇。

八抬大轿也抬不动。

八辈子也改不了。

十目所视，十手所指。

十年树木，百年树人。

十步之内，必有芳草。

十鸟在树，不如一鸟在手。
十事半通，不如一事精通。
十年寒窗无人问，一举成名天下知。
十年磨一戏，一戏磨十年。
十个指头不一般齐。
十个指头连着心，提起葫芦也动根。
十七的养了十八的。
十八匹马也拉不回头。
十八般武艺样样精通。
十万八千里。
十个人十样性。
十个猪爪，有九个往里弯。
十五个吊桶打水，七上八下。
十日滩头坐，一日行九滩。
十有八九。
十年的旧棉袄，里子面子都不好。
十年难逢金满斗。
十法九例，无例不成法。
十指连心，个个都疼。
十室之邑，必有忠信。
十病九痛。
百不为多，一不为少。
百闻不如一见，百看不如一干。
百尺竿头，更进一步。
百川归海海不盈。
百人百味，众口难调。
百密未免一疏。
百样通，不如一艺精。
千里之行，始于足下。
千日行善不足，一日作恶有余。
千羊在望，不如一兔在手。
千金易得，知音难求。
千里送鹅毛，礼轻情意重。
千人所指，无病也死。
千阵万阵，不如头阵。
千招要会，一招要好。
千里姻缘一线牵。
千人一腔，千人一面。
千人吃药，靠着一人还钱。
千日吃了千升米。
千斤白，四两唱，说比唱难。
千死万死，左右一死。
千年田土八百翁。
千里之堤，溃于蚁穴。
千里投名，万里投主。
千里凉棚一朝拆，百年大事过眼烟。
千里搭长棚，没有不散的筵席。
千金之裘，非一狐之力。
千金难买一口气。
千金难买一句话。
千金难买亡人笔。
千金难买美人笑。
千金难买意相投。
千虚不如一实。
千锤打锣，一锤定音。
千锤成利器，百炼变纯钢。

成语俗语

欲加之罪，何患无辞。
有功必赏，有罪必罚。
用人不疑，疑人不用。
钉是钉，铆是铆。
三折肱为良医。
工欲善其事，必先利其器。
万事俱备，只欠东风。
万变不离其宗。
上天无路，入地无门。
上不着天，下不着地。
山雨欲来风满楼。
己所不欲，勿施于人。
小不忍则乱大谋。
井水不犯河水。
天下乌鸦一般黑。
天有不测风云，人有旦夕祸福。

无风不起浪。
无可无不可。
无事不登三宝殿。
五十步笑百步。
不以一眚掩大德。
不经一事，不长一智。
不越雷池一步。
不能赞一辞。
不登大雅之堂。
不塞不流，不止不行。
日月经天，江河行地。
牛头不对马嘴。
月晕而风，础润而雨。
勿谓言之不预也。
风马牛不相。
文武之道，一张一弛。
心有余而力不足。
心有灵犀一点通。
以小人之心度君子之腹。
以其昏昏，使人昭昭。
可望而不可即。
平地一声雷。
打肿脸充胖子。
东风压倒西风。
只见树木，不见森林。
四体不勤，五谷不分。
失之东隅，收之桑榆。
头痛医头，脚痛医脚。
宁为玉碎，不为瓦全。
宁为鸡口，不为牛后。
司马昭之心，路人皆知。
皮之不存，毛将焉附。
有过之而无不及。
有眼不识泰山。
百尺竿头，更进一步。
百足之虫，死而不僵。
成也萧何，败也萧何。
毕其功于一役。
过五关，斩六将。
过屠门而大嚼。
此地无银三百两。
当面锣，对面鼓。
岁寒知松柏。
先下手为强。
行百里者半九十。
杀鸡焉用牛刀。
庆父不死，鲁难未已。
闭上眼睛捉麻雀。
迅雷不及掩耳。
如入无人之境。
如堕五里雾中。
来而不往非礼也。
来者不善，善者不来。
吹皱一池春水。
言者谆谆，听者藐藐。
弃之如敝屣。
快刀斩乱麻。
初生牛犊不畏虎。
拉大旗，作虎皮。
呼之即来，挥之即去。
鸣鼓而攻之。
依样画葫芦。
放下屠刀，立地成佛。
树欲静而风不止。
牵一发而动全身。
是可忍，孰不可忍。
冒天下之大不韪。
独木不成林。
将欲取之，必先与之。
前事不忘，后事之师。
既来之，则安之。
换汤不换药。
病急乱投医。
盛名之下，其实难副。
魔高一尺，道高一丈。
惺惺惜惺惺。

惶惶不可终日。

蓬生麻中，不扶而直。

置之死地而后生。

解铃还须系铃人。

疑心生暗鬼。

螳螂捕蝉，黄雀在后。

覆巢无完卵。

醉翁之意不在酒。

嘤其鸣也，求其友声。

群起而攻之。

窥测方向，以求一逞。

智养千口，力养一人。

智者千虑，必有一失。

主将无谋，累死三军。

养兵千日，用兵一时。

扬汤止沸，不如釜底抽薪。

言者无心，听者有意。

学而不厌，诲人不倦。

物以类聚，人以群分。

万事俱备，只欠东风。

投之以桃，报之以李。

赏罚不明，百事不成。

日中则移，月满则亏。

人非草木，孰能无情。

人中吕布，马中赤兔。

人贵思索，兵贵神速。

热极生风，穷极思变。

穷当益坚，老当益壮。

穷莫失志，富莫癫狂。

勤能补拙，俭可养廉。

前事不忘，后事之师。

棋逢对手，将遇良才。

棋高一着，全盘皆活。

砌墙千朝，拆屋一日。

谋事在人，成事在天。

路见不平，拔刀相助。

流水不腐，户枢不蠹。

近朱者赤，近墨者黑。

金玉其外，败絮其中。

金无足赤，人无完人。

气象谚语

天有铁砧云，地下雨淋淋。

直雷雨小，横雷雨大。

南闪四边打，北闪有雨来。

月亮撑红伞有大雨，月亮撑蓝伞多风去。

天上钩钩云，地上雨淋淋。

天有城堡云，地上雷雨临。

天上扫帚云，三天雨将临。

早晨棉絮云，午后必雨淋。

早晨东云长，有雨不过晌。

久雨刮南风，天气将转晴。

云绞云，雨淋淋。

朝起红霞晚落雨，晚起红霞晒死鱼。

日落射脚，三天内雨落。

西北天开锁，午后见太阳。

星光含水，雨将临。

久晴天射线，不久有雨见。

对时雨，连几天。

朝有棉絮云，下午雷雨鸣。

风静又闷热，雷雨必强烈。

燕子低飞天将雨。

燕子窝垫草多雨水多。

四季东风下，只怕东风刮不大。

春东夏西秋不论。

春起东风雨绵绵，夏起东风并断泉。

秋起东风秋不论，冬起东风雪边天。

东风下雨东风晴，再刮东风就不灵。

南风刮到底，北风来还礼。

东风急，雨打壁。

南风腰中硬，北风头上尖。

早刮东风不雨，涝刮西风不晴。

雨后西南风，三天不落空。

五月南风下大雨，六月南风井底干。

西风随日落止，不止刮倒树。

西北风开天锁。

西南转西北，还得半个月。

南风不过三，过三不雨就阴天。

早起浮云走，中午晒死狗。

早怕南云漫，晚怕北云翻。

早看东南，晚看西北。

云从东南涨，有雨不过晌。

日出红云升，劝君莫远行；日落红云升，来日是晴天。

日落云里走，地雨半夜后。

乌云接日高，有雨在明朝；乌云接日低，有雨在夜里。

乌龙打坝，不阴就下。

风乱转，不用算。

东风湿，西风干，北风寒，南风暖。

顶风上云，不雨就阴。

云在南，河水满。

天上棉絮云，地上有雨淋。

西北黄云现，冰雹到跟前。

屏山出云，不用问神。

晚上西北暗，有雨还有闪。

晚若西北明，来日天气晴。

西北来云无好货，不是风灾就下雹。

黑云是风头，白云是雨兆。

群雁南飞天将冷，群雁北飞天将暖。

南风怕日落，北风怕天明。

无风起横浪，三天台风降。

大风怕日落，久雨起风晴。

东风不过晌，过晌嗡嗡响。

雨后东风大，来日雨还下。

雹来顺风走，顶风就扭头。

春天刮风多，秋天下雨多。

天空灰布悬，大雨必连绵。

蚂蚁搬家天将雨。

大榕树冬不落叶兆春寒。

猪衔草寒潮到。

狗泡水天将雨。

鸡晒翅天将雨。

蜜蜂迟归，雨来风吹。

喜鹊搭窝高，当年雨水涝。

久雨闻鸟鸣，不久即转晴。

海雀向上飞，有风不等黑。

天上豆荚云，不久雨将临。

老云结了驾，不阴也要下。

云吃雾有雨，雾吃云好天。

云吃火有雨，火吃云晴天。

乌云接日头，半夜雨不愁。

有雨天边亮，无雨顶上光。

日落胭脂红，无雨便是风。

日落黄澄澄，明日刮大风。

日出太阳黄，午后风必狂。

蚯蚓封洞有大雨。

日暖夜寒，东海也干。

缸穿裙，大雨淋；盐出水，铁出汗，雨水不少见。

星星眨眼，下雨不远；星星闪烁，风力变强。

雷打惊蛰前，四十九日不见天。

十雾九晴天。

早雾晴，晚雾阴。

朝霞雨，晚霞晴。

好中秋，好晚稻。

东虹日出，西虹雨；晨虹有雨，晚虹晴。

初一落，初二散；初三落，到月半。

将下雨：春看海口，冬看山头。

春雾曝死鬼，夏雾做大水。

早晨地罩雾，尽管洗衣裤。

木棉树开花，雨季要提前。

未吃五月节粽，破裘不敢放。

晚上看见月亮、星星，明天会是大太阳。

雨蛙呱呱叫，下雨必来到。

行云方向相反、云层厚，要下雨。

早晨天发红，海上警渔翁。

南风多雾露，北风多寒霜。

夜夜刮大风，雨雪不相逢。

南风若过三，不下就阴天。

风头一个帆，雨后变晴天。

晌午不止风，刮到点上灯。

无风现长浪，不久风必狂。

鸟往船上落，雨天要经过。

喜鹊枝头叫，出门晴天报。

蟋蟀上房叫，庄稼挨水泡。

蚊子咬得怪，天气要变坏。

蜻蜓千百绕，不日雨来到。

蚯蚓路上爬，雨水乱如麻。

明天有雨落，今晚蚊子恶。

蚂蚁成群爬上墙，雨水淋湿大屋梁。

黄昏天发红，渔翁笑声隆。

天上鱼鳞斑，地上晒谷不用翻。

蜘蛛张了网，必定大太阳。

鸡在高处鸣，雨止天要晴。

蜜蜂低飞，有雷雨。

打雷，梅雨终结。

饭粒黏碗、山腰有卷云，天气晴。

候鸟早飞来之年，雪较多。

正月冷死猪，二月冷死牛，三月冷死播田夫。

四月初八晴，瓜果好收成。

五月南风下大雨，六月南风飘飘晴。

六月十九，无风水也吼。

九月九港风。

雾紧靠山顶往上飘。烟往上飘时晴天，横散时下雨。

雨夹雪，不停歇。

雷打天顶，有雨不狠；雷打天边，大雨连天。

早晚冷，中午热，下雨半个月。

有雨山戴帽，无雨河起罩。

雨浇上元灯，日晒清明种。

大雨无雨，明年旱。

立春落雨至清明。

雾气升山顶，将有倾盆大雨；雾气散大地，无风且无雨。

乌云接日头，天亮闹稠稠。

早烧不出门，晚烧行千里。

乌头风，白头雨。

乌云过天河，大雨滂沱。

东北风，雨太公。

久晴大雾阴，久阴大雾晴；久雨见星光，明朝雨更狂。

二八月乱穿衣：二月春天后母面，八月秋老虎。

前冬不穿靴，后冬冷死人。

春雾日头，夏雾雨，秋雾凉，冬雾雪。

春雷十日寒。

有雨亮四边，无雨顶上光。

下雨走大街，台风走小巷。

先下牛毛无大雨，后下牛毛不晴天。

早雷下大雨，下雨不过晌。

雷打天顶雨不大，雷打云边大雨降。

响雷雨不凶，闷雷下满坑。

星星水汪汪，下雨有希望。

星星眨眨眼，出门要带伞。

朝霞不出门，晚霞行千里。

风大夜无露，阴天夜无霜。

大雾不过三，过三阴雨天。

雾露在山腰，有雨今明朝。

久晴大雾阴，久雨大雾晴。

雷声连成片，雨下沟河漫。

急雷快晴，闷雷难晴。

昙天西北闪，有雨没多远。

雷声像拉磨，狂风夹冰雹。

露水闪，来日晴。

东闪空，西闪雨，南闪火门开，北闪连夜来。

诗林风采

诗林风采

数字诗

◎祝允明仿作数字诗

明代文学家、书法家祝允明自幼聪慧过人，他在念私塾时是学长（相当于现在的班长）。一次，教书先生布置学生们背邵雍的《乡村》(这是一首著名的数字诗，全诗是：一去二三里，烟村四五家。亭台六七座，八九十枝花）诗，然后就去找棋友赌棋了。没想到，先生这一去两三天都没回来，作为学长的小祝允明去先生的棋友处找先生，没有找到。他从先生的棋友口里得知，他们的先生这几天每日都来要来赌四五盘棋，共赢了六七两银子，还有八九十斤盐，现在有事回家了。

三天后先生才来学堂，他听说学生们这几天都没好好自习，便罚小祝允明照邵雍的《乡村》诗的样子写一首数字诗。小祝允明略一思索，便很快吟道：

一去两三天，
天天四五盘。
赢银六七两，
八九十斤盐。

◎郑板桥的《杂感》诗

郑板桥在山东潍县任知县时，某年该地遭受涝灾，全县受灾严重，百姓深受其苦。面对这样的自然灾害，郑板桥也是无可奈何，他用诗表达出了自己的无奈以及对百姓的关怀与同情：

一二三月连雨天，
四五六月雨涟涟。
七八九月村村水，
十万农户缺吃穿。

◎纪晓岚回信

纪晓岚被充军到新疆迪化（今乌鲁木齐)时，一次收到了夫人马氏的一封“信”：

一别夫君后，两眼欲望穿。三餐不知啥滋味，四时不知换衣衫。本想花园把心散，可花园五颜六色令人厌！本想与姐妹们把心谈，可大家七嘴八舌问长短，久(九)问无有完，实(十)在令人烦！无奈下只有房中把你念，思念一百遍，思念一千遍，思念一万遍！

纪晓岚见信后，百感交集，当即也用俚语的形式给妻子回了一封信：

看了妻信好心酸，夫亦有万语千言藏心间。边塞生活多寂苦，百无聊赖一天天。大好光阴空度过，实(十)在不心甘！我只有借酒(九)消愁泪洗面，巴(八)达巴达抽旱烟。看起来归期甚遥远。也只能自娱自乐混时间。弹弹六弦琴？唱唱《忆江南》？可惜我五指虽长不会弹，五音亦不全！要不就与同伴喝四碗，睡它三两天，一醉方休倒舒坦！

◎卓文君数字诗感郎心

相传卓文君与司马相如成婚后不久，司马相如就离家前去长安做官。离别之后，卓文君朝思暮想，痴情地盼着丈夫早日归来，从春到夏，从夏到秋，真是度日如年。直等了五年才等来了一封家书，上面仅有“一二三四五六七八九十百千万”十三个数字。聪明的卓文君一看，就明白了丈夫的意思。这一连串数字后唯独缺少“亿”，说明丈夫已经对自己无“意”了，只是没有明说罢了。卓文君

悲从中来，不觉又气又恨，当即复信一封，让来人带给负心的司马相如。

司马相如接到信后，打开便念：“一别之后，两地相思，只说是三四月，却谁知是五六年！七弦琴无心弹，八行书无可传，九连环从中折断，十里长亭望眼欲穿。百般怨，千般念，万般无奈把郎怨。万语千言道不尽，百无聊赖十凭栏，重九登高看孤雁，八月中秋月圆人不圆，七月半烧香秉烛问苍天，六月伏天人人摇扇我心寒，五月榴花如火偏遇阵阵冷雨浇花端，四月枇杷未黄，我欲对镜心意乱。急冲冲，三月桃花随水流，飘零零，二月风筝线儿断。噫！郎呀郎，巴不得下一世你为女我为男。”

司马相如越读越心酸，不觉泪如雨下，深深地为妻子力透纸背的深情厚意所打动，想想自己风流快活，却半点未考虑到妻子的痛苦煎熬，悔恨不已。司马相如立即派人备车，亲自回到成都将卓文君接到长安。从此，两人过起幸福美满的生活。

◎“一”字诗

（一）

〔清〕陈沆

一帆一桨一渔舟，一个渔翁一钓钩。

一俯一仰一场笑，一江明月一江秋。

（二）

[清]何佩玉

一花一柳一鱼矶，一抹斜阳一鸟飞。

一山一水中一寺，一林黄叶一僧归。

◎“一”字曲

元代有人写过一支散曲，写的是人生凄苦：

一年老一年，一日没一日，

一秋又一秋，一辈催一辈。

一聚一离别，一喜一伤悲。

一榻一身卧，一生一梦里。

寻一伙相识，他一会，咱一会，

都一般相知，吹一回，唱一回。

全曲用了 22 个“一”字，而不见重复，写法很奇特。

◎“三”字诗

〔金〕王正之

古今三绝。为郑国三良，汉家三杰。三俊才名，三儒文学，更有三君清节。争似一门三秀，三子三孙奇特。人总道、赛蜀郡三苏，河东三薛。欢惬。况正是三月风光，杯好倾三百。子并三贤，孙齐三少，俱笃三余事业。文既三冬足用，名即三元高揭。亲朋庆，看宠加三命，礼膺三接。

这首《喜迁莺》词十分绝妙，每句都有一个“三”字。

◎十数名诗

[南朝]宋鲍照

一身仕关西，家族满山东。

二年从车驾，斋祭甘泉宫。

三朝国庆毕，休沐还旧邦。

四牡曜长路，轻盖若飞鸿。

五侯相饯送，高会集新丰。

六乐陈广坐，组帐扬春风。

七盘起长袖，庭下列歌钟。

八珍盈雕俎，绮肴纷错重。

九族共瞻迟，宾友仰徽容。

十载学无就，善宦一朝通。

◎七十词

[明]唐寅

人年七十古稀，我年七十为奇。前十年幼小，后十年衰老；中间止有五十年.一半又

在夜里过了。算来只有二十五年在也，受尽多少奔波烦恼。

◎十数曲

元代无名氏作了一首无题的散曲《中吕·红绣鞋》，曲中，将由“一”到“十”的数字嵌入整篇（“久”与“九”谐音），写的是一个女子爱情的波折，非常自然而感人。

一两句别人闲话，三四日不把门踏，五六日不来呵在谁家？七八遍买龟儿卦，久已后见他么？十分的憔悴煞。

◎典史十字令

元、明、清三朝，县里设典史，其职责范围主要是听县官的命令，负责一些缉捕及监狱的事，属于“未入流”的小官。然而有些典史，却仗着这一点点权势欺凌他人，作威作福。于是，有人为嘲讽这类典史作了“十字令”：

一命之荣称得，二片竹板拖得，
三十俸银领得，四乡地保传得，
五下嘴巴打得，六角文书发得。
七品堂官靠得，八字衙门开得，
九品补服借得，十分高兴不得。

◎《牡丹亭》十数唱词

汤显祖在他的《牡丹亭》中有一段唱词，将10个数字倒嵌进去，非常富有情趣。

《前腔》“生”唱：

十年窗下，遇梅花冻九才开。夫贵妻荣，八字安排。敢你七香车稳情载，六宫宣有你朝拜，五花诰你非分外，论四德，似你那三从结愿谐。二指大泥金报喜，打一轮皂盖飞来。

◎《西游记》数字诗

《西游记》第三十六回《心猿正处诸缘伏，劈破旁门见月明》，写到“师徒们玩着山景，信步行时，早不觉红轮西坠”时，作者吴承恩为了更好地描写夜景，在此插入一首诗：

十里长亭无客走，九重天上现星辰。
八河船只皆收港，七千州县尽关门。
六宫五府回官宰，四海三江罢钓纶。
两座楼台钟鼓响，一轮明月满乾坤。

◎配《红楼菜肴》十数诗

华君武有感于《红楼梦》研究中的一些非常现象，绘制了一幅讽刺漫画，题为《红楼菜肴》。诗人亦安生为漫画配了一首数字诗：

拣石头一块，
割原作二章，
举版本三种，
摘脂批四行，
外加空空癞头五个，
西山芹菜六两，
文火烧至七成，
法兰盘中翻它八趟，
高脚杯里倾些儿酒（九）浆，
即可烹成十全十美红楼佳肴香。

◎咏月数字诗

［清］李调元

十九月亮八分圆，七个才子六个癫。
五更四点鸡三唱，怀抱二月一枕眠。

◎咏美女数字诗

［清］李调元

一名大乔二小乔，三寸金莲四寸腰，
买得五六七包粉，打扮八九十分娇。

◎十寿歌

一要寿，横逆之来欢喜受；
二要寿，灵台密闭无情窦；
三要寿，艳舞娇歌屏左右；

四要寿，远离恩爱如仇寇；

五要寿，俭以保贫常守旧；

六要寿，平生莫遣双眉皱；

七要寿，浮名不与人相斗；

八要寿，对客忘言娱清昼；

九要寿，谨防坐卧风穿牖；

十要寿，断酒莫数滋味厚。

古人这首十寿歌，总结了长寿秘诀，是一篇精练而有科学根据的文字。用现在的话讲上面的内容，大体是：一保持心理平衡，二清心寡欲，三参加娱乐活动，四不过分注重感情，五生活不奢侈，六心胸开阔，七不争浮名，八保持好的人际关系，九注意起居防止中风，十不喝酒或少喝酒。

◎茶馆十字令

下面这首“十字令”描绘出了旧时茶馆的萧条景象：

一爿茶馆冷清清，两个堂倌像死人；

三脚矮凳无人坐，四仙桌上起蓬尘；

五个时辰无人到，六斤煤炭都烧尽；

七星炉上笃笃煎，八两茶叶剩半斤；

究(九)竟想想无好处，蚀(十)东老本就关门。

◎数字诗互答

据传，明朝时候，祝枝山与周文宾两大才子同去杭州，赶上元宵节，便一起上街看花灯。两人别出心裁，周文宾男扮女装，一同上了街。兵部王尚书的儿子王老虎，对周文宾这个“美人”一见钟情，将他抢到王府，强迫他与自己成亲。周文宾就是不答应，当晚被送到王老虎的妹妹王秀英的房间里歇息，没想到竟无意间促成了周文宾与王秀英的美好姻缘。在闺房里，王秀英作了一首诗：

百尺楼头花一溪，七香车过五陵西。

六桥遥望三湘水，八载空惊半夜鸡。

风急九秋双燕去，云开四面万山齐。

子规不解愁千丈，十二时中两两啼。

诗中用了半、一、二、两、双、三、四、五、六、七、八、九、十、百、千、万这些数字。周文宾对此诗大加称赞，也和诗一首：

百尺高楼四五溪，珠簟十六卷东西。

二分明月三分恨，一夜相思半夜鸡。

黄鹤高飞万丈远，红鸾新绣两双齐。

春归八九愁千斛，七里山塘罢乱啼。

诗中也嵌入了半、两、双及一至万的各个数字。真可谓珠联璧合。

◎限韵数字诗

清末，北京的文人们在冬天里组织了消寒会。这是自愿结合的、松散性的诗社，定期聚会吟诗。有一次出了个很奇怪的诗题：以“闺怨”为题，押韵的地方(律诗的第一、二、四、六、八句最后的一字)必须用“溪西鸡齐啼”5个字，并且诗中要嵌入“一、二、三、四、五、六、七、八、九、十、百、千、万”一些数字。这诗题有很大的难度，据说一位女文人得了第一，她的诗是这样的：

六曲围屏九曲溪，尺书五夜寄辽西。

银河七夕秋填鹊，玉枕三更冷听鸡。

道路十千肠欲断，年华二八发初齐。

情波万丈心如一，四月山深百舌啼。

◎挨打数字歌

民国初期，在学校教育中，打手板等体罚现象严重，故有人写《挨打数字歌》“总结经验”：

首次挨打战兢兢，

二次挨打哭不停。

十次挨打眉头紧，

百次挨打骨头硬。

千次挨打功夫到，

酣然微笑梦不醒。

回文诗

◎忆别回文

[明]王龙起

鸡声半枕独孤衾，
苦别离情此夜深。
依影烛灰兰晕冷，
西风晓月暗惊心。

该诗可回读成：

心惊暗月晓风西，
冷晕兰灰烛影依。
深夜此情离别苦，
衾孤独枕半声鸡。

◎《岳武穆王墓》回文诗

[清]张奕光

今古垂芳遗庙立，拜瞻空恨一秦奸。
森森柏树枝南向，凛凛忠魂夜北看。
心赤负冤沉狱死，草青埋骨痛碑残。
钦徽是日无家返，深怨谗书封蜡丸。

该诗可回读成：

丸蜡封书谗怨深，返家无日是徽钦。
残碑痛骨埋青草，死狱沉冤负赤心。
看北夜魂忠凛凛，向南枝树柏森森。
奸秦一恨空瞻拜，立庙遗芳垂古今。

◎《题金山寺》回文七律

[宋]苏轼

潮随暗浪雪山倾，远浦渔舟钓月明。
桥对寺门松径小，槛当泉眼石波清。
迢迢绿树江天晓，霭霭红霞晚日晴。
遥望四边云接水，碧峰千点数鸥轻。

该诗可回读成：

轻鸥数点千峰碧，水接云边四望遥。
晴日晚霞红霭霭，晓天江树绿迢迢。
清波石眼泉当槛，小径松门寺对桥
明月钓舟渔浦远，倾山雪浪暗随潮。

◎丈夫想念妻回文

相传，有一位出门在外的丈夫，忆念家里妻子，特写了一封家书，其中有一首回文诗。诗曰：

枯眼望遥山隔水，往来曾见几心知？
壶空怕酌一杯酒，笔下难成和韵诗。
途路阻人离别久，讯音无雁寄回迟。
孤灯夜守长寥寂，夫忆妻兮父忆儿。

妻子收到信后，将此信颠倒过来抄了一遍，又托人捎给外出的丈夫，成了妻子思念丈夫、儿子思念父亲的诗了，读作：

儿忆父兮妻忆夫，寂寥长守夜灯孤。
迟回寄雁无音讯，久别离人阻路途。
诗韵和成难下笔，酒杯一酌怕空壶。
知心几见曾来往，水隔山遥望眼枯。

此回文诗，读之流畅，切情切景，非常难得。

◎春游回文诗

[清]张宝

天连远水养花时，胜景芳情自写诗。
烟锁云桃红片片，雾笼堤柳绿丝丝。
泉飞乱石寒拖练，酒卖春风暖飐旗。

年少乐游佳日永，芊绵草长路旁池。

倒读时变成：

池旁路长草绵芊，永日佳游乐少年。
旗飐暖风春卖酒，练拖寒石乱飞泉。
丝丝绿柳堤笼雾，片片红桃云锁烟。
诗写自情芳景胜，时花养水远连天。

◎**仙佛寺的奇诗**

湖北来凤县仙佛寺的山门前，曾有一块高约六尺的青岩石碑，碑上镌刻着一首诗。据说，这是一位真人从四川峨眉山云游到此，一时兴起，在门前挥笔写成的。此诗减字或倒读都可以成诗。该诗为：

花开菊白桂争妍，好景留人宜晚天。
霞落潭中波漾影，纱笼树色月笼烟。

如每句减去头两个字，可成为：

菊白桂争妍，留人宜晚天。
潭中波漾影，树色月笼烟。
或者每句减去第五、六两个字，可成为：

花开菊白妍，好景留人天。
霞落潭中影，纱笼树色烟。

倒转过来读，则成为：

烟笼月色树笼纱，影漾波中潭落霞。
天晚宜人留景好，妍争桂白菊开花。

◎**联珠回文诗**

[明]唐寅
咏春
花枝弄影照窗纱映日斜

可读作：

花枝弄影照窗纱，影照窗纱映日斜；
斜日映纱窗照影，纱窗照影弄枝花。

咏夏
莲新长水贴青钱数点圆

可读作：

莲新长水贴青钱，水贴青钱数点圆；
圆点数钱青贴水，钱青贴水长新莲。

咏秋
悠云白雁过南楼半色秋

可读作：

悠云白雁过南楼，雁过南楼半色秋；
秋色半楼南过雁，楼南过雁白云悠。

咏冬
梅枝几点雪花开春信来

可读作：

梅枝几点雪花开，点雪花开春信来；
来信春开花雪点，开花雪点几枝梅。

◎**咏闺情回文诗**

古人有咏闺情回文诗：
红窗小泣低声怨，永日春寒斗帐空。
中酒落花飞絮乱，晓莺啼破梦匆匆。

回读为：

匆匆梦破啼莺晓，乱絮飞花落酒中。
空帐斗寒春日永，怨声低泣小窗红。

◎十字回文诗

[清]吴绛雪

咏春
莺啼岸柳弄春晴晓月明。
读为：

莺啼岸柳弄春晴，柳弄春晴晓月明。
明月晓晴春弄柳，晴春弄柳岸啼莺。

咏夏
香莲碧水动风凉夏日长。

读为：

香莲碧水动风凉，水动风凉夏日长；
长日夏凉风动水，凉风动水碧莲香。

咏秋
秋江楚雁宿沙洲浅水流。

读为：

秋江楚雁宿沙洲，雁宿沙洲浅水流。
流水浅洲沙宿雁，洲沙宿雁楚江秋。

咏冬
红炉透炭炙寒风御隆冬。

读为：

红炉透炭炙寒风，炭炙寒风御隆冬；
冬隆御风寒炙炭，风寒炙炭透炉红。

藏头诗

◎赠用人新婚诗

明代文学家、书画家徐渭不但才华横溢，而且为人正直，不畏权贵。很多贪赃枉法、鱼肉百姓的达官显贵要他写诗题字，他都一概拒绝，然而普通百姓向他求助时，他却是有求必应，从不推辞，甚至对用人题诗。

某年三月他家的长工王连玉和女佣张紫凤喜结良缘。由于王连玉是孤儿，张紫凤的家在农村，故婚礼便在徐府中举行。徐渭知道后，便为他们题写了一首七言贺诗：

连理花开朵朵红，
玉容娇艳赛芙蓉。
紫雁展翅惊林鸟，
凤凰穿云舞长空。
新春刚过阳春月，
婚礼巧落吾府中。
之乎者也不顶事，
喜于洞房见真功。

此诗并非一般的婚礼贺诗，它是一首藏头诗。把每句诗的第一个字连起来读，便是“连玉紫凤新婚之喜”。这样一首妙趣横生的贺诗，自然赢得了人们的赞赏。

◎唐伯虎作藏头诗

传说，明代江南吴中四大才子之一的唐伯虎，一见钟情看上一户富人家的丫鬟秋香。二人情投意合，唐伯虎决定带着秋香离开主人家，二人从后门溜了出来，准备不声不响登舟逃走。秋香觉得如此不妥，说道：“你这位大才子，没对主人说一声，就挟婢私逃，太不光彩了！”

唐伯虎一想，秋香说得有道理，大丈夫应该敢做敢当，于是他在后门旁的墙壁上题诗一首：“六艺抛荒已半年，如飞归马快加鞭,去将花坞藏春色,了却伊人三笑缘。”这是一首藏头诗,诗中隐藏有“六如去了”四个字,因为唐伯虎号六如居士,所以他实际上是告诉主人:他唐伯虎带着秋香走了。

◎谭记儿(《望江亭》)

[元]关汉卿

愿把春情寄落花,随风冉冉到天涯。

君能识破风兮句,去妇当归卖酒家。

◎白士中(《望江亭》)

[元]关汉卿

当垆卓女艳如花,不记琴心未有涯。

负却今宵花底句,卿须怜我尚无家。

◎贺宰相寿诗

[明]解缙

真真宰相,老老元臣。

乌纱白发,龟鹤遐龄。

◎题某公画像诗

[明]解缙

图公之像,写公之形。

禽中之凤,兽中之麟。

◎前清某翰林挽四川某军阀之父诗

烧酒奠灵前,火纸化青烟。

老人今何在? 死去不复还。

得失古今有,好名天下传。

按:某军阀作恶多端,其父也是个淫棍,与儿媳妇通奸,当地土语称其为“烧火佬”,“烧火”即“扒灰”之婉称。

◎《水浒》吴用题卢俊义宅中诗

[明]施耐庵

芦(卢)花滩上一扁舟,俊杰俄从此地游。

义士若能知此理,反躬逃难可无忧。

◎《隋唐演义》王世充杀许夭题诗于壁

[清]褚人获

王法无私人自招,世人何苦逞英豪。

充开肺腑心明白,杀却狂徒是许夭。

嵌名诗

◎我国最早的药名爱情诗

我国有记载的第一首药名爱情诗是南朝萧纲所作,此诗有完整的故事情节,以描写“闺怨”为主题。该诗如下:

朝风动春草,

落日照横塘。

重台荡子妾,

黄昏独自伤。

烛映合欢被,

帷飘苏合香。

石墨聊书赋,

铅华试作妆。

徒令惜萱草,

蔓延满空房。

此诗虽嵌有十个药名,但并不觉得是有意而为之,融合之自然精妙,令人叹服。

◎相思意已深

宋朝陈亚,生性幽默,写诗作对填词,常有诙谐文字。他曾经用中药名作了三首《生查子》,在此选录其中一首:

相思(相思子)意已(薏苡)深,白纸(白芷)书难足。字字苦参(苦参)商,故要檀郎读(狼毒)。分明记得约当归(当归),远至(远志)樱桃熟。何事菊花(菊花)时,犹未回乡(茴香)曲。

◎红娘子夫俗子贵

清代,无名氏有一首药名散曲颇有意

思，共38句，内嵌50味中草药。该散曲曰：

高空轻(青)云飞，
林野风景天。
萱草(即忘忧草)满地锦，
黄昏横塘(横唐，即莨菪)前。
牡丹园边，
常山红娘子，
貌若天仙。
巧遇推车郎于芍药亭畔。
该人厚朴，少年健。
一见喜，于车前从容(苁蓉)交谈，
海誓山盟愿过万年。
托金针花牵线，
由白头翁说媒，
经苦参商人把婚事商谈。
路路通顺，
无一人(苡仁)阻拦。
八月中，择(泽)兰开之日成婚结凤鸾，
菊花满庭开，
彻夜光灿灿。
云母为之梳妆，
熟弟(地)为之打扮，
铅华(即黄丹，指脂粉)增艳，
玉(郁)金、玳瑁不平凡。
设芙蓉帐，
结并蒂莲。
合欢久之，
成大腹皮矣待分娩。
生大力子，
有志远。
转战于北庭(柏亭)，
骑射(麝)于陵泽(即甘遂)，
持大戟与敌周旋。
平木贼于重台(即重楼)，
诛草寇(豆蔻)于杜蘅山，
破刘寄奴兵马百万。
有人言(砒霜)：乃“神力汉”！
当归时回乡(茴香)。
封大将军之职人人赞。

◎**林清八音诗言志**

元朝建立后，宋代遗民福建林清无意仕途，隐居山寺。一次，知府来寺院检点花名册，别人介绍说林清会作诗。知府让他以“八音”(金石丝竹匏土革木) 为题吟诗一首，林清便作诗一首，表达自己的心志，并将八音各字嵌于句首：

金紫何曾一挂怀，石田茅屋自天开。
丝竿钓月江头住，竹杖挑云岭上来。
匏实晓收栽药圃，土花春长读书台。
革除一点浮云虑，木笔题诗酒数杯。

◎**上升峰顶看楚天**

长江三峡中的巫峡(位于四川省巫山县，另二峡为瞿塘峡、西陵峡)地势最为险要，山峰最多。其南北两岸共有十二座山峰，人称“巫山十二峰”。有人曾为其编写了下面这首峰名诗：

翠屏百丈起云烟，
远望霞光照圣泉。
聚鹤漫夸千载胜，
登龙疑到九重天。
朝云雨雾洗净坛，
集仙飞凤弄晴川。
试问松峦樵子径，
上升峰顶看楚天。

◎**万年欢赏在南柯**

下面这首诗为褚人获所作，内嵌16个戏目名，作者通过戏目名称的组合，风趣地嘲弄了封建社会的男女不平等现象，毫不牵强附会，实为难得。

此诗为：

《文章用》到《女开科》，
胪唱《(连中)三元》《(观)四景》多。
《碧玉串》垂《金印》佩，
《珍珠衫》挂《瑞霓罗》。

语言的盛宴

《九华灯》灿《全家庆》，

《六月霜》寒《易水歌》。

寄语《西园(记)》《折桂(记)》客，

《万年欢》赏在《南柯(记)》。

◎**十五贯钱也不换**

下面无名氏的这首戏目名诗中，在短短八句中，嵌有十九个戏目名，实属罕见。

此诗为：

《庆有余》的《长生殿》，

《巧(团圆)》叠，《(跳)加官》团圆。

郭子仪，七子八婿将《(满床)笏》献，

《麟麟阁》，《金瓶（梅）》《(游龙）戏凤》《桃花扇》。

《西厢(记)》《彩楼(记)》，

《金雀(记)》《钗钏(记)》杏花天。

《水浒传》《三国演义》《平妖传》，

《富贵图》，《十五贯》钱也《(金)不换》。

◎**白兔乌飞又一年**

马如飞是清朝著名的弹词艺人，既能演唱，又能创作。据说，有一天马如飞与几位好友聚会。酒席间，一位好友戏言："马兄，你能写二十四节气名诗，亦能写戏目名诗，不知你能否在一首诗中既嵌二十四节气名，又嵌二十四个戏目名？"马如飞当即答道："这有何难，三日后即给你！"谁知马如飞当晚就创作出来，次日早晨即把这首嵌有二十四个节气名称和二十五个戏目名称的诗交给了友人。此诗如下：

《西园(记)》梅放立春先，

云春《霄光(剑)》雨水连。

惊蛰初交河《跃鲤(记)》，

春分《蝴蝶梦》花闲。

清明时放《风筝误》，

谷雨《西厢(记)》好养蚕。

《牡丹(亭)》立夏花零落，

《玉簪(记)》小满布庭前。

隔溪芒种《渔家乐》，

《义侠(记)》同耘夏至间。

小暑《白罗衫》着体，

《望湖(亭)》大暑对风眠。

立秋《葵花(记)》向日放，

处暑《西楼(记)》听晚蝉。

《翡翠园》中零白露，

秋分《折桂(记)》月华天。

《烂柯(山)》寒露惊鸿雁，

霜降《芦花(记)》红蓼滩。

立冬畅饮《麒麟阁》，

《绣襦(记)》小雪咏诗篇。

《幽闺(记)》大雪红炉暖，

冬至《琵琶(记)》懒去弹。

小寒高卧《邯郸梦》，

《一捧雪》飘交大寒。

《白兔(记)》乌飞又一年。

◎**花魁流落长春院**

下面这首诗中嵌有多位女子名，称得上是名副其实的"美女名诗"。

该诗曰：

掌上飞舞赵飞燕，

昭君和番。

醉舞西施，

多计的貂蝉，

美貌杨玉环。

崔莺莺，

带着红娘游佛殿。

多才杜惠娟。

美虞姬，

垓下自刎真可叹。

从军花木兰。

坠楼的绿珠，

投江的玉莲，

盗令张紫燕。

梁夫人，

独领雄兵镇江岸。

女主武则天。

最可惜，

花魁流落长春院。

刺目李亚仙。

◎胡适的《美女悲》诗

自古女子都爱美，

岂知美貌惹是非。

虞姬无奈刎垓下，

马嵬驿缢杨贵妃。

昭君边塞成番妇，

文姬中年始南归。

更怜后宫三千女，

谁得皇上亲几回？

◎终恨李太白

老景春可惜，无花可留得。

不愁柳浑青，终恨李太白。

这首诗嵌入了景春、花可留、柳浑青、李太白四个人名，颇为巧妙、有趣。

◎长虹万籁天

老舍

大雨洗星海，长虹万籁天；

冰莹成舍我，碧野林枫眠。

诗中用了八个人名：(孙)大雨，现代诗人，文学翻译家；洗(诗中的洗)星海，著名的人民音乐家；(高)长虹，现代名人；万籁天，戏剧、电影工作者；冰莹，现代女作家；成舍我，曾任重庆《新蜀报》总编辑；碧野，当代作家；林风眠，画家。

忘忧坐隐到天明

明成祖酷爱下棋，有一天晚上他又和几个棋友在宫中以棋为乐。玩至深夜，明成祖忽然“雅兴”大发，于是便要人将解缙找来以《观弈棋》为题赋诗助兴，并要把围棋的所有别名嵌在诗中。解缙见明成祖如此沉溺于下棋，而不关心国家大事和人民疾苦，很是不满，于是按照明成祖作诗的要求挥毫写道：

鸡鸭乌鹭玉楸枰，

君臣黑白竞输赢。

烂柯岁月刀兵见，

方圆世界泪皆凝。

河洛千条待整治，

吴图万里需修容。

何必手谈国家事，

忘忧坐隐到天明。

此诗写成后，大大触怒了明成祖及其亲信们，本想给解缙治罪，由于担心引发众怒，才未立即加罪于解缙。不过，时隔不久，便以“廷试读卷不公”的罪名将其贬谪广西。后来，解缙在狱中被杀。

◎天禄大夫吐琼香

下面是一首嵌有多个酒的别名、别称的别名诗，该诗为：

春醪清圣般若汤，

醇碧丹醴顾建康。

冰醪茅柴九光杏，

洪梁香蚁含春王。

玄酎狂药壶冰玉，

欢伯鹅黄千日酿。

鸭绿君子饮橘露，

天禄大夫吐琼香。

◎巧记三十六计诗

传说“三十六计”是南朝宋檀道济所创。“三十六计”中除了美人计、空城计、反间计、苦肉计、连环计为三字外，其余都是四个字的，很不容易记住。于是有人经过钻研，从每计中取一个字，按顺序组成了一首诗，背会了诗，“三十六计”也就记住了。这诗是：

金玉檀公策，借以擒劫贼。

鱼蛇海间笑，羊虎桃桑隔。

树暗走痴故，釜空苦远客。

屋梁有美尸，击魏连伐虢。

全诗除“檩公策”（檀公的计策）三个字外，其他每个字都代表一计（最后两字为一计），依次是：金蝉脱壳、抛砖引玉、借刀杀人、以逸代劳、擒贼擒王、趁火打劫、关门捉贼、浑水摸鱼、打草惊蛇、瞒天过海、反间计、笑里藏刀、顺手牵羊、调虎离山、李代桃僵、指桑骂槐、隔岸观火、树上开花、暗渡陈仓、走为上计、假痴不癫、欲擒故纵、釜底抽薪、空城计、苦肉计、远交近攻、反客为主、上屋抽梯、偷梁换柱、无中生有、美人计、借尸还魂、声东击西、围魏救赵、连环计、假途灭虢。

打油诗

◎割肉诗

汉武帝时，每年都要给大臣们分肉。一年夏天，又值分肉，可分肉官迟迟不来。东方朔便自己割下一块肉，扬长而去。武帝得知此事，便责备他。东方朔于是作一打油诗请罪，诗如下：

东方东方，你太鲁莽，
肉还没分，怎能领赏？
拔剑割肉，举止豪爽，
割肉不多，还算谦让。
拿给殿军，情义难忘，
皇上宽大，谢过皇上。

这首滑稽风趣的打油诗不但使东方朔免去罪责，而且又获了一些赏肉。

◎张打油作《雪诗》

相传张打油是唐朝南阳地方的一个读书人，他喜爱民间俚语，与民间歌手交往很多，也喜欢用民间俚语写诗。一日天色骤变，大雪纷飞。他望着窗外飘飞的雪花，不由得诗兴大发，吟了一首《雪诗》：

江上一笼统，
井上黑窟窿。
黄狗身上白，
白狗身上肿。

一年冬天，他外出办事，行至途中天降大雪，闯进一家大院，不觉走进主人的书房，在其粉墙上又题了一首《雪诗》：

六出飘飘降九霄，
街前街后尽琼瑶，
有朝一日天晴了，
使扫帚的使扫帚，
使锹的使锹。

◎某医士《咏雪》诗

一日，某医士读着唐朝张打油的《雪诗》，似有所悟，遂仿作一首《咏雪》诗：

昨夜北风寒，
天公大吐痰。
东方红日出，
便是化痰丸。

◎张打油作《围城诗》

唐朝某年，南阳城被叛军围困，求朝廷派兵救援。张打油为此写了一首《围城诗》：

天兵百万下南阳，
也无救兵也无粮。
有朝一日城破了，
哭爹的哭爹，
哭娘的哭娘！

◎“呜呼”打油诗

古时候有个书生，写文章时总是无病呻吟，乱用“呜呼”。于是他的朋友就在他的一篇文章上写了一首“呜呼”打油诗：

起呜呼，终呜呼，
中间独自尽呜呼；
长呜呼，短呜呼，
说来说去总呜呼；
呜呼复呜呼，
呜呼连呜呼，

恐君不久亦呜呼!

◎**寒山的《瞒人汉》诗**

唐代诗僧寒山曾写过一首《瞒人汉》的打油诗,风趣逗人,流传至今。诗云:

我看瞒人汉,

如篮盛水走,

一气将归家,

篮里何曾有?

诗中的“瞒人汉”指的是那种没有什么能耐,却硬要冒充了不起,打肿脸充胖子的人。这种人靠篮中水做饭、解渴,也能得意于一时,但不会永远得逞,最后必将现出老底,恐怕连打也打不肿、充也充不胖了。

◎**司马光的《登山》趣诗**

司马光是我国宋代著名政治家和史学家,自幼聪慧过人,思维敏捷。据说在司马光幼年时,有一次,他随二学士登岭,途中二学士联句,得意扬扬,很瞧不起年幼的司马光,并言:“竖子亦能诗否?”司马光脱口而出,吟了一首《登山》趣诗:

一上一上又一上。

看看行到岭头上。

乾坤只在掌握中,

五湖四海归一望。

◎**兄弟发奋终成器**

宋代曾巩、曾晔兄弟,早年多次参加科举考试,却每次都名落孙山,落第回乡。当时一些幸灾乐祸的人编了四句打油诗嘲笑他们。诗云:

一年一度举场开,

落杀曾家两秀才。

有似檐间双燕子,

一双飞去一双来。

这诗的意思是曾家兄弟,岁岁参加科考,年年扫兴而归,活像房檐下两只燕子,一双飞去又一双飞回,没有一个考上,结果只是空忙一场。

曾巩兄弟起初面对讥讽,羞惭抑郁,可是母亲始终在劝慰、鼓励他们,给了他们信心、勇气和力量。从此,他们把别人的奚落置之脑后,锐意进取,潜心攻读。历经十五个寒暑的苦学之后,曾巩与三个弟弟、两个姐夫一道赴京赶考,终于如愿以偿。结果,一门六人全都金榜题名,高中进士。后来,曾巩更是成为唐宋八大家之一。

◎**太学生“打油”讽奸相**

南宋末年,奸相贾似道,为了大发走私财,利用职权,从外省运私盐到临安都城牟利。为了防止官府搜查,成百艘船上都插上旗子,上书“相府用盐”。因此清查私盐的官员都不敢过问。当时有位太学生便作打油诗一首,予以嘲讽。诗云:

昨夜江头涌碧波,

满船都载相公鹾。

虽然要作调羹用,

未必调羹用许多。

◎**韩南老戏嘲求亲者打油诗**

福建韩南老进士及第,蜚声乡里,许多人都认为他非常了不起,想与他拉上关系,甚至有一富者竟托媒人前来求亲,想把年轻貌美的女儿嫁给他。韩南老觉得可笑,遂吟一首打油诗作答,诗云:

读尽文书一百担,

老来方着一青衫。

媒人却问我年纪,

四十年前三十三。

◎**两个芝麻官的饮食打油诗**

元人韦居安《梅磵诗话》载:有个外地人来河南三鸦镇做官,因“宦况萧条,仅有蒲藕可买”,于是作打油诗曰:

二年憔悴在三鸦,

无米无钱怎养家?
每日三餐都是藕,
看看口里长莲花。

又载:有个“监吴中市征者,因羊价绝高”,亦作打油诗曰:

平江九百一斤羊,
俸薪如何敢买尝?
只把鱼虾供两膳,
肚皮今作小池塘。

◎冯彻的剥皮打油诗

冯彻是明代成化年间的朝廷御史,为人耿介正直。据说有一次向宪宗直言劝谏,因将皇上激怒而被革职,并被发配到辽东充军。他满肚子委屈,又苦于无处申诉,倒埋怨起自己读书来了。于是他便想起北宋汪洙的一首《劝学诗》:

少小须勤学,文章可立身。
满朝朱紫贵,尽是读书人。

他想着想着,并笑了起来。遂一反其意,作了一首剥皮打油诗:

少小休勤学,文章误了身。
辽东三万里,尽是读书人。

◎“四菜一汤”打油诗

传说朱元璋晚年,官场严重腐败,人多面广,如何治理腐败,令朱元璋颇感为难。无奈之下,他同意马皇后的意见,利用她的生日,杀一儆百。

转眼,马皇后的生日到了。朝中百官、亲戚故旧,纷至沓来,携礼庆贺。而在生日贺宴上,朱元璋只以“四菜一汤”款待。接着,他又将送重礼的本家侄子朱涛推出斩首。众大臣目睹此一举措,无不大惊失色。从此,腐败之风日衰,节俭之风日盛。

于是在朱元璋的故乡,凤阳人民就编出了一首“四菜一汤”的歌谣打油诗,以褒其举。诗云:

皇帝请客,四菜一汤。
萝卜韭菜,着实甜香。
小葱豆腐,意义深长。
一清二白,贪官心慌。

◎吕震的“驼峰”打油诗

吕震是明代的一个尚书,一日与解缙闲谈饮食中的美味佳肴。吕震说:“据说驼峰味道很美,可惜没有亲口尝过。”解缙谎称:“我曾吃过,的确很美。”吕震知道解缙是在吹嘘,但并未说什么。几天以后,吕震得到一个死象的蹄胫,于是对解缙说:“昨天有人送我一个驼峰,我们共享吧。”解缙喜不自禁,用餐时大口大口地吃。事后,吕震笑着实言相告,并赋打油诗一首:

翰林有个解痴哥,
光禄何曾宰骆驼?
不是吕生来说谎,
如何嚼得这般多?

◎瞿佑的“文章”打油诗

瞿佑,明代钱塘人,多才多艺,学识广博,曾任职临安教谕和周王府长史。后因诗祸而被贬谪,感慨颇多,因此曾作打油诗一首:

自古文章厄命穷,
聪明未必胜愚蒙,
笔端花语胸中锦,
赚得相如四壁空。

◎徐九经的为官打油诗

徐九经,明代县令,为官清正廉洁,秉公办事,惩恶肃贪。他曾写过一首打油诗,以示他的为官宗旨。诗云:

头戴纱帽翅儿,
当官不省劲儿,
平事儿我不管,
专管不平事儿。

◎陈全发"打油"话疟疾

明代金陵有个陈全发，身患疟疾，吃尽苦头。于是他有感而发，写了一首打油诗描写病况，以示他人。诗曰：

冷来时冷得在冰凌上卧，
热来时热得在蒸笼里坐，
疼时节疼得天灵破，
颤时节颤得牙关挫，
只被你害杀人也么歌，
只被你害杀人也么歌，
真个是寒来暑往人难过!

◎《黄鹤楼》的剥皮打油诗

据说明朝时，京官在冬天都用貂皮做成套子，套在帽子上御寒，称为帽套。一日，某官外出访友，途中帽套被人抢去。于是有人便模仿崔颢《黄鹤楼》诗，吟了四句剥皮打油诗，众皆大笑。诗云：

昔人已偷帽套去，
此地空余帽套头。
帽套一去不复返，
此头千载空悠悠。

附：崔颢《黄鹤楼》原诗

昔人已乘黄鹤去，
此地空余黄鹤楼。
黄鹤一去不复返，
白云千载空悠悠。
晴川历历汉阳树，
芳草萋萋鹦鹉洲。
日暮乡关何处是，
烟波江上使人愁。

◎道士打油诗

传说古代有个道士，常到王老太开的酒店喝酒，但从不付酒钱。日子久了，道士为报答王老太，就给她掘了口井，随后就离开了。谁知这井水的味道比酒味还美。从此，王老太便不再酿酒，而是用井水当酒卖，一卖就是三年，赚了不少钱。这时道士返回了，问她酒怎么样，她说："好倒好，只是没糟，无料喂猪。"道士听后，真是哭笑不得，便在墙上题了一首打油诗：

天高不算高，
人心第一高，
井水当酒卖，
还说猪无糟。

题好诗，道士又走了。井也枯竭了。

◎郑板桥教子

郑板桥老来得子，自然令他高兴。但他对儿子的教育未曾懈怠，就在病危之际，还用打油诗教育儿子。诗云：

淌自己汗，
吃自己饭，
自己事业自己干；
靠天、靠人、靠祖宗，
不算是好汉。

◎春宵一刻值千金

传说从前有一名叫张三的人娶亲，喜庆之日，宴会之后，众宾客便开始闹房。大家都说新娘才貌双全，在这新婚的大喜日子里定然有许多感想，就请吟一首诗给大家听听吧！新娘面露羞怯之色，缄默不语，直至夜阑更深，众宾客仍候着不散。无奈之下，新娘终于启口吟出一首打油诗，诗云：

谢天谢地谢诸君，
我本无才哪会吟？
曾记唐人诗一句，
春宵一刻值千金。

◎农妇的救夫打油诗

据明代李诩《戒庵老人漫笔》记载：长州（今吴县）有一任知县爱好诗词，有一天，某农夫偷牛被扭送到官府，正要问罪时，其妻

呈上一首幽默风趣的打油诗，知县大为欣赏，就将农夫赦免了。诗云：

洗面盆为镜，
梳头水当油。
妾身非织女，
夫倒会牵牛。

◎顾骑龙打油诗二首

据史料《笑笑录》载：古时有个叫顾骑龙的瓜贩，虽其貌不扬，却很喜欢读书，且才思敏捷，能随口吟诗。一天，他在街头卖瓜，围观者叫他吟诗，他脱口而出，吟了一首打油诗：

郎君今日卖西瓜，
西瓜只只都不差。
包拍大红兼蜜炼，
竹炉不用再煎茶。

此诗极言他的瓜优点多多，质量好，瓜瓤颜色好看，香甜可口，还很解渴。内容贴近生活，语言朴实通俗，韵脚自然上口，读来不乏风趣。围观者听了以后，纷纷掏钱买瓜。

人们吃着西瓜，不住地赞叹。顾骑龙高兴之际，又吟了一首“道情诗”：

佳人独宿千千万，
才子孤眠万万千；
老天若肯行方便，
两处牵来一处眠。

妙趣诗

◎“新”字诗

南朝梁诗人鲍泉，有一首《奉和湘东王春日》诗，全诗共 18 句，句句有“新”字，共用 30 个“新”字，堪称同字诗中的一奇：

新莺始新归，新蝶复新飞。
新花满新树，新月丽新辉。
新光新气中，新望新盈抱。
新水新绿浮，新禽新听好。
新景自新还，新叶复新攀。
新枝虽可结，新愁讵解颜。
新思独氤氲，新知不可闻。
新扇如新月，新盖举新云。
新落连珠泪，新点石榴裙。

◎十二属相诗

[南朝陈]沈炯

鼠迹生尘案，牛羊暮下来。
虎啸坐空谷，兔月向窗开。
龙隰远青翠，蛇柳近徘徊。
马兰方远摘，羊负始春栽。
猴栗羞芳果，鸡跖引清杯。
狗其怀物外，猪蠡窅悠哉。

◎十二生肖诗

(一)

[宋]朱熹

夜闻空箪啮饥鼠，晓驾羸牛耕废圃。
时方虎圈听豪夸，旧业兔园嗟莽卤。
君看蛰龙卧三冬，头角不与蛇争雄。
毁车杀马罢驰逐，烹羊酤酒聊从容。
手种猴桃垂架绿，养得鹍鸡鸣角角。
客来犬吠催煮茶，不用东家买猪肉。

(二)

[明]胡俨

鼷鼠饮河河不干，牛女长年相见难。
赤手南山缚猛虎，月中取兔天漫漫。
骊龙有珠常不睡，画蛇添足实为累。
老马何曾有角生？羝羊触藩徒忿嚏。
莫笑楚人冠沐猴，祝鸡空自老林丘。
舞阳屠狗沛中市，平津牧豕海东头。

(三)

[清]冯勖

小儿磔鼠称老吏，贱士食牛成国器。
虎头书生亦不羁，浪把兔毫轻掷地。
支公种松鳞作龙，冥心浑忘蛇与风。

马鞍山前钓秋水，无人知是羊裘翁。
眼见弥猴画麟阁，又闻群鸡戏孤鹤。
蝇营狗苟一笑中，廿年稳卧野猪峰。

◎《寄江子我郎中》拆字诗

[宋]刘一止
日月明朝昏，山风岚自起。
石皮破仍坚，古木枯不死。
可人何当来，意若重千里。
永言咏黄鹤，志士心未已。

◎“田”字诗

[清]沈周
昔日田为富字足，今日田为累字头，
拖下脚时成甲首，申出头来不自由。
田安心上常相思，田在心中虑不休，
当初只望田为福，谁料田多叠叠愁。

◎“青山”诗

相传在台湾阿里山慈云寺侧殿厢房里，有人题了一首《青山诗》，每一句都有“青山”二字：
启窗日日对青山，山色青青不改颜。
我问青山何日老，青山问我几时闲。

◎“满”字诗

清时李际期，于浙江金华主持试务，见汉人生员埋头疾书，有感而作诗道：
满洲衣帽满洲头，满面威风满面羞；
满眼干戈满眼泪，满腔忠愤满腔愁！

◎“如何”诗

清乾隆年间有一年，纪昀（纪晓岚）任主考官。有一考生胸无点墨，得题后不知如何下笔。按考场规定是不能够交白卷的，于是他信笔在卷面上写满了“如何”二字。纪昀阅卷后，觉得又好气又好笑，便在卷子上作了四句诗做批语：
如何如何究如何？如何如何这样多？
如何如何如何好？如何如何将如何？

◎“一上”诗

[明]唐寅
一上一上又一上，一上上到高山上。
举头红日白云低，万里江山都一望。

◎“奈何”诗

郑燮为陶公祝寿，恰逢天降大雨，便即景书寿诗一首：
奈何奈何又奈何，奈何今日雨滂沱。
滂沱雨祝陶公寿，寿比滂沱雨更多。

◎“辫子”诗

清朝时候，朝廷严格规定人人都是要留辫子的。清末，一些东渡日本的留学生率先剪去辫子，或者是入乡随俗，或者是表示革命志向。辛亥革命以后，人们相继剪去了辫子，而张勋不剪辫子被称为“辫帅”，于是辫子又成了复辟帝制的标志。总之，辫子在一定程度上成为时代的象征。清末有人作过一首辫子诗：
当其未生时，本来无辫子；
及其呱呱时，有发无辫子。
迨夫免襁褓，忽然有辫子；
并诸小辫子，为一大辫子。
偶然到日本，忽然无辫子；
一朝想做官，忽然有辫子。
不论真与假，但呼为辫子。
忠君与爱国，全视此辫子。
国粹宜保存，保存此辫子。
但愿遍地球，人人有辫子。
若问尔祖父，也曾有辫子；
只怕尔孙子，渐渐无辫子。
辫子复辫子，终归翘辫子。
作诗以告哀，我亦有辫子。

◎小徒作奇诗

古有一塾师，出夏云多奇峰诗题，命徒作赋，并道：“针对奇字便佳。”徒冥思片刻，遂作诗歌道：

宰相升知府，将军舞大旗，
老爷求小的，和尚抱山妻，
蝴蝶吱吱叫，蛤蟆队队飞，
小猫吞猛虎，蚂蚁捉雄鸡。

师读罢，评说：“太奇了。”

◎古人名谜诗

佳人佯醉索人扶，露出胸前霜雪肤，
走入帐中寻不见，任他风水满江湖。

其谜底为四位唐朝人姓名。宋代陈名常解开了此谜，依次为贾岛（假倒）、李白（里白）、罗隐、潘阆（翻浪，阆通浪）。

◎哭象棋诗

明代学者王阳明，自幼喜下象棋。一次因下棋入迷，而忽略了时间，忘了回家吃饭，母亲一气之下将他的象棋扔到河里，王阳明很是伤心，于是便作了《哭象棋》诗：

象棋在手乐悠悠，苦被严亲一旦丢。
兵卒堕河皆不救，将军溺水一齐休。
马行千里随波去，士入三川逐浪流。
炮响一声天地震，象若心头为人揪。

◎“有好酒卖”诗

明代广东人伦文叙，为一酒店题写绝句，很是巧妙。诗云：

一轮明月挂半天，
淑女才子并蒂莲。
碧波池畔酉时会，
细读诗书不用言。

诗中“一轮明月挂半天”是“有”字，“淑女才子并蒂莲”是“好”字，“碧波池畔酉时会”是“酒”字，“细读诗书不用言”是“卖”字。连起来就是“有好酒卖”，如此不是大吉大利吗？

◎荒年诗

[明]金珊

（一）

年去年来来去忙，不饮千觞与百觞。
今年若还要酒吃，除去酒边酉字旁。

除去，是去掉的意思；酒字去了酉，指只有饮水了。

（二）

年去年来来去忙，不杀鹅时也杀羊。
今年若要杀鹅吃，除却鹅边鸟字旁。

意思是，要想吃肉，则只有杀“我”了。

◎思张公诗

汉魏六朝始有离合字形而写成的离合体诗。下面是唐权德舆的赠张监阁离合诗：

黄叶从风散，共嗟时节换。（田字）
忽见鬓边霜，勿辞林下觞。（心字）
躬行君子道，身负芳名早。（弓字）
帐殿汉宫仪，巾车塞垣草。（长字）
交情剧断金，文律每招寻。（八字）
始知蓬山下，如见古人心。（厶字）

各联离合成：田、心、弓、长、八、厶，合而为“思张公”三字。

◎“不久”诗

老健春寒秋后热，半夜残灯天晓月，
草头露水板桥霜，水上浮沤山顶雪。

诗中，每一句的内容都说的“不久”（很快、不长久之意）。对于健壮老人，春寒“不久”就可过去；秋后之热，也是“不久”的；夜半快灭的灯点“不久”，黎明前的月也亮“不久”；草上露水留“不久”，小桥上的霜“不久”便会被人踏化了的，水上泡沫存“不久”，山顶薄雪留“不久”。

◎“不打”诗

传说，宋代钱塘才女朱淑真的父亲骑驴进城，驴受惊狂奔，恰好将州官撞倒在地。州官大怒，命衙役将毛驴牵走充公，并把老汉抓进衙里。朱淑真听说父亲被抓的消息，急忙赶到府衙为父求情。州官久闻朱淑真是个才女，便想试试她的才学，于是说道：“人都夸你能作诗，如果你能用诗词的形式道出八个‘不打’，并且在诗里不提到一个‘打’字。本州即赦你父亲无罪，而且把驴子也一并交还。”

朱淑真毫不迟疑地说：“请大人出题。”

当时天近黄昏，州官说：“现在天色将晚，就以‘夜’字为题吧。”

朱淑真略加思考，当堂吟诵起来：

月移西楼更鼓罢，（不打鼓）
渔夫收网转回家。（不打渔）
卖艺之人去投宿，（不打锣）
铁匠熄炉正喝茶。（不打铁）
樵夫担柴早下山，（不打柴）
飞蛾团团绕灯花。（不打茧）
院中秋千已停歇，（不打秋千）
油郎改行谋生涯。（不打油）
毛驴受惊碰尊驾，
乞望老爷饶恕他（它）。

州官一听，不由拍案叫绝，顿时怒气全消，他当即传命释放了朱淑真的父亲，并归还了毛驴。

◎尹字诗

唐代京兆尹苏瑰，让儿子以“尹”字为题作诗，儿子便以“尹”的字形变化为主题作诗一首：

丑虽有足，甲不成身，
见君无口，知伊少人。

◎联边诗

据《漫叟诗话》载，宋代大诗人黄庭坚曾作过一首联边诗，即诗中每句的每一个字，都分别选用相同偏旁的字。诗是这样的：

逍遥近道边，憩息慰惫懑。
晴晖时晦明，谑语谐说论。
草莱荒蒙茏，室屋壅尘坌。
僮仆侍倡侧，泾渭清浊混。

◎咏钟诗

古时有位自视甚高的才子路过一荒废的古寺，见庭草没踝，有一大钟横卧于东屋檐下，他于感慨之际赋诗道：

本质原是铜，铸就一口钟。
覆着好像碗，敲来嗡嗡嗡。

◎咏淡酒

明朝时，杭州酒味淡薄，多为掺水所致。有人作《行香子》词以“咏”之：

湖水澄清，水价廉平，升半酒，掺做三升。茅柴焰过，肚胀彭亨。教君霎时饮，霎时醉，霎时醒。

听得渊明，说与刘伶：这一瓶，约莫三斤。君还不信，把秤来称，有一斤酒、一斤水、一斤瓶。

◎咏蛙诗

唐朝杨收，幼年时即聪慧过人，人皆称其为神童。一日，他的哥哥杨发令他以蛙为题咏诗，他便作了下面一首诗：

兔边分玉树，龙底耀铜仪；
会当同鼓吹，不复问官私。

◎咏蚊诗

泰州西溪地方多蚊，衙门问案时，左右常以艾烟熏除。有一厅吏，一日醉倒公堂，竟被蚊子叮咬致死。据传范仲淹作了下面这首有趣的诗来记此事：

饱似樱桃重，饥如柳絮轻；

但知从此去，不要问前程。

◎**咏夜挫牙**

何事响吱喳，先生夜挫牙。

浑如金砺石，宛似玉磋沙。

有鬼魂皆碎，无人肉不麻。

问渠何切齿，三等插金花。

◎**咏谢安墩**

王安石好与人争，在朝时，常与其他大臣争辩新法；在野时，则常在谢安墩争论。于是写了下面一首诗。

我名公字偶相同，我屋公墩在眼中；

公去我来墩属我，不应墩姓尚随公。

◎**观鱼诗**

[宋]杨万里

老夫不禁热，跣足坐瓦鼓。

临池观游鱼，定眼再三数。

鱼儿殊畏人，欲度不敢度。

一鱼试行前，似报无他故。

众鱼初欲随，皤然竟回去。

时时传一杯，忽忽日将暮。

◎**酸酒诗**

隔壁人家酿酒浆，钻入鼻孔折入肠。

宾朋对坐攒眉饮，妯娌相邀闭眼尝。

宜煮虾鱼宜拌肉，好烧芋艿好藏姜。

劝君收向厨中去，莫把区区作醋缸。

◎**劝夫诗**

《随园诗话》载：清时，杭州多闺秀，当时有一位夫人，貌美而贤淑。然而她的丈夫却生性风流，喜欢在外面拈花惹草，夫人对他无可奈何。她担心丈夫长此下去，有一天会染上恶疾，于是就作了一首诗来规劝他：

此去湖山汗漫游，红桥白社更青楼；

攀花折柳寻常事，只管风流莫下流。

◎**送行诗**

三山地方有一郑汝昂家极贫，但为人滑稽，擅作诗。他有一个亲戚到广东去做县令，在他临行前，郑作诗送给他，亲戚阅后不禁开怀大笑。诗如下：

三尺儿童事未谙，饥来强扯我烂衫；

老妻牵住轻轻语，爹正修书去岭南。

◎**九字诗**

在七言诗之后，到了明清两代，有人别出心裁，创作了九言诗。中峰和尚就有九言诗一首。题目是《梅花》：

昨夜西风吹折千林梢，

渡口小艇滚入沙滩坳，

野寺古梅独卧寒屋角，

疏影横斜暗上书窗敲。

◎**黄台瓜辞**

唐朝，武则天先废了太子李忠，又毒死亲生儿子太子李弘，立了太子李贤。后来，李贤发现武则天开始逐渐嫉恨自己了，联想到两个兄长的可悲下场，便作了一首《黄台瓜辞》，以黄瓜花比喻兄弟三人：

种瓜黄台下，瓜熟子离离。

一摘使瓜好，再摘令瓜稀。

三摘尚自可，摘绝抱蔓归。

◎**浇书摊饭**

苏东坡把晨饮称之为浇书，李黄门把午睡叫做摊饭。陆游因此作了这样一首有趣的诗：

浇书满挹浮蛆瓮，摊饭横眠梦蝶床；

莫笑山翁见机晚，也胜朝市一生忙。

◎**乞猫诗**

宋朝某年秋，黄庭坚为鼠所苦，乃向友人乞猫，用以捕鼠，便吟了这首乞猫诗：

秋来鼠辈欺猫死，窥瓮翻盘搅夜眠；

闻道狸奴将数子，买鱼穿柳聘衔蝉。

◎题《螺蛳图》

一日，唐伯虎出游遇雨，过一皂隶家，皂隶听说是大才子唐伯虎，出纸笔求画。唐伯虎画螺蛳数百，题其上曰：

海物何曾数着君？也随盘馔入公门。

千呼万唤不肯出，直待临时敲窟臀。

◎题《杨妃病齿图》

[元]冯海粟

华清宫，一齿痛；

马嵬坡，一身痛；

渔阳鼙鼓动地来，天下痛。

◎白玉烟壶诗

清乾隆年间，彭文敬在朝时，御赐一白玉烟壶。上镌山水，一背纤，一乘舟，极其工细，上有乾隆手制诗：

船中人被利名牵，岸上人牵名利船。

江水滔滔流不住，问君辛苦到何年。

嘲讽诗

◎墙头高立贺知章

唐时贺知章，在礼部选士，因取舍不公，众人喧闹盈门，贺知章吓得不敢出去，于是在后园升一梯，以便可以出府。清康熙年间，李穆生用通榜法，所取皆一时名士，落第者纠集闹事，新进士无法入谒，有人便据此作了这样一首诗：

门生未必敢升堂，道路纷纷闹未央。

我献一梯兼一策，墙头高立贺知章。

◎讥人觅考功

武则天在位时，王上客任吏部侍郎，自恃才高，希望能够担任前行外郎，结果却被派为水部员外，心中大为不满。张敬忠因之写诗讥诮他：

有意嫌工部，专心觅考功；

谁知脚蹭蹬，几落省墙东。

◎我未成名君未嫁

唐时，在钟陵有一名叫云英的名妓与罗隐关系非常密切。罗隐为取功名，阔别钟陵数年，连考几次，都未如愿，最后返回钟陵。当他与云英久别重逢后，云英讥笑罗隐犹未中第，罗隐心中不快，反唇相讥，作了下面这首诗：

钟陵醉别十余春，重见云英掌上身。

我未成名君未嫁，可知俱是不如人。

◎连著皮裘入土空

唐朝时，在北方边疆一带流传着一首振奋军心的诗：

昨夜阴山吼贼风，帐中惊起紫髯翁。

平明不待全师出，连把金鞭打铁骢。

这首诗的意思是：昨天夜里，从阴山来的贼兵进犯我关塞，一位长着红胡子的老将军从帐篷里惊起，不等天亮全军出动杀敌，他就挥舞金鞭催马带头冲向敌阵。

将领张师雄率军驻守北方边境，此人少智乏勇，只会说些甜言蜜语，因此得了“蜜翁翁”的绰号。一天晚上，有探子来报说胡骑来了，还没问清是怎么回事，张师雄便吓得魂不附体，赶忙穿上两层大皮袄，趴进土穴里。有人就把流传的边塞诗改了几个字讽刺这位怕死将军：

昨夜阴山吼贼风，帐中惊起蜜翁翁。

平明不待全师出，连著皮裘入土空。

◎讽老幕宾

宋代庆历年间，方楷驻守杭州，来往的幕宾，大都是年近古稀的老人。有一无名士

题诗嘲讽道：

绿水红莲客，青衫白发精；
过厅无一事，咳嗽两三声。

◎嘲欧阳询

唐书法家欧阳询来自貌丑陋，长孙无忌作诗以嘲：

耸膊山成字，埋肩畏出头，
谁令麟阁上，画此一弥猴？

欧阳询以一首诗作答：

缩头连背暖，漫裆畏肚寒，
只缘心浑浑，所以面团团。

◎想君别是闲花草

北宋诗人林逋，字君复，隐居西湖孤山20年，种梅养鹤，终身不仕，也不婚娶，故有“梅妻鹤子”之称，卒谥和靖先生。可是，到明朝洪熙年间，一个姓林的人突然冒出来，自称是林逋第十世孙。一著名学者不想当众戳穿骗局，写了一首诗让他自己走开算了。诗云：

和靖先生不娶妻，如何后代有孙儿？
想君别是闲花草，未必孤山梅树枝。

◎郑广做贼却做官

宋代，朝廷招安了闽浙沿海的海盗郑广，并封其做官。可衙门里的“同僚”却常常看不起他。一次，郑广当众作了首诗，讽刺那些对他有偏见的人：

郑广有诗赠众官，满朝文武总一般。
众人做官却做贼，郑广做贼却做官。

◎讽贾似道

宋理宗时，贾似道初任少傅相，便多方敛索，贪财求贿，于是有人作诗嘲讽他：

收拾乾坤一担担，上肩容易下肩难，
劝君高着擎天手，多少傍人冷眼看。

◎巧讥降将

吕文焕原为宋朝官吏，后变节降元，为时人所不齿。一日，吕文焕游浔阳琵琶亭，即当年白居易遇琵琶女而后作《琵琶行》之地。恰好龙麟洲也到此处游览，看到吕文焕，当即朗声吟诗一首：

老大娥眉别所天，忍将离怨写哀弦；
夜深正好看秋月，却抱琵琶过别船。

◎吊脱脱丞相

元朝丞相脱脱，是个大贪官。他死后，有人作诗嘲讽：

百千万贯犹嫌少，堆积黄金北斗边。
可惜太师无脚费，不能搬运到黄泉。

◎共叹同年是暮年

明万历年间，顺天乡试选了17位六十多岁的老监生，张葆生作诗对此事进行嘲讽：

堪羡新科十七贤，商山齐赴鹿鸣筵。
却言序齿原无齿，共叹同年是暮年。
丹桂折来花满眼，青云踏去雪盈颠。
可怜到手乌纱帽，反戴儒巾入九泉。

◎使君比我杀人多

明代钱塘（今杭州）山上多老虎，县令下令捕杀。有位文人前塔模仿老虎的口吻对这个贪官加以讽刺：

虎告使君听我歌，使君比我杀人多。
使君若肯行仁政，我自双双北渡河。

诗的意思是：都说我们老虎杀人，而县令比我们杀人还多。如果他今后保证不欺压老百姓，我们这些老虎马上搬出你们这里。

◎吴语歇后诗

明代有一名叫时少湾的人，对请来的馆师并不以礼相待，致使馆师们纷纷离去。有

詩林風采

人用吴语作歇后诗加以嘲讽：

少湾主人吉日良(时)，
束修且是爷多娘(少)。
身材好像夜叉小(鬼)，
心地犹如短剑长(枪)。
三杯晚酌金生丽(水)，
两碗晨餐周伐商(汤)。
年终算账索筵席(赖，《百家姓》“索筵席赖”)，
劈啪之声一顿相(打)。

◎吊中书左丞

明臣夏贵被元军困于淮西，因怕死而归降元朝，并任中书左丞。降后四年，他因病而亡。有宋之遗民，写诗吊祭他：

自古谁不死，惜公迟四年。
闻公今日死，何似四年前。

◎唐伯虎题诗赠道士

明代江南才子唐寅(伯虎)对那些口称会炼金术骗钱的道士很是厌恶，曾写过一首题扇诗给一个道士：

破布衫巾破布裙，逢人惯说会烧银。
自家何不烧些用，担水河头卖与人？

◎讽裁缝

明代某裁缝靠贿赂谋得一官，居然也冠带在身，招摇过市，顾霞山作诗嘲之：

近来仕路太糊涂，强把裁缝作大夫。
软翅一朝风荡尽，分明两个剪刀箍。

◎父子画像皆失真

明代姑苏(今苏州)蒋思贤父子为人写真(画肖像画)。为了展示样品，父子互相对画，画好后将画件公之于众，但所画皆失真，有人嘲之云：

父写子真真未像，子传父像像非真。
自家骨肉尚如此，何况区区陌路人。

◎改讽刺诗

南宋林升写诗讽刺迁都杭州、偏安东南的小朝廷：

山外青山楼外楼，西湖歌舞几时休？
暖风熏得游人醉，直把杭州作汴州。

明末，杭州大旱，当地太守及其他官员不顾百姓死活，依然花天酒地，轻歌曼舞。张岱有感于此，便套改林升的诗对其进行强有力的讽刺：

山不山来楼不楼，西湖歌舞一时休。
暖风吹得死人臭，还把杭州当汴州。

◎不在王家即谢家

明崇祯年间，湖北巡抚宋一鹤去世。他的妾陈氏，生得花容月貌，被门客王家下聘订婚，但贵阳的参政谢上选却先将她迎娶，以致因此打起官司来。当时兴安的程奎作诗道：

歌舞丛中度几华，一朝忽散抱琵琶；
前身定是乌衣燕，不在王家即谢家。

后两句之意，源于古诗“旧时王谢堂前燕，飞入寻常百姓家”。

◎“天地”歌

清光绪年间，社会已腐败不堪。此期间，张之洞升任两广总督，他到任后，也着实办了些事。但大清的衰落，社会的腐败已是大势所趋，张之洞也是无回天之力，不到一年，便怨声四起了。反对他的人编了首诗来挤对他：

闻公之名，惊天动地；
望公之来，欢天喜地；
见公之事，乌天黑地；
愿公之去，谢天谢地。

◎戏讽吵闹

有一显贵，常苦家中夫人与小妾不和。

一日，有词客来访，正赶上其家中夫人与小妾因一些琐事而吵闹不休，他便请客人给评评理。客人便指厅中所悬《鸠鹊图》，作诗一首：

鸠一声兮鹊一声，鸠呼风雨鹊呼晴，
老夫却也难主张，落雨不成晴不成。

◎美貌生员

清代学政徐琪，号花农，选士惯于以貌取人，多取年少貌美者。有人作诗讥讽之：

花农太史眼花花，鸿案题名尽世家。
但得容颜惊落雁，任教文字笑涂鸦。
若非小姐求佳婿，定是夫人择艾豭。
不有宋朝潘岳貌，劝君莫入学台衙。

◎馋相诗

清代有一外号为易七麻子的人十分贪吃，在饭桌上一点也不讲究文明礼节，吃相很是可憎。有人写诗对其进行讽刺：

好吃无如易七麻，肴犹未到口先呀。
尝将一箸箝三斤，惯耸双肩压两家。
嚼进嘴边流白沫，挠穿碗底现蓝花。
酒阑人散无多事，闲倚栏杆剔板牙。

◎讥人争名

古时曾有二贡士因争名而相持不下，以致殴打起来。有人用旧律易字讥讽：

南北斋生多发颠，春来争榜各纷然。
网巾扯作黑蝴蝶，头发染成红杜鹃。
日暮二人眠阁上，夜归朋友笑灯前，
人生有架须当打，一棒何曾到九泉。

◎且将收拾过残年

那些懒于读书的人总会为自己的行为找到辩解的理由，有人曾以这样一首诗为此类人作了一个生动的写照：

春天岂是读书天，夏日炎炎真好眠。
秋有蚊虫冬又冷，且将收拾过残年。

◎讽吸烟者

琼箫锦瑟并横陈，玉琢金装制作新。
到口便医心上病，行云频见掌中身。
百年有尽先拼命，寸铁无锋惯杀人。
怪底一灯青似豆，夜深风雨化阴燐。

◎讥显而忘贫者

古时有一乡人，家境十分贫寒，吃不饱，穿不暖。后来他当上库书以后，生活有了很大改善，他一改往日作风，整日锦衣玉食，在乡邻面前也是耀武扬威。有人作诗讥讽：

雪大风狂冻又坚，布袍一领并无棉；
自从接管田房税，灰鼠裘披八月天。

◎讽滥竽为官者

古时有一名人胸无点墨，目不识丁，却身居吏部侍郎。于是有人作诗嘲笑之：

今年选数恰相当，都由座主无文章。
案后一腔冻猪肉，所以名为姜侍郎。

◎讽昏官

清朝有一名叫叶名琛的汉阳人，曾出任两广总督。咸丰丁巳年，英兵入粤，将叶名琛掠去。粤中人士中有人作乐府诗讽刺这位昏聩无能的官吏：

叶中堂，告官吏，十五日，必无事，点兵调勇无庸议。十三敌炮来攻城，十四城破无炮声，十五无事灵不灵。谶诗耶，乩笔耶，占卦耶，择日耶。

◎何谓孝廉方正

清代每新君登基，则由地方举荐孝廉方正者为官。到清末光绪初年，这一举荐之事多有弊端，所举者非孝、非廉、非方，亦非正。于是有人作诗讽之：

何谓孝，逼得母亲上了吊。
何谓廉，每月常放二分钱。

何谓方，浑身都是杨梅疮。
何谓正，丫头老妈没干净。

◎讽奢诗

清时曹翰初侍奉世宗，后任枢密承旨，其人非常贪婪奢侈，常着锦袜，穿金线鞋，当时有一朝士，作诗讥讽他：

不作锦衣裳，裁为十指仓；
千金包汗脚，惭愧络丝娘。

◎嘲北京官僚

汪康年《汪穰卿笔记》载有清末人嘲北京官僚的一首诗：

六街如砥电灯红，彻夜轮蹄西复东，
天乐听完听庆乐，惠丰吃罢吃同丰。
街头尽是半郎员主，谈助无非白发中，
除却早衙迟画到，闲来只是逛胡同。

诗中，天乐、庆乐，为戏园名；惠丰、同丰，为酒楼名；郎员主，为官衔尾字；白发中，为麻将牌中的三种牌名。

◎“莲花落”讽文人

清光绪年间，八国联军入侵北京，其统帅瓦德西征诗，居然有些文人前往应征。山东一乞丐在平度唱“莲花落”讽刺这些没有骨气的文人：

可怜可怜，西洋鬼子杀来也。
沈郎年强多奇才，怂恿鬼子找俊贤。
一篇律赋，一篇墨裁，
首阳隐士齐出山。
道读书万卷，
郁郁山林何为哉?
快收拾笔墨纸砚，
到交民巷去试试看。

◎倒字诗嘲国子监

清初有个国子监祭酒，出试题时，将“雕弓”（刻花纹的弓）写成了“弓雕”（弓上的花纹），有个大学士写倒字诗嘲笑他：

雕弓难以作弓雕，
如此诗才欠致标，（颠倒“标致”）
若使是人为酒祭，（颠倒“祭酒”）
算来端的负廷朝。（颠倒“朝廷”）

◎讽错字诗

清代许兆椿当漕督官时，到了湖广一带。善化县令已升任武冈知州，安排仪仗队伍对许兆椿隆重接待。可是把仪仗队中官衔牌上的“漕”误写成“糟”了。漕，是粮运；糟，是酒糟。许兆椿见了，作谐诗一首：

平生不作醉乡侯，况复星驰速置邮。
岂有尚书兼麹部，漫劳明府续糟邱。
读书字要分鱼豕，过客风原异马牛。
闻说头衔已升转，武冈可是‘五缸’州?

◎“田臼”诗

清代书画家赵之谦，到浙江黄岩县做官。阅读试卷时，发现一考生将文中的“奋”都写成了错字，将“田”写成“臼”，作诗一首加以讽刺：

奋到黄岩亦怪哉，将田换成臼拿回。
岂从佃父收租后，或是工人舂米来。
送舅须防男变脸，养儿防是鬼成胎。
畜生下体虽无恙，日久终须要凿开。

◎枇杷诗

有个叫沈石田的人做寿，有人送枇杷贺之，礼单上却误写成琵琶，闻者作诗讽之曰：

枇杷不是这琵琶，只为当年识字差。
若使琵琶能结果，满城箫管尽开花。

◎“匀勺”诗

过去，下属给上面的官员写信，无论是公函还是私函，必须写上“大人钧禀”四个字。清代有一个县令，给巡抚写信，把“大人钧禀”写成了“大人钧禀”，“钧”字漏掉了一点。巡抚看了，在上题了一首诗退回给他：

未必他年秉大钧，垂竿顿触钓鱼心。

可怜一勺廉泉水，分赠同僚总不匀。

◎缘何放屁在高墙

许多人都喜欢游览名胜古迹，但有些游客在游览时在墙壁上乱题歪诗。一日，某生游览楞伽山，见其殿壁上乱七八糟的所谓诗，一怒之下，也在其殿壁上题了四句打油诗：

多时不见诗人面，
一见诗人丈二长；
不是诗人长丈二，
缘何放屁在高墙？

成语故事

語言的盛宴

成语故事

安步当车

战国时，齐国有位高士，名叫颜蜀。齐宣王慕名把他召进宫。颜蜀走进宫内，见齐宣王而停住不再向前。齐宣王觉得很奇怪说道：“颜蜀，走过来！”不料颜蜀一步不动，对齐宣王说：“大王，走过来！”左右的大臣见颜蜀目无君主，都说：“大王是君主，你是臣民，你怎么可以叫大王走过去呢？”颜蜀回答道：“我如果走过去，说明我羡慕大王的权势；如果大王走过来，说明他礼贤下士。与其让我羡慕大王权势，还不如让大王礼贤下士的好。”

齐宣王听后大怒道：“你说君主尊贵，还是你们士人尊贵？”

颜蜀不假思索地说道：“当然是我们士人尊贵了！”

齐宣王问为什么。

颜蜀神色自若地说道：“从前秦国进攻齐国的时候，秦王下过一道命令：有谁敢在高士柳下季坟墓五十步以内的地方砍柴者，格杀勿论！有谁能砍下齐王的脑袋者，赏金千镒，封他为万户侯，由此可知，一个君主的脑袋，竟然连一个死的士人坟墓都不如啊。”

齐宣王被说得哑口无言，怒目而视。大臣们纷纷责问道：“我们大王是拥有千乘之国的君主，东西南北谁敢不服？大王想要什么就有什么，老百姓没有不俯首听命的。”颜蜀驳斥道：“你们错了！从前大禹的时候，诸侯有万国之多。这是为什么呢？因为他尊重士人。到了商汤时代，诸侯有三千之多。如今，称孤道寡的才二十四个。由此看来，重视士人与否是得失的关键。所以君父要以不经常向人请教为羞耻，以不向地位低的人学习而惭愧。”齐宣王听到这里，觉得颜蜀的话很有道理，于是说：“听了先生的一番高论，令我受益良多。希望您接受我作为您的学生，今后您就住在我这里，我保证您饮食无忧，出门必有车乘，您的夫人和子女都会衣着华丽。”颜蜀辞谢道：“产于山中的玉，经匠人加工后，虽然宝贵，但失去了它本来的面貌。生在穷乡僻壤的士人，选拔上来享有利禄后，虽然显贵了，但他本来的风貌和内心操守就会改变。所以我情愿回去，每天晚点吃饭，也可以像吃肉那样香，安稳而慢慢地走路，足以当做乘车；平安度日，清静无为，乐在其中。”颜蜀说罢，向宣王拜了两拜，就告辞离去。

安步当车：慢慢地行走就好似坐在车上一样。形容悠闲自得的样子。

安然无恙

公元前 266 年，赵惠文王去世，次年太子丹即位是为赵孝成王。由于赵孝成王还年轻，国家大事由他的母亲赵威后处理，赵威后是一贤明而且有一定见识的妇女。

有一次，齐王派使者带着信到赵国问候赵威后。赵威后还没有拆信就问使者道：“齐国的收成都还好吧？老百姓生活都平安吗？齐王身体健康吗？”齐国使者听了很不高兴地说：“我受齐王的差遣来问候您，现在你不先问候齐王，却先问收成和百姓，难道可以把低贱的放在前面，把尊贵的放在后面吗？”

赵威后笑着说："如果没有好的收成，怎么会有百姓生活的安稳？如果百姓的生活都不安稳了，怎么还会有君主的存在呢？难道问候时可以舍弃根本而只问枝节吗？"齐国使者听了，一时说不出话来。

安然无恙：指平平安安地没有遭遇任何的损害。

按图索骥

春秋时候，秦国有个叫孙阳的人，擅长相马，尤其是擅长相千里马，因此他常常被人请去识马、选马，人们都称他为伯乐（"伯乐"本是天上的星名，据说负责管理天马）。

有一次，孙阳路过一个地方，看见前方一辆盐车远远驶来，而拉车的老马却冲他叫个不停。孙阳走近一看，发现拉车的是匹千里马，只是年龄老了点。孙阳看着眼前骨瘦如柴的千里马，觉得太委屈了它了，它本是可以奔跑于疆场，发挥更大作用的宝马良驹，现在却默默无闻地拖着盐车，消耗着它的锐气和体力！孙阳想到这里，手摸着千里马的鬃毛，痛惜得落下眼泪。

为了让更多的人学会相马，使千里马不再被埋没，也为了自己相马绝技不至于失传，孙阳写了一本《相马经》，他把自己多年积累的相马经验和知识汇总，并配上各种马的图形。

孙阳有个儿子，看了父亲写的《相马经》后，认为相马很容易，就拿着这本书到处寻找千里马。首先他按照书上所绘的图形去找，没有找到。于是他又按书中所写千里马的特征去找，最后找到一只癞蛤蟆很像书中千里马的特征，便高兴地把癞蛤蟆带回家，对孙阳说："父亲大人，我找到一匹千里马，只是蹄子稍差些。"父亲一看儿子手中的癞蛤蟆，哭笑不得。便对这愚笨的儿子幽默地说："只可惜这马太喜欢跳了，不能用来拉车。"接着孙阳又感叹道："所谓按图索骥也。"

按图索骥：比喻机械地照老办法办事，不知变通；也比喻按照某种线索去寻找事物。

不寒而栗

西汉武帝的时候，有个名叫义纵的人。因为他的姐姐医好了皇太后的病，得到皇太后的宠爱，义纵因此而得到汉武帝的任用。汉武帝将他升任南阳太守。

当时，南阳城里住着一个管理关税的都尉叫做宁成，此人残暴，在南阳横行霸道，百姓们都很怕他，甚至连官员都不敢得罪他。大家都说，让宁成做官，好比是把一群羊交给狼管。义纵上任的那天，宁成带领全家老小恭恭敬敬地站在路边迎接义纵。义纵知道宁成的目的，便对他不理不睬。上任后，义纵就派人调查宁成的家族，凡是查到有罪的，统统杀掉，最后，宁成也被判了罪。这一来，当地有名的富豪孔氏、暴氏因为也有劣迹，吓得逃离了南阳。

后来，汉武帝又调义纵任定襄（在今内蒙古）太守。那时，定襄的治安很混乱。义纵到任后，就将监狱中二百多个重罪轻判的犯人重新判处死刑，同时将二百多个私自来监狱探望这些犯人的家属抓了起来，也一起判处死刑。

那天，一下子就杀了四百多人。尽管那天天气不冷，然而，住在这个地区的人们听到这个消息后都吓得不寒而栗。

不寒而栗：天气不寒冷，身体却在发抖。形容非常惊恐、害怕。

不学无术

汉武帝在位的时候，大将军霍光是朝廷中举足轻重的大臣，深得武帝信任。武帝临死前，把幼子刘弗陵托付给霍光，是为汉昭帝。昭帝去世后，霍光立刘询做皇帝。霍光掌握朝政大权四十多年，为西汉王朝立下了不小的功勋。

刘询继承皇位，是为汉宣帝，并册立许妃为皇后。霍光的妻子是个贪图富贵的女人，她想把自己的小女儿成君嫁给刘询做皇后，于是就乘许皇后生病的机会，买通了宫内的女医下毒害死了许皇后。不想毒计败露，女医下狱。一点都不知情的霍光在听妻子说出这件事后，大为惊惧，指责妻子不该办这种事情。他想去告发，但又不忍心妻子被治罪，思前想后，还是利用手中的职权把这件事情隐瞒了下来。等到霍光死后，有人向宣帝告发此案，宣帝派人去调查处理。霍光的妻子听说后，与家人、亲信商量对策，决定召集族人策划谋反，不想走漏了风声，宣帝派兵将霍家包围，满门抄斩。

东汉史学家班固在《汉书·霍光传》中评论霍光的功过，说他“不学无术，暗于大理”，意思是说霍光不读书，没学识，因而不明关乎大局的道理。

不学无术：今指没有学问，没有本领。

不可救药

西周王朝到了后期，奴隶主贵族日益腐朽，不断搜刮钱财，发动战争，压迫百姓和奴隶。周厉王即位后，对百姓和奴隶的剥削压迫更重。他贪财好利，独占山林川泽，不许百姓打猎、砍柴、捕鱼，还派人监视他们的言行；谁议论他，他就把谁杀死。人民忍无可忍，到处都有人起来反抗，周王朝的统治越来越不稳固。

周朝有位卿士叫凡伯。凡伯不但有诗才，而且善于治理国事。后来，他在周厉王身边辅佐朝政。可是，周厉王飞扬跋扈，枉法断事。奸臣则百般谄媚讨好。凡伯直言相劝，列数朝政弊端，奸臣却在周厉王耳边说他的坏话。周厉王对凡伯十分厌烦，从此，奸臣出入宫廷，不把凡伯放在眼里。凡伯十分愤慨，写了一首诗，后来收入《诗经》。诗中抨击奸臣说：“作恶多端，不可救药！”

果然不出凡伯所料，公元前 842 年发生了一次国人暴动，平民和奴隶们拿起武器，冲进王宫，周厉王仓皇逃走。西周从此衰落下去，出现了分崩离析的局面。

不可救药：病重到不能用药救活。后比喻事物坏到无法挽救的地步。

杯弓蛇影

从前有个叫乐广的人，他有位好朋友经常到他家里来喝酒聊天。但是最近一段时间内，他的朋友一直没有露面。乐广惦念朋友发生什么事情，于是登门拜访。只看见朋友半倚在床上，脸色蜡黄。乐广这才知道朋友得了重病，就问他的病是怎么得的。开始朋友支支吾吾不肯说，在乐广再三追问下，朋友说道：“那天在你家喝酒，我看见酒杯里有一条青皮红花的小蛇在游动。当时心里很是害怕，你又再三劝酒，出于礼貌，我就闭着眼睛喝了下去。从那以后，我就觉得肚子里好像有条小蛇在乱窜，十分恶心，想吐，现在是什么东西也吃不下了，就这样病了快半个月了。”乐广听了朋友的话，百思不得其解，酒杯里怎么会有小蛇呢？回到家中，他在客厅里踱来踱去，分析这其中的原因。忽然他一抬头，看见墙上挂着一张青漆红纹的雕弓，

心里想莫非是这张雕弓捣的鬼。于是，他斟满一杯酒，放在桌子上，移动了几个位置，终于看见那张雕弓的影子清晰地投映在酒杯中，随着杯中酒的晃动，真象一条青皮红花的小蛇在游动。乐广马上用轿子把朋友接到家中，请他仍旧坐在上次的位置上，仍旧用上次的酒杯为他斟了满满一杯酒，问道："你看看酒杯中有什么东西？"朋友低头一看，惊叫起来："蛇！蛇！就是上次我喝下去的那条青皮红花的小蛇！"乐广哈哈大笑，指着墙壁上的雕弓说："您抬头看看，那是什么？"朋友看看雕弓，再看看杯中的蛇影，恍然大悟，身体顿时觉得轻松起来，病也就全消了。

杯弓蛇影：将映在酒杯里的弓影误认为蛇。比喻因疑神疑鬼而引起恐惧。

抱薪救火

战国时，秦国侵略魏国，魏国连连战败。魏国安釐王即位后，魏国已经失去了两个城镇；第二年，魏国又失去了三个城镇，眼看魏国的都城即将不保，形势十分危急。韩国派兵来救，但被秦军打败。魏国没有办法，只得割让土地，秦国才因此退兵。

第三年，秦国又发动进攻，强占了魏国的两个城镇，并杀死了数万人。第四年，秦国打败魏、韩、赵三国军队，杀死兵士十五万人；魏国的大将芒卯也因此失踪。

魏国军队的接连败北，使安釐（通"僖"）王坐卧不安。此时，魏国军队的另一位大将段干子也十分恐惧，于是他向安釐王建议，把南阳割给秦国，请求罢兵议和，安釐王对秦军的进攻十分害怕，认为割让土地就可以求得太平，便照着段干子的话做了。

当时苏秦的弟弟苏代，极力主张联合各诸侯国抵抗秦国。苏代得知魏国割地求和的事后，就对安釐王说："以地事秦，譬犹抱薪而救火也，薪不尽而火不止。"

但是，安釐王不肯听从苏代的话，仍然一味屈膝求和，这样过了没有多少年，魏国终于被秦国所灭。

抱薪救火：抱着柴草去救火。比喻采取不正确的方法去消除祸患，反而会加速祸患的蔓延。

半途而废

东汉时河南郡的乐羊子有一位贤慧的妻子。一天，乐羊子在路上拾到一块金子，回家后把它交给妻子。妻子说："我听说有志向的人不喝盗泉的水，因为它的名字令人厌恶；也不吃别人施舍的食物，宁可饿死。更何况拾取别人丢失的东西。这样会玷污品行。"乐羊子听了妻子的话，非常惭愧，就把那块金子扔到野外，然后到远方去寻师求学。

一年后，乐羊子归来。妻子正在织布机上织布，便问他为何回家，乐羊子说："出门时间长了想家，没有其他缘故。"妻子听罢，拿起一把剪刀走到织布机前，剪断了织布机上的蚕丝，然后对乐羊子说："这织布机上织的绢帛产自蚕茧，成于织机。一根丝一根丝地积累起来，才有一寸长；一寸寸地积累下去，才有一丈乃至一匹。今天如果我将它割断，就会前功尽弃，从前的时间也就白白浪费掉。读书也是这样，你积累学问，应该每天获得新的知识，从而使自己的品行日益完美。如果半途而废，和割断织丝有什么两样呢？"

乐羊子被妻子说的话深深感动，于是又去求学，一连七年没有回过家。

半途而废：半路上停下来不再前进。比喻做事有始无终，不能坚持到底。

沧海桑田

从前有两个仙人，一个叫王远，一个叫麻姑。一次，他们相约到蔡经家去饮酒。

到了约定的那天，王远乘坐在五条龙拉的车上，在一批骑着麒麟的吹鼓手和侍从的簇拥下，前往蔡经家。只见他挂着彩色的绶带，佩着虎头形的箭袋，显得威风凛凛。

王远一行降落在蔡经家的庭院里后，簇拥他的那些人一会儿全部隐没了。接着，王远和蔡家的成员互相致意，然后独自坐在那里等候麻姑的到来。

王远等了好久不见麻姑到来，便朝空中招了招手，吩咐使者去请她。过了一会儿，使者在空中向王远禀报说："麻姑命我先向您致意，她说已有五百多年没有见到先生了。此刻，她正奉命巡视蓬莱仙岛，稍待片刻，就会来和先生见面的。"

王远微微点头，耐心地等着。没多久，麻姑从空中降落下来了。她的随从人员只及王远的一半。蔡经家的人这才见到，麻姑看上去似人间十八九岁的漂亮姑娘。她蓄着长到腰间的秀发，衣服不知是什么材料制的，上面绣着美丽的花纹，光彩夺目。

麻姑和王远互相行过礼后，王远就吩咐开宴。席上的用具全是用金和玉制成的，珍贵而又精巧；里面盛放的菜肴，大多是奇花异果，香气扑鼻。所有这些，也是蔡经家的人从未见到过的。

席间，麻姑对王远说："自从得了道接受天命以来，我已经亲眼见到东海三次变成桑田。刚才到蓬莱，又看到海水比前一时期浅了一半，难道它又要变成陆地了吗？"

王远叹息道："是啊，圣人们都说，大海的水在下降。不久，那里又将扬起尘土了。"

宴饮完毕，王远、麻姑各自招来车驾，升天而去。

沧海桑田：大海变为桑田，桑田变为大海。比喻世事变化非常大。

才高八斗

南朝谢灵运，出身于东晋士族大家，是一位写了大量山水诗的文学家。他自幼聪明好学，深受祖父谢玄的喜爱。因袭封康乐公的爵位，世人称他"谢康乐"。他身为公侯，却并无实权，被派往永嘉任太守。谢灵运自叹怀才不遇，常常丢下公务不管，出外游山玩水。后来，他辞官移居会稽，常常与友人饮酒作乐。当地太守派人劝他节制一些，却被他怒斥了一顿。

谢灵运的诗善于刻画自然景物，形式优美，深受文人雅士的喜爱。他的诗篇一经传出，人们就竞相抄录，流传很广。等到宋文帝即位后，很是赏识他的文学才能，特将他召回京城做官，并把他的诗作和书法赞为"两宝"。从此，谢灵运更加骄傲了，他说："天下文学之才共有一石，曹子建（曹植）独占八斗，我得一斗，天下共分一斗。"

才高八斗：形容人的文才极高。

车水马龙

东汉名将马援的小女儿马氏，由于父母早亡，年纪很小时就操办家中的事务，把家务料理得井然有序，得到亲朋们的称赞。

13岁那年，马氏被选进宫内。她先是侍候皇后，并得到皇后的宠爱。光武帝去世后，太子刘庄即位，是为汉明帝，并封马氏为贵人。由于马氏一直没有生育，便收养了贾氏的一个儿子，取名为刘炟。由于皇太后对马氏的宠爱，她被明帝立为皇后。

马氏当了皇后，生活还是非常俭朴，经常穿粗布衣服，裙子也不镶边。一些嫔妃朝见她时，还以为她穿了特别好的料子制成的衣服。走到近前，才知道是极普通的衣料，从此对她更尊敬了。

马皇后知书达理，时常认真地阅读《春秋》、《楚辞》等著作。有一次，明帝故意把大臣的奏章给她看，并问她应如何处理，她看后当场提出中肯的意见。但她并不因此而干预朝政，此后再也不主动去谈论朝廷的事。

明帝死后，刘炟即位，这就是汉章帝，马皇后被尊为皇太后。不久，章帝根据一些大臣的建议，打算对皇太后的兄弟亲戚加官进爵。马太后便以光武帝颁布的有关后妃家族不得封侯的规定，明确地反对。第二年夏天，发生了旱灾。一些大臣又上奏说今年的大旱，是因为去年不封外戚的缘故。他们再次要求给马氏舅父封爵。马太后还是不同意，并为此专门发了诏书，说："凡是提出要对外戚封爵的人，都是想献媚于我，想从中取得好处。天大旱跟封爵有什么关系？要记住前朝的教训，宠信外戚会招来倾覆的大祸。先帝不让外戚担任重要的职务，防备的就是这个。再者马家的舅父，个个都很富贵。我身为太后，还是食不二味，穿着简朴，左右宫妃也尽量俭朴。我这样做的目的，是为下边做个样子，让外戚见了好反省自己。可是，他们不反躬自问，反而笑话我太节俭。前几天我路过娘家住地濯龙园的门前，见从外面到舅舅家拜访请安的，车子像流水那样不停地驶去，马匹络绎不绝，好像一条游龙，招摇得很。他们家的用人，穿得整整齐齐，领和袖雪白，看看我们的车上，比他们差远了。我当时竭力控制自己，没有责备他们。他们只知道自己享乐，根本不为国家忧愁，我怎么能同意再给他们加官进爵呢？"

车水马龙：车像流水，马如游龙。形容车马来来往往的热闹景象。

唇亡齿寒

春秋时候，晋献公想要扩充自己的实力和地盘，就找借口说邻近的虢国经常侵犯晋国的边境，要派兵灭了虢国。可是在晋国和虢国之间隔着一个虞国，讨伐虢国必须经过虞地。

"怎样才能顺利通过虞国呢？"这一天晋献公问手下的大臣。

大夫荀息回答道："虞国国君是个目光短浅、贪图小利的人，只要我们送他价值连城的美玉和良马，他一定会答应借道给我们的。"晋献公听说要送美玉和良马就没有说话，荀息看出了晋献公有点舍不得，就接着说道："虞虢两国是唇齿相依的近邻，虢国灭了，虞国也不能独存，您的美玉宝马不过是暂时存放在虞公那里罢了。"于是晋献公采纳了荀息的计策，给虞国国君送上了这两样宝贝。

虞国国君见到这两样珍贵的礼物，听到荀息说要借道虞国，想都没想就满口答应下来。虞国大夫宫之奇听说后，急忙阻止道："不行，不行，虞国和虢国是唇齿相依的近邻，我们两个小国相互依存，有事可以互相帮助，万一虢国灭了，我们虞国也就难保了。没有嘴唇，牙齿也保不住啊！借道给晋国是万万使不得啊。"虞国国君说道："晋国这样的大国，特意送来美玉和宝马与咱们交好，难道咱们借条道路让他们走走都不行吗？"宫之奇连声叹气，知道虞国离灭亡的日子不远了，于是就带着一家老小离开了虞国。

果然，晋国军队借道虞国，消灭了虢国后，在胜利班师的时候顺道就把虞国给灭了。

唇亡齿寒：嘴唇没有了，牙齿就会感到寒冷。比喻相互依存，关系密切。

乘风破浪

南北朝的时候，宋国有位将军叫做宗悫，他从小就跟着叔叔舞枪弄棒，练习拳术，虽然年纪不大，但武艺却十分高强。在他哥哥结婚的时候，有十几个盗贼冒充来客，混了进来，趁着客厅里人来人往，喝酒道贺之际，盗贼潜入宗家的库房里偷盗起来。有个家仆去库房拿东西，发现了盗贼，大声惊叫着奔进客厅。一时间，客厅里的人都被吓呆了，不知如何是好。只见宗悫镇定自若，拿出佩剑，直奔库房。盗贼一见来了人，挥舞刀枪威吓宗悫。宗悫面无惧色，举剑直刺盗贼，家人也呐喊助威。盗贼见势不妙，丢下抢得的财物，脱身逃跑了。

宾客见盗贼被赶走，纷纷称赞宗悫机敏勇敢，少年有为。有人问他将来长大后干什么？宗悫昂起头，大声地说："愿乘长风破万里浪，干一番伟大的事业。"

果然，几年以后，当林邑王范阳迈侵扰边境，皇帝派交州刺史檀和之前往讨伐时，宗悫自告奋勇地请求参战，被皇帝任命为振武将军。一次，檀和之进兵包围了区粟城里林邑王的守将范扶龙，命宗悫去阻击林邑王派来增援的兵力。

宗悫设计，先把部队埋伏在援兵的必经之路，等援兵一进入埋伏圈，伏军立即出击，把援兵打得个落花流水。就这样，宗悫果然替国家打了不少胜仗，立下许多战功，被封为洮阳侯，实现了他少年时的愿望。

乘风破浪：趁着顺风，劈波折浪地前世。形容船行进的速度很快。比喻不怕困难，奋勇前进的精神。

打草惊蛇

南唐时候，当涂县的县令叫王鲁。这个县令贪得无厌，财迷心窍，见钱眼开，只要是有钱、有利可图，他就可以不顾是非曲直，颠倒黑白。在他做当涂县令的任上，干了许多贪赃枉法的坏事。

常言说，上梁不正下梁歪。这王鲁属下的那些大小官吏，见上司贪赃枉法，便也一个个明目张胆干坏事，他们变着法子敲诈勒索、贪污受贿，巧立名目搜刮民财，这样的大小贪官竟占了当涂县官吏的十之八九。因此，当涂县的老百姓真是苦不堪言，一个个从心里恨透了这些狗官，总希望能有个机会好好惩治他们，出出心中怨气。

一次，适逢朝廷派员官下来巡察地方官员情况，当涂县老百姓一看，机会来了。于是大家联名写了状子，控告县衙里的主簿等人营私舞弊、贪污受贿的种种不法行为。

状子首先递送到了县令王鲁手上。王鲁把状子从头到尾只是粗略看了一遍，这一看不打紧，却把这个王鲁县令吓得心惊肉跳，浑身上下直打哆嗦，直冒冷汗。原来，老百姓在状子中所列举的种种犯罪事实，全都和王鲁自己曾经干过的坏事相类似，而且其中还有许多坏事都和自己有牵连。状子虽是告主簿几个人的，但王鲁觉得就跟告自己一样。他越想越感到事态严重，越想越觉得害怕，如果老百姓再继续告下去，马上就会告到自己头上了，这样一来，朝廷知道了实情，查清了自己在当涂县的所作所为，自己岂不是要大祸临头！

王鲁想着想着，惊恐的心怎么也安静不下来，他不由自主地用颤抖的手拿笔在案卷上写下了他此刻内心的真实感受："汝虽打草，吾已惊蛇。"写罢，他手一松，瘫坐在椅子上，笔也掉到地上去了。

那些干了坏事的人常常是做贼心虚，当真正的惩罚还未到来之前，只要有一点什么声响，他们也会闻风丧胆。

打草惊蛇：打草时惊动了伏在草中的

蛇。比喻因行动不谨慎而惊动了对方。

大材小用

金人南侵后，辛弃疾组织了两千多人的队伍在故乡起义。后来，又率领队伍投奔济南府农民耿京组织的起义军。不久，起义军接受朝廷任命，与朝廷的军队配合作战，打击南侵的金军。但由于投降派的排挤和打击，辛弃疾后来曾长期闲居在江西上饶一带。1203 年春，才被任命为绍兴府知府兼浙江东路安抚使。这一年，辛弃疾已经 63 岁了。

绍兴西郊有一处地方叫三山，当时著名的爱国诗人陆游就在那里闲居。陆游比辛弃疾大 15 岁，当时快 80 岁了，他的爱国诗句早已为辛弃疾所景仰，因此辛弃疾到任不久，就去拜访了这位前辈，两人一起议论国家大事，有相见恨晚之感。陆游听了辛弃疾对形势的分析和统一全国的设想，觉得他是一个很有才能的人，希望他在事业上取得成功。

第二年春，宋宁宗要他去京城，征询他对北伐金国的意见。辛弃疾把这件事告诉陆游，陆游觉得这是辛弃疾施展自己才能的好机会，为他感到高兴。临行前，陆游送他一首长诗《送辛幼安殿撰造朝》。诗中说：大材小用古所叹，管仲、萧何实流亚。

但是辛弃疾到了京城后，皇帝只安排他做镇江府知府。不久，这位爱国英雄在忧愤中病逝。

大材小用：大的材料用在小处。比喻用人不当，浪费人才。

大义灭亲

春秋时期，卫国的州吁杀死哥哥卫桓公，自立为国君。当上国君的州吁经常驱使百姓去打仗，激起人民不满。他担心自己的王位不稳定，就与心腹大臣石厚商量办法。石厚就回家去问自己的父亲——卫国的大臣石碏：“怎样才能巩固州吁的统治地位呢？”石碏对儿子说：“诸侯即位，应得到周天子的许可，周天子许可了，那么他的地位就能巩固。”石厚说：“州吁是杀死哥哥谋位的，要是周天子不许可，怎么办？”石碏说：“陈桓公很受周天子的信任，陈卫又是友好邻邦。”石厚没等父亲把话说完，就抢着说：“你是说去请陈桓公帮忙？”石碏连连点头。

于是州吁和石厚备了许多礼物来到了陈国，却被陈桓公扣留下来。原来，这是石碏的安排。卫国派人去陈国，把州吁处死。卫国的大臣们以为石厚是石碏的儿子，应该从宽。石碏就派自己的家臣到陈国去，把石厚杀了。石碏为国大义灭亲之事，史学家左丘明记之，卫民传颂至今。石碏的这种做法得到后人的赞许，后来人们称这种行为是“大义灭亲”。

大义灭亲：原指为君臣大义而绝父子的私情。现在指为了维护国家和人民利益，对犯罪的亲属不徇私情。

大公无私

春秋时，晋平公有一次问祁黄羊：“南阳县官有个缺额，你看派谁去最合适？”祁黄羊想了想说：“派解狐去最合适！”晋平公觉得很奇怪，说道：“解狐不是你的仇人吗，你为什么要推荐他？”祁黄羊答道：“你只问我什么人最适合这个职位，并没有问我解狐是不是我的仇人呀！”

晋平公采纳了祁黄羊的意见，派解狐到南阳县去上任。果然，解狐很有作为，为当地百姓办了不少好事，受到人们的称颂。

过了些日子，晋平公又问祁黄羊："现在朝廷里缺少一位法官，你看谁能胜任？"祁黄羊回答："祁午最能胜任！"晋平公说："祁午是你的儿子，你推荐自己的儿子，不怕人家说闲话吗？"祁黄羊说："你只问我谁可胜任法官，并没有问我祁午是不是我的儿子呀！"

于是晋平公就派祁午去做法官，祁午当了法官后，非常称职，深受人民的爱戴。

孔子听了这两件事，十分称赞祁黄羊，孔子说道："像祁黄羊这样公正严明的人，才称得上是'大公无私'。

大公无私：形容一心为公，没有私心。也指处理事情公正，不偏向任何一方。

防微杜渐

东汉和帝即位后，窦太后专权。她的哥哥窦宪官居大将军，任用窦家兄弟为文武大官，掌握着国家的军政大权。看到这种现象，许多大臣心里很着急，都为汉室江山捏了把汗。大臣丁鸿就是其中的一个。

丁鸿很有学问，对经书极有研究。他对窦太后的专权十分气愤，决心为国除掉这一祸根。几年后，天上发生日食，丁鸿就借这个当时认为不祥的征兆，上书说，皇帝如果亲手整顿吏治，应在事情开始萌芽时候就注意防范，这样才可以消除隐患，使得国家能够长治久安。指出窦家权势对于国家的危害，建议迅速改变这种现象。和帝本来早已有这种感觉和打算，于是迅速撤了窦宪的官，窦宪和他的兄弟们因此而自杀。

防微杜渐：在坏事刚刚露出苗头的时候就加以防备和制止。

分道扬镳

南北朝时期，北魏有一个名叫元齐的人，他很有才能，屡建功勋。皇帝非常敬重他，封他为河间公。元齐有一个儿子叫元志，也是一个有才华但又很骄傲的年轻人。魏孝文帝很赏识他，任命他为洛阳令。不久以后，魏孝文帝迁都洛阳。这样一来，洛阳令就成了"京兆尹"。元志更是仗着自己的才能，轻视朝廷中那些学问不高的达官显贵。

有一次，元志乘车外出，正巧碰上李彪的马车从对面飞驶而来。按当时的官阶元志官职比李彪小，应该给李彪让路，但他一向看不起李彪，偏不让路。于是李彪当众责问元志："我是御史中尉，官职比你大，你为什么不给我让路?"元志也不服气地说："我是洛阳的地方官，你在我眼中，不过是洛阳的一个住户，哪里有地方官给住户让路的道理呢？"他们两个互不相让，争吵起来了。最后来到孝文帝那里去评理。李彪说自己是御史中尉，洛阳的一个地方官怎敢同他对抗，居然不肯让道。元志说自己是国都所在地的长官，住在洛阳的人都编在他主管的户籍里，他怎么可以像普通的地方官一样向一个御史中尉让路呢?孝文帝听他们的争论，都有一定的道理，不能训斥任何一个，便笑着说："洛阳是我的京城，我认为你们可以分开走，各走各的，不就行了吗?"

分道扬镳：分开道路，驱马前进。指分道而行。也比喻因思想志趣不同而各人干各人的事。

负隅顽抗

战国时，齐国有一年发生了严重的饥荒，许多人饿死荒野。孟子的弟子陈臻听到这个消息后，急忙来找老师，心情沉重地说：

“老师，您听说了吗？齐国闹饥荒，许多人都饿死了。大家满以为老师您会再次劝说齐王，请他打开谷仓救济百姓。我看您不能再这样做了吧。”

孟子回答说：“如果我再劝说齐王的话，我就成为冯妇了。”

陈臻问道：“冯妇是谁？”

于是孟子向弟子讲述了冯妇的故事：

冯妇是晋国的猎手，善于和老虎搏斗。后来他成为善人，不再打虎了，他的名字也几乎被人们遗忘。有一年，山里又出现了一只猛虎，常常伤害行人。几个年轻猎人联合起来去打虎，他们把老虎追至山的深处，老虎背靠着一处山势弯曲险要的地方，面向众人。它瞪圆了眼睛吼叫，没有人敢上前去捕捉。就在这时，冯妇坐车路过这儿。猎手们见了他，都快步上前迎接，请他帮助打虎。冯妇下了车，挽起袖子与老虎搏斗起来；经过一场搏斗，终于打死了猛虎，为民除了害。年轻的猎手们高兴地谢他。可是一些读书人却讥笑他。

负隅顽抗：指凭借险要地势或某种条件进行拼死抵抗。含贬义。

飞鸟惊蛇

唐代有一位和尚叫做释亚楼。他久居寺庙，烧香念经。当别的和尚一有空闲就偷偷下棋睡觉时，释亚楼却买来笔墨纸砚练习书法。有时到深更半夜，他还在苦苦练习。许多年过去了，他写字的功夫越来越深，许多烧香拜佛的人也来请他写字。尤其是他写的草书，更是飘逸奔放。有人问他：“草书怎样才算写得好？”释亚楼提笔写了八个字：“飞鸟出林，惊蛇入草！”

飞鸟惊蛇：形容字体飘逸像小鸟飞翔，笔势遒劲连蛇也受惊吓。形容草书自然流畅。

邯郸学步

战国时期，燕国寿陵地方的人，走路的样子八字朝外，摇摆蹒跚，十分难看。

当地有一个年轻人，从小在这里长大。在他小的时候还不觉得，后来等他长大了就觉得这里的人走路的姿势实在是太难看了，所以就想学习一下走路。后来，他听说赵国邯郸人走路的姿态相当优美，于是就跋山涉水前去学习，年轻人风尘仆仆地来到赵国国都邯郸。

来到邯郸，只见繁华的大街上，果然每个人走路的姿势都十分优雅，走起路来，不紧不慢，仪态大方，一举手一投足，都显示着高贵的气质。

年轻人自惭形秽，连忙跟着路上的行人模仿起来。人家迈左脚，他跟着迈左脚；人家迈右脚，他也跟着迈右脚。可是学了几天，怎么也学不会，而且越走越别扭。年轻人心想，一定是因为自己养成了习惯，不彻底抛弃自己原来走路的姿势，肯定学不好新姿势。

于是，这位小伙子从头学起，每迈出一步都要仔细推敲下一步的动作，一摆手、一扭腰都要认真计算尺寸。

他学习得很刻苦，每天都废寝忘食。来到邯郸三个多月，每天都在不停地练习，虽然如此，却始终没能学会邯郸人走路的姿势，反而把自己原来走路的样子也忘了个精光。当他要回燕国的时候，手足无措，不知道该先迈哪条腿，只好在地上爬着回去。

邯郸学步：比喻生搬硬套，机械地模仿别人，不但学不到别人的长处，反而会把自己的优点和本领也丢掉。

成語故事

火树银花

唐睿宗是唐代君主中最会享乐的一位皇帝，虽然他只当了三年的皇帝，但不管什么节日，他总要动用很多的人力、物力来铺张一番，供他游乐。尤其是每年正月十五的夜晚，他一定命人扎起高达二十丈的灯树，并点起五万多盏灯，名为火树。后来诗人苏味道就拿这个做题目，写了一首诗，描绘当时火树的情形。他在《观灯》诗中写道：“火树银花合，星桥铁锁开。

火树银花：张灯结彩或大放焰火的灿烂夜景。形容灯火盛的地方，望上去好像是火树银花的样子。

九牛一毛

汉武帝时有一员大将名叫李陵，他带着军队深入到匈奴的境内，打了多次胜仗。汉武帝很是高兴，此时朝廷上许多大臣也拍马屁祝贺皇帝英明，善于用人。后来传来李陵战败并投降的消息，武帝大发雷霆，原来拍马屁的那些大臣也反过来责骂李陵不忠。只有司马迁一个人站在旁边一声不吭，汉武帝看见了便向他询问对此事的看法。司马迁直言不讳地说道：“李陵从侧面突击匈奴，只有五千步兵，却被匈奴八万骑兵围住，即使这样他还是连续战斗了十几天，并杀伤敌人一万多人，最后因粮草用尽，归路又被截断的情况下，才停止战斗，李陵不是真的投降，他是在伺机报国。他的功劳足以弥补他失败的罪过。”汉武帝听司马迁的意思是在为李陵辩护，又有讽刺用近亲李广利从正面进攻匈奴而无功的意味，于是怒将司马迁下在狱中。次年，宫中误传李陵为匈奴练兵，武帝大怒之下就把李陵的母亲和妻子全部杀害。廷尉杜周为了迎合皇帝，诬陷司马迁曾有诬陷皇上之罪，于是汉武帝下旨将司马迁施予最残酷的“腐刑”。司马迁受此摧残、羞辱，就想到了自杀；但转念一想，像他这样地位低微的人死去，在许多大富大贵的人眼中，不但得不到同情，而且更会惹人耻笑。后来他把这种想法告诉自己的好友任少卿，说道：“假令仆伏法受诛，若九牛亡一毛，与蝼蚁何以异？”司马迁就是在这种忍辱负重的情况下，花费全部的精力顽强地完成我国历史上最伟大的著作《史记》。

九牛一毛：比喻某种东西或某种人才仅是大多数里面的一部分，好像九条牛身上的一根毛一样。

竭尽全力

杨沛，字孔渠，东汉末年曾当过新郑长。曹操路过新郑的时候，部队缺粮，杨沛帮助曹操集结粮草，深得曹操的喜爱。后来，曹操统一北方后，杨沛升为长社令。他不畏豪强，不管是谁只要是犯了法，都依法惩办，得到了曹操的称许。

曹操在挥军南下的时候，听说国都邺城治安太乱，便发诏选一个邺城令，其入选标准是要有杨沛那样的胆略和水平。最后没有合适的人选，破格将杨沛提拔为邺城令。杨沛上任之前，曹操召见他，问他如何治理邺城。杨沛回答说：“臣一定竭尽心力，大力宣传法纪，使人人遵纪守法。”曹操听后十分高兴，对左右的人说：“你们听见了没有，这才是使人佩服的人。”杨沛还没正式上任，邺城的一些豪强地主和皇亲国戚听说杨沛要来了，都纷纷告诫自己的子弟检点一些。

竭尽全力：比喻用尽全部力量。

开卷有益

宋朝初年，宋太宗赵光义命令文学家编辑了一部规模宏大的分类百科全书《太平总类》，因太宗按日阅览，遂题为《太平御览》，简称《御览》。此书始编于太平兴国二年(977)，成于雍熙二年(985)，共一千卷，分五十五门。该书引书浩博，多至一千六百九十种，其中汉人传记一百余种，旧地志二百余种，都是现在不传之书。

宋太宗对这部书的编辑工作非常重视，每天都要亲自阅读三卷，如果因为紧急公务来不及阅读，改日就一定补上。侍臣怕皇上劳累，影响身体健康。太宗说道：“只要翻开书本阅读，就会有所益处，所以我不觉得劳累(开卷有益，朕不以为劳也)。”

开卷有益：只要读书就会有所收益，意在勉励人们勤奋好学。

口蜜腹剑

开元盛世晚期，唐玄宗宠信奸佞小人，兵部尚书李林甫就是其中之一。论才艺，他能写出一手好字，而且画也画得很好；但若论品德，却是阴险狡诈。他嫉才妒能，凡是才能比他强、声望比他高的人，他都不择手段予以打击。在做官方面，他逢迎拍马、谄媚奉承，一味迁就和迎合唐玄宗的喜好。并采用各种方法讨好唐玄宗的亲信宦官和宠爱的妃子取得他们的欢心和支持。因此，李林甫很得玄宗的宠信，一直在朝中做了十九年的官。

李林甫在和人接触时，外貌上总是表现出和蔼可亲的样子，和人友好，嘴里也说一些好听的、善意的话。但实际上，他的性情和他的表面态度完全相反；他是一个非常狡诈阴险的人，常常使坏主意来害人。等到时间久了，大家就发现了他的这种伪善，便在背地里说他是“口有蜜、腹有剑”。

口蜜腹剑：比喻口头上说话好听，像蜜一样甜，肚子里却怀着暗害人的阴谋。

口若悬河

郭象，字子玄，是西晋的哲学家。他在年轻的时候，就已经是一个很有才学的人。他对日常生活中所接触的一些事物和现象，都留心观察，然后再冷静地去思考其中的道理。因此，他积累的知识十分渊博，对于事情也常常能有独到的见解。后来，他又潜心研究老子和庄子的学说，并且对他们的学说有了深刻的理解。当时，不少人请他出去做官，他都一概谢绝，每天只是埋头研究学问。

过了些年，朝廷再次派人来请他，他实在推辞不掉，只得答应了，做了黄门侍郎的官。来到京城后，由于他的知识很丰富，所以任何事情他都能说得头头是道，再加上他的口才极佳，而且又非常喜欢发表自己的见解，因此每当人们听他谈论时，都觉得津津有味。

当时有一位太尉王衍，十分欣赏郭象的口才，他在别人面前赞扬郭象道：“听郭象说话，就好像一条倒悬起来的河流，滔滔不绝地往下灌注，永远没有枯竭的时候。”

口若悬河：形容人能言善辩，说起话来像瀑布倾泻一般滔滔不绝。

老马识途

公元前663年，齐桓公应燕国的请求，出兵攻打燕国的山戎，相国管仲和大夫隰朋跟从齐桓公出征北伐。齐军是春天出征的，等待打败山戎，班师回朝的时候已经是冬季了。这时，大雪封了山，来时作为参照的草木都已经枯萎。大军在崇山峻岭里转来转去，最后迷了路，找不到出路了。时间一长，所带的粮草就不那么充足了，面临的情况不是被饿死，就是被冻死。

相国管仲思索了很久，想到狗如果离家远了可以自己寻找回家的路，那么军中的老马是不是也能够有认识路途的本领呢。于是管仲对齐桓公说："大王，我听说老马有认路的本领，可以把军中的老马放在队前，让它带领我们走出山谷。"齐桓公听从管仲的建议，命令军中挑出几匹老马，然后解开缰绳，让其走在大军的最前面。说来也是奇怪，这几匹老马都不约而同地朝着一个方向前进，大军紧紧跟随，终于找到了回齐国的路途。

老马识途：原意指老马认识走过的路。比喻阅历多、经验丰富的人能看清方向、办事熟悉。

洛阳纸贵

晋代著名的文学家、辞赋家左思，小的时候是个非常顽皮、不爱读书的孩子。其父经常教育他好好学习，但是左思依旧顽皮、淘气，不肯好好读书。

有一天，左思的父亲与朋友们在家中聊天，朋友们看见左思，都夸赞他聪明可爱。可是左思的父亲却叹气道："小儿左思顽皮得很，不肯好好读书，看来是没有多大的出息了。"说着，脸上流露出失望的神色。小左思听到父亲的话，在心里暗暗下定决心，一定要好好读书，做一个有出息的人。

渐渐地左思长大成人了，他的刻苦学习和坚持不懈的努力终于使他成为一位学识渊博的人，文章也写得非常好。后来他用一年的时间写成了《齐都赋》，显示出他的才华并被世人所熟知。此后他又以三国时魏、蜀、吴三国国都的风土、人情、物产为内容，撰写《三都赋》。为了在内容、结构、语言等方面都达到一定水平，他潜心研究，精心撰写，废寝忘食，用了整整十年时间才完成这部文学巨著。

《三都赋》一经问世，就受到大家的好评，人们把它和汉代的文学杰作《两都赋》相比。由于当时还没有发明印刷术，喜爱《三都赋》的人只能争相抄阅，因为抄写的人太多，京城洛阳的纸张供不应求，一时间全城纸价大幅度上涨。

洛阳纸贵：形容好的著作，风行一时，广为流传。

柳暗花明

南宋著名的诗人陆游，因为他抗金爱国的情怀，曾一度得到孝宗的赏识，并入朝当了军器少监。但朝中的投降派百般排挤他，不断上书皇帝，诬陷他终日赏花吟诗，不务正业，皇帝偏听偏信，结果弃用了陆游。

陆游怀着满腔的愤懑，回到绍兴老家闲居。一天，陆游前往山西村去拜访友人，友人及左邻右舍听说陆游来访，热情地接待了他，只见家家户户都摆酒设宴相迎。那淳朴的民风使陆游十分感动，挥毫写下了一首《游山西村》的诗。诗中有两句写道：山重水复疑无路，柳暗花明又一村。这两句既描绘了大自然的景象，又表达了诗人对未来寄予希望的心境。

柳暗花明：形容绿柳成荫、繁花似锦的景象。后来比喻环境的突然转变；也比喻在困难中遇到转机，在错综复杂的情况下找到了解决问题的方法。

门庭若市

战国时期，齐威王受到左右一些臣子的蒙蔽，听不到正确的意见。相国邹忌为了劝说齐威王广开言路，就给齐威王讲述了一个故事。

邹忌身材高大、容貌端庄，长得很是英俊。一天，他问妻子：“我与城北徐公相比，谁俊美？”妻子毫不犹豫地回答：“你俊美！徐公怎么比得上你呢！”徐公是齐国出了名的美男子，邹忌不太相信妻子的话，于是他又去问他的爱妾：“我与城北徐公相比，谁美？”妾怯生生地说：“徐公怎有你美呢！”第二天，朋友有事来找他，他又向朋友提出了这个问题。朋友笑笑说道：“徐公不及你美。”

有一天，赶上徐公来拜访邹忌。邹忌仔细打量徐公，和自己比较后发现自己确实不如徐公美。于是邹忌明白了其中的道理：“妻说我美，是偏护我；妾说我美，是敬畏我；朋友说我美是有求于我。”

邹忌讲完了这个故事，然后对齐威王说道：“齐国地方这么大，宫中上下，谁不偏护你；满朝文武，谁不惧怕你；全国百姓谁不希望得到你的关怀，因此所有人都在恭维你，你就会被蒙蔽了。如果能开诚布公地征求意见，一定会对国家有益。”齐威王听了，觉得很有道理，于是立即下令道：“无论是谁，能当面指责我的过失，给上赏；上奏章规劝我的，给中赏；在街市上议论我的过失，让我知道的，受下赏。”命令一下，群臣进谏，门庭若市。

门庭若市：门口和庭院就像集市一样，热闹非凡。形容来往的人很多，好像集市一样。

名落孙山

宋代吴地有一位才子名叫孙山，他为人幽默，很善于说笑话，所以当地人称其为“滑稽才子”。

又到了赶考的时间，孙山和一位同乡的儿子去京城参加考试。等到放榜的时候，孙山看到自己名字列在榜文最后一位，而那位同乡的儿子，却没能考上。

不久，孙山先回到家里，同乡便来问自己的儿子有没有考取。孙山不好意思直说，便随口说出两句诗句：“解元尽处是孙山，贤郎更在孙山外。”解元，就是我国科举制度所规定的举人的第一名。而孙山在诗里所谓的“解元”，乃是泛指一般考取的举人。意思是说：在榜上的最后一名是我孙山，而令郎的名字却还排在我孙山的后面。

名落孙山：指考试不中，或选拔未被录取。

南柯一梦

隋末唐初的时候，有个叫淳于棼的人，家住在广陵。在他家的院中，有一棵根深叶茂的大槐树，盛夏的时候是一个乘凉的好地方。

一天适逢淳于棼的生日，他在门前大槐树下摆宴和朋友饮酒作乐，喝得烂醉，被友人扶到廊下小睡，迷迷糊糊仿佛有两个紫衣使者请他上车，马车朝大槐树下一个树洞驰去。但见洞中晴天丽日，另有世界。车行数十里，行人不绝于途，景色繁华，前方朱门悬着金匾，上书“大槐安国”，有丞相出门相迎，告称国君愿将公主许配，招他为驸马。淳于棼十分惶恐，不觉已经与金枝公主拜堂成亲，并被委任“南柯郡太守”。淳于棼到任后勤政

爱民，把南柯郡治理得井井有条，前后二十年，深得君王的器重与百姓拥戴。这时他已有五子二女，官位显赫，家庭美满，万分得意。

不料檀萝国突然入侵，淳于棼率兵拒敌，却是屡战屡败；这期间金枝公主又不幸病故。淳于棼连遭不测，便辞去太守职务，扶柩回京。从此他心中悒悒不乐，君王准他回故里探亲，仍由两名紫衣使者送行。车出洞穴，家乡山川依旧。淳于棼返回家中，只见自己身子睡在廊下，不由吓了一跳，惊醒过来，眼前仆人正在打扫院子，两位友人在一旁洗脚，落日余晖还留在墙上，而梦中经历好像已经整整过了一辈子。

淳于棼把梦境告诉众人，大家感到十分惊奇，一齐寻到大槐树下，果然掘出个很大的蚂蚁洞，旁有孔道通向南枝，另有小蚁穴一个。原来这就是梦中的“南柯郡”与“槐安国”！

南柯一梦：比喻得失无常，人生如梦。

弄巧成拙

北宋时期有位画家叫孙知微，专擅长人物画。一次，他受成都寿宁寺的委托，画一幅《九耀星君图》。他潜心将人物勾勒出来，只剩下着色最后一道工序。恰好此时，有朋友邀请他去饮酒，他放下笔，对众弟子说：“这幅画的线条我已全部画好，你们给它着上颜色，我出去办些事情。”

孙知微说完走后，弟子们围住画，观看老师勾勒的技艺和构图的高超，有弟子说道：“你看那水暖星君的神态多么逼真，长髯飘洒，不怒而威。”

另有弟子说道：“菩萨脚下的祥云环绕，真正的神姿仙态，让人肃然起敬。”

就在大家对师父的画大加称赞的时候，其中有一个叫童仁益的却一言不发。有人便问道：“童仁益，你不说话，莫非看出这幅画有什么欠缺？”

童仁益故作高深地说：“水暖星君身边的童子神态很传神，只是他手中的水晶瓶好像少了点东西。”

众弟子说：“没发现少什么呀。”

童仁益说：“老师每次画瓶子，总要在瓶中画一枝鲜花，可这次却没有。也许是急于出门，来不及画好，我们还是画好了再着色吧。”

童仁益说着，用心在瓶口画了一枝艳丽的红莲花。

孙知微从朋友处回来后，发现童子手中的瓶子生出一朵莲花，又气又笑地说：“这是谁干的蠢事，若仅仅是画蛇添足倒也罢了，这简直是弄巧成拙嘛。童子手中的瓶子，是水星君用来降服水怪的镇妖瓶，你们给添上莲花，把宝瓶变成了普通的花瓶，岂不成了天大的笑话。”说着，把画撕了个粉碎。

众弟子看着童仁益，都默默低头不语。

弄巧成拙：本想取巧，结果却做了蠢事。

奇货可居

战国时候，有个大商人吕不韦到赵国的京城邯郸做生意。一个很偶然的机会，在路上他发现一个气度不凡的年轻人。有人告诉他说：“这个年轻人是秦昭王的孙子，太子安国君的儿子，名叫异人，正在赵国当人质。”

当时，秦赵两国经常交战，赵国有意降低异人的生活标准，弄得他非常贫苦，甚至天冷时连御寒的衣服都没有。吕不韦知道这个情况，立刻想到，在异人的身上投资会换来难以计算的利润。他不禁自言自语说：“此奇货可居也。”

吕不韦回到寓所，问他父亲：“种地能获多少利？”

他父亲回答说：“十倍。”

吕不韦又问:“贩运珠宝呢？”

他父亲又回答说:“百倍。”

吕不韦接着问:“那么把一个失意的人扶植成国君，掌管天下钱财，会获利多少呢？”

他父亲吃惊地摇摇头，说:“那可没办法计算了。”

吕不韦听了他父亲的话，决定做这笔大生意。他首先拿出一大笔钱，买通监视异人的赵国官员，结识了异人。他对异人说:“我想办法，让秦国把你赎回去，然后立为太子，那么，你就是未来的秦国国君。你意下如何？”

异人又惊又喜地说:“那是我求之不得的好事，真有那一天，我一定重重报答你。”

吕不韦立即到秦国，用重金贿赂安国君左右的亲信，把异人赎回秦国。

安国君有二十多个儿子，但他最宠爱的华阳夫人却没有儿子。吕不韦给华阳夫人送去大量奇珍异宝，让华阳夫人收异人为嗣子。

秦昭王死后，安国君即位，史称孝文王，立异人为太子。孝文王在位不久即死去，太子异人即位为王，即庄襄王。

庄襄王非常感激吕不韦拥立之恩，拜吕不韦为丞相，封文信侯，并把河南洛阳一代的十二个县作为封地，以十万户的租税作为俸禄。庄襄王死后，太子嬴政即位，即秦始皇，称吕不韦为仲父。吕不韦权倾天下。

奇货可居：指把少有的货物囤积起来，等待高价出售。常比喻凭借某种独特的技能或事物谋利。

请君入瓮

唐朝进入武则天的统治时期，武则天为了镇压反对她的人，任用了一批酷吏。其中以周兴和来俊臣两个最为狠毒，他们利用诬陷和严刑逼供杀害了许多正直的官吏和百姓。

一次，有人密告周兴与人联络谋反。武则天大怒，责令来俊臣严查此事。来俊臣心想，周兴是个狡猾奸诈之徒，仅凭一封告密信，是无法让他说实话的；可万一查不出结果，皇上怪罪下来，我也担待不起。经过苦苦思索，来俊臣终于想出一条妙计。

次日，来俊臣准备了一桌丰盛的酒席，把周兴请到自己家里。酒过三巡后，来俊臣叹气说道:“兄弟我平日办案，常遇到一些犯人死不认罪，不知老兄有何办法？”周兴得意地说:“这有何难，你找来一个大瓮，四周用炭火来烧，再让犯人进到瓮里，你想想，还有什么犯人不招供。”来俊臣点头称是，随即命人抬来一口大瓮，按周兴说的那样，在四周点上炭火，然后起身对周兴说:“宫里有人密告老兄你谋反，今皇上命我严查。对不住了，现在就请老兄自己进入瓮里吧。”周兴一听，扑通一声跪倒在地，连连磕头说:“我有罪，我招供。”

请君入瓮：比喻用某人的方式来整治他自己。

巧取豪夺

宋朝大书法家、大画家米芾的儿子米友仁和他父亲一样，既写得一手好字，又擅长作画，尤其喜爱古人的作品。有一次，他在别人的船上看见王羲之真笔字帖，喜欢得不得了，立即要拿一幅好画交换。主人不同意，他急得大叫，攀着船舷就要往水里跳，幸亏别人把他抱住，才不致落水。

他还有一样本领，就是能模仿古人的作品。他在涟水的时候，曾经向人借回一幅“松牛图”来描摹。后来他把真本留下，将摹本还给别人，这人当时没有觉察出来，直至过了好些日才来讨还原本。米友仁问他怎么看得出来，那人回答说:“真本中的眼睛里面有牧童的影子,而你还我的这一幅却没有。”

但大多数被米友仁模仿的画品还是很少被人发觉的。因此他经常千方百计向人借古画描摹,而摹完以后,总是把摹本和真本混放在一起送给主人,请主人自己选择。由于他模仿古画的技艺精湛,主人往往把摹本当成真本收回去,米友仁因此也获得了许多名贵的真本古画。

作为一个有才能的艺术家,米友仁是受人们敬仰的,可是他用摹假本换取别人真本的行为,却是为人鄙弃和不齿的。所以有人把他这种用巧妙方法骗取别人真本古画的行为,叫做“巧取豪夺”。

巧取豪夺:形容人用不正当的巧妙方法,攫取自己不应得的财物。

如火如荼

春秋末期,吴王夫差率军连续征服了越国、鲁国和齐国,又继续向西北进军,打算一鼓作气征服晋国。可正在这个时候,越王勾践带领军队占领吴国的国都姑苏(今苏州),又派人马占据淮河,切断了吴王的退路。

吴王夫差听到这个消息非常震惊,立即召集文武大臣商量对策。大家说,现在退回去等于两头打了败仗,还使军队处于两头挨打的位置;如果我们能打败晋国,确立了霸主地位,然后再挥师进攻越王勾践为时不晚。于是吴王下令尽快征服晋国。

这天傍晚,全军将士整装待发。吴王挑出三万精兵强将,每一万人摆成一个方阵,共摆三个方阵。中间的方阵白盔白甲,白衣服,白旗帜,白弓箭,吴王亲自指挥;左边的方阵,红盔红甲、红衣服;右边的方阵则是全部黑色。半夜出发,黎明时分到达离晋军仅有一里路的地方。在天色微微发亮的时候,吴军军鼓大作,呼喊之声震天动地。

晋军从梦中醒来,只看见那白色方阵,“望之如荼”——像开满白花的茅草地;红色方阵,“望之如火”——如熊熊燃烧的火焰。

如火如荼:原形容军容盛大,现在用来形容气势盛大或气氛、情感热烈。

三人成虎

战国时代,群雄逐鹿,互相攻伐,为了使盟国遵守信约,国与国之间通常会交换人质。

魏国与赵国结为盟国,为了让赵国遵守诺言,大臣庞恭陪魏太子到赵国去做人质,临行庞恭面见魏王说道:“现在有一个人来说街市上出现了老虎,大王相信吗?”

魏王道:“我不相信。”

庞恭说:“如果有第二个人说街市上出现了老虎,大王相信吗?”

魏王道:“我有些将信将疑了。”

庞恭又说:“如果有第三个人说街市上出现了老虎,大王相信吗?”

魏王道:“我当然会相信。”

于是庞恭就说:“街市上不会有老虎,这是很明显的事,可是经过三个人一说,好像真的有了老虎了。现在赵国国都邯郸离魏国国都大梁,比这里的街市远了许多,而议论我的人又不止三个。希望大王明察才好。”

魏王道:“一切我自己知道。”

庞恭和太子在赵国的时候,很多人说庞恭的坏话,等到庞恭陪太子回国后,魏王果然没有再召见他们了。

三人成虎:街市里本没有老虎,但只要有三个人说这个街市里有老虎,那么听的人就会以为真的有老虎了。现比喻流言惑众,蛊惑人心。

始作俑者

战国时，有一次孟子和梁惠王谈论治国之道。孟子问梁惠王：“用木棍打死人和用刀子杀死人，有什么不同吗？”

梁惠王回答说：“没有什么不同的。”

孟子又问：“用刀子杀死人和用政治害死人有什么不同？”

梁惠王说：“也没有什么不同。”

孟子接着说：“现在大王的厨房里有的是肥肉，马厩里有的是壮马，可老百姓面有饥色，野外躺着饿死的人。这是当权者在带领着野兽来吃人啊！大王想想，野兽相食，尚且使人厌恶，那么当权者带着野兽来吃人，怎么能当好老百姓的父母官呢？孔子曾经说过：‘始作俑者，其无后乎！’您看，用人形的土偶来殉葬尚且不可，又怎么可以让老百姓活活地饿死呢？”

始作俑者：比喻某项坏事或某种恶劣风气的创始人。

四面楚歌

在灭亡秦朝的起义中有两支队伍最为突出，一支是由项羽率领，一支是由刘邦率领。项羽是楚地的一名将军，性格刚烈、高傲，但英勇善战。刘邦在秦朝被消灭前是一名低级官员，善于用人。在反对秦暴政的战争中，二人曾结为兄弟，互相声援。秦朝灭亡后，二人就开始为争夺天下互为敌手了。

项羽与刘邦的战争打了好几年，历史上称为“楚汉之争”。有一次项羽把刘邦打得大败，并且俘虏了刘邦的父亲和妻子。项羽把刘父作为人质，要求刘邦投降，威胁刘邦若不投降，就把他的父亲杀了烧汤喝。不料刘邦竟对项羽说：“我们在抗秦时是兄弟，我的父亲就是你的父亲，如果拿‘我们的父亲’做汤喝，一定不要忘了分一杯给我。”项羽无奈，只好把刘邦的父亲和妻子送回去。

经过几次战争，刘邦的军队逐渐占据了上风，在一次追击中把项羽的军队紧紧围在垓下。一天夜里，被包围的项羽和他的士兵听见四周响起熟悉的歌声。仔细一听，原来是自己家乡楚地的民歌。项羽大惊道：“难道刘邦已经占领了楚地了吗？为什么军队里有这么多的楚人。”心情沮丧的项羽坐在营帐中饮酒，他心爱的妃子虞姬为他唱歌，最后虞姬自刎而死，项羽带上仅剩的八百骑兵，向南突围，到达乌江河畔自杀身亡。

四面楚歌：比喻处在四面受敌，孤立无援的境地。

守株待兔

宋国有个农夫正在田里翻土。突然，他看见有一只野兔从旁边的草丛里慌慌张张地窜出来，一头撞在田边的树墩子上，便倒在那儿一动也不动了。农夫走过去一看，兔子死了。农夫高兴极了，心想自己一点力气没花，就白捡了一只又肥又大的野兔，要是天天都能捡到野兔，日子就好过了。从此，他再也不肯出力气种地了。每天，他把锄头放在身边，就躺在树墩了跟前，等待着第二只、第三只野兔自己撞到这树墩子上来。可是这个世界上哪有那么多便宜事，农夫再也没有捡到撞死的野兔，而他的田地却因此而荒芜了。

守株待兔：比喻心存侥幸，不劳而获。

退避三舍

春秋时候，晋献公听信谗言，杀了太子申生，又派人捉拿申生的弟弟重耳。重耳闻

成語故事

讯,逃出了晋国,在外流亡十几年。

经过千辛万苦,重耳来到楚国。楚成王认为重耳日后必有大作为,就以国君之礼相迎,待他如上宾。一天,楚王设宴招待重耳,两人饮酒叙话,气氛十分融洽。忽然楚王问重耳:“你若有一天当上国君,该怎么报答我呢?”重耳略一思索道:“美女侍从、珍宝丝绸,大王您有的是,珍禽羽毛、象牙兽皮,更是楚地的盛产,晋国哪有什么珍奇物品献给大王呢?”楚王说:“话虽然这么说,可总该对我有所表示吧?”重耳笑笑回答道:“要是我果真能回晋国并执政的话,我愿与贵国友好。假如有一天,晋楚两国发生战争,我一定命令军队先退避三舍(一舍为三十里),如果还不能得到您的原谅,我再与您交战。”

四年后,重耳真的回到晋国并当了国君,他就是历史上有名的晋文公。晋国在他的治理下日益强大。

公元前633年,楚国和晋国的军队在作战时相遇。晋文公为了实现他的诺言,下令军队后退九十里,在城濮驻扎。楚军见晋军后退,以为晋军害怕了,便下令马上追击。晋军利用楚军骄傲轻敌的弱点,集中兵力,大破楚军,取得了城濮之战的胜利。

退避三舍:比喻主动退让,不与相争。

天衣无缝

古时候有个名叫郭翰的人,在盛夏的一个晚上因酷热难耐。于是乘着月色当空,在庭院中乘凉休息。清风拂面,甚是凉爽,郭翰在吹拂的清风中闻到一种香气,而且香气是越来越浓。郭翰奇怪地睁开眼睛,仰望上空,只见在月光中有人飘拂缓缓降下,郭翰仔细一看,一位美丽的仙女站在自己的面前,于是慌忙起身,向仙女施礼道:“不知道仙女突然降临,愿听赐教。”

仙女微微一笑说道:“我是天上的织女,这次降临人间是遵循玉帝的旨意下凡游玩。”

郭翰于是问道:“不知道仙女织造出来的衣服是不是和人间的一样呢?”

织女笑了笑,说:“你可以仔细看看。”

郭翰细细打量织女的衣服,不知它是用什么衣料制成的,特别使他感到惊奇的是,她穿的这身衣服竟然没有衣缝;不禁非常奇怪,便问:“请问您穿的衣服怎么没有衣缝?”

织女笑了笑回答说:“我穿的是天衣,天衣本来就不是用针线缝起来的,自然没有衣缝。”

天衣无缝:比喻事物完美自然,没有破绽。

铁杵磨针

唐朝著名大诗人李白小时候不喜欢念书,经常逃学,四处闲逛。

有一天,小李白又没有去上学,而是跑到了河边,走着走着,他看见一位满头白发的老婆婆,正在河边的大青石上磨一根棍子般粗的铁杵。小李白走过去,问道:“老婆婆,您在做什么?”

老婆婆回答道:“我要把这根铁杵磨成一根绣花针。”

“绣花针?”小李白又问:“是缝衣服用的绣花针吗?”

“当然!”老婆婆停下来说。

“可是,铁杵这么粗,什么时候能磨成细细的绣花针呢?”小李白不解地问道。

老婆婆语重心长地对李白说道:“滴水可以穿石,愚公可以移山,铁杵为什么不能磨成绣花针呢?”

老婆婆的一番话,令小李白很是惭愧,于是回去之后,再没有逃过学。

铁杵磨针:比喻只要有毅力,坚持不懈地努力干下去,再难办的事情也能办成。

望洋兴叹

秋天的大水按着时令到了，无数支流的水都灌进了黄河。河面十分宽阔，水雾蒸腾，不论是河的两岸，还是河心的沙洲，隔岸望去，简直分不清岸上的是牛还是马。这时呀，河伯欣欣然自我陶醉起来，认为天下的美景，全都集中在自己身上了。

河伯顺着水势向东前行，到了北海，朝东一看，只见一片汪洋，无边无际。到这时，河伯才开始改变他那扬扬自得的神态，仰起头来对着北海神无限感叹地说："俗话说：'有的人懂得了一点道理，便以为没有谁能比得上自己。'这正是批评我这种人的啊。我曾经听人说过，孔子的见闻学识不算多，伯夷的德行也没有什么了不起。以前我不信这话，现在我见到了你的广阔无边，才知道这话是真的啊。我如果不到你这里来，那就糟了。我将永远被道德高尚、学问渊博的人所耻笑了。"

望洋兴叹：原指看到人家的伟大，才感到自己的渺小。后比喻做事力量不够或条件不充分而感到无可奈何。

亡羊补牢

战国时候，楚国有一个大臣，名叫庄辛，有一天对楚襄王说："大王您在宫里面的时候，左边是州侯，右边是夏侯；出去的时候，鄢陵君和寿跟君又总是跟随着您。您和这四个人专门讲究奢侈淫乐，不管国家大事，郢（楚都，在今湖北省江陵县北）一定要危险啦！"

襄王听了，很不高兴地说道："你老糊涂了吗？故意说这些险恶的话蛊惑人心吗？"

庄辛不慌不忙地回答说："我实在感觉事情一定要到这个地步了，不敢故意说楚国有什么不幸。如果您一直宠信这些人，楚国一定要灭亡的。您既然不信我的话，请允许我到赵国躲一躲，看事情究竟会怎样。"

庄辛到了赵国不久，秦国果然派兵进攻楚国，楚襄王被迫流亡到阳城（今河南息县西北）。此时他觉得庄辛说的话很有道理，于是派人把庄辛找了回来，问他有什么办法；庄辛很诚恳地说："羊跑掉了才补羊圈，也还不迟。"

亡羊补牢：指羊丢失了再去修补羊圈，还不算晚。比喻出了问题以后及时想办法补救，以免遭受更大的损失。

闻鸡起舞

晋代的祖逖小时候是个不爱读书的孩子，随着年龄的增长，他意识到知识的贫乏，深感只有读书才能报效国家，于是他就发奋读起书来。他广泛阅读书籍，认真学习历史，从中汲取了丰富的知识，学问大有长进。后来，祖逖和好友刘琨一起担任司州主簿。他与刘琨感情深厚，不仅同床而卧，同榻而眠，而且还有着共同的远大理想，那就是成为国家的栋梁之才。

有一次，半夜里祖逖在睡梦中听到公鸡的鸣叫声，他把刘琨叫醒，说道："别人都认为半夜听见鸡叫不吉利，我偏不这样想，咱们干脆以后听见鸡叫就起床练剑如何？"刘琨欣然同意。于是他们每天听到鸡叫后就起床练剑，剑光飞舞，剑声铿锵。春去冬来，寒来暑往，从不间断。功夫不负有心人，经过长期的刻苦学习和训练，他们终于成为能文能武的全才，既能写得一手好文章，又能带兵打胜仗。祖逖被封为镇西将军，实现了他报效国家的愿望；刘琨做了都督，兼管并、冀、幽三州的军事，也充分发挥了他的文才武略。

闻鸡起舞：形容有志之士奋发向上，刻苦自励。

胸有成竹

文同，字与可，北宋著名的画家，他画的竹子远近闻名，每天总有不少人登门求画。为了把竹子画得出神，文同在自己家的房前屋后种上各种各样的竹子，无论春夏秋冬，阴晴风雨，他经常去竹林观察竹子的生长变化情况，琢磨竹枝的长短粗细，叶子的形态、颜色，每当有新的感受就回到书房，铺纸研墨，把心中竹子的印象画在纸上。日积月累，竹子在不同季节、不同天气、不同时辰的形象都深深地印在他的心中，只要凝神提笔，在画纸前一站，平日观察到的各种形态的竹子立刻浮现在眼前。所以每次画竹，他都显得非常从容自信，画出的竹子，无不逼真传神。当人们夸奖他的画时，他总是谦虚地说："我只是把心中琢磨成熟的竹子画下来罢了。"

有位青年想学画竹，得知诗人晁补之对文同的画很有研究，前往求教。晁补之写了一首诗送给他，其中有两句是："与可画竹，胸中有成竹。"

胸有成竹：意思是画竹子之前心中要先有竹子的形象。比喻在做事之前心中要有完整的谋划打算。

一箭双雕

南北朝时，北周有一个智勇双全的人叫长孙晟。具有百发百中的射箭技艺，无人敢与他相比。

那时北周的国王为了安定北方的突厥人，决定把公主嫁给突厥王摄图，并派长孙晟率领一批将士护送公主前往突厥。在历经千辛万苦后，终于到达了突厥。摄图大摆酒宴。宴请长孙晟。酒过三巡后，突厥王命人拿来一张硬弓，要长孙晟射百步以外的铜钱。长孙晟搭弓射箭，只听"嗖"的一声，一支利箭射进了铜钱的小方孔。

自此摄图对长孙晟非常敬重，留他在突厥住了一年，并经常让他陪着自己一块儿外出打猎。有一次，在打猎的时候，看见天空中有两只大雕在争夺一块肉。摄图忙送给长孙晟两支箭说："能把这两只射下来吗？""一支箭就够了！"长孙晟边说边接过箭，策马驰去。他搭上箭，拉开弓，对准两只打得难分难解的大雕。"嗖"的一声，两只大雕便穿在一起掉落下来。

一箭双雕：指一支箭射中两只大雕。形容射箭的本领高超。比喻做事情一举两得。

约法三章

公元前 206 年，刘邦率领大军攻入关中，到达离秦都咸阳只有几十里路的霸上。子婴在仅当了 46 天的秦王后，向刘邦投降。刘邦进咸阳后，本想住在豪华的王宫里，但他的心腹樊哙和张良告诫他别这样做，免得失掉人心。刘邦接受他们的意见，下令封闭王宫，并留下少数士兵保护王宫和藏有大量财宝的库房，随即还军霸上。为了取得民心，刘邦把关中各县父老、豪杰召集起来，郑重地向他们宣布道："秦朝的严刑苛法，把大家害苦了，应该全部废除。现在我和诸位约定，不论是谁，都要遵守三条法律。这三条法律是：杀人者要处死，伤人者要抵罪，盗窃者也要判罪！"父老、豪杰们都表示拥护约法三章。接着，刘邦又派出大批人员，到各县各乡去宣传约法三章。百姓们听了，都热烈拥护，纷纷取了牛羊酒食来犒劳刘邦的军队。由于坚定执行约法三章，刘邦得到了百姓的信任、拥护和支持，最后取得天下，建立了西汉王朝。

约法三章：指订立三项法律条款。后指简单的协议约定。

指鹿为马

秦朝到了秦二世胡亥执政时，丞相赵高野心勃勃，想要篡夺皇位。但是朝中大臣有多少人反对他，他不知道。于是，他设计了一个计策来试探朝中到底有多少人是反对他。

一天上朝时，赵高让人牵来一只鹿，然后面奏秦二世道："陛下，我献给您一匹好马。"秦二世一看，笑着对赵高说："丞相搞错了吧，这是一只鹿，你怎么说是马呢？"赵高面不改色心不跳地说："如果陛下不信这是一匹马，那么可以问问众大臣，这到底是鹿还是马？"

于是秦二世向众大臣问道："这下面的是鹿啊还是马啊？"

大臣们看看赵高，又看看那只鹿，顿时明白了其中的用意。

一些胆小又有正义感的人都低下头默默不语，一些平日里阿谀奉承赵高的人顺从赵高的说法说那是只马，而一些正直的人坚持认为是鹿而不是马。

事后，赵高通过各种手段把那些说鹿的正直的大臣纷纷治罪、问斩，自此满朝文武皆畏惧赵高的权势。

指鹿为马：指着一只鹿却说它是一匹马。比喻颠倒黑白，混淆是非。